코빈 동지

로자 프린스 지음 l 홍지수 옮김

코빈 동지
JEREMY CORBYN

Ⅲ\책담

제러미 코빈을 급진우파라고 하셨을 우리 조부모님
해럴드 프리먼 동지와 비 프리먼 동지에게
이 책을 바친다.

영국 정치가
생소한 독자들에게

— 옮긴이

영국의 정치체제 | 보통 영국^{United Kingdom, Britain}이라고 불리는 나라의 공식 명칭
은 'The United Kingdom of Great Britain and Northern Ireland'로서 잉글랜드
England, 웨일스^{Wales}, 스코틀랜드^{Scotland}, 북아일랜드^{Northern Island}로 구성되어 있고,
14개 해외 영토도 포함하고 있다. 북아일랜드를 제외한 나머지 아일랜드 지역
은 1922년에 분리 독립했다. 잉글랜드를 제외하고 웨일스, 스코틀랜드, 북아일
랜드에는 영국 의회로부터 법적으로 권한을 양도받은 행정부와 입법부가 존재
하지만 이러한 권한은 궁극적으로 영국 중앙정부에 귀속된다는 점에서 주권
국가는 아니다.

영국의 정치체제는 입헌군주제하의 의원내각제다. 행정부 수반인 총리
prime minister는 하원에서 최다(과반수 이상) 의석을 차지하는 정당의 당수가 맡는

다. 하원에서 과반수 의석을 얻은 정당이 없는 경우에는 2개 이상의 정당이 연립정부를 구성하고 보통 의석이 가장 많은 당의 당수가 총리를 맡는다. 총리는 내각 각료들을 임명할 권한을 지닌다. 내각은 총리가 소속한 당이나 연정을 구성한 당들에 소속된 의원으로 이루어지는데 대부분 하원의원이 임명되지만 간혹 상원의원이 임명되는 경우도 있다. 원외의 인물이 임명되는 경우도 있긴 하지만 흔치 않다. 총리와 내각이 행정부를 구성하고 이들은 모두 영국 왕실의 공식적인 자문기구인 추밀원Privy Council에 속하게 된다.

의회는 상원House of Lords과 하원House of Commons 양원으로 구성되고 하원의 권한이 훨씬 막강하다. 상원은 영국성공회 주교인 성직자 상원의원Lord Spiritual 26명과 일반인 상원의원Lord Temporal 으로 구성된다. 일반인 상원의원 가운데는 작위가 세습되지 않는 종신귀족life peer과 세습되는 세습귀족hereditary peer이 있는데 일반인 상원의원 대부분은 총리나 상원임명위원회의 권고에 따라 군주가 임명하는 종신귀족이다. 세습귀족은 예전에는 자동적으로 상원의원이 되었으나 1999년 상원개정법이 통과되면서 세습귀족의 상원의원직 세습권리가 철폐되었고 상하원의 타협으로 세습귀족 상원의원 92명은 상원에 남도록 허용했다. 하원의원은 650개 지역구에서 선거를 통해 최다 득표한 한 명이 선출된다. 상원도 법안을 발의할 수는 있지만 대부분의 중요한 법안들은 하원에서 발의된다. 상원은 또 상정된 법을 표결로 수정할 수 있지만 하원이 표결로 그것을 기각할 수 있다.

보수당Conservative Party, 노동당Labour Party, 자유민주당Liberal Democrats이 영국의 주요 3당으로 각각 보수주의, 사회주의, 사회민주주의를 표방한다. 하지만 2015년 총선에서는 스코틀랜드국민당Scottish National Party이 자유민주당을 제치고 제3당으로 부상했다. 그 밖에도 영국독립당UK Independence Party, 플라이드 컴리-웨일스당Plaid Cymru-The Party of Wales, 민주연합당Democratic Unionist Party, 얼스터연합주의당Ulster Unionist Party, 사회민주주의노동당Social Democratic and Labour Party, 신페인Sinn Féin•과 같은 군소 정당들이 있다. 하원의원은 여왕에 대한 충성맹세 서약을 해야 하는데 신페인당은 당 규정상 이를 따르지 않기 때문에 신페인당 소속 하원의원들 가운데는 하원에 등원해서 연설을 한 사람이 아무도 없다.

하원은 정부 신임안을 거부하거나 불신임안을 가결시킴으로써 행정부를 지지하지 않는다는 의사를 표명할 수 있다. 행정부가 하원의 신임을 잃게 되면 총리는 사임해야 하며 새 인물이 총리가 되도록 자리를 내주거나 여왕에게 의회 해산을 요청함으로써 총선을 실시해야 한다. 예전에는 총리가 의회 해산 시기를 정할 수 있었지만 2011년 하원임기규정법안이 통과되면서 하원 임기는 5년으로 정해졌고, 조기총선은 의회 해산에 하원의 3분의 2가 찬성하거나 행정부에 대한 불신임안이 통과되고 나서 14일 이내에 신임안이 통과되지 않는 경우에만 실시할 수 있게 되었다. 영국 정부는 두 번째 규정에 따라 총선을 치르지 않고도 교체될 수 있다.

아일랜드공화국과 북아일랜드 | 아일랜드 독립전쟁 끝에 1921년 체결된 영국–아일랜드 조약Anglo-Irish Treaty에 따라 1922년 아일랜드자유국Irish Free State이 탄생했다. 그리고 영연방British Commonwealth의 자치령 지위를 유지하다가 1949년 명실상부한 공화국republic이 되었다. 1921년 조약 체결 당시 북아일랜드에게 조약에서 탈퇴할 선택권이 주어졌는데, 북아일랜드는 이 선택권을 행사함으로써 영국의 일부로 잔류했다. 남아일랜드와 달리 북아일랜드의 인구 대다수는 개신교도

•
1905년 아서 그리피스Arthur Griffith가 창당한 아일랜드 공화국주의 정당으로서 1970년에 일부가 떨어져나가 아일랜드노동자당Workers' Party of Ireland을 창당했다. 신페인은 역사적으로 임시파 아일랜드공화국군과 연계되어왔으며 1983년 이래로 게리 애덤스Gerry Adams가 당수를 맡고 있다. 신페인은 아일랜드어로 '우리들 자신we ourselves'이라는 뜻이다.

연합주의자Unionist들로서 아일랜드 자치에 반대하고 영국 잔류를 원했고, 주로 천주교도였던 민족주의자Nationalist들은 영국의 지배로부터 독립한 통일된 아일랜드를 원했다. 20세기의 북아일랜드 역사는 이 두 세력 간의 적대감과 차별과 폭력 사태로 점철되었다.

1998년까지 아일랜드는 헌법에서 북아일랜드를 자국 영토의 일부로 규정했지만 아일랜드를 무력으로 통일시키려는 무장세력(주로 아일랜드공화국군)을 상대로 군사력을 동원하지는 않았다. 1960년대 말, 북아일랜드에서 개신교도인 연합주의자들과 천주교도인 민족주의자들 사이에 폭발한 갈등은 그 후 30년 동안 각종 폭력 사태를 낳았는데 이 기간을 '분쟁The Troubles'이라 일컫는다. 이 기간 동안 아일랜드공화국 정부는 북아일랜드와 영국 정부 사이에서 중재 역할을 하려고 노력했고, 영국 정부는 1985년 영국-아일랜드 협정Anglo-Irish Agreement을 맺고 북아일랜드와의 협상에 아일랜드공화국 정부가 참여할 권리를 공식적으로 인정했다.

1998년 영국 정부, 아일랜드공화국 정부, 북아일랜드 8개 정당들 간에 북아일랜드평화협정Good Friday Agreement 또는 Belfast Agreement이 체결되면서 북아일랜드의 평화 정착에 큰 진전이 이루어졌지만 지금도 간헐적으로 폭력 사태가 계속되고 있다. 1998년 평화협정의 일환으로 아일랜드공화국은 헌법을 개정해 북아일랜드를 자국의 영토로 명시한 규정을 폐지하고 대신 아일랜드 시민권을 아일랜드에 사는 모든 국민들에게 부여한다고 명시했다.

아일랜드공화국군Irish Republican Army, IRA | 아일랜드공화국군은 아일랜드 전체가 독립된 공화국을 형성해야 한다고 주장하면서 그 목표를 달성하기 위해 폭력적 수단이 필요하다고 믿는 무장혁명 준군사조직이다. 1921년 영국-아일랜드 조약의 서명과 함께 아일랜드 독립전쟁이 종식되었는데, 이 조약에 따라 북아일랜

드는 영국에 잔류하고 남아일랜드만 아일랜드자유국으로 독립하게 되었다. 이 조약을 지지한 공화국군Old IRA은 아일랜드자유국 국군National Army의 핵심 세력을 형성하게 되었다. 조약에 반대한 아일랜드공화국군은 아일랜드 전체가 통일된 독립 공화국을 주장하며, 조약을 지지한 옛 동지들을 상대로 1922~1923년 내전을 일으켰으나 패했다.

내전에서 패배한 이들은 IRA라는 조직명을 그대로 쓰면서 통일된 아일랜드공화국을 건설한다는 목표하에 계속 조직을 유지했다. 그러나 1969년 북아일랜드에서 악화일로를 치닫던 폭력 사태의 수습 방법을 둘러싸고 의견이 갈리면서 공식파Official IRA, OIRA와 임시파Provisional IRA, PIRA로 분열되었다.

공식파는 주로 마르크스주의자들로서 아일랜드의 다른 공산주의자들과 통일전선을 형성하는 데 애썼다. 이들은 신페인당과 연계되어 있고 현재 군사적 활동은 하지 않는다. 임시파는 마르크스주의에는 반대하지만 좌익 성향으로 정치적 활동을 활발히 벌이고 있다.

임시파는 1986년 아일랜드공화국 의회에 참여하는 문제와 관련해 그때까지 고수하던 기권주의abstentionism 정책을 포기하면서 결과적으로 아일랜드공화국의 지위를 인정하게 되었다. 이에 반대하는 세력이 떨어져나가 '연속 아일랜드공화국군Continuity IRA, CIRA'을 만들었고, 1997년 임시파가 영국 정부와 휴전협정을 맺자 이에 반대하는 세력이 떨어져나가 '진정한 아일랜드공화국군Real IRA, RIRA 또는 New IRA'을 만들었다.

임시파는 1998년 북아일랜드평화협정을 지지했고 2005년 국제사찰단의 감시하에 무장해제에 동의했지만 일부 세력들이 2011년 4월 적대적 행위를 재개한다고 선언하기도 했다. 이들은 자신들이 주류 아일랜드공화국군이며 '진정한 아일랜드공화국군'이나 '연속 아일랜드공화국군'과는 전혀 별개의 조직이라고 주장했다.

Contents

나를 매료시킨 제러미 코빈 현상

나는 원래 이 책 제목을 '제러미 동지Comrade Jeremy'라고 지으려고 했다. 이 두 단어가 제러미 코빈이 살아온 삶의 모순적인 면을 완벽하게 포착해 낸다고 생각했기 때문이다. 그의 이름에는 영국 중부지방의 목가적인 환경에서 순탄하고 풍요로운 생활을 누리며 그래머 스쿨grammar school에서 학창 시절을 보낸 중산층 중년 남성의 삶이 축약되어 있다. 그러나 현재 노동당 지도자인 그는 10대 초반부터 국제적인 사회주의 계급투쟁과 좌익이 내세우는 명분과 가치에 헌신해왔다.

처음에는 코빈이 지도자의 지위에까지 오르는 일이 거의 불가능하다고 생각되었지만, 세월이 흐르면서 있을 법한 있는 일로 여겨졌고 마침내 현실이 되었다. 그 과정에서 일어난 일련의 사건들에 나는 매료되었다. 트위터를 비롯해 여기저기서 '제러미 동지'보다는 '코빈 동지'라는 호칭이 더 인기였다. 대중이 내린 판단을 좇아 책의 제목도 바뀌었다. 뒤에서도 언급하겠지만, 제러미 코빈이 권력자로 부상하는 과정에서 그를 둘러싼 소셜 미디어의 격랑에 휘말려 치밀하게 준비된 계획이 무산돼버린 경우는 이번이 처음이 아니다.

원서의 부제인 '매우 뜻밖의 반란A Very Unlikely Coup'은 1982년에 출간된 크리스 멀린Chris Mullin의 소설 《매우 영국적인 반란A Very British Coup》에서 따온 것으로, 예상을 뒤엎은 코빈의 승리를 극명하게 보여준다. 코빈이 2015년 봄 노동당 지도자 경선에 뛰어들었을 때만 해도 그로부터 몇 달 후 경선에서 승리는커녕 투표지에 후보로 이름을 올릴 만큼 충분한 동료 의원들의 지명을 얻어낼지도 의심스러웠다. 코빈이 신노동당New Labour Party을 둘러싼 공고한 벽을 허물고 당권을 장악하면서 자신을 추종하는 열성적인 좌익의 민중운동에 불을 지피리라고는 아무도 예상하지 못했다. 그 과정은 그야말로 소설가가 지어낼 그 어떤 이야기보다도 흥미진진했다.

코빈은 자신의 과거를 파헤치는 일을 마뜩잖아 하고 자신의 개인사에 대한 관심을 사생활 침해라고 여겨 불만스러워한다. 그는 이 책을 쓰는 데 협조해주지 않았고, 처음에는 자신의 친구들과 가족에게 나와 상대하지 말라고도 했다. 그의 정신적 스승인 토니 벤Tony Benn•처럼 자신의 사생활은 공론의 대상이 아니라고 믿었다. 정치적 행위만이 중요하

•
1950년부터 2001년까지 영국 하원의원을 지냈고, 1960년대와 1970년대에 노동당이 집권했을 때는 내각 각료도 역임했다. 본래는 '온건한' 좌파였으나, 1980년대 초부터 노동당의 강경좌파로 분류되었으며, 노동당 내에서 민주사회주의democratic socialism를 주장하는 핵심 인물이었다. 2014년에 사망했다.

다고 생각했다. 그러나 내가 인터뷰한 어떤 사람이 한 말처럼, 벤은 그런 견해를 내세우면서도 '20세기에 가장 강력한 개인숭배'를 이룩해냈다. 코빈 역시 지도자가 된 지금(벤과 달리 코빈은 당선되기까지 했다) 그에 대해 의구심을 품고 있는 사람들뿐만 아니라 그를 추종하는 많은 사람들이 그가 어떤 인물인지 더 알고 싶어 하는 게 당연하다. 이 책은 그런 사람들이 품고 있는 질문들에 답하고, 2015년 여름에 일어난 놀라운 사건들을 해석하려는 시도다. 이 책에서 나는 노동당 내 급진좌파 평당원이 어떻게 영국의 주요 정당의 지도자 자리에 오르게 되었는지 살펴볼 것이다. 정치인의 사생활은 곧 정치 행위라는 생각에서다.

나는 그를 신성시하거나 난도질할 의도가 전혀 없다. 다만, 이 책은 노동당 당수 제러미 코빈이라는 현상을 이해하고 규명해보려는 첫 시도일 뿐이다. 이 책을 쓰기 위해 자료조사를 하면서 나는 그가 일생을 관통하는 분명한 원칙을 지닌 복잡한 인물이라는 사실을 알게 되었다. 그는 젊은 시절 주변의 설득에 못 이겨 의원 선거에 출마한 정치운동가였고, 헌신적인 정치 활동에도 불구하고 좌익의 상징적 인물이 되기까지는 오랜 세월이 걸렸지만 노련한 정치가로서 2015년 당 지도자 경선에 뛰어드는 결정을 하는 데는 몇 주밖에 걸리지 않았다. 코빈은 자신이 자기에게 던져진 운명에 이끌려 마지못해 나선 야심 없는 인물로 비쳐지기를 바란다. 그러나 이 책에 묘사된 그는 얼떨결에 영웅이 된 인물이 아니다. 코빈은 일단 도전에 응하겠다고 결심하면 마지막까지 치열하게 싸운다. 겉보기에는 온화하지만 그 속에는 무시무시하고 타협을 모르는 저돌적인 정치가의 모습이 도사리고 있다. 바로 그가 코빈 동지다.

코빈은 인터뷰를 허락하지 않았지만, 정말 운 좋게도, 그의 가족과 학교 동창들, 동료 의원들과 정치운동가에 이르기까지 그의 우군과

적군을 막론하고 수많은 분들이 기꺼이 이 책을 위해 공식적, 비공식적으로 인터뷰에 응해주었다. 특별히 출처를 언급하지 않는 한, 인용된 말들은 모두 편의상 2015년 여름과 가을에 걸쳐 진행한 인터뷰에서 따온 내용이라고 보면 된다. 익명으로 인용된 내용도 마찬가지다. 이야기의 흐름을 원활하게 하려고 상원의원들을 칭할 때는 작위 대신 이름을 썼다. 정치인들의 호칭은 보통 이름이 더 많이 쓰이기 때문이다. 상원의원들이 너그러이 이해해주리라 믿는다.

소중한 시간을 내서 기억을 되살려준 수많은 분들께 감사드린다. 바이트백 출판사, 특히 이언 데일, 제임스 스티븐스, 올리비아 비티에게 고마움을 표하고 싶다. 이 책 출판을 맡은 그들은 코빈이라는 인물에 대한 궁금증을 충족시킨다는 일념으로 혼신을 다해 작업을 진행했다. 나의 에이전트인 AM 히스의 빅토리아 홉스에게도 감사의 말을 전한다. 또 〈데일리 텔레그래프〉의 전 직원, 특히 크리스 에반스, 로버트 위넷, 로버트 멘딕, 케이트 메이어와 자신의 조사 자료를 내게 허용해준 바비 길레스피에게도 감사하다. 매튜 벨과 매튜 템페스트에게도 고마움을 전한다.

나의 가족, 베스, 닉, 린다, 클라라, 아냐, 스티븐, 로리에게 진심으로 고맙고 사랑한다고 전하고 싶다. 특히 초고를 읽고 현명한 조언을 해준 남편 코너와 아버지 피터에게 감사를 드린다.

로자 프린스

놀라운 인생 역정 속으로

내가 웨스트민스터 사원의 퀸 엘리자베스 II 회의장에 마지막으로 발을 들여놓은 때는 토니 블레어 총리가 이라크전쟁에 관한 조사위원회에 출석해 답변할 때였다. 나는 당시 기자로서 그 조사위원회의 취재를 맡고 있었다. 2003년에 있었던 사담 후세인 축출과 이라크 침공에 대한 공식적인 조사가 끝날 기미를 보이지 않고 있었다. 그로부터 몇 년이 지나 나는 다시 그 자리에 있었다. 이번에는 토니 블레어의 적수 제러미 코빈을 보러 왔다. 전쟁저지연합Stop the War Coalition을 창립하는 데 일조하고 블레어 전 총리의 탄핵을 요구한 바로 그 인물이 노동당 당수로 등극하는 자리였다.

이 두 사건은 더할 나위 없이 극명한 대조를 이룬다. 블레어가 조사위원회에 출석한 2011년 1월 20일은 살을 에는 듯이 추웠지만 코빈이 지도자로 등극한 날은 화창했다. 5년 전 블레어에게 야유를 퍼붓기 위해 의사당 밖에서 기다렸던 수많은 사람들의 분노는 코빈의 승리에 대한 환호로 변했다. 그러나 그렇게 두 사건의 커다란 차이에도 불구하고 2015년 분위기는 5년 전 못지않게 긴장감이 흘렀다. 축하하는 자리처럼 느껴지지 않았다. 내 주위에는 사람들이 삼삼오오 모여서 수군거렸다. 경선 과정에 대해 분통을 터뜨렸다. 코빈의 지지자들조차도 심드렁해 보였고 주위에서 적대감을 드러내는 사람들 때문에 승리의 기쁨을 만끽할 분위기가 아니었다. "우리는 할 수 있다. 우리는 해냈다"라고 외치는 구호는 항변처럼 들렸다.

당수 경선 결과가 발표되는 회의장은 널찍한데도 숨 막힐 듯 답답했다. 줄 지어 착석한 노동당 당원들은 미심쩍은 눈초리로 서로를 쳐다보았다. 질식할 듯이 더웠고 분위기는 살벌했다. 무대 위 진부한 슬로건이 쓰인 붉은색 전광판 앞에서 연사들이(모조리 남성이었다) 화합과 동지애를 보여달라고 호소했지만, 청중의 반응은 별로 우호적이지 않았다. 무대 바로 앞에 앉아 있는 후보들은 미소를 띤 채 낮은 목소리로 서로 환담했다. 그러나 그들의 지지자들은 속내를 숨기지 않았다. 누군가가 내게 다음과 같은 문자메시지를 보냈다.

"이 회의장 안에 있는 사람 절반은 죽이고 싶어."

코빈이 연설을 할 때도 승리한 기쁨보다는 한을 풀었다는 느낌이 묻어나왔다. 그는 언론 매체들을 매도하고 복지를 줄이고 노조를 무력화시키려는 보수당 정권에 맞서겠다고 공언하면서 다음과 같은 말로 연설을 마무리했다.

"빈곤은 극복할 수 있습니다. 현실은 바뀔 수 있고 바뀔 겁니다."

모두 기립박수를 쳤지만 나는 일어서지 않았다. 내 뒤에 있는 한 남자가 등 뒤에서 그런 나에게 뭐라고 했다. 그는 신노동당 정권이었다면 지도자 동지가 말씀하시는데 일어서서 박수치지 않는 나 같은 사람이 앉은 의자는 발로 채였을 것이라고 중얼거렸다.

나는 붉은 전광판이 번쩍거리는 거대한 회의장을 서둘러 떠나 햇볕이 화창하게 내리쬐는 바깥으로 나왔다. 거기에는 장내 지지자들보다 훨씬 들뜬 코빈 지지자들이 새 지도자가 나타나기를 기다리고 있었다. 카메라맨들과 기자들은 회의장을 빠져나오는 정치인들에게 카메라와 마이크를 들이대고 격정을 토로할 기회를 주었다. 그런 기회를 놓치려는 사람은 아무도 없었다.

코빈은 신임 당수로서 첫 행사에 참석하기에 앞서 술집으로 향했고 거기서 '적기가赤旗歌'를 불렀다. 첫 행사는 팔러먼트 스퀘어에서 열리는 난민을 지지하는 시위였다. 코빈 동지는 당수가 되자마자 자신에게 무엇이 중요한지 우선순위를 분명히 밝힌 셈이다. 자신이 40년 넘게 대변해온 민중과 대의명분들이 우선이었다.

나는 행사를 뒤로하고 차에 올라타 런던을 빠져나온 후 M40, M42, M6을 따라 달렸고 마침내 M54를 지나 영국 중부지방의 한가운데로 들어섰다. 세 시간을 운전하는 동안 라디오에서는 노동당 당수 경선 결과에 대해 놀라움을 금치 못하면서 코빈이 장악한 당의 미래에 우려를 표하는 전·현직 의원들의 목소리가 흘러나왔다. 슈롭셔 지역 경계를 벗어나자마자 고속도로를 빠져나왔다. A 도로를 따라 10분을 달린 후, 올림픽에 참가하는 영국 선수들이 훈련하는 릴리셸 국립스포츠센터의 표지판에서 좌회전을 해 코빈이 어린 시절을 보낸 집이 있는 거리로 들어섰다.

그가 살던 집을 찾는 데 한참이 걸렸다. 코빈의 가족이 살던 집은 대저택으로 번지수도 없고 그냥 저택 이름만 있었다. 집을 못 찾고 헤매던 나는 그 거리를 따라 1마일쯤 가다가 뉴포트에 들어섰다. 이곳은 코빈이 어렸을 때 살았던 곳에서 가장 가까운 동네로 인구는 1만 5천 명 정도다. 빅토리아 시대 풍의 예쁘장한 가게들과 성 니콜라스 성당이 길을 따라 늘어서 있었다. 성 니콜라스 성당은 지금은 영국성공회 성당이지만 그 역사는 영국성공회가 생기기 300년 전인 13세기로 거슬러 올라간다. 위키피디아에서 검색해보니 뉴포트는 원예 증진을 위해 열리는 '활짝 핀 영국Britain in Bloom' 경진대회에서 결승에 오른 적이 있었다. 민중을 대변하는 혁명가가 어린 시절을 보낸 곳이라기에는 어딘지 어울리지 않아 보였다.

다시 코빈이 어린 시절 살던 집이 있는 거리로 돌아왔다. 키 크고 잎이 무성한 나무들이 일렬로 늘어선 사이로 멀찌감치 집이 보였다. 마침내 명패가 달린 정문을 찾아냈다. 명패에는 '주목원朱木園, Yew Tree Manor'•이라고 적혀 있었다. 바로 여기서 제러미 코빈이 일곱 살 때부터 독립할 때까지 살았다. 이 집에 살면서 그는 사회주의자의 의미를 깨쳤고, 세 형들과 열띤 정치 논쟁을 벌였으며, 좌익 성향에 어울리지 않는 부모로부터 자기보다 불우한 사람들의 처지를 공감하라는 가르침을 받았다.

그의 형들 중 한 사람이 내게 들려준 이야기가 생각났다. 그들의 모친 나오미는 1950년대에 그 집을 사면서 집의 이름을 '주목재朱木齋, Yew Tree House'라고 고쳤다고 했다. 본래 이름보다 더 소박한 이름이라면서 말이다. 현재 집주인은 이를 다시 옛 이름으로 바꿨다. 정문을 통과해 자

• '매너Manor'는 중세시대에 영주가 지배하던 장원莊園이나 영지를 뜻한다.

갈이 깔린 자동차 진입로를 따라가보니 '장원'이라는 명칭이 걸맞다는 생각이 들었다. 예전에 이 집을 찍은 사진을 본 적은 있지만 직접 와보니 그 규모나 화려함을 사진이 제대로 포착하지 못했다는 생각이 들었다. 붉은 벽돌로 지은 수려한 17세기 대저택은 세 구역으로 나뉘어 있고 바깥에 고색창연한 별채가 있었다. 창문 주위로 넝쿨이 기어오르고 현관문 옆에는 분홍색 꽃들이 활짝 피어 있었다. 집 앞에는 윤기 흐르는 검은색 재규어 자동차가 서 있었고 집 주변에는 잘 손질된 잔디밭과 정원이 펼쳐져 있었다. 아직 해가 있어 따뜻하고 화창했다. 어딘가 근처에서 말 울음소리가 들렸다.

1979년에 4만 파운드를 주고 코빈 가족으로부터 이 집을 구입한 주목원의 현 소유주 데이비드 아스킨$^{David Askin}$ 씨가 현관문을 열어 나를 맞아주었다. 그는 내게 차를 권했고 친절하게 집 구경도 시켜주었다. 집은 전체적으로 나지막한 천장에 목재 서까래가 받치고 있는 구조로 널찍한 방들이 또 다른 방들로 이어졌다. 다용도실과 개수대가 딸린 널찍한 주방이 있고, 거실, 손님 맞는 공간, 서재 등이 있었다. 자녀를 키우기에 더할 나위 없이 훌륭한 집이라는 데 우리는 의견이 일치했다.

아스킨 씨는 나를 바깥으로 안내해 자기 며느리가 말들을 기르는 방목장을 보여주었다. 조랑말 두 마리와 수려한 종마 두 마리가 있었다. 그는 말들이 풀을 뜯는 방목장 한가운데에 솟은 수상한 벽돌 탑을 가리켰다. 높이가 4피트 정도인 그 탑은 아스킨 씨의 말에 따르면, 제러미 코빈과 가장 가까웠던 형인 피어스가 기상을 관측하는 시설로 사용했다고 한다. 피어스는 장기적인 기상예측 정보를 판매하는 사업을 하는데, 인간에 의한 지구온난화나 기후 변화를 부정하는 등 논란을 불러일으키기도 하는 인물이다.

우리는 방목지 출입문에 기대서서 해질녘의 풍경을 음미했다. 그러니까 이곳이 바로 코빈 동지가 자란 곳이었다. 안락하고 질서정연한, 세상의 시름과는 단절된 평화롭고 풍요로운 이곳이 말이다. 격정적인 논쟁과 반박이 난무하는 웨스트민스터 사원과는 완전히 딴판이었다. 노동당의 새 지도자가 걸어온 인생 역정이 새삼 놀랍다는 생각이 들었다. 이제 그 역정 속으로 여러분을 안내하고자 한다.

Chapter I

뜻밖의
사회주의자들

한 노조 간부가 자신이 숭배하는 공산주의자 레온 트로츠키를 만난 얘기로 전기기술자 청중들을 매료시키고 있었다. 이때 홀린 듯 그 얘기에 귀를 기울이는 한 젊은이가 있었다. 1936년, 스물한 살인 데이비드 코빈David Corbyn이 전기기술 견습생으로 막 입문한 때였다. 청중들의 대화는 천 마일 떨어진 스페인에서 벌어지고 있는 끔찍한 상황으로 옮겨갔다. 스페인에서는 무정부주의자, 공산주의자, 농민들이 연합해 프란시스코 프랑코 총통 휘하의 공화군이 저지른 잔혹 행위에 항거하며 용맹하게 투쟁을 벌이다가 올리브 농원과 고풍스러운 마을들에서 죽어가고 있었다.

"이보시오, 동지들." 연사가 외쳤다.

"우리나라에서 결성된 스페인원조위원회Spanish Relief Committee를 지원해야 하오."

방 안을 죽 훑어보던 그의 시선이 데이비드에게서 멈췄다. 그가 명령을 내렸다.'

"코빈, 자네가 가게!"

데이비드는 급진주의자로는 어울리지 않는 인물이었다. 그는 교외에 거주하는 변호사의 아들로 안락한 중산층의 삶을 살아왔다. 그러나 전기기술 견습생으로 입문하면서 다른 청년 노동자들과 함께 노조에 가입했다. 그리고 동료들이 벌이는 열띤 토론에 매료되었다. 결국 그가 노조에 가입하면서 영국 정치의 방향이 바뀌게 되었다. 그의 정치이념과 곧 그의 부인이 될 여성의 정치이념이 두 사람의 막내아들인 제러미의 정치사상을 형성하는 데 막대한 영향을 미쳤기 때문이다.

데이비드는 정치의식이 강했지만 런던 서부에 있는 일링에서 부모님과 함께 사는 어린 청년에 불과했다. 그는 명령에 따라 스페인내전구제위원회Spanish Civil War Redress Committee 회의에 참석했다. 하지만 그의 생각은 젊은이답게 당연히 스페인 전선에서 핍박받는 동지들을 떠나 자기 근처에 앉아 있던 매혹적인 아가씨에게로 옮겨갔다. 나오미 조슬링Naomi Josling도 당시에 스물한 살로 데이비드보다 한 달 늦은 1915년 6월에 태어났다. 몇 년 후 데이비드는 자신의 셋째 아들 피어스에게 그 위원회 모임에 참석하게 된 경위를 설명해주면서 다음과 같이 말했다.

"바로 거기서 네 엄마를 만났다."

그러자 어린 피어스가 "그 사람이 우리 엄만지 어떻게 아셨어요?"라고 물었고, 이에 피어스의 아버지는 웃음을 터뜨렸다.' 피어스가 데이비드에게 장래의 아내에게 끌린 이유를 말해달라고 조르자 그는 이렇게 대답했다.

"엉덩이가 맘에 들었고 모자를 쓰고 있었지."³

제러미 코빈은 부모의 첫 만남을 조금 다르게 기억한다. 자기 지역구에서 열린 한 행사에서 코빈은 '투철한 신념의 사회주의자들'이었던 부모가 호번에 있는 콘웨이 홀에서 만나 동지애를 느꼈다고 했다.⁴ 또 다른 어떤 행사에서는 이렇게 말했다.

"부모님은 스페인 내전과 관련된 시위를 하다가 만났다. 두 분 다 평화주의자로 시위에 적극 참여했다."⁵

그의 말에 모자나 엉덩이 얘기는 없었다. 코빈답게 사적인 내용은 배제한 설명이었다.

신임 노동당 지도자는 어린 시절 얘기를 꺼린다. 그는 자신이 어느 날 갑자기 런던 북부 지역에 나타났고, 어쩌다보니 신념을 지니게 되었다는 인상을 주려고 하고, 성장배경도 불분명하며, 첫 수십 년의 삶은 신비에 싸인 채로 내버려두기를 바란다. 사실, 오늘날의 코빈을 있게 한 건 그의 성장배경이다. 그는 전혀 사회주의자와는 어울리지 않는 사회주의자 부모에게서 태어난 중산층 소년이었다.

코빈은 중남미에서 팔레스타인, 차고스 제도에서 러시아에 이르기까지 이역만리에서 고군분투하는 민중들을 옹호하는 명분에 수십 년을 바쳐왔지만 그의 뿌리는 철저히 유럽이었다. 수세기로 거슬러 올라가는 그의 집안 족보에는 윌리엄, 존, 에밀리, 샬롯, 제임스, 에드워드 같은 이름들로 빼곡하다. 게다가 데이비드와 나오미의 성장배경이 놀라울 정도로 비슷하지만 어느 쪽도 노동자 계층의 사회적 정의를 위한 투쟁에 이끌릴 만한 성장배경은 아니다. 코빈의 가계 족보를 보면 오히려 정반대인 경우가 많다.

뜻밖의
사회주의자들

코빈이 선출된 후 〈선데이 익스프레스Sunday Express〉는 코빈의 혈통에서 상당히 사악한 인물을 찾아냈다고 주장했다. 1822년 글로스터셔에 사는 재봉사 집안에서 태어난 제임스 사전트James Sargent라는 인물이다. 그는 훗날 서리 주 파넘에서 구빈원을 운영했는데 이 구빈원은 당시에 "자칭 기독교 문명국이라는 나라의 수치이자 저주"라고 묘사되었다.[6] 이와 관련해 신임 노동당 지도자는 노동당 전당대회에서 한 첫 연설에서 이런 농담을 던졌다.

"옛날로 돌아가서 그 사람을 꾸짖지 않은 점 사과드리고 싶다."

그 집안에 전해 내려오는 전설에 따르면, 코빈 가문은 본래 프랑스 위그노로 천주교의 박해를 피해 18세기 초에 영국에 건너온 신교도였다. 그는 또한 "아마 독일에서 온 유대계의 피도 흐르는 것으로 알고 있다"라고도 했다.[7] 코빈의 친조부 벤저민Benjamin도 재봉사 집안에서 태어났다. 그는 서퍽 주 로스토프트 출신 윌리엄 코빈William Corbyn과 루이자 코빈Louisa Corbyn의 7남매 중 하나였다. 윌리엄은 재단사로 성공해 마을에서 가게를 여러 개 운영했고 아들이 변호사가 되도록 뒷바라지해줄 만큼 돈을 벌었다.

벤저민은 1914년 도로시 부시Dorothy Bush와 결혼했고 이듬해 데이비드가 태어났다. 두 사람이 각각 스물아홉, 스물여덟이 되던 해였다. 도로시는 제1차 세계대전이 발발하기 전날, 런던 북부에 있는 뉴 사우스게이트에서 태어났다. 이 지역은 훗날 제러미 코빈의 지역구와 가깝다. 노퍽 주 헤더셋 출신 화학자의 딸로 태어난 도로시는 아마도 아버지가 영국 동부에 인맥이 있어 그 덕분에 로스토프트에서 초등학교 선생으로 일하게 되었을 것이다.

로스토프트에서 계약직 견습생으로 일하던 벤저민은 변호사 시험에 합격한 후 처와 어린 아들을 데리고 런던 서부의 일링으로 이사했다. 그들이 이사한 집은 테라스가 있는 에드워드 시대 풍의 안락한 집이었다. 그는 유엔의 전신으로서 제1차 세계대전 종전 후에 창립된 국제연맹League of Nations의 업무와 관련된 토론 모임에 적극적으로 참여했다. 국제연맹 지지자들은 주로 참혹한 전쟁에 대한 해결책으로 국제주의Internationalism를 지지한 사람들로서, 벤저민의 손자인 제러미도 조부의 신념을 따르게 된다.

1945년 도로시는 세상을 떠나면서 남편에게 214파운드 6실링 3페니를 유산으로 남겼다. 벤저민은 상처 후 23년을 더 살았고 여든세 살에 세상을 떠나면서 당시로서는 적지 않은 금액인 2만 2,460파운드를 유산으로 남겼다. 거의 20년 후 그의 아들인 데이비드가 세상을 떠나면서 남긴 유산은 그보다 2만 파운드 많았지만, 실질가치로 보면 데이비드가 남긴 유산의 가치는 벤저민이 남긴 유산보다 낮다. 제러미의 큰형 데이비드 에드워드 코빈David Edward Corbyn은 자신의 친가에 대해 다음과 같이 말했다.

그분들은 성실하고 선량한 노동자들이었다. 그리 많은 부를 상속받지도 않았다. 대부분 로스토프트에서 재단사로 일하면서 모은 재산이었다. 그분들도 아등바등 고군분투하며 살았다. 우리 친가 쪽이 특별이 유복했다고 생각하지 않는다. 부자였다고 할 수는 없다. 할아버지가 변호사였고 변호사는 상당히 좋은 직업이기는 하지만 상류 계층 사건을 다루지도 않았다. 주로 열심히 일해서 먹고사는 노동자 계층을 상대했다. 할아버지는 일링에서 오랫동안 법률사무소를 공동운영했다.

학교를 졸업한 코빈의 아버지 데이비드는 액턴 기술전문대학에 입학해 전기공학 학위를 받았다. 그는 전공에 상당한 재능을 보였고 웨스팅하우스 브레이크 앤드 시그널 컴퍼니에 취직도 했지만, 그의 부친 벤저민은 아들이 전문직이 아니라 기술직에 종사하게 된 데 대해 실망스러워했다고 전해진다. 나오미의 부친 어니스트 조슬링Earnest Josling도 딸의 애인을 그리 달가워하지 않았다. 피어스 코빈에 따르면, 어니스트는 끔찍한 속물로 데이비드가 나오미보다 천하다고 생각했다.[8]

어니스트 조슬링이 데이비드를 업신여겼다는 사실은 좀 뜻밖이다. 어니스트는 런던 남부에 있는 부촌 웨스트 덜리치에서 태어났지만, 그의 부인 캐롤라인 스톳Caroline Stott은 이스트 엔드에 있는 아일오브 도그스 출신이었기 때문이다. 조슬링보다 네 살 어린 그녀가 태어난 1879년 당시 그 지역에는 주로 지역 부두에서 일하는 노동자들이 거주했다.

코빈의 외조부모 조슬링 부부는 1903년 플리머스에서 결혼한 후 전국 이곳저곳을 옮겨 다니며 살다가 다시 런던에 정착했다. 1911년 인구조사 자료에 따르면, 그들은 노스 핀칠리에 살고 있었는데 이 지역은 장래에 코빈의 지역구가 된 북이즐링턴Islington North의 바로 서쪽에 있다. 비교적 생활이 넉넉해서 캐롤라인 조슬링은 가사에만 전념했고 마거릿 실링이라는 열일곱 살짜리 입주 가사도우미도 두었다.

인구조사 자료에 따르면 어니스트는 직업란에 '견적사 겸 감정사'라고 적었다. 그가 견적한 프로젝트에는 켄트에 있는 채텀 부두, 몰타아니면 지브롤터(어느 쪽이 맞는지 그의 손자들은 기억하지 못했다)에 있는 항구가 있다. 장남인 데이비드에 따르면, 나오미는 버크셔에 있는 마을에서 어린 시절을 보낸 후 가족과 다시 런던으로 이사했다고 한다.

나오미의 여러 형제 가운데 한 명이자 훗날 영국성공회 신부가 된

케네스Kenneth는 옥스퍼드에 진학했는데(조정 선수로 활약했다) 오빠의 영향으로 나오미도 고등교육을 받겠다는 결심을 하게 된 듯하다. 그녀는 런던대학교를 다녔고 남편과 마찬가지로 졸업식은 앨버트 홀에서 있었다. 그녀의 아들 데이비드는 당시 여성들에게는 대학 진학을 허락하지 않는 분위기였다고 말했다.

"우리 어머니는 대학에 진학했는데, 당시로서는 아주 드문 일이었다. 게다가 조부모님이 흔쾌히 허락하지도 않았다고 생각한다. 어머니는 화학과 심리학을 전공했고 대학에서 받은 교육을 바탕으로 가르치는 일을 많이 했다."

공교롭게도 데이비드와 나오미가 만난 당시에 나오미의 부모 조슬링 부부는 데이비드의 부모 코빈 부부가 사는 런던 서부 일링에서 도보로 몇 분 거리에 살고 있었다. 조슬링 부부가 살고 있던 집은 나오미의 장래 시부모가 살고 있던 집과 크기나 규모 면에서 비슷했다. 어니스트 조슬링이 업신여길 만큼 크게 차이 나지 않았다.

당시는 이들 부부에게나 세계적으로나 정치적 격동기였다. 몇 년 만에 세상에는 전쟁의 참상을 겪지 않은 사람이 거의 없게 되었다. 스페인은 이미 프랑코 총통의 파시스트 정권 손아귀에 넘어가는 중이었고, 독일은 히틀러의 나치 정당이 완전히 장악했다. 훗날 코빈은 부친이 국제여단International Brigade•에 가담하고 싶어 했지만 "건강이 허락하지 않았다"고 했다.' 그는 부친의 병명이 뭔지는 구체적으로 밝히지 않았다. 당시 영국 전역에서는 오즈월드 모즐리Oswald Mosley 경이 집회를 열어 공산

• 스페인 내전 때 파시스트 프랑코 진영에 맞선 제2공화국 정부를 돕기 위해 여러 나라에서 주로 사회주의자와 공산주의자들이 자원해 조직한 군대다.

뜻밖의
사회주의자들

주의자와 유대인을 성토하는 선동적인 연설로 군중을 열광시켰다. 그는 자신이 창당한 영국파시스트연합^{British Union of Fascists, BUF}을 따르는 깡패 같은 준군사조직 무리를 이끌고 도시 거리를 활보하면서 유대인이 모여 사는 지역사회들을 위협했다.

히틀러, 프랑코, 무솔리니가 승승장구하면서 모즐리도 약진할 듯이 보였다. 그런데 데이비드와 나오미가 만났을 무렵인 1936년 10월 어느 날, 반파시스트와 유대인이 결성한 오합지졸의 군대가 런던의 이스트 엔드 거리에서 영국파시스트연합 극우 세력과 대격전을 벌였다. 나오미 조슬링도 그 오합지졸 군대의 한 명이었다. 그녀의 아들 제러미는 모친이 그 사건에 가담한 사실을 훈장처럼 자랑스러워했다.

1939년 독일과의 전쟁이 발발하자, 데이비드와 나오미는 결혼하기로 했다. 어니스트는 두 사람의 약혼을 탐탁지 않아 했다. 코빈 부부의 셋째 아들이자 제러미의 형인 피어스가 주장하는 바에 따르면, 두 사람은 나오미의 부친 어니스트가 죽기 전에는 결혼이 불가능하겠다고 생각했고, 나오미는 이에 대해 데이비드에게 두고두고 미안해했다. 피어스는 "우리 어머니는 정의를 신봉했다"고 말하면서 이렇게 덧붙였다.

"어머니는 외할아버지와 극심하게 의견 대립을 했고, 외할아버지는 어머니가 우리 아버지와 결혼하지 않기를 바랐다. 외할아버지는 어머니가 손해 보는 결혼이라고 생각했다."

실제로 사망신고서를 보면 1940년 브렌트퍼드에서 스물다섯 살이던 코빈 형제의 부모님이 결혼했을 당시, 결혼 직전에 세상을 떠난 사람은 나오미의 어머니 캐롤라인 조슬링이었다. 캐롤라인은 유서에서 자신의 딸 "나오미 러브데이 조슬링(미혼)에게" 446파운드 2실링 11페니를 남긴다고 했다. 어니스트는 그로부터 3년을 더 살았는데, 그의 상당한 재산 9,525파운드 18실링 1페니가 나오미의 오빠 해럴드에게 돌아간 사실로 미루어보면, 나오미는 어니스트가 세상을 떠날 때까지 아버지와 화해하지 않고 소원하게 지냈던 것으로 보인다.

전쟁 중에 결혼한 나오미는 남편 데이비드가 징병당할까 봐 걱정했을 것이다. 다행스럽게도 전쟁이 터지자 웨스팅하우스는 국방부로부터 군수물자 생산 계약을 따냈고 데이비드는 웨스팅하우스에서 전쟁 지원과 관련된 극비 업무를 담당하게 되었다. 공식적으로 그의 업무는 '병역 면제 직종', 즉 전쟁 지원에 중요한 업무이기 때문에 징병이 면제되는 직종으로 기록되었다. 직접 참전하지는 않았지만, 영국 주변의 포성이 점점 높아지면서 나오미와 데이비드는 런던에서 공습경보 시 대피 감독관으로 일했다.

코빈이 노동당 당수로 선출되고 며칠 후, 세인트 폴 성당에서 독일이 런던을 공격한 런던대공습Blitz을 기념하는 추모 예배가 열렸는데, 이 자리에 참석한 코빈은 국가를 제창할 때 따라 부르지 않아 비판을 받았다. 코빈은 부모님 생각을 하고 있었다고 해명했다.

"우리 가족, 당시 런던에 살았던 우리 어머니와 아버지를 생각하고 있었다."[10]

그런데 데이비드와 나오미는 어떻게 그런 정치적 신념을 지니게 되었을까? 에드워드 시대 풍의 집에 거주한 중산층 가정 출신인 두 사람은 어쩌다가 이상주의적인 정치이념을 신봉하게 되었을까? 피어스 코빈은 사회학자 존 데이비스John Davis와 2010년에 한 인터뷰에서 부모님의 신념은 실용적이고 과학적인 측면에 뿌리를 두고 있다고 주장했다. 코빈 부부는 세상을 다스리는 가장 논리적인 방식으로 사회주의를 생각했다는 것이다.

뜻밖의
사회주의자들

"두 분은 말하자면 급진적이었다. 아니, 사회주의자 성향이었다. 그분들은 아마 과학과 사회주의가 인류를 구원하리라고 믿었을 것이다."

데이비드와 나오미는 스스로를 좌익이라고 생각했지만, 그들의 정치 행적을 보면 급진주의자까지 가지는 않았다. 두 사람이 영웅시한 인물은 이오시프 스탈린이 아니라 클레먼트 애틀리^{Clement Attlee}였다. 애틀리는 종전 후 노동당이 배출한 영국 수상으로 국민건강보험과 복지국가의 기틀을 마련한 인물이다. 피어스는 공산당이 아버지에게 접근해 입당을 권유한 적도 있다고 주장하지만(아마도 데이비드가 전쟁 중에 수행한 업무 때문에 러시아인들이 관심을 보였을 가능성이 있다), 그의 아버지 데이비드는 주류 정치의 범주를 벗어나지 않았다.

"부모님은 그런 비밀공작 정치에는 관심을 두지 않았다. 두 분은 솔직담백한, 노동당 정치활동가 유형이었다."[1]

웨스팅하우스가 군수물자 생산 공장을 철도 근처에 위치한 윌트셔 주 치퍼넘으로 이전하자 코빈 부부도 회사를 따라 이사했다. 전쟁 전후로 데이비드가 한 일은 정류기를 만드는 일이었다. 교류를 직류로 전환하는 전기 장치다. 하지만 전쟁 중에 정확히 무슨 일을 했는지는 비밀에 싸여 있다. 그의 장남 데이비드는 이렇게 말한다.

"대부분 철도와 관련된 부품들을 생산했지만, 틀림없이 다른 물건들도 비밀리에 생산했을 것이다."

코빈 부부는 그린웨이 가든스 57번지, 아담한 뒷마당이 딸린 침실 세 개짜리 집에 정착했다. 첫아이는 인류의 미래 자체가 위기에 처한 듯이 보였던, 전쟁이 최고조에 달했던 1942년에 태어났다. 코빈 부부는 아버지인 데이비드의 이름을 따 첫아이의 이름을 지었고 자식들의 이름을 중간 이름^{middle name}으로 부르는 전통을 만들었다. 이 전통은 제러미가 태어나면서 깨졌다. 첫아들 데이비드는 가족들 사이에 중간 이름인 에드워드로 불렸다. 2년 후 둘째 아들 존 앤드루John Andrew가, 그리고 1947년에 셋째 아들 피어스 리처드Piers Richard가 태어났다. 데이비드와 피어스는 훗날 도로 첫 이름으로 바꿨지만, 아주 가까운 가족들은 여전히 그들을 중간 이름으로 불렀다. 그러나 앤드루는 2001년 세상을 떠날 때까지 중간 이름으로 불렸다.

전쟁이 끝나자 데이비드는 아들들에게 국토방위군Home Guard•에 복무하던 때의 얘기를 들려주곤 했다. 장남 데이비드 코빈은 이를 두고 "아버지의 군복무 실화"라고 말한다. 소대가 군화를 배급받았는데 받고 보니 모두 왼쪽만 있었다는 얘기도 있었다. '평균치보다 머리가 잘 돌아가던' 아버지 데이비드의 소대는 오른쪽 군화의 소재를 추적해서 근처 맘스버리 마을에 있는 국토방위군 본부에 군화가 있다는 사실을 알아냈다. 그들은 마을에서 당시에는 배급품이던 석유를 징발한 후 본부까지 찾아가 군화를 회수했다. 당시 독일군의 침공에 대비해 그들을 교란시키려고 표지판이 모두 제거된 상황이었는데도 말이다.

이런 재미있는 일화들도 있지만, 전쟁 때문에 그의 부모를 포함해 그 세대의 모두가 엄청난 시련을 겪었다는 사실을 이제 아들 데이비드는 깨닫는다. 그래도 조금 위안을 삼을 만한 점은 아버지 데이비드가 자기 세대의 다른 남성들과는 달리 생사가 위태로운 상황을 몸소 겪지는 않았다는 사실이다. 아들 데이비드는 말한다.

"당시에는 그게 얼마나 다행인지 몰랐지만 나이가 들면서 깨닫게 되었다. 학교에서 부모를 잃은 아이들을 보게 되었기 때문이다. 마을에

•
1940년대에 조직된 시민군을 말한다.

뜻밖의
사회주의자들

도 그런 아이들이 있었던 기억이 난다."

그 마을이란 1948년에 코빈 부부가 이사 간 치퍼넘에서 3마일 정도 떨어진 곳에 있는 킹턴 세인트 마이클이라는 곳이었다. 바로 이곳에 있는 치퍼넘 카티지 병원에서 1949년 5월 26일, 코빈 부부의 막내아들 제러미 버나드 코빈^{Jeremy Bernard Corbyn}이 태어났다. 당시 영국의 클레먼트 애틀리 정권은 가스 산업을 국유화하는 절차를 진행하고 있었고, 북대서양조약기구^{NATO}가 조인된 지 여섯 주가 지났을 때였으며, 조지 오웰이 《1984》를 출간하기 2주 전이었다.

Chapter 2

유복한
어린 시절

어느 모로 보나 제러미 코빈은 어린 시절을 유복하게 보냈다. 자식 교육에 열성적이었던 자애로운 부모는 사내아이가 가질 만한 흥미와 취미에 깊은 관심을 기울였고, 제러미가 순탄하고 안락하게 살 만한 경제적인 여력도 충분했다. 제러미를 비롯해 세 형들은 터울이 잦아서 친구처럼 지냈고 형이 많았기 때문에 제러미에게는 늘 같이 놀아줄 사람이 있었다.

그는 그 지역에서 아무나 가지 못하는 가장 좋은 학교들을 다녔고 그중에는 학비가 아주 비싼 학교도 있었다. 그가 어린 시절 살았던 두 집은 모두 널찍한 데다 유서 깊은 수려한 건물이었다. 형제가 많았는데도 그는 늘 독방을 썼다. 집 밖에는 정원과 잔디밭과 방목지가 있었다.

작업장과 별채에서는 아버지, 형들과 엔진을 조립하거나 해체하면서 놀았다. 그러다 싫증나면 영국에서 가장 경관이 수려한 지역으로 꼽히는 동네를 거닐거나 강에서 낚시를 하거나 근처 저택들을 둘러보면서 부모님이 정착해 가정을 꾸린 그 고색창연한 마을과 동네의 분위기를 한껏 누렸다.

데이비드와 나오미 부부는 런던 출신이지만 야외 활동을 즐기고 전원생활을 만끽했다. 그들은 한때 호텔이었던 대저택에서 살기도 했지만, 수백 년 된 건물들이 늘어선 예스러운 작은 마을과 외딴 마을에서 생활하는 삶을 선택했다. 그들은 말년을 윌트셔의 그림 같은 마을에서 그 유명한 초크 호스chalk horses• 근처에 있는 초가지붕을 얹은 오두막에서 보냈다.

코빈 부부는 킹턴 세인트 마이클이라는 그림 같은 마을 가까이에 있는 석조 건물 힐사이드 하우스에서 전원생활을 시작했다. 이곳은 윌리엄 1세가 토지대장을 만든 1086년 이전으로 거슬러 올라가는 유서 깊은 마을로, 유적지로 등재된 뛰어난 건물들과 관광객들이 묵어가는 아담한 오두막집들이 즐비하다. 오늘날 700명 정도의 주민이 살고 있는 킹턴 세인트 마이클은 영국 서부 지역의 목가적인 풍경을 즐길 수 있는 관광 명소가 되었다. 이 마을의 명소 가운데는 12세기에 수녀원과 빈민 구호소로 쓰였던 프라이어리 매너Priory Manor가 있다.

코빈 가족이 살던 당시에도 이 마을은 살기 좋은 곳으로 손꼽혔다. 안락하고 풍요로웠으며 전후의 내핍했던 삶의 영향을 거의 받지 않

•
산기슭의 표면을 말 모양으로 파서 땅 아래에 있는 이회질泥灰質층이 드러나게 함으로써 백마 형상을 만들었다. '화이트 호스'라고도 하며 상당히 멀리서도 잘 보인다.

았다. 제러미의 부친 데이비드 코빈은 계속 치퍼넘에서 일을 했고 차를 구입해 매일 3마일 거리를 시내로 출퇴근했다. 전후 영국에서 코빈 가족처럼 자동차를 구매한 경우는 흔치 않았다. 1960년까지만 해도 자동차를 소유한 사람은 영국에서 40명 가운데 한 명꼴이었다. 데이비드의 직장생활도 순탄했다. 전쟁이 끝나자 그가 다니던 웨스팅하우스는 그에게 봉급을 짭짤하게 인상해주었다. 제러미가 태어날 즈음 그는 '전기로 작동되는 진동 장치'의 특허를 출원한 상태였고[12] 여기서 나오는 수입도 있었을 것이다.

코빈 부부의 셋째 아들 피어스는 네 형제가 어린 시절을 보낸 집을 자신의 부모가 "헐값에 매입했다"고 주장했다.[13] 17세기에 지어진 침실 다섯 개짜리 단독주택 힐사이드 하우스는 오늘날 61만 파운드를 호가한다. 코빈 가족의 새 집은 널찍했지만, 이사 당시 여섯 살이었던 제러미의 큰형 데이비드는 그 집을 암울한 곳으로 기억한다. 그는 "예사롭지 않은 집이었다. 삭막했다"고 말한다.

힐사이드라 불린 그 집은 언덕에 지어졌다. 내가 보기에는 집의 방향이 잘못되었다. 북향이어서 늘 추웠다. 처음에는 서쪽으로 난 창이 하나도 없었는데 창을 냈더니 훨씬 나아졌다. 왜 그렇게 지었는지 모르겠다.

코빈 부부는 그 집과 더불어 0.5에이커 크기의 대지도 매입했다. 정원 너머로 펼쳐진 들판에서 네 형제는 마음껏 뛰어놀았다. 아버지 데이비드는 차고를 지어서 기계를 만지는 작업장을 차렸고 그의 아들들은 기꺼이 차고를 만드는 일을 도왔다. 그 차고가 완성된 때는 전후 내핍시대가 종말을 고하고 1951년 영국대축제Festival of Britain가 열리던 즈음

이었다. 아들 데이비드는 다음과 같이 말한다.

"아버지는 우리가 아버지를 도와 만든 차고 정면에 돌로 된 영국대축제의 상징물을 높이 세웠다."

피어스도 차고에 대해 이렇게 회상했다.

나와 우리 형제들, 그리고 우리의 어린 시절에 커다란 부분을 차지한 건 널찍한 공간이었다. 아버지는 늘 우리가 뛰어놀거나 여러 가지를 시도해 볼 수 있도록 널찍한 공간에 신경을 쓰셨다. 그래서 정원도 널찍했고 집 현관 입구 벽에는 세계지도가 걸려 있었고 자동차도 있었다. 차고에는 작은 작업장도 딸려 있었다. 아버지는 늘 뭔가를 만드셨다. 과학에 심취하셨고 우리에게 물건들이 어떻게 작동하는지 보여주셨다. 그래서 나는 이런 생각을 하면서 자랐다. '어느 집에든 세계지도, 차고, 작업장이 있어. 원래 그런 거야. 정원에서 여러 가지 일을 할 수 있고 뭔가를 만들 수도 있지.' 말하자면 진정한 의미에서 창의성을 마음껏 발휘할 수 있는 환경이 조성되어 있었다.[14]

제러미도 그 세계지도를 보면서 틀림없이 머나먼 곳의 사람들이 어떻게 사는지 궁금해하기 시작했을 것이다. 아주 어린 나이에 국제적인 이슈에 관심을 보이기 시작한 것으로 미루어보면 말이다.

큰형 데이비드에 따르면 힐사이드에는 뛰어놀 공간이 충분했고 네형제는 야외 활동을 즐겼으며 놀다가 긁히거나 까지기 일쑤였다. 네 형제는 서로에게 우스꽝스러운 별명을 붙여주었다. 제러미의 별명은 '젤리Jelly'였고 앤드루는 '덤보Dumbo'였다. 피어스는 "사람들은 우리를 코빈 집 아이들이라고 불렀다"며 다음과 같이 덧붙였다.

"우리는 같은 옷을 색깔만 다르게 맞춰 입었다. 털실로 짠 멜빵바지였다. 데이비드는 녹색, 앤드루는 빨간색, 나는 파란색, 제러미는 노란색이었다. 형들의 옷을 물려 입지는 못했다. 각자 자기 색깔이 있었기 때문이다."

어쩌면 나오미가 아이들의 옷을 입힐 때 기능적인 면을 중시했기 때문에 막내아들이 옷에 신경을 쓰지 않는다는 평판을 얻게 되었는지도 모르겠다. 장남 데이비드는 피어스와 앤드루가 제러미보다 훨씬 더 옷을 아무렇게나 입는다며 자기 자신도 옷에는 그다지 신경 쓰지 않는다고 털어놓는다.

순탄한 어린 시절을 보냈지만 네 형제는 자신들이 특별히 잘 산다고 생각하면서 자라지는 않았다. 존 데이비스와의 인터뷰에서 피어스는 자기 가족이 '안락한 삶을 살았다'는 주장을 일축하면서 데이비드와 나오미의 봉급이 그리 많지 않았다고 이야기했다.[15] 코빈 부부는 적극적으로 활동하는 사회주의자들로서 자신의 아들들이 자라면서 특권의식을 갖지 않도록 각별히 신경을 썼다.

코빈 부부는 그 지역의 노동당 당원이 되었다. 특히 데이비드는 위원회 활동으로 분주했으며 정치적 전술과 전략을 둘러싸고 다른 당원들과 열띤 논쟁을 하기도 했다. 피어스는 "우리 아버지는 아주 주도면밀한 성품이었다. 그리고 부모님은 늘 적극적으로 정치에 참여했다"고 말했다.[16]

네 형제가 아주 어릴 적부터 정치는 가족 대화의 주제였다. 코빈 부부는 노동당 정부가 국립건강보험제도를 만들고 복지국가 체제를 추진하면 적극 지지하며 흡족해했고, 1951년 총선에서 노동당이 보수당에 패했을 때는 망연자실했다. 피어스는 또 이렇게 말했다.

유복한
어린 시절

"저녁 식탁에서 부모님이 늘 정치 얘기를 했던 기억이 난다. 두 분은 애틀리를 적극적으로 지지했다."

정치에 관심이 많은 좌익 성향의 세 형들과 노동당의 열혈 당원인 부모님으로 둘러싸인 코빈은 정치 토론 수업을 톡톡히 받으면서 자랐다. 집은 토론과 논쟁이 벌어지는 사교의 장이었다.

1979년에 이사한 월트셔에 있는 스탠턴 세인트 버나드 마을의 역사에 대해 훗날 나오미가 쓴 글을 보면 코빈 가족의 세계관이 엿보인다. 단정하고 풍요로운 그 작은 마을은 수세기 동안 펨브로크 백작 가문Earls of Pembroke이 소유했지만, 나오미는 글의 첫머리에서 "이 이야기는 보통 사람들의 역사다"라고 분명하게 말하며 이렇게 덧붙인다.

"그들은 기근과 홍수의 재앙을 이겨냈고, 전쟁의 참화를 극복했으며, 반복되는 전염병과 사고로 인한 신체적 불구를 딛고 일어섰고, 경제와 정치의 체제 변화를 겪어냈다."17

나오미의 글 어디에도 스탠턴에서 오랜 세월 동안 살았던 수많은 귀족들은 언급되지 않는다는 점이 눈에 띈다. 나오미에게 그 귀족들은 존재하지 않았다. 소련 공산당 정권이 숙청당한 공산주의자들을 사진에서 지워버리듯 나오미는 자신이 서술한 역사에서 귀족들을 지웠다.

같은 마을 사람들에게 푼돈을 받고 판매한 그녀의 책에서는 그 지역에 대한 소속감과 마을을 일군 사람들에 대한 애정이 느껴진다. 그녀는 "먹을 것과 땔감을 찾아 헤매고 들판과 농장에서 쉬지 않고 땀 흘린 오랜 세월 내내 동산은 위안을 주었다"며 다음과 같이 마무리한다.

"여름이면 하늘과 종달새와 들판의 앙증맞은 예쁜 꽃들이 한때 이 길을 거닐었던 사람들을 반겨주었다. 소나기를 뿌린 구름과 겨울의 황량한 동산을 바라본 사람들도 있었다. 우리는 우리 이전의 사람들을 기억한다."[18]

대지와 그 대지를 삶의 터전으로 삼았던 사람들에 대한 애정이 묻어나는 글이다. 그녀의 아들 제러미가 공감했을 법한 글이다.

그러나 코빈 부부는 자식 교육에 관한 한 평등주의 접근 방식을 다소 비껴갔다. 그들의 아들들은 나오미가 그토록 우러러본 노동자 계층의 자녀들과 어울리지 않았고, 그녀는 학비를 따로 내는 한이 있더라도 자신의 아들들을 그 지역의 최고 명문학교에 보냈다. 코빈 가족이 킹턴 세인트 마이클에 거주할 당시 코빈 부부는 아이들을 집 가까이에 있는 마을 교회의 초등학교에 보내지 않았다. 당시 그 마을에 살았던 사람의 말을 빌리면 그 초등학교는 "마을 아이라면 누구나 가는 학교"였다. 코빈 부부는 아이들을 세인트 마거릿 수도원에서 운영하는 학교에 보냈다. 개신교 신도였던 코빈 부부의 아이들은 학교에서 '비신도'로 불렸다. 천주교 신도가 아니라는 뜻이었다. 코빈은 자신의 종교적 성향에 대해 다음과 같이 말했다.

우리 어머니는 성경을 읽기는 했지만 무신론자였다. 아니, 아마 불가지론자였을 것이다. 어머니는 종교적인 집안에서 자랐고 교구목사인 오빠도 있으며 집안에 성직자도 여러 명 있었다. 우리 아버지는 기독교 신자였고 교회에 다녔다. 내가 다닌 학교도 종교적인 학교였다. 학생들은 매일 아침 찬송가를 부르고 기도를 드렸다.[19]

그러나 나오미와 데이비드에게는 영국성공회에 대한 믿음보다 교육에 대한 신념이 우선이었다. 피어스는 자신의 부모에 대해 다음과 같이 말했다.

부모님은 제대로 교육을 받을 수 있는 학교에 우리를 보냈다. 우리는 천주교 신자가 아니었지만, 모두 세인트 마거릿 수도원 부속 학교에 다녔다. 아버지는 신자라고 할 수 있지만, 어머니는 철저한 비신자였다. 학교에서 배운 건 몇 가지 있었던 것 같다. 읽기, 쓰기, 산수는 잘 가르쳤다.[20]

피어스가 말한 학교는 아마 킹턴 세인트 마이클에서 그리 멀지 않은 치퍼넘 바로 건너편의 칸이라는 마을에 위치한 세인트 마거릿 학교로 보인다. 사립인 이 학교의 학비는 연령에 따라 다른데, 현재 한 학기*에 3,500~4,500파운드다. 코빈 부부는 사회주의라는 자신들의 정치적 신념과 아들들이 사립 명문교를 다닌다는 사실 사이의 모순을 전혀 느끼지 못했다. 그들은 몇 년 후에도 아이들을 슈롭셔에 있는 사립 예비학교preparatory school **에 보냈고 나오미는 그래머 스쿨grammar school ***의 교사가 되었다. 훗날 코빈 부부의 아들들은 어렸을 적에 부자가 아니었다고 주장했지만, 네 아들의 학비는 틀림없이 경제적으로 큰 부담이었을 것이다.

마을 이웃들이 자녀들을 보내는 지역 학교가 아니라 학비가 비싼 사립 명문교에 자신들을 입학시킨 부모의 결정에 대해 제러미 코빈은 어렸을 당시에도 위선적이라고 생각했다. 그는 자기 아이들의 교육과 관련해서는 부모와 완전히 다른 선택을 했고 지역 공립학교에 보내야 한

---

*
영국은 1년에 3학기제다.
**
8~13세 아동들이 다니는 사립 초등학교다. 사립 중등교육기관인 퍼블릭 스쿨public school 입학시험을 준비하는 학생들이 다닌다.
***
당시에 13~18세 학생들이 다니는 영국의 중등교육기관은 학비가 비싼 사립학교인 퍼블릭 스쿨과 정부가 재정 지원을 하는 공립학교인 그래머 스쿨로 나뉘었다.

다는 신념을 꺾지 않았다. 두 번째 결혼생활을 파탄 내면서까지 말이다.

1953년, 장남 데이비드는 모두가 두려워하는 일레븐 플러스^{Eleven-Plus} Exam[•]를 통과해 치퍼넘 그래머 스쿨에 갈 수 있게 되었다. 당시에는 이 시험의 통과 여부가 아이의 장래를 거의 결정지었다. 시험을 통과한 아이들은 그래머 스쿨에 입학해 수준 높은 교육을 받았다. 시험을 통과하지 못한 아이들은 세컨더리 모던^{secondary modern}^{••}에 진학해 비전문직이나 육체노동직으로 진로를 정했다. 아들들이 모두 중등교육기관 입학시험을 통과했으니 교육열이 높았던 코빈 부부로서는 안도의 한숨을 쉬었을 것이다. 학비도 절감되었다. 코빈 부부는 그래머 스쿨의 교육도 우수하기 때문에 공립학교 체제를 완전히 배제할 필요가 없다고 생각했던 게 틀림없다.

장남이 치퍼넘 그래머 스쿨에 입학하자마자 아버지 데이비드 코빈은 잉글리시 일렉트릭^{English Electric}에서 일자리를 제안받았다. 스태포드에 본부를 둔 이 기업은 웨스팅하우스보다 규모가 컸고, 훗날 세계적인 기업 제너럴 일렉트릭^{GE}의 일부가 되었다. 아버지 데이비드 코빈은 뛰어난 전기기술자로서 그 분야에서 명성을 얻고 있었고 전국 각지를 돌아다니며 장시간 일했다. 출장을 자주 다녀야 했기 때문에 노동당 업무에 할애하는 시간은 줄어들 수밖에 없었다. 그는 아들들과 업무에 대해 토론을 벌이곤 했다. 이러한 아버지와의 대화에 매료된 장남 데이비드는 아버지를 좇아 공학을 택해 처음에는 자동차 공학을, 나중에는 항공기 공학을 연구했고 콩코드 사의 시험조종사가 되었다. 장남 데이비

[•] 11세 초등학생들이 치르던 중등교육기관 입학시험이다.
^{••} 실용적인 과목을 중점적으로 가르친 중등교육기관이다.

유복한
어린 시절

드는 당시 아버지의 일에 대해 다음과 같이 말했다.

아버지는 웨스팅하우스에서 게르마늄 반도체 정류기 작업을 했다. 당시 첨단이었던 이 기술을 웨스팅하우스가 선도적으로 사용하고 있었다. 나중에 아버지는 고출력 전기공학을 특화해서 고출력 전류와 관련된 큰 문제들을 해결했다. 아버지가 어떻게 스태포드에 있는 잉글리시 일렉트릭에 영입됐는지는 모르지만 그 회사는 반도체 정류기 사용법을 연구해 성공하고 있었다. 아버지는 체셔 지역의 제염업에 큰 변화를 일으켰다. 제염업계에서는 전기분해 기술을 이용해 소금을 나트륨과 염소로 분해했다. 따라서 아버지는 체셔에 있는 소금광산에 가서 이 기술이 제대로 작동하는지 점검하는 일을 했다.

아버지 데이비드는 집이 있는 윌트셔에서 새 직장까지 몇 시간을 운전해서 통근해야 했기 때문에 주중에는 집에 오지 못했다. 그는 가족 없이 지내는 적적한 시간을 시골을 둘러보면서 보냈고, 슈롭셔 카운티 경계를 넘어 스태포드에서 자동차로 30분 거리에 있는 주목원이라는 작은 호텔에 묵기 시작했다. 근처에 있는 뉴포트라는 마을 읍내에는 공립학교로는 드물게 학생들에게 기숙사를 제공하는 명문교 애덤스 그래머 스쿨이 있었다. 앤드루가 중등교육을 받을 나이가 가까워지자 코빈 부부는 앤드루를 애덤스 기숙사에 보내기로 했다. 피어스에 따르면, 코빈 부부가 그러한 결정을 한 이유는 앤드루가 윌트셔에서 중등교육기관 입학시험을 통과하지 못했지만, 그것은 표준화된 시험이 아니므로 슈롭셔에서 재시험을 칠 수 있었기 때문이다.[21] 게다가 아버지 데이비드가 주말에 장거리 운전을 하며 집으로 돌아올 때 앤드루가 길동무를 해줄 수 있으니 금상첨화였다.

피어스에 따르면, 앤드루는 기숙사 생활을 좋아하지 않았다.[22] 1년 후 제러미가 일곱 살이던 1956년, 코빈 가족은 앤드루의 학교가 있는 슈롭셔로 이사하기로 했다. 아버지 데이비드는 가족이 살 집을 구하느라 발품을 팔 필요도 없었다. 자기가 묵던 호텔이 마음에 쏙 들었기 때문이었다. 그는 주목원 소유주에게 호텔을 매각하라고 제안했고 그 제안은 받아들여졌다. 그로부터 20여 년 후 코빈 가족에게서 그 건물을 사들인 사람들은 침실 출입문에 아직 방 호수가 달려 있는 걸 보고 재미있어 했다. 그건 그 건물의 내력을 말해주는 것이었다.

코빈 가족의 새 집은 전에 살던 집보다 훨씬 더 근사했다. 17세기에 지어진 이 건물은 본래 서덜랜드 공작Duke of Sutherland의 영지에 속해 있었다. 서덜랜드는 1833년 윌리엄 4세로부터 작위를 받은 인물이다. 그의 시골 별장은 근처에 있는 릴리셸 홀이었는데, 현재 스포트 잉글랜드Sport England • 국립스포츠센터로 운영되고 있다.

주목원에는 위층에 침실 다섯 개가 있었고, 아래층에 있던 두 개의 침실은 코빈 가족이 거실로 변경했다. 건물 바깥에는 정원, 잔디밭, 방목지가 펼쳐져 있었다. 나오미는 예전 집에서 했던 것처럼 이곳에서도 텃밭에서 채소를 길러 가족들을 먹였다. 당시에 주목원은 번잡한 주요 도로 가까이 있는 게 흠이었지만, 이후 교통체증을 덜기 위한 우회도로가 놓인 덕분에 적막한 시골길로 변했다.

코빈 가족의 집에서 가장 가까운 마을은 뉴포트였다. 네 형제는

•
영국의 문화, 미디어, 스포츠 부 산하 스포츠 진흥 공공기관이다. 영국의 커뮤니티 스포츠에 관한 상담, 홍보, 투자 활동을 담당한다.

유복한
어린 시절

모두 이곳에 있는 학교에 다녔다. 인구가 4천 명에 불과한 작은 마을이었지만 부촌이었다. 코빈 형제와 애덤스 스쿨에 같이 다녔던 한 사람은 훗날 뉴포트를 이렇게 묘사했다.

"정기적으로 가축 시장이 서는 마을로 노동당 지지 성향에는 걸맞지 않은 곳이었다."

코빈 형제는 하나같이 자신들이 20년 넘게 산 그 집이 웅장하다는 사실을 애써 축소하려 했다. 피어스는 자기 아버지가 좀 더 소박한 느낌을 주기 위해 집의 이름을 주목재로 바꿨다고 주장했다.[23] 그러나 장남 데이비드는 집 이름을 바꾼 사람을 모친으로 기억한다면서, 모친이 '장원manor'이라는 단어가 부적절하다고 여겼다고 했다. 등기부에 '장원'이라고 되어 있는데도 말이다. 데이비드의 말이다.

"우리는 우리 집이 웅장하다는 망상은 하지 않았다. 우리에게는 그냥 집일 뿐이었다. 넓은 집이기는 했지만 당시에 그리 드물지도 않았다. 런던에 있는 집도 아니었고 주변에는 우리 집보다 훨씬 좋은 농가도 많았다."

제러미 코빈도 어린 시절을 보낸 집의 웅장한 규모를 애써 축소하면서 "오래된 농장"이라고 묘사했다.[24] "지나치게 큰 집이었지만 정말 즐거운 시절을 보냈다"고 피어스는 덧붙였다.[25]

코빈 형제의 친구들은 훗날 그들 형제에 대해 "무질서하고 자유분방했으며"[26] 부모가 거의 간섭을 하지 않았다고 했다. 제러미 코빈은 집밖에만 나서면 뛰어놀 널찍한 공간이 있었을 뿐만 아니라 시골길도 마음대로 배회했다. 그는 근처 강에서 낚시를 즐겼고 마을 농장에도 들렀으며 이따금 들일을 돕기도 했다. 제러미의 형들은 형제들 가운데 제러미가 부모님이 심취한 과학과 공학에 가장 흥미를 덜 보였다고 한다. 종종 부친의 자동차 정비 일을 돕기는 했지만 말이다. 특히 피어스는 기계나 부품들의 작동 원리에 대해 부친에게 귀찮을 정도로 질문을 퍼부었지만, 제러미는 조용히 책 읽기를 즐겼다.

피어스와 제러미는 자전거 폴로 게임을 가장 좋아해서 집 잔디밭에서 동네 아이들과 하키 스틱으로 공을 뒤쫓곤 했다. 아버지 데이비드와 아들 데이비드는 작업장으로 바꾼 별채에서 자동차를 만지작거렸다. 두 사람은 작업장에 대장간까지 두고 온갖 장치를 만들었다. 당시에 스태포드 그래머 스쿨에서 수학 교사로 일하던 나오미는 가끔 집 밖으로 나와 소란스럽다고 불평한 뒤 도로 집 안으로 사라졌다. 코빈 가족이 1년에 한 번 휴가를 갈 때가 유일하게 집을 걸어 잠글 때인데 그때마다 어김없이 집 열쇠를 찾지 못했다고 한다.

아버지 데이비드는 지질학에 흥미를 보이는 앤드루를 위해 아들들을 데리고 종종 동굴 탐사를 나서기도 했다. 코빈 부부의 둘째 아들 앤드루는 암석 수집광이었다. 그는 훗날 채광 기사가 되었다. 그의 형 데이비드는 다음과 같이 말했다.

"온 가족이 야외에 나갈 때마다 앤드루는 자동차에 암석과 화석 표본을 가득 싣곤 했다. 우리는 '운동해서 살 좀 빼, 앤드루. 너라도 무게를 줄여야지. 암석 표본들이 무게가 엄청나잖아!'라고 말하곤 했다."

이미 기상에 심취한 피어스는 기상관측소를 짓고 "온도계, 직접 만든 우량계, 구리판 조각과 커튼봉과 자전거 바퀴 부품으로 만든 풍속계를 갖추어놓았다."[27] 안락한 삶이었다. 네 형제 각자가 지닌 지적 호기심을 충족시키기에 부족함이 없는 환경이었다.

어린 시절 주목원에 놀러 가곤 했던 그 지역 출신 인사 데이비드 만[David Mann]은 코빈 가족에 대해 좋은 기억을 갖고 있었다. 그는 코빈 형제가 자신들이 살던 집이 평범했다고 아무리 우겨도 다른 사람들의 눈에는 그 집의 자태가 웅장했다며 다음과 같이 확인해주었다.

"대궐 같았다. 여러 개의 응접실과 커다란 벽난로가 있었다."

코빈의 집에서 반 마일(약 800미터) 떨어진 곳의 방갈로에서 자란 그는 또 이렇게 말했다.

"우리 가족이 아는 여성들 가운데 대학을 졸업한 여성은 제러미의 어머니가 처음이었다. 제러미네는 무질서하고 자유분방했다. 온 사방에 책이 널려 있었다. 제러미는 뭘 잘 만들었다. 우리는 나무로 수레를 만들어 밀어서 정원 바닥에 바퀴 자국을 내고 그것으로 경주 트랙을 만들곤 했다."[28]

어린 시절의 또 다른 동네 친구는 주목원과 관련해 주로 '우유 배달' 하던 기억이 난다고 하면서, 코빈 가족은 동네에서 '부잣집'으로 여겨졌다고 덧붙였다. 그러나 또 다른 학교 친구 필 윌리엄슨^{Phil Williamson}은 코빈 가족을 '평범한 중산층 가족'으로 묘사했다.

"가난하지는 않았다. 제러미는 광부 아들로 자라지는 않았지만, 호사스럽게 자랐다는 주장은 옳지 않다."

코빈 가족이 그 마을로 이사 온 후 당시 일곱 살 동갑내기였던 제러미와 데이비드 만은 금방 친구가 되었지만, 두 사람은 같은 초등학교에 다니지 않았다. 만은 동네 여느 아이들처럼 뉴포트에 있는 세인트 니컬러스에 다녔고, 제러미와 피어스는 중심가를 따라 몇 분 걸어 올라가면 있는, 2급 보존 대상으로 지정된 건물에 위치한 캐슬하우스 예비학교에 다녔다. 당시에 그 학교는 오랫동안 교장을 지낸 젤라 피치포드^{Zellah Pitchford}의 이름을 따 '피치포드 양의 학교'로 불렸는데, 그녀는 상당히 괴짜였다.

현재 캐슬하우스의 한 학기 학비는 저학년은 2,275파운드, 고학년은 2,425파운드다. 그리고 지금과 마찬가지로 코빈 형제가 다니던 시절에도 그 학교의 주요 장점은 데이비드 만이 다닌 초등학교에 비해 학급당 학생 수가 적다는 점이었을 것이다. 또한 애덤스 스쿨에 졸업생들을 대거 진학시키는 학교였다. 제러미가 그 학교에 다니는 게 특권을 누리는 것이라는 사실을 인식했는지 모르겠지만, 데이비드 만은 또렷이 의식했다.

"캐슬하우스 학생들은 말끔한 푸른색 교복을 입었다. 우리는 너무 어려서 계층 같은 걸 의식하지는 못했지만, 다들 캐슬하우스가 여느 학교와 다르다는 사실을 알고 있었다."[29]

두 소년은 서로 다른 학교에 다녔지만 매우 가깝게 지냈다. 만은 토요일마다 주목원에서 지냈다. 그의 친구 제러미는 말수가 적었고 나이에 비해 아주 진지했다. 만은 "제러미와 놀면서 큰 소리로 웃어본 기억이 없다"고 회상하며 이렇게 말했다.

"제러미는 늘 뭔가에 아주 골몰해 있었다. 어린 나이에도 독자적으로 생각할 줄 아는 독립적인 인간으로 보였다. 자기랑 어울리고 싶으면 어울리고, 말고 싶으면 말라는 태도였다."[30]

둘은 1960년에는 주말뿐만 아니라 주중에도 함께 어울렸다. 같은 학교를 다니지는 않았지만 둘 다 중등교육기관 입학시험을 통과했고, 9월에는 당시 데이비드, 앤드루, 피어스가 다니고 있던 뉴포트의 애덤스 그래머 스쿨에 합류했다.

유복한
어린 시절

Chapter 3

소년,
남자가 되다

뉴포트에 있는 애덤스 스쿨은 1656년에 세워졌는데 이 시기는 영국 역사에서 공위시대空位時代, Interregnum•로 일컬어지는 짧은 기간으로 군주가 아니라 의회가 나라를 통치했던 때다. 의회에 입성하고 나서 영국 왕실을 상대로 좀 더 '소박한' 거처로 옮기라고 한 제러미 코빈이 학업을 연마하기에는 안성맞춤인 학교였다. 그러나 제러미에게는 유감스러운 일이지만 애덤스 스쿨은 학교의 뿌리인 급진주의를 포용하지 않았다. 학교가 창립된 지 4년 후 왕정이 복고되자 애덤스 스쿨은 학교 설립 정관에 대해 새 통치자의 승인을 구했다. 애덤스 스쿨의 문서보관소에는 그

•
1649년 찰스 1세가 처형된 후부터 그의 아들 찰스 2세가 즉위한 1660년 전까지의 기간을 말한다.

런 사실을 입증하는 1660년의 의회 법안이 보관되어 있다. 이후로 애덤스 스쿨은 기득권 계층의 대들보 역할을 해왔고, 이 학교에 다닌 한 사람은 애덤스 스쿨을 "겉은 공립학교지만 속은 사립학교"라고 묘사했다. 애덤스 스쿨의 교가는 '예루살렘', 학교 운동경기 종목은 럭비, 교훈은 '봉사하고 복종하라'였다. 코빈은 질겁했다.

1960년 제러미가 애덤스 스쿨에 다니던 첫해에 코빈 형제는 모두 그 학교에 다니고 있었는데, 특별히 학교에 애착을 느낀 사람은 없었던 것으로 보인다. 열여덟 살이었던 데이비드는 그 학년도에 상급시험 Advanced Level, A-Level ●을 통과한다는 목표를 세웠지만 실패했다. 그는 자기가 수학에 통달하는 데 실패한 이유가 수학 선생이 무능했기 때문이라며 평생 동안 선생을 원망했다. 앤드루는 기숙사에서 혼자 생활하다가 나머지 가족이 이사해 함께 살게 되면서 이전보다는 좀 더 행복해졌음에 틀림없다. 그는 제러미가 입학했을 당시 중급Ordinary Level, O-Level 졸업반이었다. 피어스는 앤드루에 대해 "기숙사 생활이 앤드루에게 전혀 맞지 않았다. 기숙사는 엉망진창이었다"고 말했다.[3]

피어스와 앤드루는 둘 다 공부를 잘해서 상급시험을 무난히 통과하고 런던에 있는 임피리얼 칼리지에 합격했다. 앤드루는 광물공학을, 피어스는 물리학을 전공으로 택했다. 피어스는 존 데이비스와의 인터뷰에서 애덤스 그래머 스쿨의 학창 시절에 대해 자세하게 얘기했다. 피어스에 따르면, 교육의 질은 상당히 좋았지만, 당시의 모든 사립과 공립학교들이 그랬듯이 그곳에서도 학교 폭력이 심심찮게 일어났고 부모들

●
중등교육수료 자격시험GCSE 가운데 난이도가 높은 시험으로, 대학에 진학하려면 이 시험을 통과해야 한다.

은 교사들을 업신여겼으며 상급생들은 하급생들을 괴롭혔고 모든 연령의 학생들 사이에서 주먹싸움이 흔하게 벌어졌다.

피어스는 오늘날 교육기관에서 절대로 용납되지 않는 폭력이 당시에는 대체로 묵인된 이유에 대해 흥미로운 주장을 펼쳤다. 제2차 세계 대전의 시련을 겪으면서 그 세대 전체가 물리적 폭력에 무덤덤해졌기 때문이라는 것이다. 그는 "체벌을 당연시하는 게 당시 학교 분위기였다"고 말하면서 이렇게 덧붙였다.

잘못하면 회초리로 맞았다. 보통 여섯 대를 맞았다. 학생 간부는 고무창이 달린 신발로 때렸다. 교사들은 회초리로 갈겼다. 하지만 당시에는 어느 학교든 그랬다. 요즘 학교에서 그런 체벌을 가했다가는 폭동이 일어날 것이다. 하지만 전후에는 당연하게 여겨졌다.[32]

코빈 형제와 같은 시기에 애덤스 스쿨에 다녔던 어떤 사람은 그 시절을 이렇게 회상했다.

"상당히 폭력적인 곳이었다. 반장들은 하급생들을 매질할 권리가 있었는데, 그들이 책상 밑에 머리를 처박게 했던 기억이 난다. 자기들이 때릴 때 맞는 사람이 본의 아니게 책상 밑에 머리를 찧게 만들려고 말이다."

또 다른 졸업생은 학생들이 '모자를 삐딱하게 썼다'는 이유로 매질을 당했고 매를 맞은 학생은 매질을 한 학생과 악수를 해야 했다고 말했다.

제러미는 세 형이 이미 그 학교에 다니고 있었던 덕분에 등교 첫날 17세기에 지어진 학교 건물에 발을 들여놓기 전부터 애덤스 스쿨의 분위기를 잘 알고 있었다. 입학하자마자 제러미는 기숙사 생활을 하지 않고 통학하는 학생들이 배정되는 두 학급 가운데 하나인 클라이브 하우스에 배정되었다. 18세기 식민지 통치자로서 '인도의 클라이브'로 알려진 클라이브Clive 경의 이름을 따 지어진 학급인데, 그는 코빈이 알면 치를 떨 행동을 한 인물이었다.

통학하는 학생들은 출신 지역별로 구분되어 뉴포트 출신은 모두 같은 학급으로, '시골 촌놈들'은 다른 학급으로 배정되었다.[33] 같은 시골 아이인 코빈의 동네 친구 데이비드 만도 클라이브 하우스에 배정되었고 두 사람은 더욱 가까워졌다. 만은 제러미와 함께 생전 처음으로 담배를 피웠다고 했지만[34] 제러미는 담배에 맛을 들이지는 않았다. 주목재 바로 맞은편에 폭스The Fox라는 선술집이 있었지만, 코빈 형제 가운데 어느 누구도 몰래 선술집에서 미성년이라는 나이를 속이고 술을 마셨다는 이야기는 전해지지 않는다. 장래의 노동당 당수는 술과도 친해지지 않았고 지금도 여전히 술을 한 방울도 입에 대지 않는다.

코빈과 동시대에 성장한 인물들은 대부분 코빈을 진지하고 공부 열심히 한 학생으로 기억하지만, 만은 코빈이 공부를 따라가려고 무진 애를 써야 했다고 주장한다.

"제러미는 머리가 좋은 아이라는 생각은 안 들었지만 집요했고 의지가 대단했다."[35]

코빈 자신은 학교 공부에 흥미가 없었기 때문에 공부를 열심히 하고 싶지 않았고, 대신 집에서 가져간 읽고 싶은 책을 읽으며 스스로 깨우치는 편이 좋았다고 말했다.

"나는 성적이 뛰어난 학생은 아니었다. 책을 읽으면서 내 나름대로 공부하는 게 더 좋았다."[36]

어렸을 때부터 자신이 갈 길은 스스로 정하는 자신감 있는 인물이라는 점이 드러나는 대목이다.

제러미는 10대에 들어서며 반항아로 명성을 얻기 시작했다. 1962년 쿠바 미사일 위기 때 전 세계가 핵전쟁으로 멸망할지 모른다는 공포에 휩싸여 피가 마르는 2주를 보냈던 당시 제러미는 열세 살이었다. 제러미는 동세대의 수많은 10대들과 더불어 그 극적인 사건에 경악하며 지구가 종말을 고할지 모른다는 생각으로 공포에 떨었다. 얼마 후 그는 비핵화운동Campaign for Nuclear Disarmament, CND에 가입했고 오늘날까지도 회원 자격을 유지하고 있다. 제러미는 잔혹스포츠반대연맹League Against Cruel Sports에도 가입했는데, 이를 지방 학교에서는 곱게 보지 않았다. 교사들 가운데는 말 타고 사냥개를 앞세워 사냥을 하는 열성적인 사냥꾼들이 있었고 그의 학급 친구들 중에는 사냥감 몰이꾼으로 용돈을 버는 학생들이 많았기 때문이다. 제러미는 한 인터뷰에서 "(그곳은 주민들이) 사냥을 즐기는 지역이었다"며 다음과 같이 말한 적이 있다.

> 유혈 스포츠와 사냥에 결사반대한 나 같은 사람은 학교에서 소수였다. 월요일에 등교하면 한 선생님이 주말에 사냥한 사람이 있는지 물어보곤 하던 기억이 난다. 그럴 때 나는 이렇게 말했다. "멍청한 짓이에요. 잔인하다고요. 그건 스포츠가 아니에요." 사냥도 다 마찬가지다. 나는 그처럼 주장하는 소수 가운데 한 명이었다. 학교에서는 이를 둘러싸고 열띤 논쟁이 벌어졌다.[37]

그러나 그런 논쟁에 대해 눈살을 찌푸린 사람만 있는 건 아니었다. 당시 애덤스 스쿨에서 제러미 코빈보다 한 학년 위였고 현재 미국학 교수인 필립 데이비스 Philip Davies 는 이렇게 말한다.

"특정한 시대에 특정한 유형의 남학생 학교였지만, 정치적인 논쟁이 권장되었고 토론 활동이 활발하게 이루어졌다."

코빈은 토론반에 들어갔고 정치에 관한 글을 닥치는 대로 읽기 시작했다. 좀 뜻밖에도 학교 도서관은 급진좌익 성향 신문인 〈모닝 스타〉를 정기구독하고 있었고, 제러미는 이 신문을 탐독했다. 옳고 그름에 대한 그의 생각은 분명했다.

그의 학교 동문이자 당시 학생 간부를 지낸 한 인사는 토론에서 다른 학생들에게 자기가 이겼다고 투표하지 않으면 모두 방과 후에 집에 못 가게 하겠다고 으름장을 놓아 제러미 코빈을 이긴 적이 있다고 밝혔다. 제러미는 그런 부당한 술수에 격분해서 다시는 그에게 말을 걸지 않았다.

제러미 코빈과 정치를 논해본 사람들은 그를 차분하고 사려 깊은 사람으로 기억한다. 피어스와 친하고 제러미와도 아는 사이였던 필립 데이비스는 제러미에 대해 다음과 같이 말한다.

"그는 정치에 대해 매우 진지했다. 하지만 시건방지게 굴지 않았고 매우 진실했다. 상대방이 정말로 자기주장을 이해하기를 바랐지만 한편으로 정말 재밌는 우스갯소리도 잘했다."

또 다른 동문 피터 파스킬 Peter Pasquill 은 코빈이 "주제넘지 않고 겸손하고 진국이었다"며 이렇게 말한다.

"전혀 꾸밈이 없었다. 그래서 교사들은 이따금 그를 이해시키기 어려워했다. 그러나 그는 늘 자기 입장을 고수했고, 부드럽지만 단호하게 그것을 주장했다. 그에 대해 좋은 기억이 많다."

파스킬은 제러미 코빈이 '약간 괴짜'였지만 나름대로 인기도 있었고 토론에서 격론을 부추기기를 즐겼다고 말한다.

동창생들이 이 좌익 성향의 괴짜에 대해 지닌 생각은 훗날 동료 의회 의원들이 그에 대해 지니게 된 생각과 놀라울 정도로 비슷하다. 즉, 관심사는 서로 달라도 여러 가지 대의명분에 대한 그의 헌신적인 자세를 높이 샀고, 그를 한결같이 침착하고 정중하고 다정다감하고 진지한 사람으로 평가했다. 제러미 코빈과 동시대를 산 한 인사는 "나는 그를 정말 존경한다. 시류에 맞섰기 때문이다"라고 말했다. 그러면서 좌익이 내세운 대의명분에 대한 그의 헌신을 높이 평가했다. 또 다른 동창생은 그를 "온갖 것에 관심이 많고 열성적인" 학생으로 기억했다. 어떤 사람은 또 이렇게 말했다.

"나는 그가 어울리는 무리에 속하지 않았다. 아니, 그가 어울려 다니는 무리가 있었는지도 확실하지 않다. 그는 혼자였고 다른 사람들과 그다지 어울리지 않았다."

한 학교 친구는 제러미를 "자기만의 세계에 빠져 있는 친구"라고 묘사했다. 그의 친구들도 제러미 코빈이 그다지 외모에 신경을 쓰지 않았고, 이상한 양말을 신고 등교하는 등 사소한 규율 위반으로 학생 간부 방에 끌려가는 모습을 종종 봤다고 했다. 그런데 그는 하원에 입성하고서도 그처럼 사소한 규율을 위반하는 행동을 계속했다.

제러미 코빈은 열다섯 살이 되면서 반항심이 더 커졌다. 그는 애덤스 스쿨 학생들이 으레 입단하게 되어 있는 통합학도훈련단Combined Cadet Force, CCF에 들지 않으려고 했다. 이 단체는 10대 청소년들에게 군대생활을 맛보게 해주는 곳으로 국방부 산하 소속인데 지금과 마찬가지로 당시에도 대체로 사립학교들에 적용되었다. 징병제도는 제러미가 애덤스에 입학한 해인 1960년보다 겨우 4년 앞서 폐지되었다. 통합학도훈련단은 학교생활에서 큰 역할을 했고, 많은 학생들이 육군사관학교, 왕립 공군사관학교, 왕립 해군사관학교에 진학했다. 학도훈련단원들은 뉴포트에서 열리는 현충일Remembrance Day• 행사에 해마다 참가하고 스위너튼에 있는 국방부 군사훈련소에서 밤샘 훈련을 받았다. 제러미는 절대로 훈련에 참가하지 않았다. 그는 "우리 모두 열다섯 살에 학도훈련단에 입단해야 했고 수요일마다 제복을 입고 돌아다녀야 했다"며 이렇게 덧붙였다.

"어느 시점에 가서는 육군 막사를 방문하는 큰 행사가 있었다. 또한 번 나는 그 행사에 참가하지 않으려는 소수 학생들 가운데 한 명이 되었다. 그래서 대신 정원을 손질하는 일에 배정되었다."[38]

제러미가 속한 학년만 말한다면 입단을 거부한 자신이 소수였다는 그의 주장이 맞지만, 피어스와 형들의 친구이자 좌익 성향의 집안 출신인 필립 데이비스도 이미 학도훈련단 입단을 거부한 상태였다. 데이비스는 학도훈련단에 입단하기를 거부한 사람들이 '양심적 병역 거부자'로 불렸다면서 이렇게 말했다.

"기억이 희미하지만 그 이후로 학교에서 입단 거부를 훨씬 어렵게 만들었던 기억이 난다. 학교 측에서는 코빈 가족을 신념이 투철한 양심적 거부자로 받아들였다."

데이비스는 또 이렇게 말했다.

"학교 시설을 관리하는 노트Knott 씨는 학도훈련단이 소집되는 날 오후에 우리에게 일을 시켰다. 그는 나를 포함한 학생들에게 낫을 제대

•
영국의 종전기념일이다. 1차 세계대전이 종식한 11월 11일을 기념해 11월 11일에 가까운 일요일에 추모 행사를 갖는다.

로 쓰는 방법을 가르쳐주었고 우리는 낫으로 들판 전체를 말끔히 손질했다."

제러미 코빈과 정치적 성향은 다르지만 마찬가지로 양심적 병역 거부자였던 또 다른 사람은 이렇게 말했다.

"우리는 수요일 오후면 슬그머니 도서관으로 사라졌던 기억이 난다. 그때 꽤 열띤 토론을 벌였는데 결코 서로에게 화를 낸 적이 없었다. 어떻게 그럴 수 있었는지 모르겠다."

제러미 코빈이 학도훈련단 입단을 거부한 직후인 1964년 10월, 보수당 총리 앨릭 더글러스 홈^Alec Douglas Home^의 요구로 열린 총선과 같은 시기에 모의 선거가 열렸다. 데이비드와 앤드루가 이미 애덤스를 졸업한 후였는데, 정치적으로 훨씬 대담했던 피어스가 공산주의자 역할을 하고, 제러미는 전 학년에서 두 명뿐인 노동당 지지자 가운데 한 사람 역할을 했다. 보수당을 지지하는 학생들은 제러미의 정치적인 신념에 대해 노골적으로 조롱했다. 제러미가 처음으로 참가한 선거였는데 결과는 참담했다. 그의 친구 밥 멀릿^Bob Mallett^의 말이다.

"제러미는 노동당 후보였고 나는 그의 선거본부장이었다. 녹음이 우거진 슈롭셔에 있는 중산층 자녀들의 기숙학교에 사회주의자는 많지 않았다. 우리는 참패했다."[39]

제러미에게 표를 던지지 않은 같은 반 친구 한 사람은 그가 "엄청난 야유를 견뎌냈고 꿋꿋하게 자기 소신을 지켰다"고 말했다.

애덤스 스쿨 선거에서 노동당은 보수당에게 패했고, 코빈 가족이 사는 지역구 선거에서도 노동당이 패배했다. 그 지역구는 슈롭셔 전 지역을 굽어보는 우뚝 솟은 동산의 이름을 따 리킨^Wrekin^이라고 불렸다. 그러나 전국적으로는 노동당이 훨씬 선전해 낙관주의와 신바람의 물결을 타고 노동당의 해럴드 윌슨Harold Wilson •이 총리가 되었다. "눈부신 기술의 발전으로 영국이 새로운 시대에 진입하도록 하겠다"는 그의 공약은 전후 경제적 시련으로 점철된 암울한 시대와 1950년대의 숨 막히는 순응주의와의 결별을 알리는 듯했다. 비틀즈가 인기 차트 1위에 올랐고, 여성들의 치마 길이는 짧아지기 시작했으며, 또다시 전쟁의 먹구름이 밀려오고 있었다. 이번에는 수천 마일 떨어진 베트남이 진원지였다.

슈롭셔에서는 10대 청소년 제러미 코빈이 보수 성향의 학교 친구들이 아니라 자신이 시대를 제대로 읽고 있다고 생각했음이 틀림없다. 다음 해 제러미는 부모님과 피어스의 뒤를 이어 리킨 지역구의 노동당 당원이 되었고 당에서 새로 만든 청년부인 '청년사회주의자Young Socialists' 조직에 입단했다. 그는 훗날 다음과 같이 말했다.

"나는 보다 평화롭고 정의로운 세상을 구현하고 싶어서 열여섯 살에 입당했다. 지금도 나는 노동당이 그러한 변화를 달성할 수 있는 도구라고 믿는다."[40]

1964년 10월 취임한 이후 17개월이 지나 윌슨은 과반수를 겨우 4석 넘었던 노동당 의석수를 끌어올리기 위해 두 번째 선거를 치르기로 했다. 이번에 제러미 코빈은 애덤스 스쿨 때보다 좀 더 높은 목표를 세웠다. 리킨 선거구는 보수당과 노동당이 접전을 벌이는 지역이었다. 현직 의원은 보수당의 윌리엄 예이츠William Yates라는 튀는 인물이었다. 그는 지역구민 500여 명을 이끌고 르 투케라는 프랑스 마을에 가서 자기 생일파티를 한 적도 있었는데, 겨우 2천 표 차로 승리했다. 제러미와 청년사회주의자 조직의 새 친구들은 예이츠를 이길 자신이 있었다. 제러미

•
1964~1970년, 그리고 1974~1976년에 영국 총리를 지냈다.

는 피어스와 함께 노동당 후보인 제럴드 파울러^Gerald Fowler를 위해 선거 유세를 했다. 그들은 포스터를 나누어주고 "파울러를 따르라", "파울러는 우리의 희망" 등 무덤덤한 구호가 쓰인 노란색 배지를 달고 돌아다녔다. 태어나서 처음으로 가담한 이 공식적인 선거운동에서 제러미는 선거운동을 조직하는 일에 재능을 보였다. 그리고 이 재능은 훗날 그가 런던 북부에서 의회대리인^parliamentary agent ●으로 일할 때 진가를 발휘하게 된다.

파울러의 선거운동 자금을 모금하기 위해서 그는 뉴포트의 로열 빅토리아 호텔에서 개최되는 무도회 입장권을 팔았다. 이 행사 표는 매진됐지만 막상 행사 당일 밤에는 거의 아무도 오지 않았다. 표를 파는 데는 성공했지만 내켜 하지 않는 사람들을 실제로 행사에 참석하게 하는 데는 실패한 것이다. 당시에 피어스와 함께 행사장에 있었던 필립 데이비스는 경악했다. 자신이 데리고 온 보수 성향의 친구가 참석자가 거의 없는 광경을 보고 고소해했기 때문만은 아니었다. 그 보수 성향의 친구가 자신을 데려간 보수당 가든파티에 비해 참석률이 형편없었던 점이 그가 경악한 더 큰 이유였다. "참석률이 저조했다"며 데이비스는 "좀 창피했던 기억이 난다"고 말했다. 데이비스는 누군가가 무도회로 선거 자금을 많이 모은 것만으로도 됐다며 자신을 위로해줬는데 그 사람이 제러미였는지, 피어스였는지, 후보인 제럴드 파울러였는지는 기억나지 않는다고 했다.

선거 당일인 1966년 3월 31일 밤, 제러미와 피어스는 같은 청년사회주의자 조직의 친구들과 함께 밤늦게까지 개표 방송에 귀를 기울였

●
의회 내에서 건의안이나 청원서 초안을 작성하는 등 서무를 대행하는 사람이다.

다. 파울러는 겨우 846표 차이로 당선되었고, 윌슨 총리는 노동당에 95석을 추가하는 압승을 거두었다.

그로부터 몇 주 후 5월 세계노동절에 피어스는 윌슨의 승리와 파울러의 당선을 기념해 기발한 장난을 치기로 했다. 5월 1일 날이 밝자마자 청년사회주의자 당원들은 리킨까지 10마일을 자전거로 달렸다. 당원이었던 필 윌리엄슨은 400미터 높이의 정상으로 향하는 그들의 눈앞에 펼쳐진 웨일스와 미들랜드의 숨 막히는 장관을 바라보면서 땅에 붉은 깃발을 꽂고 노동당 당가인 '적기가'를 부른 기억을 떠올렸다. '적기가'는 이렇게 시작된다.

"민중의 깃발은 선홍색이다. 목숨 바친 동지들의 몸을 감쌌기 때문이다."

그리고 제러미 코빈이 자신의 좌우명으로 삼기도 한 마지막 구절은 다음과 같다.

"비겁한 자는 움찔하고 변절자는 비웃어도 우리는 붉은 깃발을 힘차게 휘날리리라."

선거가 마무리되자 제러미와 피어스는 베트남전쟁의 전개 상황에 관심을 보이기 시작했다. 영국 전역에서와 마찬가지로 애덤스 스쿨에서도 베트남전쟁은 큰 관심거리였다. 피어스는 훗날 베트남전쟁 때문에 급진좌익 정치에 관심을 갖게 되었다며 다음과 같이 말했다.

"우리는 휴게실에서 베트남전쟁에 대해 끝장토론을 하곤 했는데 그 토론을 통해 토론 진행 방식을 터득했던 것 같다."[41]

10대 때 관심사가 무엇이었느냐는 질문을 받은 제러미 코빈은 이렇게 말한 적이 있다.

"평화 문제, 베트남전쟁, 환경 문제였다."[42]

피어스가 정치적으로 좌익 성향을 더욱 선명히 해가는 동안 제러미는 주저했다. 피어스의 말이다.

"내 동생 제러미는 노동당 청년사회주의자 조직에 매우 관심이 많았다. 나도 관여하긴 했지만 동생만큼 열성적으로 참여하지는 않았다. 나는 늘 나 자신을 사회주의자라기보다는 공산주의자라고 생각했다."[43]

제러미의 친구들은 제러미가 그의 형보다 좀 더 고지식하다는 인상을 받았다. 필립 데이비스의 말이다.

피어스는 항상 제러미보다 생각이 약간 더 급진적이었고 제러미는 정통 노동당 지지자로서 노동자 계층을 조직화하는 데 답이 있다고 생각했다. 조금 더 낡은 사고방식이었다. 제러미와 피어스는 둘 다 다정하고 생각이 깊고 헌신적이었다. 좌익이셨던 우리 아버지는 두 사람이 놀러 오면 그들과 즐겁게 대화를 나누신 일도 몇 번 있었다.

운동을 강조한 애덤스 그래머 스쿨에서 제러미는 럭비에 전혀 관심이 없었고, 학교에는 축구팀이 없긴 했지만 온 국민이 열광하는 축구에도 거의 관심을 보이지 않았다. 훗날 그는 아스널 정기관람권도 구매하게 되고 그의 아들 중에는 프리미어리그 코치도 있지만, 자신의 생일 한 달 후인 1966년 6월 영국 축구단이 릴리셸 홀에 모였을 때도 별 관심을 보이지 않았다. 릴리셸 홀은 제러미가 사는 주목재에서 몇 백 야드 밖에 떨어지지 않은 곳에 있었는데 영국 축구단은 릴리셸 홀에서 훈련을 한 후 월드컵에서 우승을 거머쥐게 된다. 제러미가 집 근처에서 훈련을 한 축구단을 몰래 훔쳐봤는지는 모르겠으나 그렇다고 해도 절대 내색은 하지 않았던 것으로 보인다.

제러미의 부모는 아들들이 정치를 포함해서 다양한 방면에 관심을 두도록 장려했다. 주목재는 리킨 청년사회주의자 조직이 정기 회합을 갖는 장소가 되었다. 장래 급진주의자들이 회합한 장소치고는 어째 어울리지 않는 널찍하고 고풍스러운 장원이었다. 회원이었던 필 윌리엄슨은 이렇게 말한다.

"그의 부모님은 한결같이 우리를 따뜻하게 맞아주셨다. 우리가 코빈네 집에 모여 다음 행사를 계획하면 늘 차와 청량음료를 내오셨다."

제러미 코빈의 성장환경으로 미루어볼 때 그가 정치에 관심을 갖게 된 계기는 부모님에 대한 반항이 아니라 복종의 표시였다. 아들에게 늘 현대문학과 역사에 흥미를 갖도록 했던 나오미는 제러미의 열여섯 번째 생일에 조지 오웰의 에세이 모음집을 선물로 주면서 자신의 신념은 스스로 정하고 그 신념을 고수해나가야 한다고 말했다. 제러미 코빈은 이렇게 말한 적이 있다.

"우리 어머니는 내게 책을 많이 사주셨다. 지금 집에는 어머니의 좌익 독서모임 책들이 모두 있다."[44]

나오미가 아들의 정치적 성향에 미친 영향은 크고 작은 여러 가지 방식으로 나타났다. 그는 지역 역사보존 당국에 자기 어머니가 맨홀 뚜껑을 주의해서 보라고 했다고 말했다. 수도 관리 산업이 국유화되기 전에 만든 것인지, 후에 만든 것인지 확인해보라고 했다는 것이다. "우리 어머니는 배수시설의 뚜껑에도 역사가 있다고 늘 말씀하셨다"며 제러미 코빈은 다음과 같이 덧붙였다.

"나는 맨홀 뚜껑 사진도 찍는다. 좀 이상한 짓이라고 생각하겠지만 어쨌든 찍는다."[45]

당시 데이비드와 나오미 부부는 노동당과 관련된 일에 예전만큼 적극적이지 않았다. 데이비드가 직장에서 승승장구하면서 해외 출장도 자주 가는 등 바빠졌기 때문이기도 했다. 그의 장남 데이비드에 따르면, 당시에는 아주 이례적으로 전기기술자인 자기 아버지가 러시아로 출장을 가기도 했는데, 그곳에서 그는 철도 당국과 일을 했다고 한다. 그래서인지는 몰라도 아버지 데이비드는 소비에트 연방과 공산주의에 대한 책들을 많이 소장하게 되었다. 아버지 데이비드는 러시아어를 배우려 하기도 했지만 너무 어려워서 포기했다. 당시에는 냉전이 절정에 달했고 스탈린의 숙청이 막 밝혀지기 시작하던 때임을 미루어볼 때 뜻밖의 관심이었다.

데이비드는 공산주의자는 아니었던 것으로 보인다. 그러나 피어스는 1957년 우주산업 경쟁이 치열해지고 소비에트 연방이 인류 최초의 인공위성 스푸트닉 호를 성공적으로 발사하면서 한동안 소비에트 연방에 심취하기도 했다. 피어스는 무가지 〈소비에트 위클리〉를 정기구독하기 시작했다. 피어스의 말이다.

"우리 아버지는 그 잡지를 훑어보시더니 그러셨다. '선전물이군. 해롭지는 않겠어.' 아버지는 온갖 선전물을 다 보셨으니 스탈린주의의 진면목에 대해 나보다 훨씬 잘 아셨을 것이다."[46]

제러미의 맏형 데이비드는 애덤스 스쿨을 졸업한 후 루턴으로 이사해 한 자동차 회사에 수습사원으로 취직했다. 앤드루는 형제 가운데 처음으로 임피리얼 칼리지에 입학했다. 뒤이어 1965년에는 피어스가 같은 학교에 합류했다가 후에 왕립 광업대학Royal Mining College으로 편입했다. 아버지 데이비드는 대학 첫 학기를 시작하러 런던행 열차를 타러 가는 피어스를 역에 데려다주면서 이례적인 충고를 했다.

"열심히 공부해. 여학생과 정치에 한눈팔지 말고."[47]

소년,
남자가 되다

아버지의 지혜로운 말씀을 제러미는 일부만 귀담아들었다. 제러미의 친구 데이비드 만에 따르면 제러미는 대체로 여자에 관심이 없었고 주말이면 청년사회주의자 회원들과 어울리거나 자동차 손보기를 즐겼다.[48] 정치에 대한 제러미 코빈의 열정은 식지 않았지만 그의 관심사는 자동차에서 자전거와 대중교통으로 바뀌었고 결혼을 세 번 하게 된다.

중간의 두 형이 런던에서 대학을 다니게 되면서 제러미는 런던을 오가기 시작했고 피어스를 따라 베트남전쟁에 반대하는 시위에 가담하기도 했다. 제러미 코빈은 열여덟 번째 생일이 지난 지 얼마 되지 않아 런던의 피카딜리 서커스Picadilly Circus 지하철역에 있는 옥스팜Oxfam•을 위해 24시간 단식에 참여했다. 필 윌리엄슨은 당시에도 제러미 코빈은 자신을 막후인물로 여겼다고 주장하면서 다음과 같이 말했다.

"그는 총리가 되겠다며 떠들고 다니지 않았던 것만은 분명하다. 하지만 정의를 실현하겠다는 강력한 의지와 정치적 관심은 한결같았다."

필립 데이비스는 제러미 코빈이 '진국'이고 무엇이 사회를 위해 옳고 민중에게 이로운 일인지에 대해 매우 도덕적인 관념을 지녔으며 진심으로 민중 전체의 삶을 개선하고 싶어 했다고 기억한다. 순진하지만 매우 도덕적인 길이었다.

1967년, 코빈은 상급시험을 쳤는데 E 학점을 두 개나 받았다. 이는 대학에 진학하기에는 부족한 실망스런 결과였다. 그는 애덤스 스쿨에 다니던 마지막 날, 교장인 존 로버츠John Roberts가 자신에게 다음과 같이 말했다고 주장한다.

"너는 어떤 일에도 절대 성공하지 못할 것이다."

•
영국 옥스퍼드에 본부를 둔 국제적인 빈민구호활동기구다.

대결과 논쟁을 싫어한다고 알려진 제러미 코빈은 "고맙습니다"라고 짤막하게 대답했다.[49]

지금 제러미 코빈은 내세울 게 없는 자신의 학력에 개의치 않는다. 열여섯 살에 학업을 중단한 존 메이저John Major 전 보수당 총리에 자신을 비유하면서 이렇게 말한 적이 있다.

"존 메이저가 자기보다 내가 더 낫다고 말했다. 그는 겨우 중급시험을 통과했다."[50]

제러미 코빈은 대학 진학에 실패했지만 더 이상 슈롭셔에 남아 있을 생각이 없었다. 제러미의 한 친구가 주장한 바에 따르면, 국제 문제에 심취해 있던 그는 아마도 존 F. 케네디 미국 대통령이 평화봉사단Peace Corps을 창설한 데서 영향을 받아 해외자원봉사단VSO에 응모했고 당시에 식민지 통치에서 막 벗어나던 자메이카에 파견되었다. 그의 맏형 데이비드는 제러미가 자원해서 자메이카에 파견되었다고 생각한다. 부모님처럼 10대 초반부터 각종 정치 단체와 선거운동 단체에 가입했던 젊은이가 진학할 길이 모두 막혀버리자 진로를 자선활동 단체로 택했다는 점은 당연해 보인다.

당시에 해외자원봉사단은 남자만 입단할 수 있었다. 자원봉사자들은 대체로 제러미 코빈처럼 특별한 기술이 없었고 중등교육기관이나 대학을 갓 졸업한 젊은이들이었다. 그들은 2년을 봉사하는 대가로 기본적인 숙식과 용돈을 제공받고 일생일대의 모험을 할 기회를 얻었다. 슈롭셔에서 장래가 불투명했던 제러미에게 해외자원봉사단은 구세주였다. 그의 형 데이비드는 "제러미는 졸업 후에 아무런 계획이 없었다"며 이렇게 말한다.

"성적이 잘 나오지 않았다. 중급시험은 무난하게 치렀지만 상급시험에서는 좋은 성적을 내지 못했다. 그래서 해외자원봉사단에 응모해 자메이카로 갔다. 그가 한번 해보고 싶어 했던 일이었다. 자원봉사자로 파견되어 선행을 실천할 수 있었다. 분명히 많은 것을 배웠고 좋은 일도 했다."

제러미 코빈을 잘 아는 한 친구는 제러미가 열여덟 살에 대학이 아니라 해외자원봉사단에 입단하면서 정치적인 사고가 더 이상 성장하지 못했고 십대 이후로 지적으로 성장하는 데 실패했다고 말한다.

"나는 늘 제러미를 피터팬 같은 인물로 여겼다. 철이 들지 않는다는 말이다."

그 친구는 다음과 같이 덧붙인다.

나쁜 뜻에서가 아니다. 좋은 뜻에서 하는 말이다. 영국 중부지방의 중산층 가정에서 자라 예비학교를 다니고 그래머 스쿨을 거친 분명 똘똘한 아이가 대학에 가서 안주하지 않고 그렇게 외곬으로 정치에 천착하다니. 어찌 보면 평화봉사단과 비슷한 해외자원봉사단 일을 하게 됐으니 말이다.

서인도제도처럼 이국적인 지역을 가는 것은 고사하고 해외여행을 하는 것조차 거의 드물던 시대에 자메이카에 파견된 제러미 코빈은 굉장한 경험을 했음에 틀림없다. 자원봉사자들은 1958년이 되어서야 처음으로 해외에 파견되었는데, 자메이카는 제러미 코빈이 그곳에 도착하기 5년 전인 1962년에 독립했으므로 그는 일종의 선구자였던 셈이다. 그는 집으로 보낸 편지에서 새로 정착한 지역의 낯선 풍경을 전했다. 훗날 콩코드 시험조종사가 된 그의 형 데이비드는 항공기 여행이 어땠는지 궁금해했다. 데이비드는 말했다.

"우리가 제러미에게 질문을 하면 제러미가 대답하곤 했다. 그곳의 삶이 얼마나 다른지, 또 오가기가 얼마나 어려운지도."

자메이카에 도착한 제러미는 수도 킹스턴의 낙후 지역에 있는 학교에서 교사로 일했다. 그곳은 부유한 미국인과 유럽인들이 일광욕을 즐기는, 자메이카 섬의 북부와는 완전히 딴판이었다. 데이비드는 해외공관이 해외자원봉사단 단원들을 예의 주시하고 그들을 고등판무관 사무실로 불러 격려했다고 믿는다. 당시에 해외봉사단원으로 제러미와 같은 시기에 자메이카에 있었던 피터 크로프트Peter Croft의 말이다.

그들(자메이카인들)은 독립을 쟁취했지만 여전히 식민지 시대의 잔재가 남아 있었다. 대사관 직원이 우리에게 대사관에서 열리는 칵테일 파티의 예절을 가르쳤던 기억이 난다. 영국에서 온 우리들조차도 특권과 상대적 박탈감의 극명한 대조를 절실히 느꼈다. 당시 자메이카에 파견된 우리는 세상을 보는 방식이 완전히 바뀌었고 영국을 보는 시각도 완전히 변한 채 귀국했다.[51]

애덤스 스쿨에 다닐 때도 제러미 코빈은 대부분의 사람들이 경험하는 세계와 기득권층의 삶이 얼마나 유리되어 있는지 뼈저리게 느꼈다. 자메이카에서 그러한 간극은 더 극명했다. 그때는 극작가 노엘 카워드Noël Coward가 언덕 위에 있는 자신의 저택 파이어플라이Firefly에 왕족들과 역대 총리들을 초청하는 한편, 밥 말리Bob Marley와 그의 동료 레게 음악인들은 고국의 흑인 청년들에게 자신의 뿌리는 아프리카임을 받아들이고 조상들이 사탕수수 추수를 위해 노예로 이 섬에 끌려온 이후 겪은 가난이라는 저주에 맞서라고 호소하는 시대였다. 제러미 코빈은 해

소년,
남자가 되다

외자원봉사단 경험에 대해 다음과 같이 말했다.

> 내 인생에서 가장 흥미진진한 경험은 열여덟 살에 자메이카에 파견되어서 그곳 청년들과 함께 일했던 것이다. 나는 함께 일했던 청년들보다 겨우 두 살 위였다. 상당히 힘든 일이었지만 정말 멋진 경험이었다. 나는 대학에 가는 대신 그 일을 했다.[52]

제러미의 가족들에 따르면 그는 자신이 목격한 불평등에 경악했다. 자메이카에 있는 동안 자신을 되돌아보고 깊은 생각을 해볼 시간이 많았던 듯하다. 그는 자메이카에 있는 동안 시를 쓰게 됐다고 했다. 자신이 쓴 시 한 편은 정말 마음에 들어서 정치와 문학평론 주간지인 〈뉴 스테이츠맨New Statesman〉에 실리기를 바라고 투고하기까지 했다.[53] 유감스럽게도 잡지사로부터는 아무 연락도 오지 않았다. 자메이카 생활이 두 달째에 접어들 무렵 제러미 코빈은 처음으로 턱수염을 기르기 시작했다. 그 이후로 수염은 그를 상징하는 특징이 되었으며 지역민들로부터 '턱수염 사나이Beardman'라는 별명을 얻었다.[54]

영적인 목적으로 대마초 사용을 권장하는 라스타파리교Rastafari•가 부상하면서 자메이카에서는 대마초 흡연이 비교적 흔해졌지만, 제러미 코빈은 청년 시절에 대마초를 핀 적은 없다고 주장한다. 2015년 런던 방송국LBC이 주관한 노동당 당수 경선 후보 정견발표회에서 네 명의 후보는 대마초를 핀 적이 있느냐는 질문을 받았고, 제러미가 유일하게 핀 적이 없다고 대답한 후보였다. 그는 "전혀 관심 없었다, 전혀"라고 대답

•
에티오피아의 황제 라스 타파리Ras Tafari를 신으로 섬기는 종교다.

했다.[55]

시골인 월트셔와 슈롭셔 밖으로는 한 발짝도 디뎌보지 않았던 소년에게 자메이카는 낭만적인 풍경과 향기로 가득한 신세계였다. 데이비드 라미David Lammy는 제러미 코빈의 25년 지기이자 남미 가이아나 출신 흑인인 토트넘 지역구 의원이다. 라미는 제러미 코빈이 자메이카에서 보낸 시간은 그의 삶을 완전히 바꾸어놓았고 영국으로 돌아와서는 부모님이 어울리던 이웃들과는 다른, 출신배경이 훨씬 다양한 사람들 틈에서 살겠다는 결심을 하게 만들었다고 생각한다. 그는 "제러미는 어떻게 보면 자메이카에서 사랑에 빠졌다고 할 수 있다"고 말하며 다음과 같이 덧붙인다.

그 시절 자메이카는 막 독립하기 시작한 때라 곳곳에서 열띤 정치 논쟁이 벌어졌다. 밥 말리가 등장해 아프리카 중심적인 사고를 하게 됐지만 식민 제국과의 갈등도 있었다. 결국 제러미는 영국으로 돌아오기는 했지만 심리적으로는 자메이카를 떠나지 않았다. 그는 영국에서 자메이카와 가장 유사한 지역에 자리를 잡았다. 바로 다문화의 핵심 지역인 런던 북부였다.

해외자원봉사단과 작별한 제러미 코빈은 혈혈단신 중남미로 길을 떠났고, 볼리비아와 페루에 장기 체류하면서 중남미 대륙에 대한 흥미를 일깨웠다. 인터넷도 없던 때라 집에서 오는 소식은 드물었다. 2015년 12월 〈허핑턴 포스트〉에서 그는 이렇게 말했다.

오랫동안 집을 떠나 있었다. 그동안 전화를 딱 한 번 했다. 그런데 딱 한 번 전화를 한 그때 하필 가족들은 외출 중이었다. 우리는 편지를 주고받

소년,
남자가 되다

왔다. 가족들은 내가 어디로 가고 있는지 알 길이 없었고 나도 딱히 어디로 가겠다는 계획이 없었다. 그래도 나는 만사 오케이라고 생각했다.

제러미가 자메이카와 중남미를 돌며 목격한 불평등은 그의 뇌리에 각인되었다. 그는 급진주의자로 변해서 돌아왔고 평생 동안 영국 정치에서 가장 왼쪽 자리를 차지하게 되었다. 그는 그 경험을 통해 가족 간의 결속력이 강한 화목한 가정 출신의 그래머 스쿨 졸업생으로서는 뜻밖에도 독립심과 자립심을 키우게 되었다.

3년 만에 돌아온 영국의 삶이 그에게는 심드렁했을 것이다. 그는 주목재에서 부모님과 같이 지내며 지역 농장에서 일자리를 구했다. 그리고 동물들과 가까워지고 채식주의자가 되었다. 당시에는 비교적 드문 일이었다. 그는 45년 이상 채식을 고집해오고 있는데 자신의 그러한 결정에 대해 이렇게 말하기도 했다.

"나는 돼지들에게 애착을 느꼈고 돼지들이 도살장으로 끌려간다는 사실이 견디기 힘들었다."[56]

제러미 코빈이 얼마나 열렬한 채식주의자인지를 보여주는 일화가 있다. 그는 하원 식당에서 제공한 '훌륭한 콩 요리'를 치하한다며 농담 삼아 공식토론요청서Early Day Motion●를 제출한 적도 있다. 제러미 코빈은 들일도 했고 자기 어머니처럼 과일과 채소를 직접 가꾸는 취미를 갖게 되었으며 이즐링턴에 있는 자기 텃밭에서 몇 시간이고 밭을 돌보기도 했다.

●
영국 하원의원들이 '조속한 시일' 내에 공식적인 토론을 요청하기 위해 제출하는 동의안으로 주로 단 한 문장으로 구성된다. 그러나 실제로 이 동의안에 따라 하원에서 토론이 이루어지는 경우는 거의 없다. 특정한 사안에 대한 관심을 환기시키려는 것이 동의안을 제출하는 주된 목적이다.

그러나 슈롭셔에서 보낸 생활은 무미건조했다. 삶에 활력을 불어넣기 위해서 제러미 코빈은 언론계에 투신하기로 결심했고, 지역신문인 〈뉴포트 마켓 드레이턴 애드버타이저Newport Market Drayton Advertiser〉에 일자리를 얻었다. "맙소사, 그런 얼뜨기 신문은 세상에 다시없다"며 그의 형 데이비드는 다음과 같이 덧붙였다.

"제러미는 뛰어난 기자는 아니었던 것 같다."

결혼식이나 장례식을 취재하는 데 대부분의 시간을 보내면서도 제러미는 신문사 생활이 즐거운 듯했다. 자전거를 타고 취재하러 돌아다니는가 하면, '특종 노턴Scoop Norton'이라는 별명으로 불리며 주요 기사를 주로 쓰는 신문사의 '간판 기자'와 마찰을 빚기도 했다.

여행에서 돌아온 제러미 코빈은 노동당의 리킨 지구당 활동도 재개했다. 또 1972년 5월 스케그니스의 해안 마을 링컨셔에서 열린 청년사회주의자 연례회의에도 참석했다. 그 행사에서 그는 자신의 출신배경을 감추고 뉴포트나 주목원과는 완전히 딴판인, 10마일 떨어진 곳에 있는 텔퍼드 출신이라고 동료들에게 말했다. 제러미가 그 행사에서 만난 사람들 가운데는 적극적으로 정치 활동을 하는 젊은 부부 발레리 비네스Valerie Veness와 키스 비네스Keith Veness가 있었다. 이 부부는 제러미와 평생지기 친구이자 노동당 동지가 되었고, 키스는 수년 동안 제러미의 의회대리인으로 일하게 된다. 키스 비네스는 제러미 코빈을 "거주지인 슈롭셔에 새로 생긴 마을 텔퍼드 대표였던 영리한 젊은이"로 기억한다. 아마도 평생 처음이자 마지막으로 코빈과 그가 새로 사귄 친구들은 그 모임에서 자신들이 가장 우파라는 사실을 깨닫게 되었던 듯하다. 비네스의 말이다.

"그 행사는 좌익 단체들로 들끓었다. 전투적인 성향의 조직들이 완전히 장악한 뒤라 노동당에서 강경좌파였던 우리조차도 그 모임에서는 우파로 밀려났다."

동지들끼리의 내부 알력에도 불구하고 제러미 코빈은 청년사회주의자 조직 활동을 즐겼다. 슈롭셔에서 오랜 세월 동안 이질감을 느끼면서 살아온 제러미는 비네스 부부처럼 자신과 생각이 같은 사람들과 함께 어울리면서 위안을 얻었다. 런던에서 정치운동가로 사는 그들의 삶과 비교해볼 때 시골 지역신문 기자로 일하는 자신의 삶이 따분하게 느껴졌을지 모른다. 제러미 코빈의 모친 나오미도 그에게 기자생활이 맞지 않는다고 생각해 다시 공부를 하라고 보채기 시작했다. 그 회합이 끝나고 얼마 안 가 제러미는 신문사에 사직서를 제출하고 런던으로 향했다. 당시 그는 스물두 살이었고 그때 런던으로 온 뒤 다시는 런던 북부를 떠나지 않았다.

Chapter 4

제인,
그리고 다이앤

1973년 런던 북부로 이주한 제러미 코빈은 친구들 사이에서 편안함을 느꼈다. 자신이 성장해온 환경보다 훨씬 자기에게 걸맞았다. 보다 평등한 사회를 염원하는 그의 생각에 공감하는 사람들이 있었고, 피부색도 다르고 신념도 다른 사람들이 서로 어울려 사는 곳이었으며, 무슨 옷을 입든, 어떻게 시간을 보내든 아무도 손가락질하지 않았다. 시골과 달리 정치 활동도 활발하게 이루어졌다. 사람들은 적극적으로 참여하고 다른 사람들에게 관심을 보였으며 자신의 신념을 위해 기꺼이 싸울 의향이 있었다.

데이비드 코빈과 나오미 코빈 부부는 정치는 궁극적으로 전면전으로 귀결된다고 생각해 나치의 폭격을 받은 런던을 벗어나 목가적인 곳에서 피난처를 찾았다. 그러나 그들의 막내아들에게 정치는 위협이 아니라 해방감을 느끼게 해준 반면 시골은 갑갑하고 편협하게 느껴졌다. 몇 년 후 〈뉴 스테이츠맨〉과의 인터뷰에서 제러미 코빈은 자신이 가장 좋아하는 소설은 삶이 무료해진 프랑스 가정주부가 갑갑하고 진부한 삶에서 탈출하기 위해 불륜이라는 모험을 감행하는 내용을 담은 귀스타프 플로베르의 《보바리 부인》이라고 했다.[5] 제러미에게 런던과 정치 활동은 갑갑하고 지긋지긋한 시골이라는 자신의 성장환경에서 벗어날 수단이 되어주었다. 런던 북부로 이주한 그는 월트셔, 슈롭셔, 자메이카는 물론 그래머 스쿨에서도 느껴보지 못한 편안함을 처음으로 맛보았다.

우연히도 그가 런던 북부에 정착하게 된 건 큰 행운이었다. 슈롭셔에서는 장래도 없고 초조해 보이는 제러미가 걱정이 된 나오미는 그를 받아줄 만한 몇몇 학교 가운데 한 학교에 응모해보라고 그를 설득했다. 런던 북부에 있고 지금은 런던 메트로폴리탄 대학에 편입된 폴리테크닉 노동조합학과였다. 그 학교는 현재 제러미 코빈의 지역구인 이즐링턴을 관통하는 통행량 많은 주요 도로인 할로웨이 로드에 위치해 있으며 노스 런던 폴리North London Poly라고 알려져 있었다. 얼마 전에 북부와 서부 폴리테크닉 두 곳이 통합해 만들어졌고, 교수진 가운데는 위대한 역사학자 A. J. P. 테일러Taylor가 있는 평판이 괜찮은 학교였다.

제러미 코빈은 리킨 청년사회주의자 조직에서 만난 친구 짐 브라운Jim Brown과 함께 런던으로 이주했다. 두 사람은 살 집을 구할 때까지 이즐링턴에 있는 폴리테크닉 근처에 임시로 거처를 마련했다. 새로운 환경에서 살게 되자 신이 난 제러미 코빈은 자신과 생각이 같은 사람들을 찾아나섰다.

어느 날 공부하다가 따분해진 제러미는 우연히 격주로 발행하는 사회주의 성향의 〈트리뷴〉 신문사를 지나치게 되었다. 그는 누군가가 말을 걸어오기를 바랐다. 마침 우연히 발레리 비네스가 거기서 일을 하고 있었다. 스케그니스에서 열린 청년사회주의자 모임에서 처음 만났던 바로 그 사람이었다. 그녀의 남편인 키스 비네스는 이렇게 말했다.

"발레리가 내게 전화를 해서는 '제러미 코빈이라는 친구 기억나?'라고 물었다. 런던으로 막 이주한 모양이었다."

비네스 부부는 코빈이 이즐링턴에 머문다는 얘기를 듣고 뛸 듯이 기뻤다. 단지 제러미와 어울리는 게 즐겁기 때문만은 아니었다. 노동당 좌파 당원들 사이에서 인기가 없는 마이클 오할로란^{Michael O'Halloran} 의원으로 인해 북이즐링턴의 노동당 지부가 분열되어 있었다. 비네스 부부는 자신들과 정치적 성향이 같은 이 열성적인 젊은이가 지구당에서 자기들 편이 되어주기를 기대했다. 결국 비네스 부부는 오할로란과의 전쟁에서 승리를 거두게 되지만 그 승리는 10년을 넘기지 못한다.

비네스 부부에게는 실망스럽게도 제러미 코빈은 이즐링턴에 머문 지 몇 달 만에 3마일 떨어진 혼지에 더 싼 거처를 마련해 이덜리 로드에 있는 원룸 스튜디오로 이사하게 된다. 그는 노동당 혼지 지구당과 청년사회주의자 조직에 가입했고 곧 두 조직 모두에서 주도적인 인물로 손꼽히게 된다. 북이즐링턴은 아직 제러미 코빈을 맞을 때가 되지 않았다.

지금은 헤링게이의 해리스 경으로 불리며 헤링게이 지역의회 지도자를 지낸 토비 해리스^{Toby Harris}는 바로 이 시기에 제러미 코빈을 알게 되었다. 그는 다음과 같이 말한다.

나는 매우 침울한 10대 소년이었고 열여섯 살에 노동당에 입당했다. 학교에 다니면서 지구당 서기로 열심히 일했고 케임브리지 대학에 다니다가 방학이면 돌아오곤 했다. 그리고 어찌어찌하여 내가 케임브리지에 입학한 첫해에 제러미 코빈이 등장했다. 당시 그는 '단칸방 잠입자'로 알려져 있었다. 침실 겸 거실인 원룸에 거주하고 있었고, 어느 날 갑자기 불쑥 나타난 데다 매우 강경한 좌익이었으며 지구당을 조금씩 장악해갔다. 방학 때마다 와보면 제러미는 지난번보다 중요한 인물이 되어 있었다.

혼지로 이사할 무렵 제러미는 노스 런던 폴리에서의 학업을 중단했다. 여전히 애덤스 스쿨에서 겪은 일에서 헤어나지 못하고 있었던 제러미는 폴리에서 다시 학업을 시작했을 때도 예전과 마찬가지로 학교 당국을 상대하기 힘들어했다. 그의 형 피어스는 〈선Sun〉에 다음과 같이 말했다.

"제러미가 학업을 중단한 이유는 학교 당국자들과 크게 다투었기 때문이다. 제러미가 아마 그들보다 아는 게 많았을 것이다."

잠시 고등교육기관에 적을 두는 동안, 제러미 코빈은 학생으로서 정치 참여를 즐겼고 집회에 가거나 토론에 참가했다. 그로부터 얼마 후 제러미를 알게 된 작가이자 평론가인 리오 매킨스트리Leo McKinstry는 제러미 코빈이 폴리 재학 시절 이후로 지적으로 조금도 성숙하지 않았다고 주장한다.

"그는 1960년대 말 처음 시위에 참가한 이후로 그때의 신념이 그대로 굳어져버린 전향하지 않은 트로츠키 추종자다."[58]

대학을 중퇴한 제러미는 일자리가 필요했고 여전히 노조에 관심이 있었다. 그러다가 전국 재단사 노동조합에 일자리가 났다는 소식을 듣게 되었다. 쇼어디치에 있는 혹스턴 광장에 본부를 둔 이 노조의 회원들은 주로 런던 이스트 엔드 지역의 유대인 재단사들이었는데, 이들은 노동당에 관여해온 오랜 전통을 자랑했다. 1970년대 초에 이미 이 노조는 사양길에 접어들었다. 백화점이 흔해지고 해외에서 값싸게 대량 생산된 의류 제품들이 쏟아져 나오면서 솜씨 좋은 재단사들이 밀려나고 있었다. 회원 수가 거의 13만 명으로 전후 영국에서 열 번째로 규모가 큰 노조였지만 코빈이 이 노조에서 일하기 시작했을 즈음에 이 노조는 빈사 상태였다. 노조 회원들은 농담조로 '전국 유대인 스탈린주의자 연합'으로 불렀다. 키스 비네스의 말이다.

"제러미는 혹스턴 광장에 있는 노조 본부에서 사환으로 일했다. 그게 그가 처음 맡은 일이었다. 그냥 자원했다. 당시에 노조에서 서류 정리나 하는 사원으로 일하고 싶어 한 사람은 그리 많지 않았다. 제러미 코빈은 자신의 새 고용주를 또 다른 T&G[59]라고 일컬었다."

'진짜' T&G는 전국 최대 노조인 '운송업과 일반 노동자 노조 Transport and General Workers' Union'를 가리킨다. 그의 업무 중에는 직원들에게 급여를 주지 않으려고 크리스마스(그리고 유대인 명절인 하누카) 바로 직전에 파산했다고 주장하는 고용주들에게 항의하는 일도 있었다.

그는 전국 재단사 노조에서 열심히 일했지만 마음은 노동당에 가 있었다. 그는 청년사회주의자 혼지 지부의 의장이 되었고 여가 시간은 모두 지부 일에 쏟아부었다. 당 업무에 시간을 쏟는 만큼 지구당에서의 영향력이 커지고 개성도 강해졌다. 해리스 경에 따르면 제러미는 딱히 강한 성격이 아니었지만 쉬지 않고 당 활동을 함으로써 한두 해 만에 당 지부를 완전히 장악하게 되었다. 당시 제러미 코빈을 알고 지낸 사람들은 그를 전형적인 막후 인물이라고 묘사한다. 대중에게 호소력은 있지만 추진력은 없는 인물들을 대신해서 막후에서 조종하는 역할을 한

제인,
그리고 다이앤

것이다. 해리스 경은 다음과 같이 덧붙인다.

그는 늘 조직화하는 역할을 했다. 사람들을 설득해 일을 하게 했다. 그는 5년, 10년에 걸쳐 노동당 지구당Constituency Labour Party, CLP을 조직화해서 전국에서 가장 규모가 크고 매우 활동적인 지구당으로 변모시켰다. 그는 일벌레였다. 그런 사람을 경멸조로 '24시간 정치인'이라고 부르기도 하지만, 그는 실제로 그랬다. 그는 자나 깨나 정당 일을 했다.

제러미 코빈과 가까운 관계를 유지했고 지역구가 서로 이웃하고 있어서 선거운동을 하면서 협력하기도 한 키스 비네스도 제러미가 일벌레였다는 사실에 동의한다.

"아주 열성적이고 활동적이었다. 우리 모두 그랬겠지만, 그는 특히 그랬다. 잠도 별로 자지 않는 것 같았다. 잠이 자신이 하는 일을 방해하도록 내버려두지 않았다."

제러미의 새 친구들은 그의 성정에서 개인적인 야심을 감지하지 못했고, 따라서 그가 왜 그렇게 정치에 몰두했는지 모르겠다고 했다. 해리스 경은 이렇게 말한다.

그가 정치에 몰입한 사적인 동기가 뭔지는 분명치 않았다. 드러낸 적이 한 번도 없다. "이 지역의회 의석들을 우리가 차지해야 한다", "우리가 이겨야 한다"는 게 전부였다. 제러미는 노동당이 선거에서 선전하기를 바랐기에 잘 조직화된 지구당을 만들었다. 그런 점에서 그는 상당히 카리스마가 있었다.

그는 혼지 지구당 '수구파'들의 신경을 건드린 경우가 몇 번 있지만, 그들은 대부분 정치적으로 제러미보다 오른쪽에 있는 사람들이었고 아무도 제러미의 헌신적인 태도에 의문을 품지 않았다. 그리고 그의 노고는 곧 결실을 맺었다. 1971년에 가서야 헤링게이 지역의회를 노동당이 장악하게 되었다. 제러미는 그 지역에서 회원을 모집하고 지지를 확충하는 데 전념했다. 그는 어린 시절에 가입한 비핵화운동 조직 내에서도 서열이 높아져 결국 전국 부의장까지 되었다.

제러미는 이제 좀 거리감이 느껴지기는 하나 인기 있는 인물이 되었다. 해리스 경은 "그를 좋아하는 사람이 많았고, 목표를 실현하고 노동당에 표를 가져오는 일에 대한 그의 헌신적인 태도는 아무도 의심하지 않았다. 그게 노동당에서는 가장 중요한 일이고 노동당의 존재 이유였다"며 다음과 같이 덧붙인다.

"제러미는 초창기에는 매우 열성적으로 조직화 활동을 했고 오랫동안 나름의 방식대로 일을 해온 당내 기존 인물들을 약간 옆으로 밀쳐냈다. 제러미는 그들보다 훨씬 활동적이고 열성적이고 좌파적인 입장을 채택했다."

몇 년 만에 노동당 혼지 지구당은 전국 최대 규모의 지구당이 되었고, 탄탄한 청년 조직을 비롯해 당원 4천 명을 자랑하게 되었다. 키스 비네스의 말이다.

"그의 주변에는 그와 함께 일한 젊은이들이 있었다. 그들은 매우 적극적이고 강력한 선거운동을 하는 당을 만들고 싶어 했다."

새로 입당한 청년들은 지구당 본부 주변에 있는 아일랜드풍 선술집을 중심으로 사람들 사이에 활발한 교류가 이루어지고 있었던 당시 상황에 이끌리기도 했을 것이다. 해리스 경에 따르면 제러미는 그런 사교생활에는 그리 관심이 없었다.

　　그는 사교적이고 친근했지만 목적은 그게 아니었다. 물론 그도 선술집에 드나들긴 했지만 술을 마시기 위해서가 아니라 다음 날 아침 가가호호 방문하며 선거운동을 하러 다녀야 한다는 사실을 사람들에게 상기시켜 주기 위해서였다. 그는 사람들이 집에 가져갈 전단지를 몇 봉지씩 들고 선술집에 나타나곤 했다. 술을 많이 마시는 모습도 눈에 띄지 않았다. 술집에 모임이나 행사가 있으면 들르기는 했지만 딱히 오랫동안 머물지는 않았다.

　　혼지 지구당 당원들과 어울려 지냈던 좌익 평론가이자 작가 타리크 알리[Tariq Ali]도 그 말에 동의한다.

　　그는 사교적이 아니었다. 전혀. 그렇다고 반사회적인 성향도 아니었다. 그는 한결같이 아주 사려 깊었다. 제러미처럼 나도 술집에 자주 가는 사람이 아닌데, 그때도 자주 가지 않았지만 이따금 들러 사람들과 어울리며 한잔하곤 했다. 우리는 하나같이 매우 정치적이었다. 우리 세대는 정치적인 세대였다. 정치를 위해 살았고 정치는 우리 인생에서 가장 중요한 것이었다. 제러미에게는 지금도 여전히 정치가 인생에서 가장 중요하다.

　　제러미를 사람들과 잘 어울리는 훨씬 쾌활한 사람으로 기억하는 이들도 있다. 다큐멘터리 제작자 닉 로즌[Nick Rosen]은 제러미에 대해 이런 글을 썼다.

그는 노동당 혼지 지구당 청년사회주의자 조직의 의장이었다. 나는 훨씬 어린 조직원이었고, 그는 정치적인 사안에 관한 한 나의 정신적 스승이었다. 모임이 끝나면 우리는 길모퉁이에 있는 아일랜드풍 선술집으로 우르르 몰려갔다가 우리들 중 한 사람의 집으로 자리를 옮겼다. … 우리는 밤새도록 자본주의가 붕괴할 날이 머지않았다는 얘기를 했다. 그러고 나서는 노래를 불렀다. 시위 때 부르는 노래, 포크송, 닥치는 대로 불렀다. 런던 북부에 있는 어느 집 식탁에 둘러앉아 어떤 노래를 부르든 아일랜드 시위 노래는 그날 저녁 모임의 핵심이었다. 아직도 그 노래들의 가사를 전부 기억하고 있다. "녹색 제복을 입고 더블린을 향해 출발", "녹색 제복을 입고" 뭐 그런 내용이었다. 일단 노래를 부르기 시작하면 제러미도 노래 한 곡을 부르자고 제안하기도 했다. 목초지를 경작하는 내용의 "한 사내가 풀을 베러 갔네"라는 제목으로 똑같은 구절이 계속 반복되는 민요였다. 그는 정말 그 노래에 심취하곤 했다. 열 명의 사내가 등장하다가 아홉, 여덟, 그리고 마지막으로 한 명으로 줄고 그 사람의 개가 등장하는 절까지 불렀다.[60]

"한 사내가 풀을 베러 갔네"라는 전승 동요의 가사는 논란거리가 아니었지만, 제러미 코빈이 그들과 함께 목청껏 불렀던 다른 노래들은 아일랜드공화국군과 관련 있는 노래였다. 사실 전승 동요에도 풀 베는 사내아이가 다음과 같이 말하는 가사가 나온다.

"나는 아일랜드공화국군에 가담하러 가네. 내일 아침에 떠난다네."

훗날 제러미는 아일랜드가 독자적인 공화국으로 존재해야 한다고 주장하는 아일랜드공화주의를 옹호했다는 비판을 받게 된다. 1972년

제인,
그리고 다이앤

북아일랜드 데리Derry* 지역에서 인권을 외치며 행진하던 시위대를 향해 영국군이 쏜 총탄에 열네 명의 시위자가 사망한 피의 일요일Bloody Sunday** 사태는 북아일랜드 지역을 분쟁 발생 가능 지역에서 교전 지역으로 바꿔놓았다. 아일랜드공화국군은 1974년 런던 북부에 있는 길퍼드와 버밍엄 두 군데 아일랜드풍 선술집을 폭파시키면서 갈등을 영국 본토로 확산시켰다. 당시 제러미 코빈이 어느 쪽에 동조했는지는 분명했다.

노동당 혼지 지구당에는 선술집 모임 말고도 제러미 코빈이 발걸음을 하게 만든 여러 가지 요소가 있었다. 1973년 제러미는 당시 대학원생이었던 동지 제인 채프먼Jane Chapman과 가까워지기 시작했다. 1974년 2월에 열리는 총선을 앞두고 해럴드 윌슨의 선거운동을 함께 하던 두 사람은 사랑에 빠졌고, 채프먼에 따르면 "질풍노도와 같은 사랑"을 했다. 훗날 채프먼은 이렇게 말했다.

"그는 다정하고 혈기 왕성했으며 영리하고 헌신적인 사람 같았다. 당시에는 인물도 그만하면 준수했다. 상당히 매력적이었다."[61]

석 달 후 두 사람은 결혼했다. 제러미 코빈과 마찬가지로 채프먼도 스물다섯 살이었다. 채프먼은 "우리는 정치적인 천생연분이었다. 우리 관계의 기반은 공통의 정치이념과 정치 활동이었다"고 말했다.

제러미 코빈은 제인 채프먼에게 에메랄드 골동품 반지로 프러포즈했고 둘은 헤링게이 시청에서 간이 결혼식을 올렸다. 그로부터 며칠 후

---

*
북아일랜드에서 두 번째로 큰 도시 런던데리Londonderry의 줄임말이다.
**
1972년 1월 30일, 아일랜드공화국군과 관련된 것으로 의심되어 체포 억류된 300여 명에 대한 석방을 요구하며 행진하던 민간인 시위대에게 영국군이 총을 발사해 14명이 숨졌다. 이 사건으로 영국군에 대한 천주교도들과 아일랜드 민족주의자들의 적개심이 악화되었고 아일랜드공화국군에 대한 지지가 높아지고 가입자 수가 폭증했다.

에는 서머싯 주 웨스턴 슈퍼 메어의 해안 휴양지에 있는 그녀의 아버지가 운영하는 볼링장에서 친구와 가족들을 초청해 피로연을 열었다. 채프먼의 부모는 평생 보수당 당원이었다. 그들은 딸의 결혼을 대놓고 반대하지는 않았지만, 모친은 아마 골수 좌익 젊은이와는 '사뭇 다른 사람'이 사위가 되길 바랐을 것이라고 채프먼은 말했다.[62]

제러미 코빈 부부는 신혼여행도 두 사람이 만났을 때 하던 일을 하면서 보냈다. 선거운동이었다. 1974년 5월 두 사람은 헤링게이 지역의회 의원으로 선출되었고 제러미는 이를 무척 기뻐했다. 머지않아 두 사람은 1950년대와 1960년대를 풍미했던 부부 좌익 의원의 이름을 딴 '헤링게이의 나이 베번Nye Bevan과 제니 리Jennie Lee'라는 별명을 얻었다. 제러미 코빈 부부의 좌익 신념에 공감하지 않은 동료 의원들은 코빈 부부를 '공포의 한 쌍'이라고 불렀다.[63] 훗날 채프먼은 〈데일리 메일〉에 다음과 같이 말했다.

"정치가 우리 삶이 되었다. 그는 저녁에도 거의 밖에서 보냈다. 우리 둘 다 모임에 참석하거나, 모임이 없으면 그는 노동당 본부에 가서 복사를 하곤 했다."

1974년 2월 총선에서 의석의 절대다수를 차지한 당이 배출되지 않은 상태로 노동당이 집권하게 되면서 곧 총선이 치러질 게 분명해졌다. 예상대로 해럴드 윌슨은 10월에 선거를 치르겠다고 발표했다. 채프먼은 보수당의 세가 탄탄한 도킹 지역에 노동당 후보로 선출되었다. 그리고 제러미 코빈은 혼지에서 선거관리인 역할을 맡았다. 둘 다 성공하지 못했지만 꽤 선전했다. 채프먼은 노동당 득표율을 끌어올렸고, 혼지 지역에서 후보로 나선 어빙 커진스키Irving Kuczynski는 보수당으로부터 의석을 빼앗아오는 데 실패했지만 고작 800표 차이였다. 해리스 경은 채프먼에 대해 이렇게 말했다.

"둘 중 채프먼이 훨씬 더 야심만만했다. 그녀는 정말로 의원이 되고 싶어 했다."

채프먼도 자신이 정치적으로 "제러미보다 훨씬 경륜이 높았다"면서 자기 남편에게서는 개인적인 야심을 느껴본 적이 없다고 말했다.

"과거에 그는 지도자 지위 따위에 관심을 드러낸 적이 전혀 없다. 토론을 활성화시키고 보통 사람들을 대변하는 데 더 관심을 두었다."

다음 해, 훗날 유럽연합이 된 유럽경제공동체European Economic Community, EEC에 영국이 회원으로 가입할지 여부를 묻는 국민투표에서 제러미 코빈은 주류에 반하는 투표를 했다. "나는 투표를 했고 '반대' 표를 던졌다"고 훗날 그는 말했다.[44] 그는 오늘날까지도 유럽연합에 대한 의구심을 버리지 않고 있는데, 이는 오늘날 노동당 주류들이 철저한 구태로 치부하는 전통적인 좌익 입장이다.

국민투표가 실시되고 얼마 지나지 않아 코빈과 채프먼은 이사를 했다. 그 집은 두 주요 도로 A105와 B138 사이를 직선으로 연결하는 '사다리'라고 불리는 일련의 거리들 가운데 하나인 로잔 로드에 있었다. 그곳은 건물 1층에 있는 침실 하나짜리 집으로 전에 살던 집에서 걸어서 몇 분 거리에 있었다. 이웃들 가운데는 키프로스 출신 그리스인들이 많았는데, 세월이 흐르면서 쿠르드족 공동체가 형성되었다. 두 사람은 뒷마당에서 닭을 치고 망고라는 이름의 검은 잡종 개와 얼룩고양이 한 마리를 키웠다. 고양이의 이름은 두 사람이 해럴드 윌슨 총리의 선거운동을 돕다가 사랑에 빠졌기 때문에 해럴드 윌슨이라고 지었다. 이 부부의 삶에서 정치가 얼마나 중요한 위치를 차지하는지 보여주는 또 하나의 사례다.

부부는 이제 시대정신에 편승해서 국내외 문제와 관련된 회합에 참석하고 시위를 조직하고 선거운동을 하고 토론을 했다. 부부는 파키스탄 태생인 타리크 알리와 남미 가이아나 흑인 인권운동가로서 훗날 토트넘을 대표하는 의원이 된 고故 버니 그랜트Bernie Grant 등 독특한 배경을 지닌 인사들과 가까워졌다. 슈롭셔와 서머싯은 이제 아득한 옛이야기처럼 들렸다.

그러나 코빈 가족은 서로 가깝게 지냈다. 제러미의 둘째 형 앤드루와 셋째 형 피어스는 런던 서부의 한 아파트에서 함께 살다가 집주인과 다툰 후에는 노팅 힐의 엘긴 애비뉴에 있는 큰 집을 무단으로 점유하고 살았다. 처음에 형제는 급진적인 좌익 무리들과 친구처럼 지내다가 그들의 활약상을 알게 된 후에는 그들의 활동에 동참하기로 했다. 동참자는 급격히 불어나 '무단점유자운동Squatters' Movement'이라는 단체를 결성했다. 그로부터 몇 년 만에 피어스는 수도 런던 전역에서 가족 단위를 비롯해 주택 무단점유자 수백 명을 포함한 공동체를 이끌게 되었고, 경찰 및 지역 정부 당국과 빈번히 마찰을 빚었다.[65] 제러미는 무단점유자운동에는 합류하지 않고 선거정치에 집중했지만 형들은 자주 만났다. 피어스는 특히 혼지에 자주 들러 노동당 지구당 활동에 합류했다.

코빈 형제는 자신들이 중산층 출신이라는 사실을 숨기는 경향이 있다. 타리크 알리는 "제러미의 부모님은 급진주의적이었지만 매우 점잖았다"고 말한다. 좀 더 후에 제러미를 알게 된 리오 매킨스트리는 런던 북부 거주자들이 흔히 쓰는 아일랜드 말투와 코크니 말투가 아닌 '약간 정제된' 말투만 없었다면 제러미의 출신배경을 알기 힘들었을 것이라며 다음과 같이 덧붙인다.

"좌익 진영의 다른 사람들은 말투도 무산계급 출신 흉내를 내려고

제인,
그리고 다이앤

애썼지만, 제러미는 절대 그러지 않았다. 그 점은 인정해줘야 한다."

제러미 코빈은 혁명을 꿈꾸는 사회주의자가 보편적으로 지향하는 차림새를 하기는 했다. 챙이 있는 모자에 모터사이클 엔진 기름 범벅인 허름한 녹색 재킷을 입었는데, 이 재킷은 유스턴 역 근처 형들의 무단점유지와 가까운 곳에 있는 잉여군수품 판매소에서 산 것이었다.[66] 제러미가 관여하던 노조의 회원이자 고급 양복점 새빌 로Savile Row 재단사가 제러미에게 맞춤 정장을 만들어주겠다고 하자 그는 정중히 사양했다.

"나는 비싼 옷이 어울리지 않습니다."[67]

그로부터 몇 년이 지나 한 지역의 역사학자와 얘기를 하면서 제러미 코빈은 당시 상황에 대해 "노조 간부에게 뇌물을 주는 행위는 부정부패 행위"라고 말했다. 이 사례가 보여주듯이 제러미는 검소하게 살았다. 그는 술, 담배도 안 하고 마약에도 손대지 않았으며 물질적인 소유에 집착하지도 않고 문화생활에도 흥미가 없었다. 그에게는 정치가 전부였기 때문에 다른 것에 관심을 두거나 취미를 즐기거나 쾌락을 추구할 여력이 없었다. 비네스가 그에게 책을 빌려주면 읽지도 않고 되돌려주었다. 채프먼은 제러미는 지적 호기심이 없었고 "우리 둘 다 무척 가난했다"면서 다음과 같이 말했다.

그는 노조 간부였고 나는 장학금으로 대학원에 다니는 학생이었기 때문에 주머니 사정이 빠듯했다. 고급 호텔에서 우아하게 점심을 먹을 여건이되지 않았다. 그는 주로 모임에 참석하고 나서 나와 만났다. 하지만 절대만취하지도 않고 담배도 피우지 않았기 때문에 우리 둘이 같이 취한 적은 없다. 그는 약간 청교도적인 윤리의식을 지니고 있었는데, 내게는 익숙하지 않은 생활태도였다.[68]

정치, 자신이 지닌 신념을 전파하고 사람들을 돕는 실무적인 활동이라는 의미에서 정치는 그에게 전부였다.

제러미의 열정과 노고는 혼지 지구당 너머에까지 알려지기 시작했다. 1975년, 그는 전국공무원노조National Union of Public Employees, NUPE의 카리스마 넘치는 앨런 피셔Alan Fisher 사무총장에 의해 조직책으로 채용되었다. 당시 키스 비네스는 이미 이 노조에 근무하고 있었고, 역시 그곳에서 일하고 있던 버니 그랜트도 이때 코빈과 알게 되었다. 비네스의 말이다.

당시 전국공무원노조 회원 수가 갑자기 폭증했다. 앨런 피셔라는 유능한 사무총장이 있었는데 그는 의도적으로 매우 젊고 유능한 급진주의 성향의 청년들을 노조의 정규 직원으로 채용했다. 버니 그랜트, 제러미 코빈도 그 가운데 한 명이었다. 그들은 닳고 닳은 구태의연한 나이 든 직원들과 달랐다. 피셔는 젊고 이념이 선명한 급진적인 청년들을 고용했고, 그들은 노조를 변모시켰을 뿐 아니라 회원들도 대거 모집했다.

제러미는 지금은 철폐된 런던 도심교육위원회가 고용한 청소부들과 요리사들을 대표하는 일을 했다. 이 일을 하면서 여유 시간이 많았던 제러미는 혼지에서 정치 활동을 계속할 수 있었다.

그러나 그에게 여가 시간이란 없었고, 그 때문에 아내 제인은 방황하기 시작했다. 해리스 경에 따르면, 그녀는 사람들을 초대해 저녁을 먹으면서 대화도 하고 어울리고 싶어 했지만, 제러미는 전혀 관심이 없었을 것이라고 했다. 제러미에게 정치와 무관한 대화는 무의미했다. 채프먼에 따르면, 제러미는 깡통에 든 차가운 콩 요리로 배를 채우면 그만이었다.[69] 타리크 알리도 제러미 코빈과 함께 사교 모임에 참석한 기억이

제인,
그리고 다이앤

없다. 제인과 제러미는 시간을 내 야영을 몇 번 가긴 했다. 두 사람은 제러미가 소유한 250cc짜리 체코 CZ 모터사이클을 타고 유럽을 여행했다. 하지만 여행에서 돌아오면 또다시 정치에 몰입했다.

제인 채프먼은 의원이 되려는 야심이 있었고 차기 선거에서 켄트주 딜의 지역구 의석을 노리는 노동당 후보로 선출되었다. 하지만 다른 관심거리를 모두 포기하기에는 젊은 나이였다.

"제러미는 정말 좋은 남자다. 문제는 여유롭게 외식을 한다든가, 영화를 보러 가거나 옷을 사러 가거나 인기 드라마를 보거나 하는, 인간으로서의 다른 모든 활동들은 제쳐두고 오로지 정치에만 몰두했다는 점이다. 그건 일과 가정생활이 균형을 이루는 삶이 아니었다."[70]

그녀 자신은 아직 아이를 낳을 준비가 되지 않았지만 언젠가는 아이를 갖고 싶었다. 하지만 제러미가 절대 아이를 낳는 데 동의하지 않을지도 모른다는 걱정이 깊어졌다. 그녀는 "제러미는 일에 백 퍼센트 전념했다"며 다음과 같이 덧붙인다.

"물론 우리 둘 다 왕성한 활동을 했지만 나는 인생에서 정치 말고 다른 것도 원했다. 개인적인 삶도 있었으면 했다. 우리는 아주 젊었고 당시에 그는 아이를 원하지 않았다."

"나는 정치에 지쳤다. 나는 완전히 지쳤는데 그는 그렇지 않았다"며 채프먼은 이렇게 말을 이었다.

"나는 다른 일도 하고 싶었다. 영화관에도 가고 클럽에도 가고 싶었다. 그는 여전히 정치에 집중했다. 나도 정치에 여전히 몰두했지만 제러미 정도는 아니었다."[71]

이 부부의 친구들은 제러미가 집안일을 전혀 하지 않는다며 채프먼이 불평을 했다고 기억한다. 해리스 경의 말이다.

"그녀는 좀 더 개인적인 삶을 누리고 싶어 했지만, 제러미는 말 그대로 24시간 일을 했다. 그는 완전히 정치에 전념했기 때문에 부부관계에서 사사로운 삶은 뒷전이 되어버렸다."

채프먼도 같은 생각이었다.

"그는 정치에 대한 관심 말고는 가정생활이나 그 어떤 것도 중요하게 여기지 않았다."[72]

두 사람은 크게 다투지는 않았지만 점점 멀어졌고 1979년에 결국 갈라서게 되었다. 키스 비네스는 이렇게 말한다.

"솔직히 말하자면, 두 사람은 갈라선 게 아니라 자연스럽게 멀어졌다. 그는 집에 붙어 있지 않았고 제인은 결국 포기했다."

제러미 코빈은 같이 살던 집의 채프먼 지분을 사들였고 그해 말 두 사람은 이혼했다.

제러미 코빈의 독신생활은 오래가지 않았다. 채프먼은 헤어지기로 한 후에도 두 사람이 화해하고 다시 합치리라는 희망을 버리지 않고 있었다고 말했다. 하지만 별거를 시작한 지 몇 달 만에 그녀의 남편은 다른 여성을 만났다. 그 여성과의 관계는 제러미의 인생에서 가장 오래 지속된 인간관계로 손꼽힌다. 바로 다이앤 애벗Diane Abbott과의 관계다. 남녀로서 코빈과 애벗의 관계는 1년을 채 넘기지 못했지만, 두 사람의 애정은 깊은 우정과 동지의식으로 발전해 오늘날까지도 지속되고 있다.

당시 스물여섯 살이었던 애벗은 전국시민권위원회National Council of Civil Liberties, NCCL에서 인종 문제 담당자로 일하면서 제러미를 만났다. 그녀는 자메이카 이민자 부모에게서 태어났으니, 제러미는 10여 년 전 자신이 자메이카 섬에서 지냈던 얘기를 하며 다이앤과 가까워졌을 것이다. 다이앤의 모친은 간호사, 부친은 용접공이었고, 런던 북부에서 자랐다. 제

제인,
그리고 다이앤

러미 코빈과 마찬가지로 애벗도 그래머 스쿨을 다녔다. 그러나 제러미와 달리 그녀는 그래머 스쿨에서 누릴 수 있는 기회는 모두 누렸다. 그녀는 케임브리지 대학에 진학했는데, 그녀와 같은 시기에 대학에 다닌 사람들은 그녀를 상당히 저돌적인 학생으로 기억했다. 한 동창생의 말이다.

"그녀는 교내에서 몇 명 안 되는 흑인 학생이었으므로 눈에 띄었다. 그때도 그녀는 좌익 성향의 학생들과 어울려 다녔다. 용모가 수려했고 관심을 불러일으키는 학생이었다."

애벗은 처음에는 대학에 다니는 게 벅찼지만, 그때 얻은 자신감은 나중에 일을 할 때 큰 도움이 되었다고 했다.

"TV 기자에서 의원에 이르기까지 어디서 무슨 일을 하든지 나는 유일한 여성이거나 소수 인종이라는 이유로 위축되어본 적이 없다. 나는 늘 남성 지배적인 직종에서 일해왔고, 정치 분야도 전혀 다르지 않다."[73]

대학 졸업 후 애벗은 공무원으로 내무부에서 일했고 제러미 코빈을 만나기 직전에 전국시민권위원회에 합류했다. 그곳에서 일하면서 그녀는 당시에 사무총장이던 퍼트리샤 휴잇Patricia Hewitt, 법률자문이던 해리엇 하먼Harriet Harman, 하먼의 남편 잭 드로미Jack Dromey를 비롯해 장래에 유명해질 노동당의 인사들을 만나게 되었다.

노동당 혼지 지구당의 제러미 코빈의 친구들은 제러미가 새 연인을 소개한 방식을 매우 못마땅해했다. 1979년 9월, 그보다 몇 달 앞서 열린 총선에서 노동당이 전국적으로 패했는데도 아랑곳하지 않고, 제러미는 어느 날 아침 일찍 활동가 몇 명을 소집해 선거 유세에 나섰다. 그날 참석했던 한 당원은 다음과 같이 말했다.

가을의 어느 일요일 아침, 제러미는 제인과 헤어졌다고 했다. 우리는 전단지를 나눠주고 있었다. 그런데 무슨 까닭인지, 제러미가 우리 다섯 명에게 "우리 집에 가서 전단지를 좀 더 가지고 나오자"라고 했다. 좀 이상했다. 그래서 "네가 집에서 나올 때 가지고 나왔으면 됐잖아, 제러미?"라고 했다. 그렇게 해서 우리는 제러미 집까지 어슬렁어슬렁 갔고 그의 방에 따라 들어갔다. 그런데 방바닥에 깔린 매트리스 위에 다이앤이 누워서 이불을 목까지 끌어올려 덮고는 "뭐야 도대체?"라고 말했다. 우리는 혼비백산했다. 제러미와 제인 두 사람과 다 아는 사이인 우리 입장이 어땠겠는가. 두 사람이 헤어지리라고는 꿈에도 생각하지 않았는데, 갑자기 헤어진 것만 해도 뜻밖인데, 거기다 아직 이혼 도장도 찍지 않은 유부남이 새 애인이라니. 당시는 1970년대 말이었다. 아직은 백인 남자가 흑인 여자와 사귀면 세간의 입방아에 오르던 때라, 제러미는 좀 뻐기고 있었다. "나 새 여자친구가 생겼는데, 흑인이야"라고 말이다.

런던 북부에서 좌익으로 활동했던 또 다른 당원도 당시 혼지에 사는 지인으로부터 비슷한 얘기를 들었다고 했는데, 이 사건과 관련 있는 내용인 듯하다. 그는 이렇게 말했다고 한다.

"한번은 제러미 집 문을 두드렸는데 문을 열어주러 나온 사람이, 글쎄 제러미의 잠옷을 입은 다이앤 애벗이지 뭔가."

제러미 코빈과 다이앤 애벗은 정신세계가 일치했고 두 사람은 35년 동안 가깝게 지내오고 있다. 평소에 자신의 유복한 성장환경을 애써 감추려 해온 사람으로서는 뜻밖에도 슈롭셔에서 보낸 어린 시절 이야기로 애벗을 매료시켰다. 이에 대해 제러미는 지역신문에 다음과 같이 말한 적이 있다.

제인,
그리고 다이앤

"다이앤은 내게 늘 이렇게 말한다. '당신은 당신이 아는 모든 걸 슈롭셔에서 배웠어. 유감스럽게도 당신은 그때 배운 걸 하나도 잊어버리지 않았어'."[74]

게다가 애벗은 제러미와 모터사이클을 타고 여행도 갔다. 프랑스 여행이었다. 제러미가 2015년 노동당 당수 선거에 뛰어들었을 때 두 사람이 여행 중에 당시 공산주의 국가였던 동독에 들렀다는 일기 내용이 공개되었다. 당시에 동독은 1971년 이후로 독일사회주의통일당의 중앙위원회 총서기장인 에리히 호네커Erich Honecker 동지가 철권통치를 하고 있었다. 제러미 코빈이 노동당 당수에 당선된 후 몇 주 동안 세간에는 온통 이 이야기뿐이었고 의회에서는 동독 비밀경찰인 슈타지Stasi가 철저하게 감시하는 동독에서 두 사람이 어떻게 돌아다녔을지 궁금하다며 모두들 수군거렸다. 설사 그들이 젊은 혁명가라고 해도 서방인들의 방문이 흔치 않은 나라에서 말이다. 극작가 두 명은 그들의 이야기를 바탕으로 예상치 못한 사랑의 도피행각에 대한 시나리오 작업에 착수하기까지 했지만, 결국 애벗이 자진해서 2015년 11월 〈선데이 타임스〉에 진실을 밝히며 산통을 깨놓았다.

"나는 제러미와 동독에 간 적이 없다. 제러미에게 모터사이클이 있었던 건 사실이지만 우리는 프랑스로 갔다."

애벗의 말은 의회의 뒷공론과 조롱은 잠재웠을지 모르지만, 두 사람이 실제로 연인이었다는 사실을 당사자가 공식적으로 인정한 셈이 되었다. 그때까지만 해도 애벗은 사소한 언질을 주기는 했지만 제러미 코빈은 두 사람의 관계에 대해 입을 꾹 다물어왔다. 1985년 〈쉬She〉라는 잡지와의 인터뷰에서 애벗이 '가장 잊지 못할 30분'은 1979년 코빈의 부모가 이사 간 윌트셔 마을로 가는 길에 있는 코츠월즈의 한 들판에서 홀딱 벗은 남자와 뒹군 시간이었다고 말했다. 뒷공론을 다루는 신문이 한 기사에서 애벗이 말한 그 남자는 제러미 코빈이라고 주장했을 때 두 사람은 부인하지 않았다.

애벗은 제러미 코빈에게 흠뻑 빠져서 자신이 제러미에 대해 지니고 있는 일련의 성적 환상을 일기에 적었고, 그 일기가 전국시민권위원회의 동료들에 의해 발견되었다는 기사가 풍자잡지 〈프라이빗 아이 Private Eye〉에 실렸다. 그 기사가 난 것은 두 사람의 관계가 끝나고 8년 후 그녀가 의회에 입성했을 때였다. 그 잡지는 "그녀가 쓴 일기 내용은 당시 자신의 연인이었던 제러미 코빈(아일랜드의 독립을 지지하는 턱수염 기른 남자이자 전국공무원노조의 조직책)이 자신을 거칠게 다뤄주길 바란다는 은밀한 성적 욕망을 드러냈다"고 주장했다.

하지만 두 사람의 관계가 아무 문제 없이 순탄하지만은 않았다. 바람도 불고 비도 내리쳤다. 제러미 코빈과 제인 채프먼이 이혼 수속을 밟고 있었지만, 애벗은 두 사람이 여전히 헤링게이 지역의회 모임에서 계속 만난다는 사실이 신경에 거슬렸다. 채프먼은 어느 날 저녁 애벗이 자신의 집에 불쑥 나타나 "불안하고, 긴장하고, 약간은 적대적인" 태도로 그녀에게 "이 지역을 떠나라"고 했다고 주장했다.[75] 훗날 채프먼은 〈데일리 메일〉에 다음과 같이 말했다.

"그녀는 깨끗이 정리되기를 바랐다. 나는 정치 일과 관련해 매체에 자주 거론되고 있었고 그녀는 그것을 못마땅해했다."[76]

제러미와의 관계가 견고한지에 대해 자신이 없었던 애벗도 그가 정치에 너무 많은 시간을 쏟는 데 질리기 시작했다. 그러나 이번에도, 정면대결을 피하는 데 달인인 제러미 코빈답게 싸움은 일어나지 않았다. 키스 비네스의 말이다.

어느 날 버니 그랜트가 내게 전화를 해서는 "다이앤이 더 이상 제러미를 못 견디겠대. 이사 간다고 우리더러 와서 도와달래"라고 했다. 그래서 우리 두세 사람은 가서 밴에 가구를 전부 실었다. 별일 없었다. 그냥 그렇게 끝나버렸다. 제러미는 온갖 선거 유세에 참석했고 완전히 정치 활동에 전념했다. 애벗도 별일 아니라는 듯 말했다. "2주 동안 집에 안 오는 사람과 함께 지내기는 힘들어." 하지만 제러미와 다이앤은 계속 친구관계를 유지해왔다. 반면 제러미와 제인은 예전에는 친구로 지냈지만 지금은 아니다.

또다시 혼자가 된 제러미 코빈은 자신의 첫사랑이자 영원한 사랑인 정치에 마음껏 전념하게 되었다.

Chapter 5

좌익
진영에서

전직 각료이자 좌익의 비공식적인 지도자 토니 벤은 1981년 브라이턴에서 열린 노동당 전당대회 연단에 서서 자신이 출마한 부당수 선거 결과를 초조하게 기다리고 있었다. 수십만 명의 좌익 지지자들이 그에게 희망을 걸고 있었다. 벤의 지지자들은 그가 승리하면 윌슨과 캘러핸*의 배신의 세월과 당시 당수였던 마이클 풋Michael Foot**의 타협과 절충으로 점철된 시대에 종지부를 찍고 당을 되찾는 데 도움이 되리라고 확신했

---

* 레너드 제임스 캘러핸Leonard James Callaghan 또는 짐 캘러핸을 가리킨다. 1976~1979년 영국 총리를 지냈다.
** 언론인 출신 노동당 정치인이다. 1945~1955년, 그리고 1960~1992년 하원의원을 지냈다. 1976~ 1980년 노동당 부당수, 1980~1983년 노동당 당수를 지냈다.

다. 당시 부당수였던 데니스 힐리Denis Healey는 직전까지 재무장관을 지낸 존경받는 인물로서, 그에게 도전장을 내민 벤의 결정을 두고 논란이 일었고 벤은 부당수 출마 결정으로 혹독한 비판을 받았다. 그해 여름 당내 갈등은 험악한 수위에 이르렀다. 당내 좌파의 권력욕과 벤 추종자들을 잠재우는 데 실패한 풋의 무능에 환멸을 느낀 노동당 내 일부 우파는 탈당해서 사회민주당Social Democratic Party을 창당했다. 노동당의 내분은 9월 27일 일요일 오후 5시에 대단원의 막을 내렸다.

벤은 승리할지 자신이 없었다. 그날 아침 그는 자신의 부하인 제러미 코빈이 그토록 공을 들였는데도 전국에서 가장 규모가 큰 노조인 전국공무원노조가 힐리를 지지하기로 했다는 소식을 듣고 망연자실했다. 엄청난 타격이었다. 벤은 공무원 노조의 지지를 기대해왔고 노동당 선거인단 가운데 노조 부문의 지지를 얻지 못했으니 이제는 이길 승산이 없다고 생각했다. 결과가 발표되자 그의 우려는 현실이 되었다. 그러나 예상과는 달리 근소한 차이로 석패했다. 벤은 49.547퍼센트의 득표율을 얻었고 힐리는 50.426의 득표율을 기록했다. 나중에 그는 많은 노동당 의원들이 자기를 떨어뜨리려고 노동당에 남아 표를 던지고는 사회민주당으로 옮겨갔다고 불만을 토로했다. 노동당 내 좌파는 패배에 망연자실했다. 그날 오후 벤과 더불어 뼈아픈 패배를 맛본 그들은 그로부터 34년 후 제러미 코빈이 당수로 선출되면서 설욕을 하게 된다.

코빈은 벤이 패배했을 때 함께 있었다. 그는 그날 밤 브라이턴에 있는 퀸즈호텔에서 패배한 좌파의 수장을 위로하는 친구들과 함께 있었다. 그로부터 34년 후, 노동당 권좌에 오르기 위해 연단에 올라서는 제러미 코빈을 바라보면서 당내의 수많은 원로들은 역사가 되풀이된다는 느낌을 받았다. 결과가 정반대인 점만 빼고 말이다. 1983년 힐리의 뒤를 이어 부당수가 된 로이 해터즐리^{Roy Hattersley}는 다음과 같이 썼다.

"제러미 코빈의 당수 수락 연설을 듣고 있으니 40년 전으로 되돌아간 듯했다. 마치 토니 벤이 환생한 것 같았다."⁷⁷

1981년 노동당 내 좌파가 부당수 자리를 차지하는 데 실패한 지 2년 만에 의회 내에서 노동당 내 좌파의 실제 지도자가 된 인물은 벤이 아니라 제러미 코빈이었다. 그렇다면 아무리 열정이 넘치고 끊임없이 성과를 냈다고는 하나 어떻게 일개 지구당 당원으로 활동하던 젊은 노조 간부가 전국적으로 명성 있는 인물로 부상했을까?

코빈이 벤의 눈에 든 건 그로부터 몇 년 전인 1978~1979년 불만의 겨울^{Winter of Discontent●} 당시 전국공무원노조에서 제러미의 위상이 높아지면서였다. 당시 수십만 명의 공무원들이 노동당 정부에 대항해 파업에 돌입했다. 벤이나 제러미나 둘 다 좌익 진영에서 활동하며 모임과 토론에 중독되다시피 했기 때문에 두 사람의 만남은 불가피했다. 태어날 때 앤서니 웨지우드 벤^{Anthony Wedgwood Benn}으로 불렸던 벤은 세습귀족의 아들로, 자신의 작위를 포기하고 하원의원직을 유지하기 위해 법을 개정하려고 했고, 윌슨과 캘러핸 내각에서 일하기도 했다. 하지만 1980년대 초 선명한 좌파로 탈바꿈하면서, 제인 채프먼의 말마따나, "좌파의 아버지 같은 존재"가 되었다. 벤의 추종자들은 비핵화, 세제를 통한 소득 재분배, 북대서양조약기구와 유럽경제공동체 탈퇴를 주장했는데,

---

● 16년 만에 가장 추웠던 1978~1979년 겨울, 공공부문 노조들이 임금 인상을 요구하며 대대적인 파업에 들어갔다. 제임스 캘러핸이 이끄는 노동당 정부가 물가 상승을 억제하기 위해서 지속적으로 공공부문의 급여 인상을 5퍼센트 이하로 제한해왔기 때문이다. 파업은 1979년 2월에 대부분 해제되었지만, 사태를 제대로 수습하지 못한 노동당 정부의 무능으로 1979년 총선에서 마거릿 대처가 이끄는 보수당이 승리했고 노조의 활동을 제약하는 입법으로 이어졌다. '불만의 겨울'은 셰익스피어의 작품 〈리처드 3세〉에 나온 구절로 당시의 사태를 묘사하는 명칭으로 널리 쓰이게 되었다.

좌익
진영에서

이는 제러미 코빈의 신념과 모두 일치했다. 제러미 코빈은 곧 자신의 정신적 스승으로부터 일요일 저녁에 언제든 집에 와도 좋다는 허락을 받는다. 당시에 아직 그와 결혼생활을 하고 있던 채프먼은 이렇게 말한다.

"제러미와 같이 토니 벤의 집에서 열리는 파티에 가던 기억이 난다. 그 집 화장실이 책으로 가득해 깊은 인상을 받았다."

벤이 사망한 후 제러미 코빈은 그를 다음과 같이 평가했다.

"그는 독창적인 사상가였다. 그리고 자신의 일기를 출판해 독창적인 생각이 형성되는 과정을 보여주는 용감한 결단을 내렸다. 그리고 평생 동안 누구보다도 혹독한 공격을 받았고 조롱을 당했지만 애정을 한몸에 받는 원로 정치인으로 기억된다. 토니는 여러 가지 면에서 전설적인 인물이 되었다."[78]

벤에게서 배운 교훈을 제러미 코빈은 가슴에 간직한 듯하다. 신념을 고수하면 결국 국보로 인정받는다는 교훈 말이다.

1979년 5월 총선에서 제러미 코빈은 자신의 우상인 벤을 따라 의회에 입성하겠다는 생각은 하지 않았다. 마거릿 대처를 권좌에서 끌어내리고 제2차 세계대전 후 보수당이 장악해온 자신의 지역구인 혼지를 노동당이 탈환하게 하겠다는 생각 외에는 다른 야심이 없었다. 결국 그는 두 가지 목표를 달성하는 데 모두 실패했고, 지구당을 위한 선거운동에 전념했다.

그는 런던의 다른 지역에서 노동당 지지자들을 모아 자기 지구당 일을 돕도록 주선할 만큼 굳은 결의를 보였다. 심지어 자신의 어머니까지 동원해 자신이 돕는 후보인 '레드 테드' 나이트'Red Ted' Knight●를 위해 선

●
원래 이름은 에드워드 로버트 테드 나이트Edward Robert Ted Knight다.

거운동을 하도록 했다. 나이트는 지방세율의 상한규제$^{rate capping}$ * 를 둘러싸고 대처 정부와 치열한 대결을 벌이던 시기에 램버스 지역의회$^{Lambeth Council}$를 이끌게 된다.

나오미는 런던에 사는 아들 제러미 집에 다니러 오곤 했는데 어떤 날은 로잔 로드에 있는 그의 초라한 아파트에서 젊은 정치운동가들과 함께 전단지를 접는 일을 한 적도 있다. 훗날 의사이자 작가가 된 사람으로 당시 런던의 스토크뉴잉턴 지역에서 활동하던 노동당원 제임스 르 파누$^{James Le Fanu}$는 혼지에 지원 활동을 하러 간 사람들 가운데 하나였다. 그는 이렇게 말한다.

"내 기억으로는 탁자를 사이에 두고 제러미의 모친인 코빈 여사 맞은편에 앉아서 봉투에 전단지를 넣었다. 코빈 여사는 매우 생기가 넘쳤다. 어쩐지 짠한 느낌이 들었다. 제러미를 보러 런던에 다녀가는 건 좋은데 그러려면 일을 거들어야 한다는 게 두 사람 사이에 합의된 사항이었던 것 같다. 진정한 골수 노동당원이라는 증표였다."

르 파누는 제러미의 아파트가 누추했다고 기억한다.

"사람 사는 집이라 하기에 민망할 정도였다. 전혀 세련되지도 않았다. 많은 사람들이 끊임없이 드나들었다."

투표 이틀 전, 마거릿 대처가 직접 혼지를 방문했다. 그리고 오랜 세월 동안 보수당 소속 의원을 지내온 휴 로시$^{Hugh Rossi}$는 선거 당일 밤 과거 자신의 최고 득표율을 경신하며 당선되었다. 그해 말 제러미 코빈과 테드 나이트는 경찰에 소환되어 심문을 받았다. 선거 비용으로 지출

* 지방자치단체의 무분별한 예산 집행을 막기 위해 지방자치단체가 정하는 세금 인상률을 중앙정부가 제한하는 제도다.

좌익
진영에서

한 30파운드에 대한 자료 제출을 실수로 누락했기 때문이다. 그 액수를 더하면 합법적인 선거 비용 한도를 넘게 되었을 상황이었다. 정리정돈에 소질이 없는 제러미 코빈은 선거 비용 회계 책임자로서 실수에 대한 법적인 책임을 져야 했지만, 경찰은 숨기려는 의도가 있었다고 보는 대신 단순한 행정 업무상의 실수로 받아들였다.[79]

1979년 선거에서 패배하고 부인인 제인 채프먼, 여자친구인 다이앤 애벗과도 결별하면서 사생활에서도 큰 부침을 겪은 제러미 코빈은 홀로 1980년대를 맞았다. 그해 크리스마스에 제러미는 월트셔에 계신 부모님을 찾아뵙지 않았다. 그의 부모님은 1979년 주목원을 팔고 월트셔에 있는 초가지붕을 얹은 오두막으로 이사한 상태였다. 1978년 지역의회 선거에서 제러미가 자신의 선거운동 회계 책임자로 일하게 된 후 그와 더욱 가까워진 해리스 경은 제러미에게 명절은 정치와 관련된 중요한 업무를 하는 데 방해만 될 뿐 그 이상의 의미는 없었다며 다음과 같이 말한다.

제러미가 제인과 헤어진 후 크리스마스 즈음 그를 만난 기억이 난다. "크리스마스에는 뭘 할 건가?"라고 내가 물었다. 제인과 함께 기르던 개 망고를 데리고 살게 된 제러미가 대답했다. "아, 망고를 데리고 서퍽 해변에 가려고요. 해변을 따라 달릴 수 있게." 우리 집에서 크리스마스를 같이 보내자고 하려고 물어본 건 아니었다. 사실 (크리스마스 때라서) 아무도 정치적인 활동에는 관심이 없었으므로 런던에 있을 이유가 없었다.

벤의 추종자들이 일반 민중들에게 더 많은 권한을 부여하는 일을 밀어붙이면서 1980년대를 맞았고 노동당 내의 갈등은 계속되었다. 지역 차원에서도 일부 지역들은 좌파로 쏠리기 시작했고, 특히 런던 북부에서는 노동당 내 양분된 세력들이 서로 당을 장악하려고 싸우는 전국적 차원의 현상이 지역적 차원에서도 그대로 재현되고 있었다. 헤링게이 타운 홀은 이웃하고 있는 이즐링턴처럼 자랑스럽게 레닌의 흉상을 설치해놓지는 않았지만 급격히 좌경화되고 있었다. 제러미는 절대 대놓고 남과 충돌하는 법이 없는 사람이었지만, 노동당 지구당에서 온건파들을 몰아내는 일에 그가 관여했으리라는 점은 제러미의 주변 사람들 가운데 누구도 의심하지 않았다. 해리스 경의 말이다.

이 대목에서 선한 사람이라는 그의 이미지가 약간 손상된다. 그는 사람들에게 못되게 굴지 않았지만 적대적인 분위기를 조장하는 데는 관여했으리라 본다. 노동당 지구당의 노장파들은 당내에서 전통적인 우파로 간주되었다. 당 밖에서는 분명히 좌익이라고 여겨졌을 사람들인데도 말이다. 노장파들은 주변으로 밀려났고 눈에 띄지도 않게 되었으며 당내에서 고위직을 맡기도 어려워졌다. 전통적으로 보면 혼지 지구당 자체는 늘 상당히 좌파 성향을 유지해왔다. 1980년대 초가 되면서 지구당 지도부는 당내 일부 인사들에 대해 매우 편협하게 굴었고 그들은 결국 탈당해 사회민주당을 창당했다. 제러미는 전면에 나서지는 않았지만 적대적인 분위기를 조장하는 데는 종종 한몫했다.

1970년대에 제러미 코빈은 친구가 거의 없었던 듯싶다. 그러나 1980년대에 접어들면서 한 집단(모두 남자)과 매우 가까워졌고 그들은 제러미가 노동당 당수가 되기까지 30년 동안 투쟁하는 과정에서 그의 가장 가까운 우군이 된다. 1981년 그는 새로 사귄 친구인 카리스마 넘치는 켄 리빙스턴Ken Livingstone이 창간한 신문 〈런던 레이버 브리핑London Labour Briefing〉에 관여하게 되었다. 훗날 의회에 입성하고 런던시장에도 당선된 리빙스턴은 머지않아 광역런던의회Greater London Council, GLC 의장이 되는 정치적 이변을 일으킨다. 리빙스턴은 자서전에서 1981년 5월 뜻밖에 광역런던의회를 장악해 좌익에 수도 탈환이라는 선물을 안겨주게 되는 과정에서 가장 큰 공을 세운 인물로 제러미 코빈을 꼽았다.[80] 그러한 정치적 이변의 막후에서 이루어진 전술과 전략은 〈런던 레이버 브리핑〉 지면에 자세히 소개되었다.

리빙스턴은 자신이 창간한 신문을 "노동당 내 강경파와 런던의 노조들을 대변하는" 신문이라고 설명했지만[81] 그의 전기를 쓴 앤드루 호스킨스Andrew Hoskins는 그게 다가 아니라고 주장한다.

"사람들은 그 신문은 일종의 조직이라고 했다. 노동운동계 내의 권력에 가까웠다. 그런 조직이 필요하다는 사람들도 있었고, 악의적이고 분열을 조장하는 조직이라는 사람들도 있었다."[82]

제러미를 만난 시기와 비슷한 때에 리빙스턴도 알게 된 르 파누는 두 사람의 성격이 전혀 딴판이라고 말한다.

제러미 코빈이 오늘날 풍기는 인상은 실제로 내가 기억하는 그의 성격과 일치한다. 주제넘지 않고 말투도 점잖다. 말이 거칠고 대중을 선동하는 성격은 분명히 아니다. 켄 리빙스턴은 전혀 딴판이다. 1979년 젊은 켄 리빙스턴이 스토크뉴잉턴 노동당 지구당에 연설을 하러 온 적이 있다. 당시 그는 30대 초반이었을 텐데, 놀라울 정도로 강렬한 인상을 남겼다. 말이 청산유수인 데다 설득력도 있고 재치까지 있었다. 두 사람은 정말 놀라울 정도로 대조적이었다. 제러미를 아는 사람이라면 누구도 그가 노동당 당수가 되리라고는 꿈에도 생각하지 않았을 것이다. 제러미가 아니라 켄이 당수가 됐다면 어느 정도 이해가 갈지도 모른다. 켄은 진정한 정치인이었으니까. 책략가라는 의미에서 보면 말이다. 요지는 바로 제러미는 책략가가 아니라는 점이다.

벤의 또 다른 친구이자 훗날 선덜랜드 사우스 지역구 하원의원을 지낸 크리스 멀린도 이때 제러미 코빈을 만났다.

그는 부당수 선거에 적극적으로 참여했고, 1970년대 후반에 일어났던 온갖 논쟁에도 적극적으로 참여했다. '불만의 겨울' 사태 때는 전국공무원노조의 직원 자격으로 특히 적극적이었다. 그야말로 약방의 감초였지만 그렇다고 딱히 중요 인물은 아니었다.

토니 벤과 켄 리빙스턴과 더불어, 제러미 코빈은 '노동당민주주의 캠페인Campaign for Labour Party Democracy, CLPD'에 관여하게 되었다. 이는 일반 민중이 당에 보다 적극적으로 참여하는 방식을 추진하는 운동이었다. 1980년 6월 당시 노동당 당수 제임스 캘러핸은 이 조직의 압력에 못 이겨 하트퍼드셔 지역의 비숍스 스토트퍼드에서 조사위원회를 개최하는 데 합의했고, 이 위원회에서 벤 일당들의 요구사항이 상당 부분 받아들여졌다. 그 가운데는 의원들에 대한 재심사를 의무화하는 제안도 있었는데, 이 절차가 채택되면 지역구 차원에서 지역에서 선출된 의원들을 대상으로 정치운동가들이 막강한 영향력을 행사하게 된다. 의원 재심을 누구보다 적극적으로 주장한 사람은 존 랜즈먼Jon Lansman이다. 랜즈먼은 1981년 벤의 선거운동에 참여한 좌익 운동가로서 훗날 2015년 제러미 코빈의 노동당 당수 선거운동에도 참여하게 된다.

현역 의원에 대한 재심은 노동당 내 우파와 중도파를 공포에 몰아넣었다. 지구당 차원에서 주민 대표성도 없는 극성스러운 좌파의 손에 현역 의원의 운명이 좌우된다는 불만이 폭주하자 4년 후 신임 노동당 당수 닐 키녹Neil Kinnock이 이를 폐지했다. 제러미 코빈의 2015년 선거운동 기간 중 랜즈먼이 현역 의원에 대한 의무적인 재심을 다시 거론하자 많은 의원들은 등골이 오싹했다.[83] 코빈이 당수로 선출되고 석 달이 채 지나지 않아 시리아에 대한 공습을 두고 노동당 내에서 의견이 대립되면서 그들의 악몽은 실현되는 듯했다. 코빈이 국방 문제 자문으로 임명한 켄 리빙스턴은 임명된 지 며칠 만에 자신이 진행하는 런던방송국 라디오 쇼에서 시리아 문제와 관련해 신임 당수를 거역하는 자들은 응분의 대가를 치르게 되리라고 선언하면서 다음과 같이 덧붙였다.

"이게 정치다. 민주주의는 현역 의원들을 위해서만 존재하는 게 아니다. 평당원들을 위해서도 존재해야 한다."

비숍스 스토트퍼드에서 이룬 성공에 고무된 벤 계파들은 1980년도 전당대회를 계기로 한층 개혁안을 밀어붙이려고 했고, 그러한 개혁안 가운데는 현역 의원들이 당수를 선출하는 권리를 철폐하는 안도 있었다. 이 제안에 대해 원칙적으로 합의안은 도출되었지만, 특별회의를 개최해 더 논의하기로 했다. 이번에는 런던 북서부 지역에 있는 웸블리에서 회의를 개최해 새 제안에 대한 세부사항을 논의하는 데 합의했다.

사상 처음으로 노조와 평당원들에게 발언권을 부여하는 새로운 체제하에서 토니 벤이 당수로 선출되는 사태를 막고 그를 축출해야 하는 절박한 상황에 처하자 캘러핸은 자포자기 상태가 되었다. 그는 1979년 선거에서 졌음에도 불구하고 당내 좌파의 준동은 일시적인 현상이며 자신이 지지하는 데니스 힐리에게 당수직을 넘겨줄 수 있으리라고 생각하며 버텼다. 결국 힐리를 새 당수로 만들려는 그의 희망은 실현되지 않았지만, 웸블리 회의에서 새로운 당수 선출 방식에 대한 표결이 이루어지기 전인 1980년 11월에 캘러핸이 당수직을 내려놓음으로써 새로운 당수를 선출하는 경선은 하원의원들로 구성된 중앙당Parliamentary Labour Party, PLP에서 당수를 선출하도록 한 기존의 규정하에서 치를 수 있게 되었다. 이에 격분한 토니 벤은 경선이 불법이라며 참여를 거부했다. 신임 당수는 힐리가 아니라 마이클 풋이 되었지만 조금도 위로가 되지 않았다.

1981년 1월 웸블리 회의에서는 예상대로 노조 지도자들에게 당의 지배권을 넘겨주는 새로운 당수 선출 선거인단 체제가 승인되었다. 투표권은 노조에 40퍼센트, 현역 의원에게 30퍼센트, 그리고 노동당 지구당들을 대표하는 당원들에게 30퍼센트를 할당했다. 마이클 풋이 당수 선출 권한을 지구당 좌파와 노조들에게 이양하는 조치를 허용한 데 격분한 노동당 내 우파는 웸블리 회의 다음 날 셜리 윌리엄스Shirley Williams, 빌 로저스Bill Rodgers, 데이비드 오언David Owen, 로이 젠킨스Roy Jenkins 등 4인방을 필두로 따로 사회민주당을 창당한다고 선언했다. 당수 선거에 불참했던 벤은 이제 신설된 선거인단 체제를 이용해 부당수직을 놓고 힐리에게 도전할지를 심사숙고하기 시작했다. 11월 선거에서 당수와 부당수 선거에 모두 출마했던 힐리는 당수 선거에서 낙마한 데 대한 위로의 차원에서 부당수직을 맡게 되었다.

1981년 여름, 당 분위기는 험악했다. 노동당은 뭉근히 끓어오르는 화산 같았다. 그리고 이따금 맹렬하게 폭발했다. 가장 맹렬한 폭발은 제러미 코빈의 정치적 뒷마당에서 벌어졌다. 제러미의 형 피어스의 친구인 타리크 알리가 혼지 지구당에 가입하려 했다. 혼지 지구당은 알리를 두 팔 벌려 환영했지만, 지구당들을 관장하는 노동당 전국집행위원회National Executive Committee, NEC는 그의 당원 신청을 거부하라고 명령했다. 노동당과 경쟁관계이자 강경한 사회주의 정당인 국제마르크스주의단International Marxist Group(알리는 이 단체에서 피어스 코빈을 만났다)에 오랫동안 몸담았다는 이유에서였다. 대격돌이 일어났다. 알리의 말이다.

"제러미는 나를 전적으로 지지해주면서 '우리는 타리크 알리를 당원으로 받아들인다. 전국집행위원회의 결정과 상관없이 당원증을 주어야 한다'고 말했다."

갈등은 수년 동안 이어졌고 이 사건은 '혼지 전투'로 알려지게 되었다. 제러미 코빈은 알리의 편을 든 사람들 가운데 한 명이었다. 그는 전국집행위원회의 분명한 지침에 맞서 혼지 당원증 발급 책임자에게 알리의 당원증을 발급해주라고 지시했다. 이로 인한 분노가 폭발해 혼지 노동당 지구당 본부는 공격을 받았다. 창문 하나가 깨지고 또 다른 창문을 통해서는 건초용 갈퀴가 날아들었다. 혼지 지구당 당원들이 알리 건을 논의하기 위해 모이기로 되어 있었던 날(막판에 모임이 취소되기는 했지만) 지구당 본부 바깥의 거리에서는 소형 폭탄이 터졌다. 지구당 사무총장이었던 제러미 코빈은 그래도 눈 하나 깜짝하지 않고 "파시스트와 인종차별주의자들"이 저지른 폭력이라고 지역 언론에 전했다.[84]

해리스 경을 비롯해 혼지 노동당 지구당의 우파 일부는 코빈을 비롯한 일부 지구당 사람들의 항거에 환멸을 느끼고 사임했다. 노동당 당내 갈등을 더 이상 견딜 수 없다고 판단한 많은 사람들이 전국적으로 사임에 동참했다. 해리스 경은 다음과 같이 말한다.

노동당 내에서 서로 반목이 심했던 시기였고 벤 계파들의 주장에 동조하지 않는 사람들에 대한 적개심이 만연했다. 나는 일부 그들의 주장을 따랐지만 점점 당이 가고 있는 방향이 걱정스러웠다. 나는 당이 갈 데까지 갔다고 생각한 사람들 가운데 한 명이었다. 제러미 코빈도 벤 계파들과 같은 시각을 지니고 있었다. 그가 직접 전면에 나서서 대응하지는 않았고 그의 주변 사람들이 나섰다. 제러미의 뜻을 대리하는 사람들도 있었다. 제러미는 그들이 당내에서 활개를 치도록 부추겼다.

제러미 코빈이 그토록 애를 썼음에도 불구하고 결국 그 소동은 무위로 끝났다. 그는 벤을 당선시키는 데 실패했듯이 알리의 당원 가입을 관철시키는 데도 실패했다. 1983년 알리는 싸움을 포기했다. 알리는 이렇게 말한다.

"그렇게 애써 싸울 만한 가치가 없다는 결론을 내렸고 작별을 고했다. 하지만 그 이후에도 제러미와는 쭉 친구로 지내고 있다."

토니 벤이 쓴 장문의 일기에 제러미 코빈이 처음으로 언급된 때는 1981년 9월이다. 당시에 제러미 코빈은 노조 총협의회Trades Union Congress, TUC의 연례회의에 전국공무원노조 직원 자격으로 자동차 운전을 하며 벤 의원을 수행했다. 가는 길에 제러미 코빈이 벤에게 "전국공무원노조 런던 지부의 70퍼센트가 부당수직에 나선 벤을 지지한다"고 말했다고 일기에 기록되어 있다.[85] 제러미 코빈이 계산을 잘못 했든지, 런던 지부의 압도적인 지지가 있었지만 전국의 나머지 지역에 있는 노조 지부의 지지가 지리멸렬했든지 둘 중 하나다. 우파 성향의 노조 지도자들이 벤의 계파가 노동당을 접수하는 사태를 막기 위해 막판에 대거 힘을 썼다는 이야기가 노동당 내에 전설처럼 전해 내려온다. 벤은 비록 아깝게 패배했지만 노동당 내 좌파에게는 엄청난 실망을 안겨준 뼈저린 패배였다. 벤을 존경하게 된 제러미 코빈, 알리가 "벤을 노동당 부당수로 만들 선거 참모"로 손꼽은 제러미 코빈에게는 특히 견디기 힘든 패배였다. 더 군다나 자신이 몸담고 있던 노조의 지도자인 앨런 피셔가 벤에게 결정 적인 타격을 입히는 조치들을 취했으니 말이다.

벤이 부당수 선거에서 낙선한 후, 타리크 알리와 마르크스주의자 작가이자 에드 밀리밴드 Ed Miliband 와 데이비드 밀리밴드 David Miliband 형제●의 부친인 랠프 밀리밴드 Ralph Miliband 는 벤이 점점 걱정되었다. 알리는 말한다.

"토니 벤은 부당수 선거에서 패배하고 나서 매우 침울해졌다. 랠프 밀리밴드와 나는 정기적으로 그를 찾아가야겠다고 생각했다. 그냥 사 기를 북돋워주기 위해서라도 말이다. 그래서 우리는 '소통협회'라는 작 은 단체를 결성해서 홀랜드 파크에 있는 벤의 자택에서 모임을 열었다."

하지만 공식적으로는 '독자적인 좌익 소통협회 Independent Left Corresponding Society'라고 불린 이 단체의 목적은 벤의 사기를 진작시키는 수단에 그 치지 않았다. 중요한 지적 토론의 장이 되었고 서로 생각이 같은 좌익 인사들이 의견을 나누는 통로가 되었다. 이 모임에 성실하게 참석했던 〈뉴 레프트 리뷰 New Left Review〉 편집장 로빈 블랙번 Robin Blackburn 은 이렇게 말한다.

"정계 유명인사들, 국내 정책과 외교정책과 관련 이슈들을 다루는 인사들을 망라한 세미나나 토론 모임이었다. 거기서 이런저런 이슈에 대한 이론적인 토론이나 문화 관련 토론이 이루어졌다."

벤, 밀리밴드, 알리, 블랙번 외에도 정기적으로 이 모임에 참석한

●
동생인 에드 밀리밴드는 2010~2015년 노동당 당수를 지냈고, 2005년부터 현재까지 동캐스터 노 스 Doncaster North 지역구 하원의원이다. 형인 데이비드 밀리밴드는 2007~2010년 고든 브라운 총리 내각에서 외무장관을 지냈고 2001~2013년 사우스 실즈 South Shields 지역구 하원의원을 지냈다.

인사들 가운데는 역사학자 페리 앤더슨Perry Anderson, 경제학자 앤드루 글린Andrew Glynn, 노동당 사무총장 짐 모타이머Jim Mortimer, 사회주의자 학회의 힐러리 웨인라이트Hilary Wainwright도 있었다. 광역런던의회 일로 바빴던 켄 리빙스턴도 가끔 얼굴을 내밀었으며, 당시 지방공무원으로 재직 중이었고 훗날 정계에서 제러미 코빈의 최측근이 되는 존 맥도널John McDonnell도 가끔 들렀다. 제러미 코빈은 그 모임에 참석한 또 다른 인사, 고故 마이크 마커시Mike Marqusee의 견해에 대해 깊은 인상을 받았다. 마커시는 미국 출신의 운동가이자 작가로서 나중에 전쟁저지연합 창립 회원이 된다. 당시 서른세 살이었던 제러미 코빈에게는 이 모임에서 이루어진 토론이 그가 받아보지 못한 대학 교육의 장이 되었다.

소통협회는 실천이 아니라 이론에 집중하는 환경을 조성해주었는데, 이는 제러미에게는 새로운 경험이었다. 그때까지만 해도 그는 정치를 선거운동과 전략으로 바라보았고, 그의 친구들은 당시 그를 심오한 사상가라기보다는 전형적인 정당 당원으로 여겼다. 타리크 알리의 말이다.

제러미는 모임에서 발언을 많이 하지는 않았지만 꼬박꼬박 참석했다. 참석한 인사들이 그에게 큰 영향을 미쳤다고 생각한다. A 혹은 B에 대한 처리 방식 등 즉각적으로 실행에 옮길 전술뿐만 아니라, 노동당이 나아가야 할 길은 무엇인지 등 보다 포괄적인 의미에서 심오한 차원의 정치가 논의되었기 때문이다.

모임은 화기애애하기보다는 진지했다. 로빈 블랙번의 말이다.

술이 많이 돌지는 않았다. 토니는 치밀하고 정중한 사람이어서 집주인으로서 이따금 술을 권하긴 했다. 하지만 도를 넘지 않았다. 차와 커피 정도는 대접했다. 우리는 협소한 조직 관련 이슈는 다루지 않았다. 거기에 이 모임의 묘미가 있었다. 당시에 거의 항상 무슨 일이 일어나든지 정치적 현안이 발생했고 불꽃 튀는 토론이 벌어지기도 했다. 따라서 지나치게 경직된 형식의 토론은 아니었다. 물론 특정한 의제를 다루기도 했지만 말이다. 우리는 이따금 책자도 발간하곤 했다.

이 모임에서 제러미 코빈이 한 역할에 대해 블랙번은 다음과 같이 말한다.

그가 토론을 주도하는 경우는 별로 없었다. 당시 돌아가는 상황에 대해서 보고는 했다. 풀뿌리 운동가였으니까. 당시는 좌익 활동이 별로 진전이 없었던 암흑기였다. 토니는 한결같이 훌륭한 토론 모임을 꾸준히 이끌어갔고 그의 생각을 들어보면 위안이 되었다. 그는 늘 낙관적이었으니까. 제러미는 토니보다는 좀 더 신중했고 현실적이었다.

존 맥도널은 이렇게 말한다.

"그들은 하늘 아래 존재하는 것이면 무엇이든 토론했다. 제러미는 막판까지 토니와 매우 가깝게 지냈다."[86]

토론할 거리는 많았다. 영국을 저생산성, 노조 투쟁, 저조한 경제적 성과라는 '영국병British disease'으로부터 치유하겠다는 일념으로 보수당은 무자비하게 복지를 삭감하기 시작했다. 광역런던의회, 헤링게이와 같은 지역의회들을 비롯한 런던의 지방정부는 대처리즘에 맞서는 게 자신들의 역할이라고 보았다. 격렬한 논쟁이 벌어졌다. 가두행진과 시위가 난무하고 실업자가 급증하고 이자는 천정부지로 치솟았으며 런던 남부 지역에 있는 브릭스턴에서는 폭동까지 일어났다. 폐광 조치로 영국은 또 한 번 광부들의 파업을 겪어야 했다. 산업계가 들썩였고 노조가 정부와의 한판 대결을 준비했다.

1982년 5월, 한 무리의 여성 평화운동가들이 미국 핵무기 부지 선정을 둘러싸고 버크셔에 있는 그리넘 커먼 공군기지 밖에서 시위를 벌였다. 당시 시골 윌트셔에 살고 있던 나오미 코빈은 시위하는 여성들에게 먹을 것을 갖다주러 작은 스쿠터를 타고 50마일을 왕복해 사냥 애호가이자 열혈 보수당 지지자가 대부분인 이웃들을 깜짝 놀라게 했다.

제2차 세계대전 후 불협화음이 없었던 비교적 평온했던 시절은 가고 정치가 극한 대립으로 치닫는 시대가 왔다. 제러미 코빈은 물 만난 고기였다. 1982년 여름, 헤링게이 지방정부의 보수 성향 의원이 아르헨티나의 포클랜드 침공에 대응할 영국군을 파견한 데 대해 "충심으로 지지한다"는 내용의 발의를 하자고 제안했다. 코빈은 포클랜드 전쟁은 "보수당의 술책"이라며 반대했다.[87] 그보다 며칠 앞서 영국 구축함 HMS 아덴트 호가 격침됐을 때 전사한 스물두 명의 영국 군인들에 대해 '조의'를 표하면서 제러미 코빈은 의회에 다른 내용의 발의를 했다. 그 내용은 다음과 같다.

대처와 아르헨티나의 독재자 레오폴도 갈티에리Leopoldo Galtieri 장군의 야욕을 채우기 위해 포클랜드에 파견된 실업자들의 무의미한 희생에 우리는 분개한다. 주전론主戰論의 물결이 영국을 휩쓸고 있다. 이 전쟁에 이미 15억 파운드를 쏟아부었다. 엄청난 재정 낭비와 인명 손실에 구역질이 난

좌익
진영에서

다. 집과 병원을 짓고 급여를 줄 돈도 모자라는 이 시기에 세계의 기아를 퇴치하기 위해서도 아니고 북동아프리카를 원조하기 위해서도 아니고 전쟁을 치르는 데 돈을 쏟아붓다니, 이 무슨 낭비란 말인가. 그런데 우리는 사생결단을 한 듯 남대서양에 전함을 징발하고 사람들을 죽음으로 내몰고 있다.

해리스 경은 당시 제러미 코빈의 정치관에 대해 이렇게 말한다.

그는 다 생각이 있었다. 그는 지역의회에서 좌익 정책을 밀어붙였다. 지역 정부가 좀 더 적극적으로 관여해서 지역 발전 정책에 대한 결과물을 내놓기를 바랐다. 그는 공동체 발전에 나름의 신념이 있었다. 그는 복지 삭감에 반대했다. 본질적으로 그의 시각은 지금도 바뀌지 않았다. 베트남전쟁을 겪은 세대로서 외교정책에 매우 관심이 많고 매우 반미적이며 친팔레스타인 성향에다 공화주의적 대의명분을 중시한다.

제러미의 25년 지기인 데이비드 라미는 다음과 같이 덧붙인다.

1980년대에 헤링게이, 이즐링턴, 해크니는 '정신 나간 좌파loony left'의 선봉에 있었다. 제러미의 문제는 생각이 전혀 바뀌지 않았다는 데 있다. 세월이 흐르면서 수많은 사람들은 생각이 변한다. 하지만 제러미는 그렇지 않다. 제러미는 절대 척하는 게 아니다. 정말로 예전의 사고방식에서 한 발짝도 움직이지 않았다.

대처 정부에 맞서겠다는 굳은 결의에 찬 코빈은 1980년대 초에도 계속 정치 활동을 이어갔다. 그는 다양한 활동을 했지만, 공교롭게도 마거릿 대처의 철학과 마찬가지로 그의 철학의 저변에도 지적인 일관성이 깔려 있었다. 그는 사회에서 혜택받지 못한 계층에 대한 지원과 보편적인 복지국가에 대한 신념을 지녔으며 세계적인 차원에서 평화와 인권을 증진시키려 했다. 헤링게이 지역의회의 기획위원회 의장 직책으로 사유 주거지역에 공공주택을 건설하는 계획을 도입한 코빈은 "실제로는 흑인 아이들이 두려우면서 겉으로는 환경 훼손이니 뭐니 떠들며 공공주택 건설에 반대하는 의사나 변호사 같은 사람들의 오만"을 비판했다.[88] 그는 전국공무원노조와 토니 벤과 더불어 패딩턴에 있는 세인트 메리 병원의 폐쇄를 막는 데 성공했다.[89] 닉 로즌은 제러미가 자기 부모님의 자택 뒤에 있는 학교 운동장 일부를 여행객의 야영장으로 전환하는 계획을 들고 나왔을 때 아연실색했던 기억을 떠올린다.[90]

1982년에는 크리스 멀린이 어느 정도 벤의 일생에 바탕을 둔 소설 《매우 영국적인 반란》을 출간했다. 이 소설에는 뜻밖에 총리가 된 좌익 정치인이 등장한다. 출간일로부터 7년 후인 1989년을 배경으로 한 이 소설의 첫 문장은 이렇게 시작한다.

"해리 퍼킨스가 총리로 유력하다는 소식이 전해지자 애서니엄 Athenaeum*에서는 탄식이 흘러나왔다."[91]

오늘날에도 이 유서 깊은 클럽의 회원들은 만약 제러미 코빈이 영국 총리관저 다우닝 가** 10번지에 입성한다면 소설에서처럼 탄식을 내뱉을 게 틀림없다. 멀린은 당시 좌익 진영에 있던 자신의 수많은 친구들

●
각계 유력 인사들이 모이는 클럽으로 회원제로 운영된다.
●●
총리관저, 외무부, 내무부 등 영국 정부 관청들이 몰려 있는 런던 중심가를 말한다.

좌익
진영에서

가운데 정작 그 소설 내용을 실현하는 데 가장 가까워진 인물이 제러미 코빈이라는 사실이 지금도 믿기지 않는다. "두어 달 전에 누가 내게 제러미가 당수가 될 거라고 했으면 아마 폭소를 터뜨렸을 것이다"라며 멀린은 다음과 같이 말한다.

제러미 자신을 비롯해 대부분의 사람들이 웃어넘겼을 것이다. 그는 카리스마도 없고 잘 나서지도 않는다. 대단한 달변가도 아니다. 내 기억으로는 온순한 성품이다. 세월이 흐르면서 나는 그를 본질적으로 딴 세상 사람으로 여겼다. 그는 한결같이 자신의 신념을 굳건히 지켜왔고 눈에 띌 만큼 신념을 바꾸지 않았다. 그는 늘 자신의 원칙대로 살았고 한결같이 소박한 생활방식을 고수해왔다.

비록 제러미 코빈은 켄 리빙스턴에 버금가는 선동가로서 평판을 얻거나 토니 벤처럼 권위와 지도력을 보여주지는 않았다. 하지만 대처 정부의 첫 임기가 끝나갈 무렵에는 좌익 진영에서 실세로 소리 소문 없이 명성을 구축하게 되었다. 그리고 이제, 거의 우연히, 그는 노동당 당권을 향한 여정에 한 발을 내딛게 된다. 바로 의회에 입성하게 된 것이다.

Chapter 6

북이즐링턴을
향한 애정

맥나마라^{McNamara} 신부가 자동차 운전대 위에 축 늘어진 채 발견되었다. 그 늙은 신부는 예전부터 술고래에 알코올의존증 환자였다. 그리고 결국 그로 인해 죽음에 이르렀다. 런던 북부의 이즐링턴에서 그를 따르던 신도들은 그의 죽음을 애도했지만, 천주교도가 아닌 많은 이웃들은 맥나마라가 저세상으로 떠난 사건을 비극으로 여기지 않았다. 일부 신도들은 그의 주도하에 천주교 교회가 노동당 지구당과 얽히고설킨 관계가 되었고 노동당 지구당이 교회의 운영 방식에 영향력을 행사해 해를 끼쳤다고 생각했다.

결속력이 강한 런던 북부의 아일랜드계 주민 공동체의 일원인 마이클 오할로란 의원은 그 신부와 술친구로 지내왔다. 그는 인기가 없었다. 특히 노동당 지구당의 신규 당원들 사이에서는 더욱 그랬다. 게다가 동료 하원의원들은 그를 무능하다고 여겼다. 그럼에도 불구하고 당시 지구당을 완전히 장악하고 있던 그는 천주교단의 보호를 받는 듯이 보였다. 맥나마라 신부가 사망하면서 그 보호막은 걷히는 듯했다. 몇 년 지나지 않아 오할로란은 의원직을 잃었고 제러미 코빈이 북이즐링턴을 대표하는 새 하원의원이 되었다.

코빈이 하원의원이 되면서 마무리된 이야기의 출발점에는 또 다른 갑작스러운 죽음이 있었다. 바로 오할로란의 전임자인 게리 레이놀즈Gerry Reynolds의 죽음이다. 1969년 6월 코빈이 아직 자메이카에 머무르고 있던 당시, 북이즐링턴은 저주받은 지역구 같았다. 겨우 서른 살에 의회에 입성한 레이놀즈 자신도 당시 현역 의원이던 윌프레드 파인버그Wilfred Fienburgh가 1958년 자동차 사고로 갑작스럽게 사망하면서 열린 보궐선거에서 당선된 인물이었다. 레이놀즈는 1960년대 윌슨 정권에서 떠오르는 샛별로 간주되었다. 그는 국방장관을 지냈고 이미 미래의 노동당 당수로 거론되어왔다. 그가 심장마비로 쓰러져 마흔한 살이라는 아까운 나이로 세상을 떠나자 노동당과 나라 전체가 매우 깊이 애도했다.

레이놀즈의 역동적인 패기와 그 후임자의 평범함은 극명하게 대조되었다. 보궐선거에 앞서 선거 유세장에서 오할로란과 마주친 오버론 와Auberon Waugh는 〈스펙테이터Spectator〉에 다음과 같은 글을 썼다.

마이클 오할로란 씨는 자신과 당수가 견해 차이를 보이는 단 한 가지 이슈도 생각해내지 못했다. 당수가 누가 됐든 말이다. 그는 생각하는 것 자체를 어려워하는 듯했고, 꿀 먹은 벙어리처럼 보인다는 점에서는 의원들 가운데 거의 독보적인 존재다. 게리 레이놀즈를 배출한 지역구에서 그처럼 유구무언이고 성에 차지 않는 인물을 뽑을 수밖에 없다니 안타까운 일이다.

코빈의 친구 키스 비네스는 오할로란 의원에 대해 이렇게 말한다.

"오할로란은 아마도 하원에 당선된 의원들 가운데 가장 무익한 인물일 것이다. 굳이 평을 하자면 말이다."

1999년 〈인디펜던트〉에 실린 오할로란의 부고에서, 웨스트로디언 지역구를 대표하는 노동당 의원이자 훗날 최고참 의원이 된 탐 디엘^{Tam Dalyell}은 다음과 같이 말했다.

"내가 겪은 바에 따르면 마이클 오할로란은 하원에 입성한 인물들 가운데 가장 횡설수설한 인물이었다."

오할로란 자신도 디엘에게 하원이 되려고 해서 된 게 아니라며 처음에는 의원 역할이 어색했다고 말한 적이 있다. 나중에는 의원직을 즐겼지만 말이다.[92] 전직 철도 부설 기술자인 그는 아일랜드공화국의 클레어 카운티에서 태어났고 일자리를 찾아 런던과 이즐링턴으로 "흘러들어왔다"고 했다. 레이놀즈가 사망하자 북이즐링턴 노동당 지구당을 장악한 아일랜드계가 맥나마라 신부의 주도로 그를 후임으로 지목했을 때 오할로란 자신도 다른 사람 못지않게 놀랐다. 디엘의 말이다.

그는 자신이 의원이 되리라고는 꿈에도 생각한 적이 없고 실제로 당선이 되어서 무척 놀랐으며, '아일랜드계 마피아' 덕분에 당선됐다고 공공연하게 말했다. 그리고 최선을 다해 의원직을 수행하겠지만 자신에게는 어울리지 않는 자리라는 사실을 숨김없이 진솔하게 얘기하곤 했다.[93]

북이즐링턴을
향한 애정

〈선데이 타임스〉는 후에 오할로란의 선출에 관한 폭로 기사를 싣고 선출 과정이 조작되었다고 주장했다. 키스 비네스는 말한다.

북이즐링턴은 해머스미스에서 캠던과 이즐링턴에 이르기까지 아일랜드계 이주민들이 집중적으로 거주하는 지역의 일부다. 천주교가 막강한 영향력을 휘두른다. 많은 사람들이 북이즐링턴 지역으로 이주했지만, 성당에서 승인하지 않은 사람은 당에 발도 못 붙이게 했다. 성당을 거치지 않고 노동당 본부에 직접 찾아가서 입당하겠다고 하면 "미안합니다. 꽉 찼어요. 대기자 명단에 올려놓겠습니다"라는 답변을 들었다. 북이즐링턴 지역 얘기는 코미디 시리즈로 만들어도 될 정도다. 그들은 노동당을 강경우파 천주교도들로 채웠다. 우리는 그들을 '머피아Murphia'•라고 부르곤 했다.

오할로란은 노동당 몫의 표가 10퍼센트 하락했는데도 보궐선거에서 이겼다. 그의 선출을 놓고 잡음이 끊이지 않았고 결국 노동당 전국집행위원회가 조사를 시작했다. 사태는 심각했다. 맥나마라 신부 일당은 레이놀즈 의원이 사망하자 오할로란을 그의 후임으로 만들기 위해서 주로 아일랜드계 주민만 새 당원으로 받아들였다는 혐의를 받았다.

이 사건은 그로부터 거의 반세기 후에 일어난 또 다른 선거 추문과 놀라울 정도로 유사하다. 스코틀랜드의 폴커크에서도 비슷한 사건으로 조사가 이루어지고 결국 노동당 당수 선출을 관장하는 규정을 변경하게 되었다. 그로써 북이즐링턴 지역의 현역 의원이 제러미 코빈에게 승리를 안겨준 셈이다. 1970년으로 다시 돌아가보자. 전국집행위원

•
아일랜드에서 가장 흔한 성씨 '머피Murphy'와 '마피아Mafia'를 합성한 단어다.

회는 오할로란의 선출이 공정하게 이루어졌다는 결론을 내렸다. 비네스 부부를 비롯해 일부 지역 당원들은 그해 말에 예정된 총선에 집중하기 위해서 전국집행위원회가 논란을 '은폐'했다고 생각했다.

뒷맛이 개운치 않은 분위기는 그 후로 10여 년 이어졌고 보다 젊은 층, 보통 대학 교육을 받은 좌익 성향의 중산층이 이 지역에 점점 늘어났다. 탐 디엘의 말이다.

오할로란이 게리 레이놀즈로부터 의원직을 승계한 당시 이즐링턴은 노동당이 흡족하게 여긴 지역구로서 노동자 계층 기반이 탄탄한 지역구였고 환경 미화로 고급 주거지가 된 상태였다. 자기주장이 분명한 사람들 일부가 이 지역구로 이주했는데 오할로란은 아무리 봐도 그들의 취향이 아니었다. 그들은 그의 의원직을 빼앗겠다는 결의에 찼다.[94]

오할로란과 맥나마라 신부에 대한 불만이 고조되자 노동당 전국집행위원회는 북이즐링턴에 대한 일련의 조사를 진행했지만, 의원직 박탈을 정당화할 만한 결정적인 증거를 찾아내지 못했다. 1999년 오할로란이 사망한 뒤 〈타임스〉는 이런 내용을 실었다.

"속임수를 쓰고, 투표를 조작하고, 주요 회의를 자기 사람으로 채우고, 희생양을 만들었다는 온갖 주장이 난무했다. 오할로란이 이 많은 사건들에 관여하지 않았다는 점은 분명한 사실이다. 그러나 미국 매사추세츠 주의 사우스보스턴• 지역구의 (부패로 악명 높은) 민주당 소속 의원이었어도 전혀 손색이 없었으리라는 비판은 받을 만하다."

•
아일랜드계 노동자 계층이 많이 거주하는 지역이다.

북이즐링턴을
향한 애정

한때 지역구에 대한 자신의 장악력이 약화되고, 자기 지구당의 총운영위원회 출석이 금지되자 오할로란은 당시 노동당 당수였던 마이클 풋에게 도움을 요청해야 했다.

코빈은 오랜 친구인 비네스 부부를 대신해서 전국집행위원회에 조사를 요청한 사람들 가운데 하나다. 키스 비네스는 "남이즐링턴, 중부이즐링턴, 혼지 등 이웃 지역구 모두 동원해서 전국집행위원회에 조사를 요청하는 탄원서를 보내는 등 큰 싸움판을 벌였다"며 다음과 같이 덧붙인다.

"대격론이 벌어졌다. 제러미도 주동자 가운데 한 사람이었다. 그가 혼지의 선거 회계를 맡고 있었기 때문에 우리를 지지해줄 세력을 동원할 수 있었다."

비네스 부부를 비롯해 여러 사람들이 최선을 다했음에도 불구하고 오할로란은 1979년 총선에서 차점자와 4천여 표 차이로 재선되었고, 1980년대는 오할로란이 확고하게 북이즐링턴을 장악한 가운데 시작되었다. 그러나 상황은 곧 바뀌어 코빈의 친구인 토니 벤이 사태를 바꾸는 촉매제 역할을 하게 되었다. 당이 분열되는 사태가 벌어지고 나자 이제 제러미 코빈의 정신적 스승은 노동당 내 좌파를 장악하기 위해 투쟁하면서 당시 하원의원들에게 깊은 인상을 주었다.

1979년부터 2015년까지 하원의원을 지낸 잭 스트로Jack Straw 전 외무장관은 이 시기를 자신의 의원 재직 시절 가운데 최악의 시기로 꼽는다.[95] 벤이 자신이 원하는 방향으로 풋을 밀어붙이면서 북이즐링턴 노동당 지구당에서는 불협화음이 터져 나왔고 혼지와 그 밖의 다른 지역구에서도 마찬가지였다. 결국 일부 당원들은 사회민주당으로 가버렸다. 영국 전역의 다른 지역들과 마찬가지로 이즐링턴에서도 노동당을 떠난 사람들은 당연히 노동당 우파였고, 따라서 오할로란의 지지자들이 많았다. 이 때문에 노동당 내에서 오할로란의 입지가 불안해졌다.

키스 비네스의 말처럼, 같은 시기에 맥나마라 신부의 "음주가 죽음으로" 결말이 났다. 맥나마라 신부의 후임인 클랜시Clancy 신부는 북이즐링턴 노동당 지구당 회의에 참석해서는 당원들에게 천주교 교단은 앞으로 노동당 일에 관여하지 않겠다고 말했다. 키스 비네스는 "그 일이 있고 나서 오할로란에 대한 지지는 사그라지기 시작했다. 좌파인 우리가 당내 요직을 모두 차지했다"고 말한다.

오할로란도 더는 버틸 수가 없었다. 벤이 선거에서 패배하기 3주 전인 1981년 9월, 오할로란은 자신의 지지자들을 따라 사회민주당으로 갔다. 노동당 중앙당 의원으로는 열여섯 번째였다. 그는 자신의 탈당을 토니 벤과 켄 리빙스턴의 책임으로 돌리면서 그들을 "편협하고, 수백만 노동당 지지자들을 대변하지도 않는다"고 규정했다.[96]

자, 이제 노동당은 그를 누구로 대체해야 할까? 혼지 노동당 지구당과 헤링게이 의회에서 오랫동안 제러미 코빈의 동료로 일한 해리스 경은 이렇게 말한다.

"오할로란이 탈당하자 이즐링턴 지구당에서는 큰 소동이 일었다. 상황이 매우 어려웠다. 그는 오랫동안 당에서 일해왔다. 지구당은 몹시 소란스러웠다. 어느 시점에서 제러미 코빈이 부상했는지는 모르겠다."

제러미는 혼지에 사는 자신의 친구들에게 전혀 야심을 내비친 적이 없었을지도 모르지만, 이를 눈치채지 못한 해리스 경과 달리 북이즐링턴 지구당에서 여전히 강력한 영향력을 행사하고 있었던 비네스 부부는 처음부터 제러미 코빈이 자신들이 사는 지역구의 새 하원의원이 되리라고 확신했다. 현재 바킹 지역구의 하원의원 마거릿 호지Margaret

Hodge는 당시에 이즐링턴 의회 지도자였다. 제러미 코빈이 후보로 부상했을 당시 그를 만난 호지는 이렇게 말한다.

> 1981년 말 오할로란이 사회민주당으로 가면서 그를 대신할 사람으로 제러미 코빈이 뽑혔다. 비네스 부부는 그의 동지였다. 코빈과 키스 비네스는 노동조합에서 함께 일했고 전국공무원노조에 있었다. 비네스 부부는 코빈이 의원직을 확보하는 데 큰 힘이 되었고, 당선 후 발레리 비네스는 코빈 밑에서 일했다.

과거 10여 년 동안 혹독한 내부 투쟁을 겪은 그들은 오할로란 시대가 남긴 앙금과 부패의 얼룩을 말끔히 씻어내고 새 출발을 하려 했다. 북이즐링턴 지구당의 좌파들은 대부분 오할로란을 대신할 사람을 자기들 가운데 한 사람으로 뽑는 일에 신중을 기했다. 키스 비네스의 말이다.

> 우리는 이런 말을 수년 동안 들었다. "너희들이 오할로란을 반대하는 이유는 오로지 의석을 차지하기 위해서야." 따라서 그에게 맞서는 투쟁에 가담한 우리 북이즐링턴 지역 사람들은 어느 누구도 그의 의석을 탐내지 않겠다는 헌신적인 태도를 취했다. 따라서 우리는 그 지역구를 잘 아는 합당한 후보를 물색해야 했다. 그래서 생각해낸 사람이 제러미였다. 그는 우리 지역구에서 100야드 정도 떨어진 혼지에 살고 있었다. 제러미는 어딜 가든 만나게 되는 사람이었다. 런던은 작은 마을들이 연이어 있는 도시였다. 런던 전역에서 선거운동을 하면 어느 행사에 가든 늘 같은 사람들과 마주쳤다. 모두들 제러미를 매우 적극적이고 좋은 친구라고 여겼고,

우리는 그가 훌륭한 하원의원이 되리라고 생각했다. 선거가 닥쳤을 때 제러미를 우리 편에 두면 큰 도움이 되었다. 오할로란에 맞서는 싸움에서 그는 우리를 지지했기 때문이다. 그는 북이즐링턴 주민이 아니었기 때문에 그가 우리를 도운 이유가 단지 오할로란의 의석이 탐나서였다고 할 수는 없다. 그는 이즐링턴 지역구를 벗어나 겨우 100야드 떨어진 곳에 살고 있었기 때문에 그가 이러저러한 일에 관여해왔다는 점에는 의문의 여지가 없다.

그러나 키스 비네스가 제러미 코빈에게 오할로란을 대신해 출마하라고 권하자 그의 반응은 시큰둥했다. 비네스는 "제러미는 뭘 하려고 애쓰지 않는다. 한참 설득해야 한다"고 말한다.

당수에 출마한 이번에도 역시 코빈은 주변의 끈질긴 설득 끝에 당수 역할을 맡았다. 주저하다가 마지못해 출마하는 데 동의했던 것이다. 그러나 일단 동의하고 나자 자신의 모든 것을 그 투쟁에 쏟아부었다.

선출 과정은 처음에는 순탄했다. 제러미 코빈은 좌파 후보로 나섰다. 지구당에서 오랫동안 활동해온 한 인사에 따르면, 대부분의 우파 당원들이 이미 지구당을 떠났기 때문에 1982년 말, 그는 북이즐링턴의 노동당 후보로 선출되었다.

해리스 경은 처음에는 놀랐다. 제러미 코빈을 '스타'가 되고 싶어한 사람으로 보지 않았기 때문이다. 해리스 경은 "그가 북이즐링턴 지역구의 후보로 부상했을 때 정말 놀랐다"면서 다음과 같이 덧붙인다.

"여섯 달 전만 해도 '제러미가 이즐링턴 의석을 노리고 있다'고는 얘기하지 않았을 것이다. 다른 사람들은 알고 있었는지 모르지만 나는 정말 몰랐다. 의석이 그의 마음을 움직이리라고는 생각지 않았다. 무엇이 그를 움직이게 하는지 몰랐다."

그러나 제러미 코빈의 야심이 다른 사람들에게는 분명히 보였던 게 틀림없었다. 비네스에 따르면, 제러미 코빈이 하원에 출마하려던 무렵 켄 리빙스턴이 그에게 하원 대신 광역런던의회에 출마하라고 권했지만, 제러미는 그의 제안을 거절했다. 이 때문에 훗날 런던시장이 된 리빙스턴은 약간 "뿔이 났다." 비네스는 말한다.

"제러미는 켄이 구워삶아도 넘어가지 않은 아주 극소수 사람들 가운데 한 명이었다. 제러미가 그의 말에 넘어갔다면 역사는 매우 다른 방향으로 전개되었을지 모른다."

1983년 총선이 다가오면서 문제가 점점 복잡해졌다. 투표일까지 겨우 석 달을 남겨놓고 후보 선정을 다시 해야 했다. 선거구가 다시 획정되면서 이즐링턴의 세 개 지역구가 두 개로 합쳐져 중부 이즐링턴의 일부가 북이즐링턴과 남이즐링턴으로 편입된 것이다. 여느 시기 같았으면, 제러미 코빈은 처음 출마한 후보로서 예의상 현직 의원에게 후보직을 양보했어야 했다. 그러나 이번에도 제러미 코빈의 정치 역정을 특징짓는 행운이 따라주었다. 중부 이즐링턴의 존 그랜트^{John Grant}와 남이즐링턴의 조지 커닝엄^{George Cunningham} 두 의원이 오할로란의 뒤를 이어 사회민주당에 합류한 것이다.

그러고 나자 상황은 한층 혼란스러워졌다. 오할로란이 사회민주당으로 옮겨간 결정을 후회하기 시작해 노동당으로 복당하려다가 실패했다. 마침내 북이즐링턴에서 치러진 후보 재선정 절차에서 코빈이 노동당 후보로 확정되고, 존 그랜트가 북이즐링턴 지역구의 사회민주당 후보로 확정되자 오할로란은 무소속으로 출마하기로 결심했다. 키스 비네스는 이렇게 말한다.

이즐링턴 선거구는 절대 일을 어설프게 하지 않았다. 사회민주당으로 옮겨간 의원이 세 명이었다. 제러미가 처음 후보로 선출되었을 때, 오할로란은 사회민주당에 다시 합류하려다 거절당했다. 따라서 그는 '노동 오할로란'이라고 자신을 내세웠다. 노동당 후보가 아니면 '노동당'이라는 단어를 법적으로 사용할 수 없지만, 그냥 '노동'이라고만 하면 막을 도리가 없었다. 그렇게 해서 제러미가 처음 후보로 선출되었을 때, 제러미는 두 명의 현역 의원을 이겨야 했다. 기네스북에 오를 기록이었다.

'노동'이라는 이름을 내세워 오랫동안 의원 자리를 지켜온 현역 의원은 유권자들 사이에서 상당한 인지도가 있었다. 그들과의 혼동을 방지하기 위해 제러미 코빈 선거운동 진영은 '제러미 코빈이 진짜 노동당 후보'라고 적힌 광고판을 몸 앞뒤로 샌드위치처럼 두른 자원봉사자들을 투표소 바깥에 배치해서 돌아다니게 했다. 나오미 코빈도 차출되어서 거들었는데, 자신의 아들을 위한 선거운동이었던 만큼 1979년 혼지에서 레드 테드 나이트의 선거운동을 했을 때보다 훨씬 즐거웠을 것이다. 키스 비네스의 말이다.

"사람들에게 '코빈이 노동당의 진짜 후보입니다'라고 적힌 광고판을 몸 앞뒤로 두르고 투표장 바깥을 걸어다니게 해야 했다. 노동당 소속인데 샌드위치 판을 두르고 돌아다녀야 하다니, 누구도 하고 싶어 하지 않은 일이었다."

1983년 총선은 노동당에게는 힘겨운 선거였다. 사회민주당은 절정기를 맞고 있었고, 마거릿 대처는 그 전해에 포클랜드 섬을 탈환하는 데 성공한 후 자부심에 충만한 국민들의 지지를 받고 있었으며, 헝클어진 백발에 노동자들이 입는 재킷을 걸친 마이클 풋은 세간의 조롱거리로 여겨졌다. 맨체스터 고튼 지역구의 노동당 소속 의원인 제럴드 카우프먼Gerald Kaufman이 "역사상 가장 긴 유서"라고 묘사한 노동당의 공약에는 일방적인 비핵화, 상원 폐지, 브리티시 텔레콤British Telecom과 브리티시 에어로스페이스British Aerospace의 재국유화, 유럽경제공동체 탈퇴 등과 더불어, 벤과 노동당민주주의캠페인 조직의 압력에 굴복한 풋이 유권자들에게 제시하겠다고 동의하고 끼워넣은 정책들이 포함되었다. 제러미 코빈은 당시에 이 모든 공약에 찬성했고 오늘날까지도 대체로 찬성하고 있다. 그의 선거운동 책자에는 다음과 같이 쓰여 있었다.

"보수당 정권에서 영국은 더 분열되고 불평등한 사회가 되었다."

그는 또 보수당 정권의 '복지 삭감, 탄광 폐쇄, 빈곤'을 비판하고 비핵화를 부르짖었으며, 대대적인 주택 건설 사업을 추진하라고 요구했다.

전국의 전통적인 노동당 지지자들은 대부분 노동당의 공약이 지나치게 좌편향되어서 받아들이기 힘들었기 때문에 새로 창당된 사회민주당으로 기울었다. 그 가운데는 앤디 버넘Andy Burnham●의 부모 아일린 버넘Eileen Burnham과 로이 버넘Roy Burnham이 있었다. 앤디는 2015년에 노동당 당수 경선 당시 자신의 부모에게 사회민주당에 표를 던졌던 사실을 공개적으로 밝히도록 부추겼는데 이는 현명한 판단이 아니었다. 버넘 부부의 말을 들어보면 당시 많은 노동당 지지자들이 어떤 생각을 했는지 가늠해볼 수 있다. 아일린 버넘은 이렇게 말했다.

"토니 벤 때문에 너무 화가 났다. 마이클 풋이 당수였고 노동당이

●
노동당 소속 정치인으로서 2001년부터 영국 하원의원으로 활동하고 있다. 2015년 노동당 당수 경선에서 한참 뒤지는 2등으로 제러미 코빈에게 패한 후 코빈이 제의한 예비내각 내무장관 각료직을 수락했다. 2016년 5월 버넘은 광역 맨체스터 시장에 출마한다고 선언하면서, 당선되면 하원의원직을 그만두겠다고 했다. 시장 선거는 2017년 5월에 실시된다.

정말로 나아지는구나 싶으면 벤이 나서서 극단적인 얘기를 하곤 했다. 그러면 나는 이런 생각이 들었다. '이 인간이 아주 망하려고 작정을 했군.' 그러더니 정말 망했다."[97]

사회민주당은 1983년 총선에서 25퍼센트 득표율을 기록했는데 이는 노동당의 득표율보다 겨우 3퍼센트 낮았다. 마거릿 대처는 집권 후 최고의 압승을 거두었고 하원에서 과반보다 144석이 많은 의석을 얻었다.

노동당에게는 힘든 여건이었는데도 불구하고 제러미 코빈은 1983년 6월 9일 밤, 예상대로 하원에 당선되었다. 사회민주당이 표를 분산시키는 바람에 노동당의 득표율은 12퍼센트 줄었지만 그는 차점자인 보수당 후보 데이비드 콜먼David Coleman보다 5,607표를 더 얻었다. 이는 오할로란의 득표수보다 1,000여 표가 더 많았다. 사회민주당 후보로 나선 존 그랜트가 3등을 기록했고, 오할로란은 '노동'이라는 단어를 내걸고 출마해 교란작전을 펼쳤지만 4등에 그쳤다. 토니 벤의 행동 때문에 당이 쪼개지면서 벤은 제러미 코빈이 의회에 입성하는 데 간접적으로 도움을 준 셈이 되었다. 술고래 신부가 사망하는 천우신조도 있었지만 말이다.

코빈은 처음에는 노동당 후보로 나서기를 주저했지만 곧 열심히 일하는 의원의 자질을 타고났음을 입증했다. 2015년 9월 노동당 당수로 선출될 즈음, 코빈은 북이즐링턴에서 32년 이상 봉직한 하원의원이었다. 그는 의심의 여지없이 지역구에서 지지도가 높았다. 2013년 하원의원 재직 30주년 기념행사에서 그는 이즐링턴 주민들을 대표한 일은 "놀라운 경험"이었다고 말했다.[98]

제러미 코빈은 '지구당에 충실한 의원'으로 알려져 있다. 자신의 도움이 필요한 사람들을 팔 걷어붙이고 나서서 도와주고 다른 사람들이 본보기로 삼아야 할 만큼 일을 잘해낸다고 알려져 있다. 그의 형 데이비드는 다음과 같이 말한다.

"우리는 이미 여러 번 가봤지만, 당신도 이즐링턴에 가보면 주민들이 그를 '우리 편'이라고 생각한다는 사실을 알게 된다. 그곳에 가기만 하면 제러미가 잘되기를 바란다고 말하는 사람을 만나게 된다."

2005년 이후로 제러미의 지역구와 이웃한 남이즐링턴을 대표해온 에밀리 손베리Emily Thornberry는 이렇게 덧붙인다.

"그는 지역구를 훌륭하게 관리하는 하원의원이다. 의심의 여지가 없다. 그는 놀라울 정도로 적극적이고 온갖 행사에 참가하고 온갖 민원들을 처리한다. 그런 면에서는 아무도 그에 대해 불평하지 않는다. 지역구에 헌신하는 의원으로서는 흠잡기가 어렵다."

또 다른 이웃 지역구 토트넘을 대표하는 데이비드 라미도 같은 의견을 밝혔다.

"내가 직접 그를 겪어본 바에 따르면, 그는 한결같이 깍듯이 예의를 지키고 매우 친절하고 놀랍도록 자기 지역구의 주민들에게 헌신적이다."

제러미의 지역구 주민이기도 한 전 노동당 당수 닐 키녹은 다음과 같이 말한다.

"2007년 이래로 그는 내가 사는 지역구를 대표하는 의원이었다. 매우 부지런하고 지역구에 헌신적이며 유권자들이 매우 좋아하고 존경하는 의원임이 분명하다. 또한 전혀 꾸밈없는 유쾌한 사람이다. 노동당 지구당의 행사에서 그의 그런 자연스러운 성품을 여러 번 확인했다."

제러미 코빈은 혼지에서와 마찬가지로 북이즐링턴의 노동당 지구당도 일으켜세웠다. 세븐 시스터즈 로드 129번지에 있는 그의 사무실

밑에 당이 소유한 술집 레드로즈 센터가 있는데, 이곳은 열성적인 젊은 운동가들의 아지트가 되었다. 레드로즈 센터는 사람들로 북적거렸고, 제러미 코빈의 오랜 친구 토니 벤과 최초의 여성 장관을 지낸 바버라 캐슬^{Barbara Castle} 같은 유력 인사들이 와서 강의를 하기도 했다. 시인 존 헤글리^{John Hegley}를 비롯해 좌익 성향의 비주류 코미디언들이 공연을 하기도 했다. 리오 매킨스트리는 1990년대 중반까지 북이즐링턴의 지구당 총무였는데 레드로즈 센터에 대해 다음과 같이 말한다.

> 정치에 관심이 지대한 사람에게는 더할 나위 없는 곳이었다. 우리 삶이 그곳을 중심으로 움직였다. 술집은 장사가 아주 잘됐다. 금요일과 토요일 밤에는 정기적으로 쇼가 열렸고 기금 모금 행사도 종종 있었다. 런던 북부 전역에서와 마찬가지로 코미디 공연이 열렸다. 모두 대처를 조롱하는 생동감 있는 공연이었다. 한결같이 동굴처럼 어두컴컴했고 자연광은 전혀 들지 않았으며 늘 한밤중 같은 분위기였다.

제러미 코빈은 술은 거의 마시지 않았지만 그 술집의 단골이었다. 매킨스트리는 "제러미는 술을 즐겨 하지 않았다. 이따금 맥주나 포도주를 반 잔 정도 마셨다"고 말했다.

북이즐링턴은 의원을 하기가 만만한 지역구가 아니다. 크기가 겨우 1,820에이커로 전국에서 가장 규모가 작고, 가장 경제적으로 격차가 많이 나는 계층들이 모여 있다. 런던 최고 부자들도 있는 반면 가장 빈곤한 사람들도 살고 있다. 또 아스널 풋볼 클럽도 있는데, 제러미 코빈은 즉시 이 클럽의 열렬한 팬이 되었다. 그는 삶에서 자신이 성장한 시골 고향을 버리고 화려한 대도시를 선택했듯이, 스포츠에서도 슈롭셔

북이즐링턴을
향한 애정

출신 젊은이라면 당연히 선택했을 웨스트 미들랜즈 대신 아스널을 선택했다. 그는 가장 좋아하는 선수로 영국의 이언 라이트^{Ian Wright}를, 그다음으로 좋아하는 선수로 네덜란드의 데니스 베르캄프^{Dennis Bergkamp}를 꼽는다.

북이즐링턴은 신바람 나고 떠들썩하고 활기가 넘친다. 고든 브라운^{Gordon Brown} 전 총리의 특별자문역을 지낸 이곳 주민 데이미언 맥브라이드^{Damian McBride}는 제러미 코빈이 당수로 선출되기 며칠 전 〈메일 온 선데이^{Mail on Sunday}〉에 이렇게 말했다.

그의 지역구 북이즐링턴이라는 명칭은 잊어버려라. 런던 지역 하면 연상되는 시낭송회와 고급 식당 등의 모든 고정관념은 버려라. …… 이 지역은 토니 블레어와 셰리 블레어 덕분에 유명해진 말끔히 단장된 이즐링턴이 아니다. …… 10만 명 이상이 축구 경기장 천 개 크기의 지역에 살고 있다. …… 제러미 코빈의 지역구인 북이즐링턴은 데이비드 캐머런^{David Cameron}의 시골 지역구 위트니와 인구는 비슷하지만, 북이즐링턴 정도의 크기는 위트니에 100개 정도 채워 넣을 수 있다. 위트니는 인구의 93퍼센트가 자신이 영국 백인이라고 여긴다. 북이즐링턴에서는 그렇게 말하는 사람이 절반 이하다. 데이비드 캐머런의 지역구에는 주민 250명 가운데 겨우 한 명이 흑인인 반면, 코빈의 지역구에서는 7명당 한 명이 흑인이다. …… 32년 동안 제러미 코빈은 자신의 지역구 거리에서 영국이 끊임없이 변하는 모습을 지켜보았다. 아일랜드계, 카리브 해 출신, 아시아 출신 이민자들에 이어 터키인, 소말리아인, 폴란드인이 이주해왔다. 그는 깡패 집단, 마약, 폭력 범죄가 자신의 지역구에 미치는 영향과 씨름해왔고 주택 보조금 삭감으로 길거리에 나앉을 위험에 처한 수백 명의 주민들을 대표한다.

제러미 코빈을 지역구에 헌신적인 의원으로 알고 있는 많은 사람들은 그가 이즐링턴에서 겪은 일들이 그의 정치철학을 형성했다고 주장한다. 제러미 코빈 지역구의 지역의회 의원인 게리 헤더^{Gary Heather}는 코빈은 "전적으로 철저하게 이즐링턴 주민들에게 헌신적"이라면서 "그의 세계관은 이즐링턴에서 사람들을 만나면서 형성되었다. 이즐링턴에 존재하는 만성적인 불평등이 오늘날의 그를 만들었다. 활발하게 정치 활동을 하지 않는 사람들은 눈치채지 못할지 모르지만, 이즐링턴은 매우 궁핍한 지역이다"라고 말한다. 에밀리 손베리는 다음과 같이 덧붙인다.

본질적으로 제러미는 하원의원의 업무를 열심히 하고 지역구 유권자들로부터 가르침을 받아야 한다고 생각한다. 이즐링턴에 사는 주민들은 이 나라에서 태어나지 않은 사람들이 많다. 따라서 인권과 세상이 어떻게 돌아가는지에 대해 제러미가 관심을 보인다는 사실은 아직 타국에 가족들을 둔 유권자들로부터 공감을 얻는다.

제러미가 지역구 유권자들에게 헌신한 데 대한 보답으로 북이즐링턴 유권자들은 영국 전체의 보편적인 정서와 상당히 다른 시각을 지니게 되었다. 특히 신노동당주의자들이 정권을 잡았던 시대에는 당과 다른 시각을 보인 하원의원 제러미 코빈을 열렬히 지지해왔다. 제러미 코빈은 처음 총선에 출마한 이래로 일곱 번의 총선에서 두 번을 제외하고는 모든 선거에서 득표수가 증가했다. 2015년 총선에서 차점자보다 2만 1천 표 이상을 더 얻은 그는 오늘날 어느 때보다도 높은 지지를 받고 있다. 에밀리 손베리는 또 이렇게 말한다.

북이즐링턴을
향한 애정

제러미에게 투표하는 사람들 가운데는 그의 정치이념이나 여러 가지 사안에 대한 그의 입장에 동의하지는 않지만 그가 진정성 있는 정치인이기 때문에 지지하는 사람들이 많다. 그들은 하원의원으로서 그가 내세우는 주장에 딱히 동의하지 않아도 그에게 표를 주는 사람들이다. 그리고 제러미는 그런 현실을 받아들인다.

코빈은 1983년 7월 1일 하원에서 처음으로 연설을 했다. 그는 처음에는 하원에 출마하기를 주저했지만 연설하는 동안에는 말수 적은 평소의 모습을 찾아볼 수 없었다. 회의장에서 그의 연설을 듣고 있던 사람들은 그가 보여준 자신감과 열정에 흠칫했을 것이다. 의원들이 첫 연설을 할 때 으레 그러하듯이 그도 첫 연설을 자신의 지역구 얘기에 집중했다. 그러나 첫 일성一聲은 논란을 불러일으키지 않아야 한다는 관례를 깨고 그는 "제가 처음으로 하원에서 연설을 하게 됐습니다"라고 말문을 열고 연설을 이어갔다.

이 자리에 서니 제가 대표하는 지역구와 그곳 주민들이 겪는 문제들로부터 100만 마일은 떨어져 있다는 느낌이 듭니다. 북이즐링턴은 지하철이나 버스로 하원에서 겨우 몇 마일만 가면 됩니다. 우리는 중앙정부가 지방정부에 대한 지원을 대폭 삭감하는 바람에 대량 실업을 겪고 있습니다. 중앙정부는 북이즐링턴을 그런 식으로 멸시했습니다. 하원에서 몇 분만 가면 핀즈베리 파크가 있는데 그곳에는 스무 살 넘은 흑인들, 열여섯 살에 학교를 중퇴한 후 한 번도 일을 해보지 않은 성인 흑인 남녀들이 있습니다. 그들은 정부에 대해 강한 경멸감밖에 남은 게 없습니다. …… 그들은 영원히 실업수당에 의지해 살 수밖에 없도록 만드는 체제를 존중하지 않습니다. 저는 그들의 민심을 제 힘 닿는 데까지 하원에 전할 작정입니다. 제 지역구 주민들은 몹시 분노에 차 있습니다.

그리고 다음과 같은 말로 연설을 마무리했다.

저는 현 정부가 추진한 정책들 때문에 다른 어느 지역 못지않게 고통을 받은 런던 지역을 대표합니다. 그리고 이런 문제들에 대해 우리는 절대 그냥 넘어가지 않겠다고 끊임없이 하원에서 발언을 하겠습니다. 실업률이 천정부지로 치솟도록 방치해서는 안 됩니다. 우리 젊은이들이 기회도 없고 미래에 대한 희망도 품지 못하게 내버려둬서는 안 됩니다. 이러한 문제들을 다시 다룰 겁니다. 제 지역구와 같은 지역에서 가장 삶이 팍팍하고 실업으로 고통받는 사람들을 위해 정의를 구현해야 하기 때문입니다.

그렇게 코빈 동지의 의정 활동은 시작되었다.

북이즐링턴을
향한 애정

Chapter 7

야당 하원의원
시절1983~1997

토니 벤의 일기 6권 《한 시대의 종말End of an Era》에는 1983년 총선 사흘 후에 찍은 제러미 코빈의 흑백사진이 실려 있다. 브릭스턴에 있는 크리스 멀린의 집 정원에 좌익 인사들이 모여앉아 노동당의 패인을 분석하는 자리였다. 당시 코빈은 서른네 살이라는 젊은 나이에 북이즐링턴 하원의원에 당선됐는데도 불구하고 사진 속의 표정은 의기소침해 보인다. 그 모임에서 코빈의 당선에 대한 축하가 오갔지만 분위기는 침울했다.

노동당이 참패한 선거 당일 들려온 소식 가운데 가장 견디기 힘들었던 패배는 브리스톨 동부의 현직 의원이었던 벤이 지역구를 잃었다는 것이었다. 노동당 좌파의 지도자가 낙선하고 켄 리빙스턴이 향후 4년간 의회에 입성하지 않게 된 상황에서 좌파를 대신해 하원에서 투쟁을 이어갈 책임이 코빈의 어깨에 떨어졌다. 그는 싸울 준비가 되어 있었다. 벤은 일기에서 코빈이 6월의 어느 일요일, 평소와 다르게 전투적인 태도를 풍겼다며 다음과 같이 덧붙였다.

"(이제 북이즐링턴의 하원의원이 된) 제러미 코빈은 선거 결과에 대한 책임 소재를 따지고 싶어 하지 않았다."

그러나 벤은 곧이어 제러미가 바로 그런 행동을 한 사실을 기록하고 있다. 그는 코빈이 선거운동에 대해 "선거운동의 시작은 좋았는데 곧 엉망진창이 되었다"고 평가했다면서 코빈이 한 말을 그대로 인용했다.

"당 선거본부가 매우 무능했다. 배포된 선거운동 책자들은 무미건조한 허접쓰레기였다."

코빈은 의회에 입성하자마자 소셜리스트 캠페인 그룹Socialist Campaign Group(이하 '캠페인 그룹')에 합류했다. 벤이 데니스 힐리를 상대로 부당수 경선에 나섰을 때 이에 반대하는 일부 좌익이 결성한 트리뷴 그룹Tribune Group에 맞서 벤의 계파가 1982년 12월 조직한 이 그룹은 노골적으로 강경좌파 성향이었고 지금도 일반적으로 그렇게 인식된다. 결성 당시에는 회원이 스물한 명이었지만, 1983년 총선에서 패하고, 특히 벤이 의석을 잃으면서(1년이 채 못 되어 치러진 보궐선거에서 벤은 하원에 복귀한다) 결성 초기에 누렸던 세력을 다시는 회복하지 못하게 된다. 코빈은 하원의원으로 재직한 기간 내내 이 그룹의 회원이었으며 1980년대 말에는 사무총장을 맡기도 했다.

1983년 총선이 끝나고 나서 가진 첫 모임에는 벤(전직 하원의원으로서 웨스트민스터 사원의 출입은 허용되었다)을 포함해 스무 명 정도가 참석했고 마이클 풋의 후임으로 누구를 지지할지가 중점적으로 논의되었다. 후보들 가운데는 이미 노조의 지지를 확보해놓은 야심만만한 야당 예비내각^{shadow cabinet}● 교육장관 닐 키녹, 캘러핸 밑에서 장관을 지냈고 풋이 당수일 때 예비내각 내무장관을 맡았던 로이 해터슬리^{Roy Hattersley}, 윌슨과 캘러핸 정권 모두에서 내각 각료를 지냈고 당시에 예비내각 재무장관이었던 피터 쇼어^{Peter Shore}, 그리고 1981년 부당수에 출마한 벤을 지지했던 전 공산당 당원 에릭 헤퍼^{Eric Heffer}가 있었다.

코빈은 캠페인 그룹이 헤퍼를 지지한다는 점을 분명히 했다. 그리고 1981년 부당수 선출 2차 경선에서 온건좌파 의원들이 기권하는 데 앞장서 경선 결과가 데니스 힐리에게 유리하게 기울도록 만들었다며 키녹을 매도했다. 벤은 일기에서 코빈의 다음과 같은 발언을 인용하고 있다.

"키녹은 분명히 의도적으로 1981년 부당수 경선에서 토니가 패배하게 했고, 총선 기간 동안에는 자기가 노동당 당수가 되려고 선거운동을 하느라 바빴다. 좌파 후보가 나와야 한다."

1983년 10월, 경선 결과가 발표되었을 때 승자는 키녹이었다. 그는 70퍼센트의 득표율로 무난히 당선되었다. 당수 경선에서는 패배했지만, 부당수 경선에도 출마한 해터슬리는 캠페인 그룹의 마이클 미처^{Michael Meacher}를 꺾고 부당수에 당선되었다. 키녹과 해터슬리를 두고 언론은 노년과 청년(실제로 두 사람의 나이 차이는 겨우 아홉 살이다), 좌와 우의 환상적인 조합이라며 '드림 팀^{Dream Team}'이라고 불렀다. 당시에는 놀라운 일도 아니었겠지만, 2010년과 2015년 경선 때와 달리, 당 지도부 경선에 여성을 후보로 내세워야 한다는 폭넓은 요구는 없었다. 코빈은 드림 팀이나

●
야당이 집권을 예상하고 조직하는 내각을 말한다. 일명 '그림자 내각'이라고 하며, 정권을 잡을 경우 그대로 실제 내각이 된다.

하원의 신임 동료 의원들에 대해 심드렁했고 캠페인 그룹에게 이렇게 말했다.

"노동당 중앙당이 할 일은 교외에 거주하는 중산층 표를 확보하는 일이라고들 하지만, 캠페인 그룹은 사업장의 시위 현장에 있어야 한다."

노동당이 장기간에 걸친 야당 시절로 접어들면서 코빈은 자신만의 활동을 전개하기 시작했다. 그러한 활동으로 그는 자신이 소속된 노동당 내에서 야당으로 비쳐졌다. 코빈은 당내 투쟁을 30년 후 자신이 당수에 당선될 때까지 계속하게 된다. 의원들이 당론을 따르게 하는 등 당의 기강을 책임진 원내총무단은 곧 코빈이 신뢰할 수 없는 인물이라는 사실을 깨닫게 되었다. 의회 내의 반란을 전문적으로 연구해온 노팅엄 대학의 필립 카울리^{Philip Cowley} 교수는 코빈에 대해 다음과 같이 말했다.

> 그는 한결같이 반항해온 인물이다. 처음 하원에 입성한 1983년, 그는 노동당에서 여섯 번째로 반항적인 하원의원이었다. 그 이후로 그는 늘 10위 내에 들었고, 1997년부터 2010년 사이에는 가장 반항적인 의원이었다. 노동당이 집권한 13년 기간에 걸쳐 그는 428번 당론을 무시했다. 지난 5년 동안에는 2위로 밀려났지만, 그의 절친한 친구이자 동지인 존 맥도널보다 겨우 한 표 뒤진 2등이다.[99]

9년 동안 노동당 당수를 지낸 키녹은 당내 회의에서 코빈을 본 기억이 없다고 말한다. 신참 하원의원이 처음부터 당 지도부와 얼마나 유리되었는지를 여실히 보여주는 놀라운 고백이다. 오늘날 키녹은 다음과 같이 말한다.

물론 1983년 제러미가 당선되었을 때부터 알았지만 제대로 이야기를 나눠본 적이 없다. 모두 알다시피 1980년대와 1990년대 초에 그는 당 지도부에 반기를 들기 일쑤인 캠페인 그룹의 회원이었고, 그 집단은 하원 내에서 아무런 영향력이 없었기 때문에 우리는 거의 접촉할 일이 없었다. 게다가 정책과 조직이 변하면서 당내에서 그들의 존재감도 약화되었다. 그나 나나 서로 먼저 상대방과 만나자고 한 적도 없고 사회적·정치적으로 공통분모나 공통 관심사가 없었다.

노동당 정권에서 내무장관을 역임하고 1981~1992년 키녹의 비서실장을 지낸 찰스 클라크Charles Clarke는 코빈에 대해 이렇게 말했다.

제러미는 경제, 시민권, 국제 문제 등 어떤 이슈에 관해서든 당론에 반기를 드는 핵심적인 인물로 간주되었다. 그의 정치는 반대하기 위한 정치였다. 그의 뜻대로 됐다면 우리는 1980년대에 절대로 당을 개혁하지 못했을 테고 1997년에 노동당은 절대로 정권을 잡지 못했을 것이다.[100]

2015년 9월, 코빈이 하원의 노먼 쇼Norman Shaw 빌딩에 있는 야당 당수 집무실에 입주했을 때, 그는 그 집무실에 발을 들여놓은 게 처음이라고 털어놓았다.

코빈은 다른 의원들과는 달리 의회에 정이 들지 않았다. 그는 의회의 전통과 관례에 매료되지도 않았고 의회의 역사와 권위에 경외심을 느끼지도 않았다. 그는 사교적이지 않았고 데니스 스키너Dennis Skinner, 스튜어트 홀랜드Stuart Holland, 토니 벤, 훗날 헤어진 여자친구 다이앤 애벗, 1987년 선거에서 코빈과 함께 의원에 당선된 전 공무원노조 동료 버니 그랜트, 그리고 1997년에 당선된 존 맥도널을 비롯한 캠페인 그룹 회원들과만 어울렸다. 자신의 신념과 조금이라도 어긋나는 사람들과는 말도 섞지 않은 그는 하원에는 친구가 거의 없었다. 포괄적인 의미에서는 좌파지만 캠페인 그룹 회원은 아닌 데이비드 위닉David Winnick은 다음과 같이 말한다.

"제러미가 하원에 입성한 이후로 강경좌파에서 벗어난 적이 없다. …… 그는 노동당 중앙당과는 따로 떨어진 의원이라고 해도 무방하다. 나는 월요일 오후 5시에 열리는 중앙당 회의에서 그를 본 적이 없다. 그가 참석한 걸 본 기억이 없다."

함께 오랜 세월 동안 좌익 운동을 한 크리스 멀린조차 코빈을 친구로 여기지 않는다. 그는 "40년 이상 그를 알고 지냈지만 그를 잘 안다고 할 수 없다"고 말한다. 코빈에게는 늘 사사로운 친구관계보다 정치가 훨씬 중요했다. 데이비드 라미는 코빈에 대해 이렇게 말한다.

그는 하원 회의장을 돌아다니며 의원들과 친분을 다지기보다는 웨스트민스터 바깥 세계가 더 편한 운동가다. 따라서 나는 그가 웨스트민스터에 친구가 많은 사람이라고 생각하지 않는다. 친구가 몇 명 있긴 하다. 다이앤 애벗 같은 오랜 동지들과 이전부터 알고 지낸 버니 그랜트, 프랭크 돕슨Frank Dobson, 에밀리 손베리, 나를 비롯한 가까운 이웃들, 그리고 하원의원들 가운데 캠페인 그룹 회원들이 그의 친구다. 메리 크레이Mary Creagh 와 캐서린 웨스트Catherine West 같은 이즐링턴 지역의회 지도자들과도 인맥이 닿는다. 하지만 그 외에는 그를 아는 사람이 딱히 떠오르지 않는다.

술을 거의 입에 대지 않는 코빈은 하원의원들의 단골 술집에는 발

길을 하지 않았다. 하원에서 멀리 떨어진 지역구에 집이 있는 동료 의원들과는 달리 그는 밤에 이즐링턴으로 귀가할 수 있었고 하원 표결 사이사이에 생기는 자투리 시간을 의원들과 어울리며 보낼 필요가 없었다. 당수로 당선되기 전에도 그는 하원 티룸에서 노동당 소속 동료 의원들과 어울리지 않고 보수당 의원들과 자유민주당 의원들이 앉아 있는 작은 테이블에 끼어 앉았다. 그 테이블에는 보통 애벗이 합석했고, 2010년 이후에는 녹색당 의원인 캐롤라인 루카스Caroline Lucas가 이따금 합석했다. 보수당 수석 원내총무를 지낸 앤드루 미첼Andrew Mitchell은 코빈이 드물게 당 밖에서도 친분을 유지하는 친구다. 두 사람은 외교 문제에서 의견을 같이한다. 에밀리 손베리는 캠페인 그룹 소속이 아닌 노동당 의원들 가운데 코빈과 관계를 맺고 있는 소수 인사들 중 한 사람이다. 그녀는 코빈이 대단히 협조적이라고 생각한다. 손베리의 말이다.

(2005년 손베리와 더불어 당선된) 다른 여성 의원들과 정말 흥미로운 대화를 나누었다. 그들은 자기 이웃 지역구 의원들이 전혀 도움이 되지 않았고 자기들을 무시하곤 했다고 말했다. 그런데 제러미는 전혀 그렇지 않았다. 그는 매우 도움이 되었고 내가 그와 다르고 문제에 접근하는 방식도 다르다는 사실에 대해 매우 너그러웠다. 우리 사이에 서로 이견이 있다는 사실은 개의치 않았다. 그는 절대 나를 무시하지 않았고 나도 절대 그를 무시하지 않았다.

라미도 코빈은 하원에 어울리지 않는다는 점에 동의하며 이렇게 말한다.

"제러미가 이곳(하원)에 호감이 있다는 느낌이 들지 않는다. 그렇기

야당 하원의원
시절1983~1997

는 해도 그는 하원이 어떻게 돌아가는지 잘 아는 사람이다. 하원 규정을 꿰고 있고 토론할 때도 그 점이 두드러진다."

하원의 녹색 벤치들 가운데 코빈은 늘 맨 뒷자리를 차지했다. 코빈의 친구이자 그처럼 오랫동안 좌익 활동을 해온 데니스 스키너는 원로의원들의 몫인 맨 앞자리를 빼앗기지 않으려고 눈에 불을 켜지만, 코빈은 눈에 잘 띄지 않는 자리에 만족한다. 코빈이 하원에 재직해온 기간을 고려해볼 때 그의 이름은 2015년 당수 경선 전까지만 해도 그다지 언론에 자주 거론되지 않았다. 그 이유 중 하나는 코빈이 하원을 출입하는 정치기자단의 비위를 맞추려 하지 않기 때문이다. 코빈이 당수 경선에 뛰어들자 그와 경쟁하는 세 후보들과 친밀한 관계를 유지해온 기자들은 코빈과 그의 선거팀에 대해 거의 알려진 게 없다며 구시렁거렸다.

코빈은 TV에도 거의 출연하지 않았다. 의회 근처에 있는 사무용 건물 밀뱅크Milbank에는 BBC를 비롯한 방송사들의 스튜디오가 입주해 있다. 토니 벤과 대부분의 하원의원들은 이 건물을 툭하면 드나들었다. 하지만 그는 달랐다. 하원의원 시절 초기에 코빈을 촬영한 영상물은 찾기가 힘들다. 하원 회의 중계방송은 코빈이 하원의원 2선 임기 중이던 1989년 5월에서야 시작되었고, 코빈이 회의장에서 연설하는 모습이 담긴 테이프는 그가 하원에 재직한 지 7년째 되는 1990년에 가서야 나타났다.

코빈의 모습이 담긴 첫 영상은 1990년 5월 8일에 열린 총리질의응답으로서 이 자리에서 마거릿 대처가 총리 임기 마지막으로 의회에 참석해 답변을 했다. 그 영상에는 코빈이 노숙자들의 처참한 처지에 대해 어떤 조치를 할 생각인지 물으며 분개하는 모습이 담겨 있다. 그의 말은 자신감이 넘치고, 사용하는 어휘는 쉽고 분명하며, 자신의 주장을 전달하기 위해 화려한 수사보다는 사실에 집중한다. 그가 묻는다. 대처가 1979년 집권했을 때만 해도 수도에 노숙자가 2,750명도 채 되지 않았는데 지금은 2만 7천 명이 넘는 이유가 무엇인가? 대처 총리가 이즐링턴과 같은 지역의회가 빈집을 제대로 활용하지 못해서 그렇다고 응수하자, 노동당 의원들이 앉아 있는 벤치에서 야유가 쏟아진다.

최초로 TV로 중계된 총리질의응답에서 코빈은 크림색 바지에 목이 드러나는 셔츠와 베이지색 재킷을 걸친 모습이었다. 하원으로 재직한 초기부터 그는 이런 차림을 했다. 코빈이 당선되고 여섯 달째가 되었을 무렵, 보수당 테리 딕스Terry Dicks 의원은 꾀죄죄한 옷차림을 한 노동당 중앙당 의원들의 회의장 출입을 금지해야 한다고 주장했다. 코빈도 딕스가 지목한 사람들 가운데 포함되어 있었다. 보란 듯이 더 허름한 차림으로 회의장에 나타난 코빈의 모습이 BBC의 시사 프로그램 〈뉴스나이트〉에 방송되었다. 남루한 청색 코듀로이 바지에 헤진 베이지색 재킷을 입었는데 저항의 화룡점정은 그의 어머니 나오미가 손뜨개로 짠 흉물스런 겨자색 스웨터였다. 북이즐링턴의 신참내기 하원의원은 의회에 걸맞은 복장을 했다며 다음과 같이 우겼다.

"여긴 패션쇼 하는 곳도 아니고, 신사들이 출입하는 클럽도 아니고, 은행도 아니다. 민중을 대표하는 전당이다."

이렇게 항의한 그는 보수당을 향해 공격의 화살을 겨누었다.

늦은 밤에 이곳을 보고 있자면 참으로 역겹다. 토론이 종료되고 10시에 표결을 알리는 벨이 울리면 리무진이 속속 도착하고 배가 남산만큼 나온 턱시도 차림의 거물급 보수당 의원들이 차에서 내려 표결하러 회의장으로 들어간다. …… 내 생각에는 의원이 할 일은 그게 아니다. 의원이 할 일은 자기 지역구 유권자들을 대표하는 일이다.

코빈이 초선 하원의원으로 재직하는 동안에 그와 캠페인 그룹은 점점 주변부로 밀려났다. 세태가 변했다. 대처 정부가 1984~1985년 파업 광부들의 항복을 받아냈고(BBC를 비롯한 여러 방송사들은 이를 "영국 역사상 가장 혹독한 노사분규"라고 묘사했다), 닐 키녹은 좌파가 위축된 틈을 타 리버풀과 런던 일부 지역에서 지구당에 잠입해 당을 접수한, 트로츠키를 추종하는 '밀리턴트 텐던시$^{Militant\ Tendency}$'라는 조직을 공격했다. 키녹의 이러한 숙청 작업으로 향후 30년 동안 노동당 내에서 좌파는 주변부로 밀려나게 된다.

코빈은 이 조직의 회원은 아니었지만 밀리턴트 텐던시를 옹호하면서 '마녀사냥에 반대하는 노동당'이라는 단체의 의장을 맡아 밀리턴트 텐던시의 축출에 반대하고 나섰다. 코빈의 동료 의원들 중에는 밀리턴트 텐던시를 옹호하는 그의 입장이 노동당에 대한 불충 행위와 다름없다고 생각하는 사람들이 있었다. 노동당 중앙당 의원에서 토크쇼 진행자로 변신한 로버트 킬로이-실크$^{Robert\ Kilroy-Silk}$는 밀리턴트 텐던시가 낙천 대상자로 지목했고 후에 영국독립당^{UKIP}으로 이적한 인물이다. 그는 자신이 코빈을 한 대 치려고 했는데 코빈이 줄행랑을 쳤다고 주장했다. 코빈은 그 사건을 달리 기억했다.

그 전날 나는 한 TV 프로그램에 출연해 밀리턴트 텐던시 조직이 노동당에서 축출되어서는 안 되는 이유를 설명했다. 그런데 그는 축출되어야 한다고 생각한다며 온갖 욕설을 퍼부었고 표결장 바깥 복도에서 나를 벽으로 밀어붙였다. 그러더니 이렇게 말했다. "나 아마추어 권투 선수요. 누구든 정신 차리게 해줄 수 있소." 그래서 나는 "나는 아마추어 달리기 선수요"라고 말하고는 자리를 떴다. 그걸 두고 그 사람은 자기가 사내답게 완력으로 나를 이겼다고 생각한 모양이다.[101]

코빈은 의정 활동과 여러 가지 좌익 운동에 전념하느라 사생활을 즐기거나 가족을 만날 시간이 없었다. 형들과 부모님과는 여전히 사이가 좋았지만 예전만큼 자주 만나지는 못했다. 1986년 2월, 코빈의 부친 데이비드가 일흔 살에 세상을 떠났고, 그로부터 1년 반 후에 모친 나오미가 그 뒤를 따랐다. 그녀는 일흔두 살이었고 23만 6,333파운드의 유산을 남겼다. 코빈과 그의 형 피어스는 이스트 미들랜즈에서 열린 한 정치 모임에 참석하던 중 모친의 사망 소식을 들었다. 피어스는 행사 중간에 자리를 뜨지 않고 그날 저녁에 그곳에 머무르기로 했다.

"우리는 '어머니도 행사가 끝날 때까지 있기를 바랐을 거야'라고 생각했고 그렇게 했다."[102]

이 일화를 두고 코빈이 얼마나 비정한지 보여주는 증거라고 말한 글도 있었지만, 실제로 그는 부모님을 여의고 깊이 상심했다.

2015년 봄, 살아 계셨으면 100주년이 됐을 부모님의 생신날, 그는 피어스 형과 자신의 세 번째 부인* 로라 알바레즈Laura Alvarez와 두 차례 조용히 저녁 모임을 갖고 부모님을 기렸다. 가족사진과 추억이 어린 물건들을 간직하고 있는 사람은 현재 생존해 있는 그의 두 형이 아니라 바로 코빈이다.

---
*
코빈의 두 번째 부인은 1987년 결혼한 클라우디아 브래키타Claudia Bracchitta로 그들의 결혼생활은 12년 만인 1999년에 막을 내렸다.

1987년 나오미가 사망한 무렵, 중도를 향한 노동당의 여정이 한창 진행 중이었다. 노동당을 수권정당으로 만드는 데 실패한 이유로 여겨지는, 풋 시대의 정책들을 폐기하는 작업을 진두지휘한 사람은 신임 홍보국장 피터 맨덜슨Peter Mandelson이었다. 정책 결정에서 당원들이 참석하는 회의의 비중을 늘리고 현역 의원들에 대한 후보 자격 재심사를 의무화하는 등 노동당민주주의캠페인의 압력으로 도입된 개혁안들은 후퇴했다.

그러나 코빈은 신념을 버리지 않았다. 맨덜슨이 등장하고 3년이 됐을 때 그는 이렇게 말했다.

"분명한 사실은, 노동당은 이미 오래전 1985년에 (전체 회의에서 합의된) 공식적인 노동당 정책이 표를 갉아먹고 있으므로 뭔가 조치를 취해야 한다고 결정했다는 점이다."[103]

경제적인 신념에 있어서도 코빈은 입장을 바꿀 생각이 전혀 없었다. 당시 이즐링턴의 노동당 소속 지역의회 의원이었던 리오 매킨스트리의 말이다.

"당시에도 그는 급진적인 좌익이었다. 한 회의에서 그가 한 말을 듣고 깜짝 놀란 기억이 난다. 그는 '우리가 할 일은 자본주의를 개혁하는 게 아니라 무너뜨리는 일'이라고 했다. 당시는 베를린장벽이 무너지기 직전이었는데 그는 여전히 1920년대에나 쓰던 어법으로 말하고 있었다."

1987년, 코빈이 회원으로 있는 소통협회와 캠페인 그룹은 공개토론을 열기로 결정했다. 두 조직은 당시 벤의 지역구 이름을 따 '체스터필드 사회주의자 회의Chesterfield Socialist Conference'라는 이름의 행사를 열었다. 회의의 목적은 1990년대 영국에서 사회주의 정책과 목표를 재확인

하고 재규정하는 일이었다. 한 좌익 성향 출판물의 말을 빌리자면, 그 정책과 목표란 급진주의 철학이었다. 코빈은 회의에서 한 연설에서 키녹 집권하에서 노동당이 여피^{yuppie}[•] 성향이 되었다고 공격했다.[104] 처음에는 키녹 집권하에서, 그다음은 존 스미스 집권하에서, 그리고 특히 1994년 토니 블레어의 집권하에서 노동당이 가는 방향은 점점 더 불만스러워졌지만, 코빈은 절대 노동당을 떠나려 하지 않았다. 무엇이 그를 지탱해주었을까? 타리크 알리는 다음과 같이 말한다.

> 좌익, 사회주의자들은 패배의 시대를 어떻게 견뎌낼 것인가를 늘 고민한다. 그리고 그 패배는 대처의 승리와 함께 찾아왔다. 그러고 나서 들어선 블레어, 그 뒤를 이은 (당시 예비내각 재무장관이었던 고든) 브라운은 기본적으로 대처주의자들이었고 본인들도 자신이 그렇다고 생각했다. 그런 상황에서는 하던 대로 계속하는 수밖에 없다. 달리 방법이 없지 않은가? 좌익 진영의 일부 인사들이 그랬듯이 배반하든가 계속하든가. 그렇다면 왜 코빈은 배반하지 않았을까? 그는 그런 생각은 꿈에도 하지 않았을 것이다. 그는 바위처럼 꿈쩍도 하지 않았다.

그렇게 코빈은 꿋꿋이 가던 길을 갔다. 그가 내세운 대의명분들과 그가 해온 활동들을 보면 1980년대와 1990년대 좌익 운동권의 역사를 보는 듯하다. 그는 광부 파업이 한창일 때, 갱 바깥에서 일어난 소동을 진압하던 경찰관의 턱을 부러뜨린 혐의로 기소된 광부를 옹호했고, 여성 피고들을 탈의시키고 몸수색을 한 데 대해 항의하는 시위를 하다가

[•] 'Young Urban Professional'의 약어로 도시에 거주하는 젊은 고소득 전문직 엘리트 집단을 말한다.

야당 하원의원
시절1983~1997

런던의 중앙형사재판소Old Bailey 건물 앞에서 체포되기도 했다. 또한 1980년대에 발생한 2대 노사분규 현장인 와핑Wapping에서 피켓 시위를 했다. 당시 미디어 황제인 루퍼트 머독Rupert Murdoch이 〈선〉, 〈타임스〉, 〈뉴스 오브 더 월드〉, 〈선데이 타임스〉를 소유한 뉴스 인터내셔널News International의 본부를 플리트 스트리트Fleet Street*에서 다른 곳으로 이전했다. 인쇄산업 노조들의 장악력을 무너뜨리기 위한 의도였다. 밤샘 시위는 툭하면 과격하게 변했고 경찰이 시위대와 충돌하면서 수천 명이 체포되었다. 1년 동안 계속된 시위는 1987년에 가서야 끝이 났다. 코빈은 하원에서 "뉴스 인터내셔널 노사분규는 수천 명의 경찰관들에게 봉급을 주고 5천 명을 일자리에서 몰아내라고 시킨 억압적인 정부의 전형"이라고 연설했다.[105]

코빈은 정부를 향해 앤드루 왕자와 세라 퍼거슨의 1986년 결혼식에 쓴 돈으로 사회복지부의 상담 서비스나 개선하라며 비판했고, 세습 귀족을 상원에서 축출해야 한다고 주장했으며, 영국의 독자적인 핵 억제력 보유에 반대하는 입장을 표명했다. 일찍이 동성애자의 인권을 옹호했던 그는 1988년 지역정부 법안 제28조에 반대하는 표를 던졌다. 그 조항은 지역의회나 학교에서 '동성애를 부추기는' 행위를 금지함으로써 엄청난 비난을 받았다. 그는 또 사슴 사냥을 금지하는 법안을 발의했지만 통과되지 않았다.

1990년, 코빈은 토니 벤을 도와 하원 지하에 여성 참정권 운동가 에밀리 와일딩 데이비슨Emily Wilding Davison**의 명패를 몰래 설치했다. 하원

---

*
런던에서 신문사들이 밀집해 있는 거리다.
**
1913년 6월 4일, 서리Surrey 주에서 열린 영국 최고의 경마대회 엡섬 더비Epsom Derby에서 달리던 국왕 조지 5세의 말 앞으로 몸을 던진 인물이다. 그녀는 결국 나흘 뒤 사망했다.

건물 내에 명패가 설치된 곳은 1911년 인구조사가 실시되던 날 밤 자신이 의회에 있었다는 사실을 기록하기 위해 데이비슨이 숨어 있었던 바로 그 장소였다. 명패는 오늘날까지도 그 자리에 그대로 남아 있다.[106]

코빈은 1990년 3월 트라팔가 광장에서 열린 집회 현장에도 있었다. 정부의 인두세Community Charge● 도입에 항의하기 위해 열린 이 집회는 폭동으로 변질되었다(인두세 때문에 결국 그해에 대처가 물러나게 된다). 인두세 납세를 거부한 30명의 노동당 중앙당 의원 중 한 사람이었던 코빈은 이즐링턴에 있는 하이버리 지방법원에 출두해 〈타임스〉 기자에게 이렇게 말했다.

"오늘 내가 이 자리에 선 이유는 나를 뽑아준 수천 명의 주민들이 인두세를 낼 여유가 없기 때문이다."

3년 후 그는 해크니 지역의 여교장을 두둔하고 나서기도 했다. 그 교장은 자기 학교 학생들에게 로열발레단의 공연 〈로미오와 줄리엣〉 무료입장권을 주겠다는 한 자선 단체의 제의를 "이성 간의 노골적인 연애 이야기"라는 이유로 거절했다. 그런 처사는 그 지역 교육 관리와 학부모의 거센 비난과 반발을 사 결국 그녀는 직무정지를 당했다.[107]

코빈은 1993년 유럽연합을 창설한 마스트리히트 조약에 영국이 조인하는 데 반대하는 표를 던졌고, 1994년 형법상 경찰의 불심검문 조항 연장에 반대하기 위해 하이드 파크에서 열린 시위를 주관하기도 했다. 또 그는 하원의 사회보장위원회 위원을 지냈고, 자녀양육비를 내지 않는 아버지들을 찾아내는 활동과 관련해 아동지원국Child Support Agency을 비판했다. 하원에서 그는 전국 철도·항만·운송업 노조와 공공 및 민간

● 모든 성인에게 일률적으로 부과되는 세금으로서 지방정부가 세율을 책정한다.

153

야당 하원의원
시절 1983~1997

서비스 노조를 대변하는 하원 내 조직들에도 소속되었다.

코빈은 시위와 집회에 빠짐없이 참가했다. 그는 대중의 마음을 사로잡지 못했다. 그의 언변은 광산 노조 지도자인 아서 스카길Arthur Scargill 수준에도 미치지 못했으며, 성품도 켄 리빙스턴이나 토니 벤만큼 호소력이 있지도 않았다. 하지만 그는 꾸준히 운동 경력을 쌓으며 자신이 지닌 신념과 대의명분에 진정으로 헌신하는 모습을 보여주었다. 마거릿 호지의 말이다.

"그는 일부 인사들처럼 방 안에 들어서는 순간 존재감이 느껴지는 사람은 아니다. 당시에 나는 여러 사람들과 숱한 시간을 함께 보냈는데 제러미에게서는 강한 존재감을 느껴본 적이 없다. 그는 자기만의 세계에 갇혀 있는 느낌이었다."

같은 캠페인 그룹 회원인 로니 캠벨Ronnie Campbell은 이렇게 말한다.

"그는 늘 뒷전으로 물러나 있었다. 앞장서는 사람은 항상 토니 벤이나 데니스 스키너나 다른 사람들이었지, 제러미가 아니었다. 제러미는 늘 말이 없었다. 호들갑스러운 유형이 아니었고 절대 잘난 척하지 않았다. 지도자 감이라는 생각은 들지 않았다."

리오 매킨스트리는 다음과 같이 덧붙인다.

제러미는 정면대결을 싫어한다. 사람들이 그런 태도를 존중받을 만한 점이라고 여길 수도 있다. 그가 사사로운 정치를 싫어하기 때문이기도 하지만 나약해 보이는 것도 사실이다. 사람들과의 대결을 즐기는 조지 갤로웨이George Galloway나 토니 벤, 켄 리빙스턴과는 정반대다. 제러미는 전혀 사람들과의 대결을 좋아하지 않는다. 1985년, 1986년에 누가 나한테 앞으로 30년 후에 제러미가 노동당 당수가 될 거라고 했다면 나는 아마 폭소를 터뜨렸을 것이다. 그는 강렬한 인상을 주거나 카리스마 넘치는 대단한 인물이 아니었다. 벤이나 갤로웨이와는 전혀 딴판이었고, 심지어 맥도널보다도 못했다. 한 운동가는 내게 제러미를 "업그레이드된 지역의회 의원"이라고 했다.

그러나 타리크 알리는 코빈의 겸손한 자세와 운동 경력이 2015년 노동당 당수 경선에서 당원들이 그를 지지한 이유라고 믿는다.

"내가 기억하는 한 그는 일부 인사들과 달리 오만한 구석이라고는 찾아볼 수 없고, 누구에게든 기꺼이 말을 걸고, 누구든 설득하려 하고, 사람 열 명에 개 한 마리가 참석한 모임일지라도 빠짐없이 참석했다. 군말 없이 나타났다."

데이비드 라미도 여기에 동의한다.

많은 사람들이 깨닫지 못하는 사실은 노동당과 사회주의노동자당, 반전과 반유럽연합 사회주의 정당인 리스펙트^{Respect}가 공동주최하는 행진이란 행진, 시위란 시위에 제러미는 빠짐없이 참가한다는 점이다. 그는 절대 초청을 거절하는 법이 없다. 온갖 행사에 다 참석한다. 빠지지 않는다. 운동이 일어났다 하면 제러미는 늘 (의회) 바깥 운동에 앞장서왔다.

애초부터 코빈은 북이즐링턴 지역구 주민이나 영국의 노동자뿐만 아니라 세계 각지에서 혜택받지 못하고 탄압을 받는 사람들을 대변하는 일이 자신의 의무라고 여겼다. 그가 내세웠던 많은 주장들은 당시에 주목을 받지 못했지만 나중에는 보편적으로 옳다고 인정받게 되었다. 마거릿 호지는 1980년대에 코빈이 몰두했던 이슈가 니카라과 문제였다고 기억한다. 당시 니카라과에 산디니스타 좌익 정권이 들어서자 중남미에 공산주의가 확산되는 사태를 우려한 미국이 산디니스타 정부에 대항하는 반군을 지원했다. 호지는 다음과 같이 말한다.

"그는 니카라과를 가장 우려해 외교정책 문제에 시간을 많이 할애했다. 지역구와 관련된 일도 했지만 하원 업무보다 니카라과에 훨씬 관심이 많았다."

코빈의 관심은 단순히 지역구나 영국에 있지 않았다. 세계였다. 그는 남아프리카공화국에서 아프리카민족회의ANC가 아파르트헤이트에 맞서는 투쟁을 하던 초창기부터 이 조직의 지지자였다. 대처 총리가 넬슨 만델라를 테러리스트라고 선언하고 남아공에 대한 경제제재 조치에 반대할 때, 코빈은 반아파르트헤이트 운동의 집행부에 가담해 트라팔가 광장에 있는 남아공 대사관 바깥에서 시위도 했다. 1984년 7월 22일, 그는 동료 하원의원 스튜어트 홀랜드, 토니 뱅크스Tony Banks와 더불어 시위에 가담했다가 100여 명의 시위자들과 함께 체포되었다. 코빈이 "아파르트헤이트에 반대하는 시위를 할 권리를 지키기 위해 이 시위에 가담한다"라고 적힌 깃발을 들고 있는 사진이 찍히기도 했다. 자유 투사에서 대통령으로 변신한 만델라가 2013년 사망한 뒤, 그를 추모하는 자리에서 코빈은 자신이 시위하다가 체포됐던 얘기를 했다. 그는 당시 250파운드의 보상금을 받았다며 하원에서 다음과 같이 말했다.

경찰에 체포되면서 내가 "무슨 혐의로 나를 체포하는 거요?"라고 물으면 경찰이 '공무집행 방해'라고 말할 거라고 생각했다. 그런데 그 혐의가 아니라고 했다. '외교면책특권법 위반'이라고 했다. 외교사절에 대해 모욕적인 행위를 했다는 것이다. 그러더니 경찰관이 내게 이렇게 물었다. "유죄를 인정합니까? 여기는 왜 왔습니까?" 그래서 나는 이렇게 대답했다. "나는 남아공 아파르트헤이트 정권에 최대한 모욕을 주려고 이 자리에 왔습니다. 하지만 나는 유죄를 인정할 생각이 없으니 무죄를 주장한다고 전해주시오." 체포된 우리들의 사건은 모두 법정으로 넘어갔다. 그리고 아파르트헤이트에 반대하는 도덕심에서 우러나온 분노의 표출이라는 이유로 모두에게 무죄 선고가 내려지고 모두가 보상금을 받았다. 보상금은 모두 아프리카민족회의와 반아파르트헤이트 운동에 기부했다.

코빈은 팔레스타인 연대Palestinian Solidarity Group의 후원자이기도 했다. 그는 미국이 그레나다에서 민주주의 절차에 따라 선출된 좌익 정부를 축출한 후에 그 지역을 방문했다. 그는 이라크에 대한 무기 판매를 반대했다. 그리고 쿠르드 족에 대한 사담 후세인의 만행을 가장 먼저 비판했고, 1980년대 말과 1990년대 초에는 총리관저와 하원 앞에서 열린 시위에 참가했다. 하원에 기록된 그의 공식적인 이력에 따르면,[108] 그는 앙골라 사태에 대한 초당적 하원위원회 의장, 인권위원회 부의장, 중남미위원회 부의장, 멕시코위원회 회계, 하원 비핵화운동 의장, 달리트Dalit• 연대 회원이며, 자신의 지역구와 관련된 다소 가벼운 직책으로 '미트퍼드 5세 이하 아동센터Mitford Under-Fives Centre' 후원자를 맡고 있다.

코빈은 자신이 믿는 대의명분을 위해서는 지칠 줄 모르고 운동을 한다고 알려져 있다. 그의 도움이 필요한 사람들을 위해 충분히 역할을 하지 않는다는 비난을 받은 적은 딱 한 번 있었다. 1992년, 그의 지역구 사무실에 사회복지사 다섯 명이 찾아와서 이즐링턴 내에 있는 고아원

•
인도의 불가촉천민을 뜻한다.

에서 성적 학대가 있었다는 주장을 심각하게 제기했다. 아동 성학대와 이즐링턴 지역의회가 연관된 대대적인 추문이 드러나는 단초가 된 사건이었다. 수십 명의 아동들이 아동성애자들에게 성폭행을 당해온 것으로 드러났고, 가해자 가운데는 수없이 많은 아동들을 성폭행해온 고故 지미 새빌Jimmy Savile•도 포함되어 있었다.

아동 성폭행이 일어났을 당시 그 사실을 코빈이 알고 있었다는 주장은 제기되지 않았지만, 피해자들을 위해 활동하던 사람들은 코빈에게 자신들이 우려하는 사항을 전달했는데도 그가 조치를 취하지 않았다고 주장했다. 1992년 코빈과 만난 자리에 참석했던 사람들 중 한 사람인 리즈 데이비스Liz Davies는 코빈이 그들의 얘기에 진지하게 귀를 기울였지만, 아무런 조치도 취하지 않은 것으로 보인다고 했다.[109] 피해자들을 위해 활동했던 사람들은 또한 문제를 제기하려다가 이즐링턴에서 일자리를 잃은 내부고발자들과 성폭행 이야기를 지어냈다며 묵살당한 피해자들을 코빈이 옹호해주지 않았다고 비판했다.[110]

2015년 당수 선거운동 기간 동안에는 코빈이 당시에 아무런 조치를 취하지 않았다고 주장했던 데이비스를 비롯한 여러 사람의 주장을 존 만John Mann이라는 사람이 제기했다. 바셋로 지역구를 대표하는 노동당 소속 하원의원이자 당수 경선 후보였던 이벳 쿠퍼Yvette Cooper의 지지자인 그는 데이비스를 비롯한 다수의 주장으로 미루어볼 때 코빈은 지도자가 되기에 적합하지 않은 인물이라고 주장했다.[111]

만은 코빈이 보수당 하원의원인 고故 제프리 디킨스Geoffrey Dickens를 비판한 사건도 거론했다. 디킨스 의원은 이즐링턴에서 몰래 활동하는

—————
• 영국 BBC의 간판 MC이자 유명 DJ로 활동한 방송인이다.

아동성애자 일당으로 의심받는 사람들을 밝혀내려고 했는데, 이러한 디킨스 의원에 대해 순진한 어린이들을 이용해 언론에 이름을 알리려는 싸구려 술책을 쓴다고 코빈이 비난했다는 주장이었다. 코빈은 디킨스가 해당 지역 하원의원인 자신에게 먼저 언질을 주는 예우도 갖추지 않고 이즐링턴을 방문했다며 하원 의장에게 공식적으로 불만을 제기했었다. 코빈의 선거운동본부 측은 만의 주장을 일축했다.

"제러미 코빈은 수없이 여러 번 자신의 지역구민을 위해 맞서온 이력이 있다. 그는 당시 이즐링턴에서 발생한 아동 학대에 대해 독자적인 조사를 요구했고 그 이후로도 강경한 노선을 견지해왔다."

코빈의 선거운동본부 측은 1992년 코빈이 사회복지사들과 만난 지 얼마 지나지 않아 〈이즐링턴 가제트 Islington Gazette〉에 실렸던 기사를 소개했다. 그 기사에 따르면, 코빈은 지역의회와 당시 보건장관이었던 버지니아 보텀리 Virginia Bottomley에게도 조사를 요청했다. 당시 이즐링턴 지역의회 지도자였던 마거릿 호지도 그 사건을 파헤치기 위해 애쓰지 않았다고 비판받았다. 호지는 일선에서 근무하는 사회복지사가 아닌 선출직 공직자로서 자신이나 코빈이 그 사건을 알고 있었을 도리가 없었고 일단 알게 된 후에는 사건을 해결하기 위해 최선을 다했다고 말했다.

1992년 총선에서 노동당이 충격적인 패배를 하자 닐 키녹이 당수에서 물러나고 인기 있는 존 스미스가 집권했다. 하지만 노동당 지도부와 코빈의 관계는 개선되지 않았다. 1993년 즈음, 노동당이 여론조사에서 20퍼센트 앞서며 탄탄한 지지율을 누리고 있었는데도 불구하고 코빈은 "민중의 뜻을 대변하지 못하고 있다"며 스미스를 비난했다.

다음 해 스미스가 갑작스럽게 사망하고 토니 블레어가 집권하자 코빈은 그야말로 낙동강 오리알 신세가 되었다. 코빈은 당수 경선에서 블레어가 아니라 스미스 집권 당시 부당수였던 마거릿 베켓^{Margaret Beckett}에게 투표했다. 사실 하원의원 코빈은 자신이 당수가 되기 전까지는 노동당 당수 선거에서 이긴 후보를 지지한 적이 한 번도 없었다. 1983년에는 에릭 헤퍼를 지지했고, 1988년에는 토니 벤, 1992년에는 브라이언 굴드^{Bryan Gould}, 1994년에는 마거릿 베켓, 2007년에는 존 맥도널, 2010년에는 다이앤 애벗을 지지했다. 여론조사에서는 베켓보다 더 높은 지지를 받은 후보가 없었지만 베켓은 선거인단으로부터 겨우 18.9퍼센트의 지지를 받았다.

켄 리빙스턴은 1994년에 블레어에 맞서 당수 경선에 출마하려고 했고 코빈을 자신의 러닝메이트인 부당수 후보(당사자인 코빈에게는 알리지 않았고, 그 소식을 들은 코빈은 아연실색했다)로 함께 출마시키겠다고 발표하기까지 했다. 하지만 노동당 의원들에게서 충분한 지지를 확보하지 못하리라는 게 분명해지면서 그는 계획을 포기했다.¹²

신노동당이 집권하면서 코빈은 완전히 찬밥 신세가 되었다 토니 블레어와 셰리 블레어 부부는 코빈의 지역구인 이즐링턴에 살았지만 생활방식과 사고방식은 코빈과 천양지차였다. 한때 코빈이 대처의 보수당 정부의 폭정에 맞서 싸웠고 총선이 다가오면서 야당 생활 18년 만에 노동당의 집권이 확실해졌는데, 코빈과 좌파 진영에 있는 그의 친구들은 자기들이 소속한 당의 정책에 툭하면 항의했다. 로니 캠벨의 말이다.

"우리는 한동안 블레어 계파에 맞섰다. 하지만 결국 입을 다물어야 했다. 좌파가 몰살당할 지경에 처했기 때문이다. 블레어가 집권한 기간 내내 우리는 몸을 낮춰야 했고 발언도 자제해야 했다."

토니 벤의 1996년 7월 일기를 보면 신노동당이 코빈에게 얼마나 반감을 지니고 있었는지 드러난다.

제러미 코빈과 차를 마시는데, 그가 TV 정치토론 프로그램 〈미드나이트 아워Midnight Hour〉에 출연해달라는 요청을 받았다고 했다. 그런데 그 프로그램 제작진이 코빈을 초청하는 계획을 취소했다. 노동당 본부가 제작사 측에 전화를 해서 "제러미 코빈을 출연시키면 다른 예비내각 장관들은 절대 당신들 프로그램에 출연하지 않을 것이다"라고 말한 게 분명했다.

코빈은 블레어가 노동당 강령 제4조를 폐지하려는 움직임을 보이자 격렬히 반대했다. 그 조항에 따르면, 노동당은 "육체노동자든 정신노동자든 모든 노동자들이 성실한 노동의 대가를 누리고 생산, 분배, 교환의 수단에 대한 공유를 바탕으로 가능한 한 가장 공평한 분배를 추구하는 데 최선을 다한다." 제4조는 사회주의를 표방하는 정당으로서 노동당의 정체성을 상징하는 조항이었다. 블레어 집권하에서 이 조항은 시대착오적이고 바람직하지 않은 조항으로 여겨져 이것을 삭제하는 일이 신노동당의 상징적인 조치처럼 인식되었다. 1995년 5월, 코빈은 〈인디펜던트〉에 기명으로 보낸 서신에 이렇게 적었다.

"제4조를 폐기하려는 움직임은 영국 노동당의 근본적인 특성을 바꾸고, 민간자본 소유자에게 엄청난 경제적·사회적·정치적 권력을 부여하는 현실을 받아들이려는 시도다."

1997년 총선의 전초전으로 코빈은 블레어가 학교 정책과 형법 체계에서 보수당 정책을 따라 한다고 비난했다. 그는 예비내각 재무장관 고든 브라운이 아동복지 수당을 삭감할 가능성을 내비치자 다른 노동당 중앙당 의원들과 더불어 격렬히 반대했다. 또한 그는 루퍼트 머독도 공개적으로 비판했다. 블레어는 여러 개의 신문들, 특히 타블로이드 신문 〈선〉을 소유한 언론 제왕의 영향력을 이용하려고 머독의 비위를 맞추고 있었다.

코빈은 신노동당을 둘러싼 과대포장 선전을 신뢰하지 않았고 집권을 하기 위해서는 타협할 필요가 있다는 주장을 일축했다. 그는 "우리 핵심 지지층을 분노하게 하면 우리 노동당은 정말 위험에 빠지게 되고 선거에서도 질지 모른다"고 말했다.[13] 이 시기에 노동당은 여론조사에서 60퍼센트의 지지를 받고 있었다. 1997년 5월 신노동당이 선거에서 첫 승리를 거두기 전날, 노동당 하면 높은 세금을 떠올리는 유권자들의 생각을 바꾸려는 절박한 시도로서 브라운이 세금을 인상하지 않겠다고 약속하자, 코빈은 다음과 같이 선언했다.

"대부분의 사람들은 최고소득층의 세금을 인상하는 데는 반대하지 않는다. 게다가 대처 정권하에서 돈을 많이 번 사람들은 세금을 더 내야 한다."[14]

1996년, 코빈은 예비내각 후보로 나섰지만, 36표를 얻어 꼴찌를 했다. 당시에 예비내각 각료들은 노동당 의원들이 선출했다. 그 이후로 거의 20여 년 동안 코빈은 노동당 내의 어떤 직책에도 출마하지 않았다. 블레어는 코빈을 위협적인 존재로 보지 않았다. 이 시기에 이즐링턴에서 열린 만찬에 참석한 노동당 당수 블레어는 한 참석자와 대화를 나누게 되었다. 그 참석자가 자신은 코빈의 지역구 유권자라고 말하자 블레어는 득의만면해서 말했다.

"아, 제러미. 제러미는 아직 갈 길이 멀죠."[115]

Chapter 8

아일랜드

"6시 뉴스입니다."

1996년 9월 26일, BBC 뉴스캐스터가 말했다. 브라이턴에서 열린 자유민주당 연례회의가 끝나가고 있었고 보수당 내각은 유럽 문제와 관련해 격동을 겪고 있었다. 노동당은 겉으로는 토니 블레어를 중심으로 철저히 일사분란하게 움직이는 듯이 보였지만 뒷전으로 밀려난 골칫덩어리 하원의원 제러미 코빈의 엉뚱한 행동 때문에 시험에 들고 있었다. 총선까지는 1년이 채 남지 않은 시점에서 당 지도부는 그러한 경거망동을 묵인하는 모습을 비칠 수 없었다."⁶

"노동당 하원의원 토니 벤과 제러미 코빈이 오늘밤 노동당 중앙당으로부터 축출될 위기에 놓였습니다."

뉴스캐스터가 말을 이었다. 노동당의 수석 원내총무 도널드 듀어 Donald Dewar는 북이즐링턴을 대표하는 고집불통 하원의원과 그의 친구이자 정신적 스승인 토니 벤을 노동당 중앙당에서 쫓아낼 준비를 하고 있었다. 듀어가 그들을 쫓아냈더라면 코빈은 1997년 총선에서 노동당 후보로 나설 자격이 없었을 테고 2015년 당수 선거 결과도 매우 달라졌을지 모른다.

노동당 원내 지도부가 코빈에게 격노하게 된 이유는 코빈이 10여 년 넘게 대부분의 동료 의원들 및 압도적 다수의 영국 유권자들과 전혀 다른 시각을 보여온 문제이자 각별하게 생각하는 문제 때문이었다. 몇 주 앞서 코빈은 아일랜드공화국군의 정치 조직인 신페인당의 대표 게리 애덤스를 하원에 초청해 그의 자서전《동트기 전Before the Dawn》 출판기념회를 열어주었다. 애덤스는 본래 책 제목을 '튜키 알 라Tiocfaidh Ar Lá', 아일랜드어로 '우리 시대가 오리라'라고 하려고 했다. 이는 1981년 단식 투쟁을 하다가 사망한 보비 샌즈Bobby Sands•가 한 말로 그가 사망한 후로 아일랜드공화국군의 슬로건으로 사용되어왔다. 애덤스 자신도 1983~1992년 벨파스트 웨스트Belfast West 지역구를 대표한 하원의원이었으나, 북아일랜드에서 웨스트민스터 의회의 합법성을 인정하지 않는 신페인의 정책을 따르는 의미에서 의석을 수용하지는 않았다. 전직 하원의원으로서 그는 웨스트민스터에서 출판기념회를 할 권리가 있었고, 하원의장 베티 부스로이드Betty Boothroyd는 애초에 코빈에게 출판기념회를 열 행사장으로 주빌리 룸을 예약하도록 허가했다. 그러나 하원의 보안을

•
PIRA 핵심 요원이자 수감 중에 영국 의회의 퍼매너 사우스티론 지역구의 하원의원에 당선된 인물이다. 그는 영국 정부가 아일랜드공화국군 재소자에 대해 제네바협약의 전쟁포로에 준하는 대우를 해왔던 기존의 정책을 철폐하려고 하자 이에 반대하는 단식투쟁을 벌였다.

책임진 경비대는 신페인이 안전을 위협한다는 이유로 허가를 취소했다.

1990년대 중반에도 북아일랜드의 민족주의 투쟁으로 엄청난 사회적 비용이 계속해서 발생하자 대부분의 영국 국민들은 신페인을 불법적 조직으로 여겼다. 방송에서 애덤스를 비롯한 아일랜드공화국군 지도자들의 목소리를 내보내지 못하도록 한 조치도 있었는데, 이는 아일랜드공화국군과의 휴전이 처음으로 성사된 1994년에 가서야 폐지되었다. 그때까지만 해도 TV 시청자들은 그들의 주장을 배우의 목소리를 통해 듣는 기이한 일을 겪었다. 게리 애덤스를 비롯한 특정 인사들에 대해 영국 본토 출입을 금지했던 조치도 해제되었다.

그러나 평화협상에 진전이 없다는 데 불만이 쌓인 아일랜드공화국군은 휴전을 선언한 지 17개월 만에 폭탄을 실은 트럭을 몰고 런던의 신흥 금융가인 캐너리 와프로 돌진했다. 이는 신문 가판대에 있던 남자 둘을 사망하게 하는 유혈 사태를 일으켜 휴전은 끝나버렸다. 그로부터 7개월이 지나 1996년 9월 애덤스의 출판기념회가 열리기 사흘 전, 아일랜드계 영국인이자 아일랜드공화국군 자원 입대자인 디어미드 오닐Diarmuid O'Neill이 런던 서부, 해머스미스에 있는 호스텔에서 경찰의 총격을 받고 숨졌다. 그는 그곳에서 또 한 번 폭탄트럭 계획을 준비했다고 알려졌다.

애덤스는 한 해 전 코빈이 주관한 한 행사에서 이보다 앞서 출간된 《자유로운 아일랜드Free Ireland》라는 책의 출판기념회를 하려다가 부스로이드로부터 저지당했다. 이번에는 하원 경비대의 금지 조치를 무시하기로 한 코빈은 두 번째 출판기념회는 예정대로 진행한다는 보도자료를 배포했다. 시기상으로 기념회 날짜는 총선 직전에 마지막으로 열리는 노동당 전당대회를 나흘 앞둔 시점이었으므로, 토니 블레어와 그의 공보 담당수석인 피터 맨덜슨과 앨러스테어 캠벨Alastair Campbell이 투덜거릴 만했다.

맨덜슨은 마이클 풋의 암울했던 시절과 1983년 선언 이후로 신노동당이 근본적으로 어떻게 변모했는지를 총선 전에 유권자들에게 보일 절호의 기회가 있어야 한다고 생각했다. 하지만 그가 염두에 뒀던 이상적인 행사는 이 경우처럼 노동당 중앙당 의원과 아일랜드공화국군의 공개적인 만남은 아니었다. 하지만 코빈은 요지부동이었다.

"게리 애덤스는 하원에서 발언할 권리가 있다. 평화협상이 순조롭게 진행되려면 모든 정당들과 반드시 대화를 계속해야 한다."[117]

그 이후로도 논란의 대상인 단체나 인사들과 만난다는 비난을 받을 때마다 그는 종종 이 말을 되풀이하게 된다. 코빈을 비판하는 사람들은 그가 신페인과도 그랬듯이 대화가 필요하다고 주장하는 대화 당사자들 중에 한쪽 편만 든다고 불만을 터뜨린다.

이제 애덤스의 출판기념회 행사를 밀어붙이겠다는 그를 두고 비판이 들끓었다. 보수당의 하원 북아일랜드위원회 의장이자 오렌지 오더Orange Order● 회원인 앤드루 헌터Andrew Hunter는 다음과 같이 말했다.

"민주적인 절차를 전혀 존중하지 않는 당원에게 의회에서 발언할 기회를 주는 것은 아주 부적절하다."[118]

블레어는 신속히 코빈의 행동에 선을 그으면서 말했다.

"나는 주저 없이 이 행사를 반대하며 노동당은 이 행사와는 전혀 관련이 없다."[119]

●
북아일랜드에 근거를 둔 개신교 단체로 하나의 영국을 주장하며 정치적으로는 얼스터 로열리스트들Ulster Loyalists과 관련이 있는 보수 성향의 단체다.

예비내각의 북아일랜드 담당 각료 모 몰럼^{Mo Mowlam}과 노동당의 하원 북아일랜드위원회 의장인 클라이브 솔리^{Clive Solely}도 코빈을 비난했다. 예비내각은 만장일치로 코빈의 게리 애덤스 초청을 규탄하기로 표결했고, 대체로 코빈에게 우호적인 〈가디언〉도 사설에서 왜 애덤스처럼 '무게감 있는' 인물이 코빈 같은 '어릿광대'와 어울리는지 모르겠다며, 코빈을 "바보, 노동당에는 백해무익한 바보"라고 폄하했다.

행사 하루 전날 코빈은 행사 장소를 자신의 지역구 이즐링턴에 있는 런던 아이리시 센터로 바꿨다. 그 대신 애덤스를 하원으로 초청해 개인적으로 만났는데, 출판기념회나 기자회견과 달리 의원의 사적인 만남은 하원 당국이 막을 도리가 없었다. 코빈은 토니 벤에게 전화를 걸어 이 문제를 상의했고 그의 정신적인 스승도 애덤스와의 만남에 합석하기로 했다. 이 소식을 전해 들은 당 지도부 도널드 듀어는 성명을 발표해 코빈이 징계를 받게 될 거라고 했다. 그날 밤 6시 뉴스도 코빈과 벤 둘 다 당원 자격을 박탈당할 것이라고 보도했다.[120]

그러나 벤이 관련되면서 사태가 변했다. 〈타임스〉는 당시에 다음과 같이 보도했다.

"코빈 의원은 만만한 상대였을지 모르지만, 벤 의원은 그렇지 않았다. 당 지도부는 그런 거물급과의 투쟁에 휘말리기가 껄끄러웠을 것이다."

벤의 일기에는 코빈을 우려하는 심경이 기록되어 있다.

나는 상당한 위험을 감수했고 제러미도 마찬가지였다. 하지만 당에서 그를 쫓아내기는 쉬웠기 때문에 그는 나보다 훨씬 불리한 처지였다. 이 일에 끼어들지 말걸 그랬다. 어느 누구와도 정면으로 부딪히고 싶지 않기 때문이다. 나는 무척 염려스러웠고, 제러미는 ITN 방송기자가 그의 집 밖에 진을 치고 있다고 말했다.

결국 분별력이 용기의 요체라고 결단을 내린 사람은 애덤스였다. 그는 자신이 하원을 방문하는 문제를 둘러싸고 쓸데없는 소동이 일어나기를 원치 않는다며 코빈을 다른 장소에서 만났다. 벤은 맨덜슨이 나중에 언론 브리핑에서 "블레어가 두 사람에 대해 격노했다"고 말한 것을 보고 듀어가 노동당 중앙당의 다음 회의에서 코빈의 당원 자격 박탈을 발의하라는 지시를 받았다고 주장했다.[121] 당사자인 코빈은 소신을 굽히지 않았다. 그는 "평화협상이 계속되려면 신페인과 게리 애덤스가 관여해야 한다"고 말했다.[122] 이제 와 생각해보니 코빈이 하원에서 축출되지 않고 계속 남아 있게 된 것은 오로지 벤이 방패막이를 해준 덕분임이 분명해 보인다.

이 소동이 있은 직후 〈뉴 레프트 리뷰〉에 실린 글에서 소설가이자 시나리오 작가인 로난 베닛Ronan Bennett은 코빈과 애덤스에 대한 신노동당의 태도를 비판했는데, 그는 훗날 논란 속에서 코빈에 의해 등용된다. 아일랜드 아마 주의 드럼크리에서 오렌지 오더가 천주교 신자들이 주로 사는 지역을 관통해 시가행진을 하려던 계획을 당국이 허가하지 않자 폭동을 일으켰다. 그때 오렌지 오더와 연관된 얼스터 연합주의자들 Ulster Unionists●을 신노동당 지도부가 따뜻하게 환영했던 일을 거론하면서

●
아일랜드가 아일랜드공화국과 북아일랜드로 나뉜 이래로 연합주의자들은 북아일랜드가 영국의 일부로 존속해야 한다고 주장해왔다. 연합주의자들의 대척점에는 통일된 독립적인 국가로서의 아일랜드를 주장하는 아일랜드 민족주의자들이 있다. 연합주의자들은 대부분 신교도이고 민족주의자들은 대부분 천주교도다.

베넷은 다음과 같이 말했다.

"블레어와 몰럼은 자기들은 블랙풀Blackpool에서 열린 노동당 전당대회에 (얼스터연합주의당 지도자인) 데이비드 트림블David Trimble을 초청했으면서 제러미 코빈이 게리 애덤스를 하원에 초청했다고 당원 자격 박탈 운운하며 협박하는 행동은 명백히 이중적인 행태다. 블랙풀에 트림블을 초대한 것은 그가 '드럼크리의 2차 포위'에서 장군 행세를 한 후 끔찍한 사태가 발생한 지 12주도 채 지나지 않아서였다."

결국 애덤스 초청을 둘러싼 소동은 잦아들었고, 코빈은 1997년 5월 1일 블레어가 총선에서 압도적인 승리를 거둔 가운데 4선 하원의원으로 의회에 복귀했다.

코빈이 노동당에서 거의 축출될 뻔할 지경까지 이르게 된 이유가 북아일랜드 때문이라는 점은 처음부터 코빈의 하원 의정 활동을 지켜봐온 사람들에게는 전혀 놀랍지 않다. 북아일랜드 출신인 리오 매킨스트리는 코빈이 자신의 지역구 이즐링턴의 두 주요 도로인 세븐 시스터즈 로드와 할로웨이 로드 주위에 밀집해 있는 강력한 아일랜드 공동체를 통해 1980년대 초 아일랜드에 대한 자신의 견해를 형성하게 되었다고 생각한다. 매킨스트리는 "그 지역에서는 아일랜드계 주민의 영향력이 매우 강하다"며 이렇게 덧붙인다.

북이즐링턴과 이어지는 노동당 강세의 런던 지역들은 친아일랜드 성향, 친노동당 성향, 영국군 철수 운동Troops Out Movement,TOM*의 중심지다. 이들은

---

* 북아일랜드에 대한 영국의 개입을 종식시키고 아일랜드를 통일한다는 목표하에 1973년 결성된 조직이다.

강경좌익 운동 세력의 일부로 켄 리빙스턴과 밀접하게 연관되어 있다. 여기서 제러미 코빈의 성향을 미루어 짐작할 수 있다. 그야말로 런던 북부 지역의 공화주의와 강경좌익이 혼합된 노선인 셈이다. 런던 북부 지역은 아이리시 클럽, 아이리시 바, 아이리시 나이트클럽이 수없이 많이 있고 아일랜드계 지역사회의 핵심이다. 나는 폭력적이고 유혈이 낭자한 아일랜드공화주의를 절대로 용인하지 않는다. 나는 그의(코빈의) 일부 언행을 매우 경멸한다.

1984년 10월, 하원의원이 된 지 18개월 만에 코빈은 아일랜드공화국군 두 명을 하원에 초청했다. 폭탄 제조로 수년간 수감생활을 했던 제라드 매클라클레인Gerard MacLochlainn과 1981년 단식투쟁을 하다 숨진 재소자들 가운데 한 명의 장례식에서 체포된 후 테러 행위로 유죄 선고를 받은 린다 퀴글리Linda Quigley였다. 북아일랜드의 교도소 여건에 대해 논의하는 사적인 만남이었다고는 하나 어느 시기에 만났어도 논란이 될 만남이었다. 게다가 아일랜드공화국군이 브라이턴의 그랜드 호텔을 공격한 사건이 일어난 지 겨우 2주밖에 지나지 않은 시점에 코빈이 두 사람을 만난 것은 시기상으로도 상당한 논란이 될 만했다. 당시 그랜드 호텔에서는 공화당 전당대회가 열리고 있었다. 이 사건으로 대처 총리는 가까스로 피살을 모면했지만 다섯 명이 목숨을 잃었다. 수십 명이 중상을 입었고 그중에는 보수당 의장 노먼 테빗Norman Tebbit의 부인도 있었다. 테빗 의장 자신은 불구가 되었다.

브라이턴 폭파 사건은 아일랜드공화국군이 영국 체제의 심장부를 타격하는 데 거의 성공할 뻔한 사건이었다. 인명 손실이라는 비극도 발생했다. 사망자 중에는 지역 수의사의 부인인 진 섀톡Jeanne Shattock 여사,

보수당 하원의원 앤서니 베리Anthony Berry 경, 보수당 북서지역연합 의장 에릭 테일러Eric Taylor도 있었다.

코빈과 두 사람의 만남은 치명상을 입은 중상자 한 명이 숨지기 전, 다른 희생자들의 장례식이 거행되기 전에 이루어졌고, 유명한 테러리스트들을 영국의 의회에 출입시키는 데 따른 보안상의 위험을 감안해볼 때 무신경하고 무모한 행동으로 비쳐졌다. 코빈과 두 사람이 만나고 몇 주 후에 그 모임이 있었다는 소식이 알려지자 당시 노동당 당수 닐 키녹은 몹시 화를 냈다. 코빈은 수석 원내총무 마이클 콕스Michael Cocks에게 불려가 혹독한 질책을 받았다. 콕스는 기자들에게 말했다.

"정말 충격적이었다. 사실 섬뜩했다. …… 지금 같은 분위기에서 그런 사람들을 초청하다니, 매우 무책임하고 동료 의원들이나 일반 국민들도 도저히 납득할 수 없는 행동이다."[123]

하지만 코빈은 꿈쩍도 하지 않았다.

"콕스 의원의 말에 나는 동의하지 않는다. 그는 하원에서 그런 만남을 갖는 게 현명하지 못하다고 생각하지만 내 생각은 다르다. 나는 어떤 의원이 어디서 온 누굴 만나든 그럴 권리가 있다고 생각한다는 점을 분명히 밝혔다."[124]

코빈은 신페인 지도자인 게리 애덤스와 다른 아일랜드공화주의자들을 초청해서 노동당 지도부의 신경을 건드렸을 때도 똑같은 주장을 했다. 그는 애덤스를 여러 차례 하원으로 초청했을 뿐만 아니라 1989년에는 5년 전 보수당에 대해 아일랜드공화국군이 공격을 감행했던 장소인 브라이턴에서 열린 노동당 전당대회에 비주류 모임 연설자로 애덤스를 초청했다. 이 소식을 듣고 예비내각의 북아일랜드 담당 각료이자 아일랜드 자치론에 공감하는 케빈 맥나마라Kevin McNamara는 격분해서 애덤스에 대해 다음과 같이 말했다.

"살인자들을 옹호하는 사람은 노동당 전당대회에 설 자리가 없다."[125]

1994년 코빈은 모터사이클을 타고 아일랜드를 여행하면서 더블린, 갤웨이, 코크에서 열린 집회에서 영국군 철수 운동의 입장을 옹호하는 연설을 했다.[126] 2년 후 코빈과 켄 리빙스턴은 신페인당 의장 미첼 매클로플린Mitchel McLaughlin●이 이끄는 대표단을 초청해, 대중의 사랑을 받는 웨스트민스터 근위병의 애칭을 따 '플라즈Plods'라고 불리는 하원의 카페테리아에서 차를 마셨다. 그들의 안내를 받으며 웨스트민스터를 둘러보던 중 신페인 대표단 구성원 가운데 한 명이 화장실을 찾는다며 사라졌다는 소식이 전해졌을 때 코빈 측과 노동당 정부 측의 하원의원들은 모두 아연실색했다. 도널드 듀어는 또다시 코빈을 호되게 질책했다. 노동당의 한 소식통은 듀어가 다음과 같이 코빈을 질책했다고 했다.

"하원은 과거에 공격 목표물이었던 적이 있고 현재도 그러하며 앞으로도 그럴지 모른다."[127]

현재는 은퇴했지만, 당시 북아일랜드 선임 보안 담당자였던 한 인사는 코빈이 아일랜드공화국군뿐만 아니라 게리 애덤스와 다른 신페인 소속 정치인들을 초청했을 때도 보안 담당자들은 경계를 강화했다며 이렇게 덧붙였다.

하원 의사당에 급진적인 성향의 핵심 인사들을 초청하다니……. 그들은 모두 신페인이든 공화국군이든 급진적인 아일랜드공화국군의 거물로 여

●신페인당의 사무총장을 역임했고 현재 북아일랜드 자치의회 의원이다.

겨지는 인물들이다. 그들은 영국과의 전쟁에 앞장선다고 자임하는 인물들이다. 그들이 돌아가서 웨스트민스터의 설계 구조에 대해 떠벌리고 다닐지 모른다는 우려도 있었다. 그리고 언제 주요 회의가 열리고 언제 부속 회의가 열리며 사람들이 주로 있는 곳은 어딘지 자세한 사항을 알아낼 수도 있었다. 당시에 코빈이 그들을 초청했을 때 많은 사람들이 불안에 떨었을 법하다. 1980년대와 1990년대 초에는 아일랜드공화국군의 무력 활동이 여전히 전개되고 있었으니 말이다. 정부에 입각하게 될지도 모를 하원의원들이나 그의 동료 의원들은 코빈이 그들을 의사당으로 초청한다는 사실을 납득하기가 힘들었다. 더욱이 가장 위험에 처할 가능성이 높은 (북아일랜드 담당) 각료나 내무부 각료들에게는 특히 위험한 상황이었다.

왕립 얼스터 경찰대Royal Ulster Constabulary, RUC의 전직 고위 인사는 레닌의 말을 인용해 코빈을 급진적인 아일랜드 독립운동에 "쓸모 있는 바보 useful idiot"•라고 묘사했다. 즉, 아일랜드공화국군의 주장과 활동을 영국 하원의원이 승인한다는 일종의 정당성을 부여해주는 행동을 한다는 얘기다. 이 인사의 말이다.

1980년대에 그가 벨파스트를 방문해 정말 끔찍한 일을 저지른 친구들하고 어울려 다니는 모습을 보고 이런 생각이 들었다. '이 친구 누구지? 여길 오다니 제정신이야?' 영국에 있는 우리 동료들은 그의 기괴한 행동을

•
자신이 완전히 이해하지도 못하는 특정한 대의명분을 옹호하고, 그 대의명분을 내세우는 핵심 지도층에 이용당하는 선동가를 가리킨다.

단순히 걱정했을지 모르지만 그가 하려던 일을 조금이라도 알았다면 분명 기함을 했을 것이다.

1990년대에 휴전이 선언되기도 전부터 코빈이 거리낌 없이 아일랜드공화국군 인사들과 교류한 사실은 아직까지 논란을 낳고 있다. 1980년대에 그가 처음 하원에 입성했을 때 대부분의 노동당 중앙당 의원들은 북아일랜드에서 비폭력적으로 아일랜드 자치를 주장하는 운동을 대체로 지지했다. 그리고 궁극적으로는 노동당의 자매정당인 사회민주주의노동당Social Democratic and Labour Party, SDLP을 통해 간접적으로 통일된 아일랜드를 지지한다는 입장을 표명했다. 노동당은 영국-아일랜드 협정을 지지했고, 1985년 11월 마거릿 대처와 아일랜드의 총리 개럿 피츠제럴드Garret FitzGerald가 이 협정에 서명했다. 이로써 아일랜드공화국은 북아일랜드 문제와 관련해 자문 역할을 하는 한편, 북아일랜드 주민의 동의 없이는 북아일랜드의 헌법상 지위를 바꿀 수 없다는 사실을 확인했다.

토니 벤, 데니스 스키너, 탐 디엘을 비롯해 하원에서 이 협정에 반대표를 던진 소수 의원들 가운데는 코빈도 끼어 있었다. 그들은 다음과 같이 주장했다.

"우리는 이 협정이 북아일랜드의 여섯 개 주와 아일랜드공화국의 스물여섯 개 주 사이의 경계를 약화하기는커녕 오히려 강화한다고 생각하며, 통일된 아일랜드를 염원하는 우리는 그러한 연유로 이 협정에 반대한다."

보수당 일부가 반기를 들고 아일랜드의 통일을 지지하는 당들이 반대표를 던졌지만 대처는 그날 밤 하원에서 이 협정안에 대해 최대의 찬성표를 얻어 압도적인 지지를 받았다.

노동당의 데이비드 위닉 의원은 코빈의 경우가 아일랜드공화국군 인사들과 긴밀히 교류했다는 점에서 노동당의 다른 동료 의원들과 차별화된다고 말했다.

아일랜드 문제와 관련해서 그는 다른 노동당 의원들과는 다르다. 나는 그가 택한 노선에 강력히 반대했고 아일랜드공화국군은 절대 정당화될 수 없다고 끊임없이 주장했다. 나는 그가 틀렸다고 생각했다. 애덤스와의 대화가 평화협상으로 이어졌다는 주장은 완전히 낭설이다. 평화협상은 급진적인 아일랜드공화국군이 평화협상에 임하겠다고 결정했기 때문에 이루어졌다.

벨파스트의 퀸즈 대학에서 아일랜드 정치를 가르치는 폴 뷰Paul Bew 경은 북아일랜드 전문가로서 위닉의 주장에 동의한다.

"코빈은 늘 급진적인 아일랜드공화국군을 두둔했다. 그는 큰 그림에서 볼 때 중요한 존재가 아니다. 그리고 지나치게 극단적이다. 코빈과 거리를 유지해야 한다는 사실은 삼척동자도 알고 있었다."

고위 보안 책임자는 코빈과 신페인 간의 접촉이 사실 역효과를 낳았는데 그 이유는 코빈이 그들과 접촉함으로써 신페인 지도부가 런던 정부에 압력을 넣을 여지를 만들어주었기 때문이라고 지적한다.

아일랜드공화국군이 한창 폭력 행위를 일삼는 와중에 그런 행동을 하는 것은 상당히 이례적이었다. 그 단계에서는 공화국군이 폭력 행위를 계속하려는 의도와 전략을 포기하지 않았음이 명백했다. 그들은 그 점을 분명히 했다. (코빈은) 그 사람들(신페인)을 의회로 데리고 와서 영국 정부에 큰 압박을 가하도록 해준 장본인이었다. 오히려 이렇게 말했어야 했을 사람이 말이다. "당신들은 이 사람들(아일랜드공화국군)의 (폭력) 행위를 중단시켜야 하오. 그렇게 하고 나면 우리도 대화를 하겠소." 항상 이 점이 가장 큰 문제였고, 그 사람들(아일랜드공화국군)은 (폭력) 행위를 중지하고, 중지하겠다고 선언을 해야 했다. 하지만 제러미 코빈은 그런 말을 하지 않았다.

뷰 경은 아무도 대화에 나서지 않을 때 코빈이 애덤스를 비롯한 신페인과 대화를 함으로써 평화협정이 진행되도록 하는 데 한몫을 했다는 주장은 북아일랜드 문제가 궁극적으로 어떻게 해결되었는지를 왜곡한다고 말한다. 영국 정부는 아일랜드공화국군이 평화적인 방식으로 자결주의 원칙을 수용하라고 요구했지만, 영국군 철수 운동의 지지자였던 코빈은 동의나 휴전이 아일랜드 통일의 조건이 될 필요는 없다는 신페인의 주장에 동조했다. 뷰 경은 "코빈은 애덤스가 내세운 조건을 받아들인다는 전제하에서 애덤스와 대화를 한 셈이다"라고 말한다.

블레어가 평화협상을 진행한 방식은 노동당을 (아일랜드) 통일과는 분리해서 그들이 통일을 원한다면 동의의 원칙을 준수해야 한다는 입장이었다. 협상 타결의 조건에 대해서 존 메이저나 블레어의 입장은 항상 분명했다. 동의를 바탕으로 한 통일이었다.

코빈은 평화협정 체결의 공을 영국과 아일랜드 정부가 아니라 북아일랜드 정당들, 특히 신페인과 사회민주주의노동당의 지도부에게로 돌렸다. 그러면서 영국군의 주둔이 갈등을 악화시켰고 영국군이 아일랜드 자치주의자들의 인권을 계속 유린했다고 주장했다. 코빈은 "모두가 폭력을 행사하는 잘못을 저질렀고 나는 처음부터 계속 그렇게 말해왔다"고 말하면서 다음과 같이 덧붙였다.

> 내 말의 요지는, 평화협상 절차를 진행하려면 군사적인 수단으로는 달성할 수 없다는 말이다. 당시 북아일랜드 군대에 가담했던 아무에게나 물어봐라. 데리에서 영국군이 집집마다 문을 박차고 들어가 무력행사를 해서 평화협상이 진행되었는지, 아니면 존 흄^{John Hume}(사회민주주의노동당 지도자)이나 게리 애덤스가 결국 정치적 대화에 임하고 얼스터연합주의당도 대화에 나왔기 때문인지 말이다. 두말할 것 없이 놀라운 성과였다.[128]

뷰 경은 코빈의 시각이 지나치게 낭만적이라고 일축했다. 그는 코빈이 런던 북부의 선술집에서 아일랜드 운동가를 부르던 시절에서 조금도 변하지 않았다고 주장했다. 뷰 경은 현실적인 문제들을 고려해볼 때, 특히 얼스터 로열리스트[•]의 끊임없는 위협에 맞서서 평화를 유지하는 데 드는 재정적인 비용과 수십만 명의 북아일랜드인들에게 복지 혜택을 제공하기 위해 치러야 하는 엄청난 추가 비용을 고려해볼 때, 현 아일랜드공화국은 단기적으로는 북아일랜드를 떠안기를 원하지 않는다고 생각한다. 그는 "영국은 그냥 북아일랜드에서 철수할 수 없다. 아일랜드공화국은 통일이 아니라 안정을 원한다"며 다음과 같이 말한다.

• 북아일랜드 얼스터 지역에 거주하며 대부분 노동자 계층의 기독교도들로 구성된다. 이들은 아일랜드 통일에 반대하고 북아일랜드가 영국의 일부로 존속해야 한다고 주장하며 영국 왕실에 애착을 느끼는 집단이다. 역사적으로는 '연합주의자'와 '로열리스트'가 같은 의미로 쓰였으나 1960년대에 로열리스트 준군사주의가 부활한 이후 구분해 쓰는 경우가 많다. 현재 로열리스트는 보통 영국과 북아일랜드의 연합을 지키기 위해 준군사적인 폭력을 사용하거나 그 폭력을 묵인할 의향이 있는 노동자 계층의 연합주의자를 말한다.

아일랜드공화국은 (평화를 유지하려면) 6만 명의 군인이 필요한데 현재 군인의 수는 1만 1천 명이다. 영국은 아일랜드인은 고사하고 북아일랜드에도 복지 혜택을 제공할 경제적 여력이 없다. 코빈이 그 점을 헤아렸는지 모르겠다. 아일랜드 문제에 대해 상식적으로 접근하지 않는 것 같다. 아일랜드공화국 문제는 런던에서 아일랜드 노래나 부르는 좌익들이 생각하는 것보다 훨씬 복잡하다.

북아일랜드 보안당국은 코빈이 북아일랜드에 존재하는 갈등의 속성을 전혀 이해하지 못한다고 보았다. 또 그의 친구인 토니 벤이나 켄 리빙스턴과 달리 코빈은 평화협상 절차에 관여하는 일에 일종의 정당성을 부여할 정도로 영향력 있는 거물이 아니라고 생각했다. 고위 보안 관리의 말이다.

"내 생각에 제러미 코빈은 매우 순진하다. 멀리 떨어진 영국에서 바라보면 문제를 심도 있게 파악하지 못하기 십상이다. 독자적인 시각도 좋고 그것이 도움이 될지도 모른다. 하지만 그렇다고 해도 상황의 맥락을 살펴봐야 하는데 제러미는 그렇지 못했다."

코빈이 그렇게 아일랜드공화국군을 위해 활동해왔는데도 하원 내에서 신페인의 철천지원수인 아일린 페이즐리Eileen Paisley와 우호적인 관계를 유지하고 있다는 사실은 그의 성격을 잘 보여준다. 페이즐리는 선동적인 목사이자 민주연합당Democratic Unionist Party 지도자였던 고故 이언 페이즐리Ian Paisley의 부인으로 자신의 작고한 남편이 코빈을 "좋아했었다"고 말한다.

"남편은 그의 정치이념에는 공감하지 않았고, 아일랜드공화국군의 폭력 행위가 계속되고 있을 때 제러미 코빈이 게리 애덤스를 비롯한 신페인 당원들과 만나는 걸 찬성하지도 않았다. 하지만 남편은 그가 한 결같이 매우 정중하고 예의바르다고 생각했다. 그는 제러미가 신사라고 말했다."[129]

그러나 코빈의 노동당 동료들 가운데 일부는 그때나 지금이나 코빈이 아일랜드 문제에 관한 한 다른 사람들의 심정을 헤아리는 데 둔감하다는 점에 여전히 분개한다. 한 중진 하원의원은 코빈이 당수로 선출된 후 브라이턴에서 노동당 전당대회의 일환으로 열린 2015년 노동당 여성회의 때 자신이 행한 연설에서 콘스탄스 마키비치Constance Markievicz 백작부인을 추모하자고 해서 경악을 금치 못했다고 했다. 마키비치는 여성으로는 최초로 의회에 선출된 인물로서 신페인의 당원이었고, 1916년 부활절 봉기Easter Rising● 당시 더블린의 세인트 스티븐즈 그린 공원에 진지를 구축한 반란 세력의 부사령관으로 활약했다. 그 하원의원은 이렇게 말한다.

회의에 참석해서 콘스탄스 마키비치 얘기를 한다고 상상해보라. 코빈은 그녀를 무슨 역사적인 인물로 거론하는데, 하원에서는 역대 여성 하원의원들 중 한 사람으로서 (공식적인 예우 차원에서) 그녀의 초상화를 걸어놓았다. 코빈은 (웨스트민스터 의사당에서 발언함으로써) 적절하게 예우할 수도 있었다. 그런데 그러지 않고 (1985년 아일랜드공화국군의 공격을 받은 바로 그 장소인) 브라이턴의 그랜드 호텔 바로 옆에서 그런 발언을 했다. 정말 무신경하기 그지없다. 맙소사.

●
영국이 제1차 세계대전에 참전해 경황이 없는 와중에 아일랜드공화주의자들이 아일랜드에 대한 영국의 지배를 종식시키고 독립적인 아일랜드공화국을 건설하기 위해 일으킨 무장봉기다.

아일랜드

신노동당은 평화협상 과정에서 코빈이 어떤 공식적인 역할도 하지 않기를 바랐다. 켄 리빙스턴은 자서전에서 자신과 코빈이 1996년 11월 도널드 듀어를 진노하게 만들면서까지 미첼 매클로플린과의 모임을 주선한 이유는 곧 북아일랜드 담당 장관이 될 예정이었던 모 몰럼이 전하는 메시지를 은밀하게 신페인과 아일랜드공화국군 지도자들에게 전달하기 위해서였다며, 당시에 그들과 만난 속사정을 도널드 듀어에게 털어놓을 수가 없었다고 덧붙였다.[130] 그러나 1997년 데이비드 위닉이 영국-아일랜드 협정을 바탕으로 창설된 공동기구들 중 하나인 영국-아일랜드 의회 간 기구의 영국 측 공동의장이 되고 나서 코빈을 그 기구에 배정하자고 제안했을 때 원내총무단은 코빈의 이름을 명단에서 삭제해버렸다. 위닉의 말이다.

"원내총무단의 한 인사가 내게 와서는 코빈을 포함시키지 않은 이유는 그가 어떤 형태의 규율도 받아들이려 하지 않기 때문이라고 했다."

코빈이 하원의원으로 30년을 지내고 처음으로 노동당의 당수가 될 때까지(하원의 특별위원회 위원들을 선출하는 제도가 2010년에 도입된 후에도) 그의 동료 하원의원들은 코빈을 북아일랜드 지역과 관련된 주요 이슈들을 조사하는 북아일랜드위원회에 배정하지 않았다.

코빈은 오늘날까지도 신페인 정치인들을 계속 만나고 있다. 2015년 노동당 당수 경선 기간 동안에는 하원의원들과 그들의 보좌진 사무실이 있는 웨스트민스터의 포트컬리스 하우스 건물의 휴게실에서 게리 애덤스와 신페인의 수석 협상가이자 아일랜드공화국군의 지도자였음을 자인하는 마틴 맥기니스Martin McGuinness와 함께 차를 마시며 포즈를 취하고 함께 사진을 찍기까지 했다. 천주교 신자인 북아일랜드 출신 작가 에일리스 오한론Eilis O'Hanlon은 아일랜드공화국군에 대해 매우 비판적인 데, 1980년대와 1990년대에 신페인과 교류했던 영국 좌익 정치인들에 대해 이런 글을 썼다.

> 코빈을 비롯해 맥도널, 켄 리빙스턴에 이르기까지 그들은 모두 자신들의 행동이 결국은 평화협정으로 이어졌으니 문제될 게 없다면서 과거의 행동을 정당화한다. 그러나 이는 더할 나위 없이 정직하지 못한 태도다. 그들이 나서서 아일랜드공화국군을 두둔하던 당시, 그들은 아일랜드공화국군의 폭력 행위가 언제 끝날지, 정말 끝나기는 할지 알지 못했다. 그래도 그들은 기꺼이 폭력을 행사하는 아일랜드공화국군을 두둔하거나 그 폭력 행위에 대해 어정쩡한 태도를 보였다. 그들은 자신들이 무슨 짓을 하는지 알면서도 그런 짓을 했고, 아일랜드공화국군 운동 세력들이 그들과의 우호적인 관계를 이용해 살인 행위를 사회정의 실현을 위한 보다 폭넓은 투쟁의 일환으로 윤색한다는 사실도 알고 있었다.[131]

30년이 지난 지금도 여전히 코빈은 평화협정 과정에서 긴장이 고조되었던 시기를 비롯한 여러 시기에 아일랜드공화국군들과 회합한 사실을 전혀 뉘우치지 않고 있다. 2015년 노동당 당수에 당선되고 나서 코빈은 북아일랜드 갈등이 '최악이던 시기'에 게리 애덤스를 비롯한 여러 인물들과 어떤 대화를 나누었느냐는 질문을 받자 이렇게 대답했다.

"그럴 때일수록 사람들과 대화를 해야 하지 않겠는가?"[132]

그는 브라이턴 폭파 사건 직후에 있었던 1984년 모임에 대해서는 다음과 같이 말을 이었다.

> 나는 전에 죄수로서 형기를 마친 사람들을 하원으로 초대했다. 북아일랜

드의 교도소 상황과 여건들에 대해 대화를 나누려고 말이다. 정치 상황을 개선하고 정치적인 해결책을 모색하기 위해 대화를 하려고 했다. 1980년대 내내 나는 아일랜드 내의 공화주의 전통에 기꺼이 손을 내미는 자세를 보여 일부 사람들을 매우 불편하게 만들었다. …… 영국 정부도 당시에 은밀하게 대화를 추진했었다.…… 나는 투쟁이 종식되기를 바랐고 많은 사람들에게 수차례에 걸쳐서 폭력을 원하지 않는다고, 살인을 원하지 않는다고, 그 모든 끔찍한 일들이 끝났으면 좋겠다고 말했다.[133]

코빈의 친구 타리크 알리는 북아일랜드 갈등이 폭력으로 점철되던 1980년대에 코빈이 공개적으로 신페인과 대화를 한 일은 뒤이은 평화협정을 통해 바라봐야 한다고 말한다. 1984년 10월 웨스트민스터에서 코빈을 만난 사람들 가운데 한 명인 제라드 매클라클레인은 평화로 귀결된 협상에서 한 역할을 담당하게 되었고 1994년 아일랜드공화국군이 휴전을 선언한 후에 의회에서 노동당 간부들과 신페인 대표단이 만났을 때 대표단의 일원으로도 참가했다. 알리의 말이다.

영국은 아일랜드공화국군과 대화할 수밖에 없게 되었다. 좌익이 아일랜드공화국군과 대화를 하자 켄 리빙스턴, 제러미, 나를 비롯한 여러 인사들은 엄청난 비난을 받았다. 하지만 결국 영국은 협상을 해야 했고 해냈다. 게다가 협상을 시작한 사람은 보수당 총리 존 메이저였고 블레어가 협상을 마무리했다. 따라서 "그런 사람들하고는 말을 섞지 말라"라든가 "상종을 하지 말라"라는 말들을 너무 곧이곧대로 받아들여서는 안 된다. 코빈을 상대로 그런 말들을 많이 하는데, 그런다고 해도 그는 눈 하나 깜짝하지 않는다.

크리스 멀린도 이 말에 동의한다.

모든 주요 정당의 각료들이 연속해서 애덤스와 맥기니스를 상대했다. 코빈이 시대를 조금 앞서가긴 했지만 그뿐이다. 나는 특별히 걱정하지 않았다. 다른 사람들과 마찬가지로 나도 전쟁을 끝내려면 결국은 신페인과 아일랜드공화국군과도 대화를 해야 한다고 생각했다. 보수당도 결국은 그런 생각을 하게 됐다.

캠페인 그룹 소속 하원의원 로니 캠벨은 이렇게 덧붙인다.

"아일랜드공화국군과 대화한 걸로 치자면, 블레어 정부와 메이저 정부 모두 마찬가지였다. 비밀리에 말이다. 적어도 제러미는 공개적으로 했다."

코빈과 아일랜드공화국군의 관계에 대해서는 갑론을박이 있다. 하지만 영국과 북아일랜드에서 공히 자행된 사법권의 남용 실태를 드러내고, 북아일랜드 갈등 사태와 관련해 억울한 판결을 받은 희생자들을 옹호하는 일에서는 코빈이 제대로 평가를 받은 것으로 보인다.

1985년 제러미 코빈과 토니 벤은 슈퍼그래스Supergrass• 재판을 참관하러 벨파스트로 날아갔다. 기소된 준군사조직원들이 전 조직원들의 증언을 바탕으로 재판을 받았다. 그런데 증언에 나선 전 조직원들은 불기소 처분이나 감형을 제안받거나, 심지어는 현금을 받고 그 대가로 증

• 밀고자informer를 가리키는 영국 속어다. '그래스'는 자신이 잘 아는 사람을 밀고하는 배신자를 뜻하는 말로, 이와 비슷한 의미를 지닌 'snake in the grass'라는 표현에서 비롯되었다. 1970년대 초 당시 언론의 주목을 끈 대형 사건의 재판에서 한때 런던 시 범죄 조직에 몸담았던 사람들이 조직에 불리한 증언을 하자 언론인들이 단어 앞에 '슈퍼super'를 붙여 그들을 슈퍼그래스라고 불렀다.

언을 했다. 재판은 디플록 법정^{Diplock Courts}•으로 열려 준군사조직원들이 배심원을 협박하는 불상사를 방지하기 위해서 배심원단 없이 판사가 주관했다. 벤은 일기에서 코빈과 벨파스트를 방문한 일을 언급하고 있다. 두 사람은 법정에 도착해서는 방청석에 있는 칸막이와 스피커가 부서져 있는 것을 보았다. 그러자 두 하원의원의 얼굴을 알아본 법정 직원들은 그들에게 비어 있는 배심원석에 앉으라고 권했다. 배심원석에 앉아 있는 두 의원을 본 피고 측 변호사는 판사를 향해 이렇게 말했다.

"배심원단 규모가 너무 작아서 놀랐습니다만, 판사님 판결 대신 저들의 판결을 기꺼이 받아들이죠."[134]

코빈이 아일랜드와 영국에서 사법적 정의와 관련해 가장 크게 기여한 바는 길퍼드 4인과 머과이어 7인, 그리고 버밍엄 6인을 위해 애쓴 점이다. 그들은 억울하게 누명을 쓴 남녀들로 심지어 미성년자도 있었다(최연소자는 겨우 열네 살이었다). 1974년 영국의 길퍼드, 머과이어, 버밍엄 등 여러 마을에 있는 선술집에서 연쇄적으로 아일랜드공화국군이 폭탄 공격을 한 사건이 있었는데, 그들은 범인이라는 자백을 강요받고 날조된 증거를 근거로 유죄판결을 받게 되었다. 그들은 1991년이 되어서야 모두 석방되었고, 석방되었을 당시에는 이미 16년을 복역한 사람들도 있었다. 결국은 전원 영국 정부로부터 공식 사과를 받았다. 그러나 코빈이 처음에 이들을 위해 뛰기 시작했을 당시에는 영국 본토에서 민간인들이 희생된 데 대한 대중의 감정이 여전히 격앙되어 있었고, 코빈처럼 일반 대중으로부터 비난받는 일을 기꺼이 하려는 사람은 거의 없

•
디플록 경이 의회에 제출한 보고서를 바탕으로 설립된 법정으로서 일부 특정 범죄에 대해서는 배심원 재판을 받을 권리를 보류하고 단독판사로 구성된 법정에서 재판을 받게 하는 제도다.

었다. 뷰 경도 이 점은 인정한다.

"인정할 건 인정해줘야 한다. 코빈은 그 사건에 관한 한 자신이 옳았다고 할 자격이 있다. 긴말이 필요 없다."

길퍼드 4인 가운데 한 명인 폴 힐Paul Hill은 체포될 당시 이즐링턴에 살고 있었다. 코빈은 그 지역 하원의원으로 당선된 후 그의 면회를 가기 시작했으며, 그가 1988년 롱 라틴 교도소에서 메리온 세라발리Marion Serravalli와 올린 결혼식에도 참석하고, 결혼식 축하 선물로 이 부부의 사안에 대한 토론동의안을 의회에 상정했다. 코빈은 힐에 대해 "그가 결백하다고 확신한다"고 말했다.[135] 다음 해, 힐이 상고심 판결이 내려지지 않은 상태에서 보석으로 풀려났을 때 2천 파운드의 보석금을 낸 사람은 코빈이었다.[136]

하원이 로난 베넷이 하원에 채용되지 못하도록 하려고 했을 때도 코빈은 베넷을 강력히 옹호했다. 1974년 벨파스트에서 당시 열여덟 살이던 베넷은 은행강도 사건에서 북아일랜드 경찰 수사관을 살해했다는 혐의로 유죄판결을 받았지만 나중에 증거가 조작된 것으로 드러났다. 처음에 무기징역을 선고받았던 그는 13개월 후에 항소심에서 풀려났다. 몇 년 후 런던으로 이주한 그는 또다시 체포되어 폭파를 계획한 혐의로 기소되었다. 중앙형사법원에서 열린 이 재판은 세간의 주목을 집중시켰고 그는 석방되었다. 하원 의장 버나드 웨더릴Bernard Weatherill은 코빈이 베넷을 의원실 연구보조원으로 채용했다는 소식을 듣고 베넷의 하원 출입증을 빼앗아버렸다. 코빈은 "결백한 사람에 대한 추악한 인신공격이자 비방"이라고 비난하면서, 당시 베넷은 존경받는 학자로서 사법권의 남용으로 피해를 입은 사람들을 위해 일하는 데 베넷의 도움이 긴요하다고 주장했다.[137] 하원 의장은 마음을 바꾸지 않았고 베넷의 하원 출입 금지 결정은 그대로 유지되었다.

그렇다면 오늘날 코빈은 아일랜드에 대해 어떤 견해를 갖고 있을까? 2015년 노동당 당수 경선 때 그는 BBC 라디오 얼스터^{Radio Ulster}와의 인터뷰에서 아일랜드공화국군의 만행에 대한 규탄을 다섯 번이나 거부했다.[138] 여전히 아일랜드 통일을 지지하느냐는 질문에 그는 다음과 같이 대답했다.

그건 아일랜드인들이 결정할 문제다. 내 생각에는 역사적으로 볼 때 통일이 맞다고 본다. 나는 공개적으로 그런 의견을 표명했다. …… 하지만 솔직히 말하자면 평화에 크게 한 발짝 진전이 있었다. …… 벨파스트로, 더블린으로 사람들이 서로 늘 왕래한다. 아일랜드라는 섬이 존재한다는 사실을 인정하는 분위기가 있다. …… 바람직한 진전이다.[139]

Chapter 9

가족과
소신

토니 블레어는 힘겨운 크리스마스를 보내고 있었다. 다섯 달 전인 1994
년 7월, 노동당의 이 젊고 활기 넘치는 당수는 압도적인 다수의 지지를
받고 선출되었고, 존 메이저가 이끄는 보수당은 점점 병색이 짙어가고
있었으므로, 그는 이미 다우닝 가 입성을 떼어놓은 당상이라고 생각하
고 자신감에 넘쳤다. 추문과 부패의 악취가 진동하는 노쇠한 보수당과
비교해볼 때, 블레어가 구축하는 신노동당은 당수인 블레어처럼 신선
하고 신바람 나고 몹시도 새로웠다.

　　그러나 노동당 내부 사정은 편치만은 않았다. 블레어의 첫아이 유
언Euan이 중등교육을 받을 나이가 가까워오고 있었다. 그와 그의 부인
셰리는 당시 런던에 거주하는 좌익 성향의 중산층 부모가 흔히 겪는 딜

레마에 빠져 있었다. 그들이 거주하는 이즐링턴의 공립학교들은 공식적으로 전국에서 세 번째로 형편없는 학교로 분류되었는데, 블레어는 공교육을 복지국가의 초석으로 여기는 당을 이끌고 있었다.

최초의 공교육기관들은 제2차 세계대전 후, 주로 노동당의 주도하에 창설되어 1964~1966년 해럴드 윌슨의 첫 집권하에서 대부분의 취학아동에게 적용되었다. 공교육기관들은 엘리트주의를 지향하지 않고 다양한 성장배경과 학습 능력을 지닌 학생들을 대상으로 교육을 실시했다. 그러나 1990년대 즈음 공교육은 정치적으로 골치 아픈 문제가 되었다. 1988년부터 1998년 사이에, 공교육 모델에 다소 반감을 지녀온 보수당이 중앙정부로부터 보조금을 받는 새로운 부류의 학교들을 창설했고, 이러한 학교들은 지역 교육당국의 통제를 받지 않는 선택권을 지녔다. 따라서 보통 좌익인 지역의회의 영향력으로부터 자유로울 수 있었다.

블레어 부부는 이즐링턴의 자택에서 8마일 떨어진 런던 서부 풀럼에 있으며 중앙정부 보조금을 지원받는 런던 오라토리 스쿨London Oratory School이 유언에게 적합하다고 생각했다. 그들의 자택에서 더 가까운 곳에 위치한 공교육기관이 자그마치 50개나 있었는데도 말이다. 1994년 12월 블레어 부부가 아들을 중앙정부 보조금을 받는 학교로 보내기로 결정했다는 보도가 나가자 당내에서 많은 이들이 느낀 실망감과 배신감은 이루 말할 수 없었다.

토니 벤과 크리스 멀린의 일기를 보면 블레어의 그러한 결정에 대다수 노동당 의원들이 얼마나 격분했는지 확인할 수 있다. 예비내각 각료 해리엇 하먼Harriet Harman도 한 해 앞서 자신의 아들을 위해 똑같은 선택을 해서 노동당 내에서 비난이 들끓었다. 하먼이 가까스로 자리를 유지한 이유는 블레어가 흔들리지 않고 지지해주었기 때문이다. 하지만 이제 새 당수가 하먼의 뒤를 이어 상처에 소금을 뿌린 셈이 되었다. 하먼의 결정에 불쾌감과 실망감을 내비친 이들을 일축한 블레어는 당내 많은 사람들에게, 심지어는 강경좌파뿐만 아니라 온건좌파에게까지도, 자신은 그들이 뭐라고 하든 상관하지 않을 뿐만 아니라 노동당이 추구하는 전통적인 가치들을 공유하지 않는다는 점을 확인해주는 듯했다.

멀린의 노동당 지구당은 블레어의 행동에 환멸을 느껴서 이의를 제기하는 공식적인 서신까지 보냈다.[140] 개별 의원들뿐만 아니라 노동당 중앙당 대표단이 연쇄적으로 블레어에게 간언을 했지만 소용이 없었다. 불쾌한 인신공격이 난무했다. 신노동당은 그동안 노동당 지지자들이 생각하고 믿어온 당과는 다른 속성을 지녔다는 점을 많은 사람들에게 보여주는 듯했다.

블레어가 자신이 거주하는 이즐링턴의 공립학교들을 무시하기로 한 결정에 대해 제러미 코빈이라는 한 좌익 하원의원이 어떤 생각을 했는지는 벤과 멀린의 일기에도 기록되어 있지 않고 당시 언론에도 보도되지 않았다. 자신의 가족이든 남의 가족이든 가족 문제를 거론하기를 극도로 꺼리고 가족사의 복잡다단함을 누구보다도 잘 알고 있는 코빈은 의식적으로 발언을 자제했다.

이 문제는 코빈보다 거리낌 없이 의견을 표명하는 사람들의 삶보다 코빈의 삶에 훨씬 가깝게 와 닿는 문제였다. 이제 코빈도 아들 셋을 둔 아버지였고, 첫째 벤저민은 블레어의 아들 유언보다 겨우 세 살이 어렸다. 북이즐링턴을 대표하는 하원의원 코빈과 그의 가족은 블레어 가족처럼 이즐링턴 교육당국이 관할하는 학군에 거주했다. 그리고 셰리 블레어와 마찬가지로, 코빈의 부인 클라우디아 브래키타도 그 지역

학교들이 마음에 들지 않았다. 집에서 가장 가까운 공립학교 할로웨이 보이즈Holloway Boys는 이즐링턴의 낮은 기준으로 봐도 시험 성적이 형편없었다. 다섯 과목 이상의 중등교육수료 자격시험에서 C 학점 이상을 받은 학생이 5명 가운데 한 명이 채 되지 않았는데 전국적으로 평균 46퍼센트가 이 성적을 받았다. 그러나 코빈은 공립학교를 고집했다. 브래키타가 벤저민을 몬테소리 사립 유치원에 보내겠다고 우겨서 지역 유권자들로부터 이미 비난을 받은 적이 있었다.

코빈 부부는 아들들의 교육을 둘러싸고 생각이 갈리면서 부부 사이에도 금이 갔고 결국 불화를 극복하지 못했다. 1999년 코빈의 결혼 생활은 막을 내렸다. 브래키타는 아들을 할로웨이 보이즈에 보내 아들의 인생을 위험에 빠뜨릴 수 없었다. 그녀는 벤저민의 아버지처럼 벤저민도 그래머 스쿨에 보내기로 했다. 코빈은 아내의 결정을 받아들일 수 없었고 두 사람은 마지못해 갈라섰다.

12년 전 코빈과 브래키타가 결혼했을 당시 두 사람의 정치적 노선은 거의 일치했다. 브래키타의 성장배경은 낭만주의자인 코빈의 기대를 충족시켜줄 만큼 이국적이었다. 그녀의 가족은 본래 스페인 출신이었다. 스페인 내전을 계기로 코빈의 부모가 인연을 맺게 되었듯이, 코빈이 그의 두 번째 부인 브래키타와 만나게 된 계기도 간접적이긴 하나 스페인 내전이었다.

브래키타의 할아버지 리카르도Ricardo는 1936년 스페인 내전이 발발했을 때 칠레 주재 스페인 공사였다. 그는 공화국 편에서 싸우기 위해 스페인으로 돌아왔지만 프랑코 총통의 파시스트들이 승리하자 멕시코를 경유해 칠레로 피신했다. 한 세대 후 1973년 칠레에서 군사독재 정권 아우구스토 피노체트 장군이 쿠데타를 일으켜 민주적인 절차에 따라 선출된 마르크스주의자 살바도르 아옌데 대통령을 축출하고 집권하자 브래키타의 가족은 또다시 망명길에 올랐다. 브래키타의 숙부 오스카 소토Oscar Soto는 아옌데의 주치의로서 대통령궁이 피노체트의 군대에 포위당했을 때 대통령과 함께 있었는데 가까스로 탈출해 목숨을 건졌다. 피노체트 정권에 박해를 받은 사람은 4만 명 이상으로 알려져 있고 이 가운데 3천 명은 살해당했다. 브래키타와 그녀의 숙부처럼 역시 의사였던 그녀의 어머니도 망명길에 올라 브래키타가 열한 살이 되던 생일날 런던에 도착했다.

당시 영국의 좌익 지식인들은 칠레 문제에 관심이 많았다. 브래키타 가족은 1980년대 런던 북부 지역의 좌익 세력에 이끌렸다. 그곳에서 브래키타 가족은 코빈의 옛 활동 지역인 헤링게이에 정착했다. 브래키타의 어머니는 곧 타마라 도이처Tamara Deutscher와 가까워졌는데, 도이처는 폴란드의 대역사학자로서 레온 트로츠키와 이오시프 스탈린의 전기를 썼고, 토니 벤과 랠프 밀리밴드와도 절친한 아이작 도이처Isaac Deutscher의 부인이었다. 타리크 알리는 다음과 같이 말한다.

"클라우디아의 모친은 내가 꽤 자주 만나곤 했다. 그 이유는 그분이 타마라 도이처의 절친한 친구였기 때문이다. 그리고 클라우디아가 제러미와 결혼하기 전에 내가 그녀를 처음 만난 곳도 타마라의 자택이었다고 생각된다."

성장하면서 클라우디아도 정치의식이 깨이고 망명 온 칠레인들의 지역사회에서 활발히 활동하면서 '선명한 좌익'이라는 평판을 얻었다.

젊은 시절 국제사면기구의 회원으로서 중남미를 경험한 코빈은 칠레와 피노체트에 오랫동안 관심을 기울여왔다. 사회적·정치적으로 비슷한 부류들과 어울리던 두 사람이 만나는 일은 시간문제였다. 두 사람

가족과
소신

은 1986년 광역런던의회에서 켄 리빙스턴이 연설할 때 청중석에서 대화를 하게 된 후 가까워졌다. 화가이자 실내장식가인 브래키타는 에드먼드 벤지Edmund Benge라는 남자와 막 결혼한 상태였지만 곧 이혼했다. 코빈은 제인 채프먼과 이혼하고 1979년 다이앤 애벗과도 헤어진 이래 쭉 홀로 지내고 있었다. 두 사람은 만나자마자 서로 마음에 들어 사귀기 시작했다.

타리크 알리는 브래키타의 배경과 중남미 정치에 대한 코빈의 관심을 고려해볼 때 둘은 아주 잘 어울렸다고 말한다.

"너무 당연했다. 노동당 중앙당 의원들 가운데는 편협한 사람들이 많은데 제러미는 그렇지 않았다. 그는 늘 국제적인 마인드를 지녀왔다."

몇 달 후 브래키타는 첫아이를 임신했고, 두 사람은 1987년 5월 캠든 호적등기소에서 결혼했다. 친가 쪽 증조부의 이름을 따 벤저민 아마루 코빈Benjamin Amaru Corbyn이라는 이름을 얻은 아이는 7월에 태어났다.

알리는 코빈과 브래키타의 결혼을 당연하게 여겼지만 마침내 결혼 소식을 들은 다른 사람들은 놀랐다. 가족 얘기만 꺼내면 알레르기 반응을 일으키던 코빈은 브래키타가 하원의원의 부인이 됨으로써 세간의 관심을 받게 될까 봐 노심초사하며 그렇게 되지 않도록 최선을 다했다. 동료 의원인 앤드루 로스Andrew Roth는 하원의원들의 약력을 기록한 책자를 만들었는데 그 책자에서 배우자를 기재하는 공란 옆에 물음표가 적혀 있는 의원은 수년 동안 코빈뿐이었다고 했다. 이 일에 대해 코빈은 이렇게 말했다.

"로스가 내게 물어봤는데 대답을 안 해줬다. 그가 다른 사람들은 다 답변을 했다고 하기에 다른 사람과 상관없는 문제라고 대답했다. 우리도 프랑스 같았으면 좋겠다. 공인도 사생활을 존중받고 〈데일리 메일〉 같은 신문도 없으니 말이다."[141]

　　토니 벤의 모친이 하원에서 주최한 티파티에서 코빈을 만난 벤의 한 친구는 코빈이 자기 옆에 서 있는 빼어난 미모의 여성(브래키타)을 벤의 모친에게 아내라고 소개했을 당시에 깜짝 놀랐던 기억을 떠올린다.

　　1994년 키스 바즈[Keith Vaz] 의원의 부인 마리아의 주도로 노동당 정치인들의 부인들이 남편의 근무 시간을 줄여달라는 청원을 하자 브래키타도 이에 동참해 웨스트민스터에 어려운 걸음을 했다. 그녀는 '클라우디아 코빈'이라는 이름으로 BBC 취재진에게 남편이 "녹초가 되어서" 귀가한다고 하면서 다음과 같이 덧붙였다.

　　"결국 억지로 병원에 데리고 갔다."

　　코빈과 갈라설 때까지 브래키타는 꼭 한 번 더 매체에 등장했는데 1992년 〈이브닝 스탠더드[Evening Standard]〉에 집에서 기르던 거북이가 죽었다고 전했을 때였다. 브래키타는 대중 앞에 모습을 거의 드러내지 않았지만 코빈을 처음 만나게 된 계기를 마련해준 좌익 진영의 인사들과는 교류했다. 토니 벤은 일기에서 에식스 주 스탄즈게이트에 있는 자신의 본가에서 코빈 부부와 그들의 어린 아들들과 보낸 즐거운 하루를 회고한다.

　　소통협회 회원인 코빈의 친구 로빈 블랙번은 코빈이 정치 신념을 형성하는 데 브래키타가 중요한 역할을 했다고 믿는다. 코빈은 아엔데, 훗날에는 베네수엘라의 우고 차베스 등을 비롯해 중남미에서 민주적인 절차를 통해 선출된 사회주의 지도자들에게 점점 관심을 갖게 되었다. 당수 경선에서 그와 맞붙었던 앤디 버넘, 이벳 쿠퍼, 리즈 켄들[Liz Kendall] 등 미국의 민주당을 지향점으로 삼은 신노동당 부류와는 전혀 다른 행보를 보였다. 블랙번은 코빈에 대해 이렇게 말한다.

중남미 좌익이 제러미에게 어느 정도 영향을 미쳤다고 본다. 제러미는 미국에 가본 적이 있지만 별로 큰 인상을 받지는 않았던 것 같고, 중남미에 훨씬 자주 다녔던 게 틀림없다. 베네수엘라가 매우 중요해졌다. 특히 민주적인 방식으로 정권을 잡은 우고 차베스가 국가에 혼란스러운 온갖 문제들이 있었는데도 국민들로부터 큰 지지를 얻었기 때문이다. 차베스는 사망할 때까지 진정으로 많은 지지를 받았다.

벤저민이 태어나고 4년 만에 브래키타는 둘째 세바스천 제러미 Sebastian Jeremy를 낳았다. 셉Seb으로도 불리는 그는 나중에 코빈의 절친한 친구 존 맥도널의 연구보좌관으로 일하게 된다. 셋째 아들 토머스Thomas는 그로부터 2년 후에 태어났다. 코빈은 정치에 많은 시간을 쏟았지만 자상한 아버지였다. 그의 지역구 주민들은 코빈이 아들들 가운데 한 명을 자전거 뒤에 태우고 통학시키는 모습을 심심찮게 보았다.

벤저민이 세 살 때 코빈과 브래키타는 앞으로 아이들의 교육과 관련해 어떤 일을 겪게 될지 예고편을 맛보았다. 브래키타가 다시 일을 하고 싶어 했으므로 두 사람은 벤저민을 보낼 유치원을 물색하기 시작했다. 정당들이 무상보육 공약을 내걸며 중산층 가정의 표를 얻으려고 경쟁하기 전인 시절이라 영국 내에는 공공보조금을 지원받는 유치원이 거의 없었고, 이즐링턴에서 저소득층이 아닌 주민들이 그런 혜택을 누릴 기회는 전혀 없었다. 코빈은 마지못해 한 학기에 600파운드를 내야 하는 집 근처 몬테소리 유치원에 벤저민을 보내기로 했다. 놀이와 자연적인 아동발달을 통한 자유로운 학습을 강조하는 국제적인 교육기관이었다. 그러나 코빈은 그 결정이 영 내키지 않았다. 특히 지역신문 〈이즐링턴 크로니클Islington Chronicle〉이 그 소식을 보도했을 때 더더욱 그랬다.

코빈은 하원의원으로서 자신의 봉급은 아들을 지역의 공립 유치원에 보낼 자격이 되기에는 너무 높다고 해명하면서 이렇게 덧붙였다.

"어떤 아이든 공립 유치원에 갈 기회가 있어야 한다고 믿는다. 현 보수당 정부하에서는 불가능한 일이다."

코빈은 아들들과 함께 시간을 보내려고 무척 애를 썼지만, 하원에서, 또 여러 가지 사회운동을 하면서 오랜 시간을 일했다. 결국 아이들을 돌보고 제대로 교육시키는 일은 대부분 브래키타의 몫이 되었다. 그녀는 아이들을 위해 올바른 선택을 하려고 무진 애를 썼다. 브래키타는 훗날 다음과 같이 말했다.

제러미는 아이들에게 관심을 많이 기울였다. 그는 아이들을 매우 아꼈다. 집과 웨스트민스터 사이를 오가며 아이들을 학교에 데리러 가곤 했다. 하지만 하원으로 다시 돌아가거나 저녁에 회의를 하는 경우가 다반사였다. 하원의 업무시간 때문에 정상적인 가족생활이 불가능했다. 다른 부모들처럼 아이들을 돌볼 시간을 내기가 어려웠기 때문에 학교를 잘 선택해야 했다.[142]

벤저민은 네 살에 지역 공립초등학교에 입학했지만 적응하지 못했다. 그 학교 교장도 연달아 바뀌자 브래키타는 다른 학교를 물색하기 시작했다. 훗날 브래키타는 "처음부터 아이가 불만스러워했다. 점점 악화되어서 결국 무슨 조치를 취해야겠다는 생각이 들게 되었다"고 말했다.[143] 브래키타는 한동안 망설였다. 지역 공립학교를 포기하는 게 정치적으로 "올바르지 않다"고 믿었기 때문이다.[144] 고뇌에 찬 결정이었다.

"얼마 후 학부모 저녁 모임에 나갔다가 벤저민의 교과서들을 보고

가족과
소신

는 '정말 안 되겠다'는 생각이 들었고 전학을 시켜야겠다고 생각했다. 정말 운 좋게도 잘 운영되는 아담한 학교에 자리가 났다. 벤저민은 하룻밤 사이에 달라졌다. 아이가 행복해하고 잘 적응하는 모습을 보고 진작 전학시킬 것을 그랬다는 죄책감이 들었다. 그리고 다시는 잘못된 결정을 하지 않겠다고 마음먹었다."[145]

1997년 벤저민이 중등교육기관에 입학할 나이가 되자, 다시는 아들의 교육에 관한 한 타협하지 않겠다고 굳게 마음먹었던 브래키타는 평판이 좋은 지역 종합중등학교comprehensive school• 아클랜드 버글리Acland Burghley를 1지망으로 꼽았다. 유감스럽게도 평판이 좋은 만큼 지원자가 넘쳤다. 이즐링턴 교육당국으로부터 벤저민이 해당 학교 입학 대기자 명단에 87번째로 올랐고, 공식적으로 형편없다는 평가를 받은 할로웨이 보이즈 학교에 배정되었다는 소식을 듣고 브래키타는 망연자실했다.

"나도 벤저민이 내 마음에 흡족한 좋은 지역 학교에서 잘 적응하고 잠재력을 꽃피웠으면 했다. 하지만 그런 학교가 없었다."[146]

브래키타는 중등교육에 대한 코빈의 생각을 잘 알고 있었기 때문에 그가 그 문제를 더 이상 거론하지 않으려 하자 속이 터졌다. 둘 사이의 갈등은 점점 깊어졌다. 거의 막판에 혹시나 해서 브래키타는 이즐링턴의 저택에서 10마일 떨어진 바넷의 그래머 스쿨 퀸 엘리자베스 스쿨 포 보이즈Queen Elizabeth's School for Boys에 헐레벌떡 가서 직접 입학서류를 제출했다. 벤저민은 입학시험을 칠 기회를 얻었고 시험 준비를 하지도, 사교육을 받지도 않았는데 시험에 붙어서 브래키타를 놀라게 했다.

코빈의 모교 애덤스 스쿨보다 훨씬 전인 1573년에 창립된 퀸 엘리

• 중등교육과정에 진학하는 대부분의 영국 학생들이 교육받는 가장 일반적인 공립학교다.

자베스는 코빈이 치를 떨었던 모교와 놀랍도록 비슷했다. 교육체제의 변화 추세를 좇아 1974년에는 종합중등학교가 되었지만 20년 후에는 다시 그래머 스쿨로 돌아갔다. 학업 성적이 뛰어나다는 평판이 있는 이 학교는 올림픽 경기장 크기에 준하는 수영장과 최첨단 음악실 등 남부럽지 않은 시설들을 갖추고 있다. 전국에서 가장 많은 학생들을 30대 대학들과 옥스브리지Oxbridge•에 진학시킨 기록을 보유하고 있다. 2007년 코빈의 둘째 아들 세바스천이 그 학교에 다니던 당시 〈선데이 타임스〉는 그 학교를 올해의 그래머 스쿨로 선정했다.

코빈은 그래머 스쿨이라면 치를 떨었다. 개인의 자질과 자유로운 사고보다는 복종, 순응, 학업 성적을 중요시한 그래머 스쿨을 35년 전에 몸소 체험했기 때문만은 아니었다. 중산층 가정에서는 어떻게 해서라도 아이들을 좋은 학교에 보내려고 애쓰는 상황인데 할로웨이 보이즈 같은 학교에 버려진 아이들이 안쓰러웠다. 게다가 그 지역을 대표하는 하원의원으로서 자신의 아이들을 보내기에 흡족하지 않은 학교에 아이를 보내야 하는 유권자들을 대표하겠다는 자신의 위선적인 행동이 견딜 수가 없었다. 자신의 자식은 그런 학교에 보내지 않으면서 어찌 그 학교에 자녀를 보내는 부모들을 볼 낯이 있겠는가.

코빈과 브래키타는 수개월 동안 밀고 당기며 결정을 하지 못했다. 브래키타는 절대 할로웨이 보이즈에 벤저민을 보낼 수 없다고 했고, 코빈은 아들을 퀸 엘리자베스에 보낼 수는 없다며 맞섰다. 런던의 많은 중산층 시민들처럼 좋은 학군으로 이사를 가는 방법은 두 사람에게 선택 사항이 아니었다. 코빈이 이즐링턴을 대표하는 하원의원이라고 해

• 옥스퍼드 대학과 케임브리지 대학을 일컫는 말이다.

가족과
소신

도 반드시 이즐링턴에 거주해야 하는 것은 아니지만, 그는 이를 유권자들을 기만하는 행위로 보았을 것이다. "종합중등교육을 강력히 지지한다"고 그는 말한 적이 있다.[147] 결국 아이들의 교육 문제를 전적으로 책임져온 브래키타가 벤저민을 퀸 엘리자베스에 보내기로 결정했다. 브래키타는 훗날 이렇게 말했다.

"몇 년 전부터 이 학교에 보내겠다고 미리 마음먹지는 않았다. 벤이 입학하고 나서야 그 학교가 영국에서 5위 안에 든다는 사실을 알게 되었다. 나는 그저 집에서 가깝고 벤이 잘 적응할 학교를 원했을 뿐이다."[148]

퀸 엘리자베스를 선택하면 결혼생활은 끝이라는 사실을 브래키타는 알고 있었다. 부부 간의 문제는 아들의 교육을 둘러싼 의견 차이뿐만이 아니었다. 하지만 두 사람을 갈라놓은 중요한 요인들 가운데 하나임은 분명했다. 이 논쟁은 코빈이 어떤 성격인지 그 핵심을 잘 드러내고 있다. 코빈은 자신의 신념에 관한 한 타협을 하지 않으려는 게 아니라, 할 줄 몰랐다. 다시 한 번 코빈은 가족과의 관계보다 정치를 우선시했다. 마거릿 호지의 말이다.

아이들을 그래머 스쿨에 보냈다고 아내와 헤어지다니 정신 나간 짓 같지만 그게 제러미다. 그가 내게 그 사실을 털어놓았을 때 나는 '제정신이 아니군' 하는 생각이 들었다. 아무리 배우자와 갈등이 있다고 해도 그런 문제로 가족을 저버리는 법은 없다.

크리스 멀린은 다음과 같이 덧붙인다.
"결국 그의 결혼이 실패한 이유는 그가 정치에 너무 매몰돼 다른 것은 안중에도 없었기 때문이다."

코빈은 가족과 살던 집에서 나와 임시로 거처를 마련했다. 하지만 두 사람은 여전히 가깝게 지냈다. 1998년 10월 칠레의 독재자 피노체트가 런던에서 체포되자 그들은 함께 피노체트에 대한 범죄인 인도 운동•을 벌였다. 코빈은 이 문제를 "브래키타와 코빈의 집안 전체가 한목소리로 똘똘 뭉친 사안"이라고 설명했다.[149]

12년 동안의 결혼생활이 끝나고 홀로 살게 된 코빈은 아이들이 그리웠다. 브래키타와 갈라선 지 2년 만에 두 사람은 함께 새 집을 장만해서 2가구가 살 수 있게 개조하기로 했다. 얼마 지나지 않아, 새 집을 두 개로 나누는 작업이 한창 진행 중인 가운데 두 사람이 갈라섰다는 소문이 퍼졌고, 갈라선 이유는 무엇이고 다시 함께 살게 된 이유는 무엇인지 그 이야기가 무성했다. 헤리엇 하먼과 블레어 부부의 아이들 학교 문제와 관련해 논란이 일어난 후였기에 코빈이 자신의 신념을 지키기 위해 결혼생활을 접는 이례적인 결정을 내렸다는 소식은 그를 일약 유명인사로 만들었다.

코빈답게 그는 그 이야기가 터져 나왔다는 사실을 접했을 때 정치 모임에 참석하느라 출장 중이었다. 그는 그 소식을 접한 순간에 대해 훗날 다음과 같이 말했다.

•
1998년 신병 치료를 위해 영국에 머물고 있던 피노체트는 스페인 사람을 살해한 혐의로 스페인 법원이 발부한 영장에 의해 체포되었다. 뒤이어 스페인을 비롯한 여러 나라는 피노체트가 자국민의 인권을 유린했다며 피노체트에 대해 범죄인 인도를 요청했다. 이 요청에 대한 적법성 심사가 진행되는 동안 영국 정부는 피노체트를 가택 연금시켰다. 그러나 2000년 영국 정부는 건강상의 이유로 피노체트의 가택 연금을 해제했고 피노체트는 자기 나라인 칠레로 돌아갔다. 산티아고 공항에 도착한 피노체트는 지지자들이 환호하는 가운데 앉아 있던 휠체어에서 의기양양하게 일어났다.

가족과
소신

나는 평화회의에 참석하느라 헤이그에 있었다. 〈데일리 메일〉이 나에 관한 일들을 확인하느라 여기저기 전화를 돌리고 있다는 제보를 받았다. 그러더니 신문사 측에서 내 하원의원실에 전화를 해 이러이러한 정보를 입수했고 내게 두 시간을 줄 테니 답변을 해달라고 했다. …… 헤이그에서는 대부분의 시간을 전화통을 붙들고 보내야 했다.[150]

언론의 관심은 두 사람을 파도처럼 집어삼켰다. 두 사람은 따로 또 같이 인터뷰를 했고 며칠 동안 대중 앞에 나서야 했다. 카메라 취재단과 기자들이 집 밖에 진을 쳤다. 칼럼니스트들은 두 사람이 각자 해야 했던 어려운 선택의 잘잘못에 대해 격론을 벌였다. 그들의 선택에 대한 평가는 찬사와 조롱을 오갔다. 이미 갈라선 배우자와 한 집에 사는 생활방식에 대해서도 장점과 단점이 논의되었다. 코빈은 이런 소동이 끔찍하게 싫었다. 그는 가족에게 관심이 쏟아지는 걸 못마땅해했는데, 이제는 혐오스러울 정도였다. 훗날, 2015년 당수 경선에 나섰을 당시 그는 언론의 시선이 자신의 가족에게 쏠리는 게 가장 견디기 힘들었을지 모른다. 그의 친구 타리크 알리의 말이다.

"제러미는 뭐랄까……. 위축되어 있다는 표현은 부적절하다. …… 그는 자기 사생활을 소중하게 여긴다."

1998년 이후로 코빈은 어떤 식으로도 자신의 사생활을 절대로 다시 거론하지 않게 된다. 가족에 관한 첫 인터뷰에서 그는 브래키타와의 이혼에 대해 입을 열었다.

우리는 서로 성격이 맞지 않았기 때문에 헤어지기로 합의했다. 다른 문제들도 있었다. 사람들이 서로 헤어지는 데는 한 가지 이유만 있는 게 아니다. 공식적으로 알려진 이유는 벤저민의 학교를 둘러싸고 서로 의견이 달랐다는 것이다. 우리는 둘 다 우리 아이들에게 여전히 헌신적이고 아이들을 매우 사랑한다. 우리 모두 아이들을 사랑하고 부양하고 있으며 앞으로도 그럴 것이다.[151]

노동당 당수 경선에 뛰어든 직후에 한 인터뷰에서 그는 사생활 문제를 더 이상 거론하지 않으려 했다. 하지만 그 문제에 쏟아진 관심 때문에 얼마나 상처를 받았는지에 대해서는 이렇게 털어놓았다.

그 시절이 정말 싫었다. 사람들의 관심이 정말 싫었고, 그 때문에 우리 아이들이 스트레스를 받는 게 싫었다. 게다가 사생활을 침해당해서 매우 불쾌했다. 우리는 이혼했지만 우리에겐 세 아이가 있다. 서로 연락하며 잘 지낸다. 나는 내 정치 인생에 사사로운 일들을 끌어들이고 싶지 않다. 그런 일이 발생하면 정말 슬프다. 나는 다른 사람들의 자녀들이 어떻게 되든 그 일로 그 사람을 비판하지 않는다. 다른 사람들도 우리 아이들의 삶에 간섭하지 말았으면 한다. 끝난 일이다. 다 지난 일이고 사람들은 남의 사생활에 간섭하지 말아야 한다.[152]

브래키타도 언론 재판을 겪으면서 상처를 받았다.
"어느 시점에 가서는 어떤 식으로든 알려지리라 생각했다. 하지만 그런 식으로 공개되리라고는 기대하지 않았다. 매우 선정적이고 찬반이 극명하게 갈리는 그런 방식 말이다. 지역신문 귀퉁이에 조그맣게 보도되리라고 생각했다."[153]
또 한편으로는 동정적인 언론인들과 인터뷰하는 게 그녀에게 어느 정도 위안이 되기도 한 듯하다. 너무나도 오랫동안 전전긍긍해온 터라 자기 생각을 털어놓게 되어 마음이 후련했을 것이다. 그녀는 〈선데이 타임스〉와의 인터뷰에서 그때를 회고하며 "정답은 없다"고 말했다.

아이들은 저마다 다르고 가족도 저마다 처지가 다르다. 서류상으로는 세상에서 가장 훌륭한 학교처럼 보여도 거기에 다니는 아이가 행복하지 않으면 소용없다. 우리 가족은 대중의 시선에 노출되어 있어서 무척 힘들다. 우리가 하는 행동은 공식적인 성명처럼 해석된다. 그러나 결국 아이에게 옳은 일을 할 뿐이다.

코빈과 결별한 이유에 대해 그녀는 다음과 같이 말을 이었다.

구체적인 한 가지 이유 때문에 부부가 헤어지는 법은 결코 없다. 물론 아이의 학교 문제가 도움이 되지는 않았지만. 나는 벤저민의 학교 문제를 혼자서 결정했다. 제러미가 반대하고 있고 그를 매우 어려운 상황에 놓이게 할 거란 사실을 알고 있었다. 나는 고립무원의 처지처럼 느껴졌다. 결혼생활에서 가장 중요한 사안인 아이들 문제를 결정하지 못하게 되면 부부 간에 갈등이 깊어진다. 하고 싶어서 한 게 아니다. 하지만 달리 어쩔 도리가 없었다. 제러미도 나름대로 무척 힘들었을 것이다. 그러나 그는 한결같이 자기 신념을 분명히 해왔다. 제러미에게 교육은 명쾌한 문제였지만 내게는 그렇지 않았다.

또 다른 인터뷰에서 브래키타는 이렇게 말했다.

언론에 제러미가 자기 아이들은 어떻게 되어도 상관없다고 생각하는 강경좌익 하원의원으로 비쳐지는 게 걱정된다. 전혀 사실이 아니다. 나는 언론에 아들을 무슨 수를 써서라도 그래머 스쿨에 입학시키려는 극성스러운 부모로 비쳐졌다. 이건 선택의 문제가 아니라 선택의 여지가 없는 문제다. 적응하지 못할 게 뻔한 학교에 아이를 보낼 수는 없었다. 제러미는 나름대로 결정을 했지만 나는 그런 결정을 할 수 없었다. 선택한 게 아니라 달리 방도가 없어서 어쩔 수 없이 한 결정이었다.[154]

두 사람의 결별은 전형적인 코빈 식 결별이었다. 충돌도 없었고, 씁쓸한 뒷맛도 남기지 않았고, 그저 두 사람의 관계가 끝나간다는 사실을 서서히 깨닫게 되었을 뿐이었다. 아이의 교육과 관련해 브래키타가 내린 결정을 받아들이지 못하고 결혼생활이 이혼에 이르게 했지만, 코빈은 자신의 신념 체계를 순수하게 그대로 유지할 수 있었다. 그 일을 겪은 이후 오늘날까지도 두 사람은 서로의 관점을 존중하고 서로를 아낀다.

"제러미가 아이들의 문제를 개의치 않는다든가, 옛 방식을 고집한다든가, 이기적이어서가 아니다. 단지 그는 신념이 투철할 뿐이다. 겉치레가 아니라 평생 자신이 추구해온 무엇인가에 대해 진정으로 헌신하는 사람이다."[155]

Chapter 10

여당 내
1인 야당 1997~2010

1997년 5월 1일 노동당 정부가 들어서면서 제러미 코빈은 야릇한 입장에 놓이게 되었다. 그는 집권여당 소속이었지만 당과 툭하면 반목했고, 가끔은 신노동당과 신노동당이 내세운 모든 것에 반대하는 1인 야당 같았다. 스스로도 인정하듯이 이미 '딴지꾼'으로 호가 난 그는 이제 어엿한 반란군으로 등극했다. 그는 한 방송인에게 "나는 요주의 인물로 꼽혔다"고 가볍게 말하고는 블레어 정부가 추진하는 법안에 대해 또다시 공격을 퍼부었다.

1997년 즈음 코빈은 의회에서 뒷전으로 밀려난 자신의 처지에 대해 그러려니 했다. 노동당이 선거에서 승리한 다음 날 아침 세상이 눈부시게 빛나는 상황에서도 그는 전화기를 앞에 두고 새 정부에서 함께 일하자는 제안을 기다리는 처지는 못 되었다. 데이비드 위닉의 말이다.

"제러미 코빈은 1983년에 의회에 입성했다. 1997년 즈음 되자 그는 자신이 실권 없는 무늬만 장관인 자리 하나도 꿰차지 못하리라는 사실을 깨달았다. 그때까지 각료 자리에 한 번도 임명되지 못했지만 놀랄 일은 아니었다는 생각이 든다. 그는 최고가 아니면 안 한다는 생각이었다."

타리크 알리도 그 말에 동의한다.

"야심은 그의 정치 기질에는 맞지 않았다. 일단 좌파 진영에 있는 사람이라면 모두 자신의 정치생명은 오래가지 못하리라는 사실을 알고 있었다. 특히 블레어가 당을 접수한 후에는 더더욱 그랬다."

총선 후 418명의 노동당 중앙당 의원들이 하원에 복귀했을 때 코빈을 비롯한 그들 대부분은 처음으로 정부 측 벤치에 앉게 되었다. 대부분 감개무량해했지만 북이즐링턴 지역을 대표하는 하원의원에게만은 달라진 게 없었다. 그는 자기가 추구하는 운동을 이어갔고 계속해서 툭하면 정부에 반대표를 던졌다. 노동당 총리가 정부를 이끌고 있어도 상관없었다. 코빈이 신임 정권과 엇박자를 내고 있다는 사실이 뻔히 보였다. 코빈이 1992년 총선 때보다 득표율을 11퍼센트 끌어올리면서 4선에 당선된 후, 폴리 토인비Polly Toynbee는 〈인디펜던트〉에 기고한 글에서 이런 의문을 던졌다.

"제러미 코빈은 도대체 왜 토니 블레어와 같은 당에 있을까?"

〈타임스〉의 매튜 패리스Matthew Parris 역시 코빈이 "자기 당 당수에 대해 진저리를 낸다"고 했다.

마치 내부의 적으로서 자신의 역할을 만끽하듯이, 코빈이 즐겨 하는 얘기가 있었다. 선거 직후 신참내기 노동당 중앙당 의원 한 사람이 하원 티룸에서 차를 마시던 코빈의 자리에 합석했는데, 한 원내총무가 즉시 그 의원에게 다가가서는 이렇게 말했다고 한다.

"다시 한 번 그자에게 말 걸다가 들키면 당신 끝장이야."[156]

코빈과 상종 말라는 원내총무단의 경고를 무시한 새내기 하원의원은 그의 오랜 동지 존 맥도널이었다(물론 원내총무단이 그의 이력을 알았다면 굳이 그에게 경고하지도 않았을 것이다). 맥도널은 1997년 헤이스·할링턴 지역구 대표로 하원에 입성했고 곧 생사고락을 함께하는 전우로는 토니 벤이 무색할 만큼 코빈과 가장 가까운 정치적 동지가 되었다. 그는 전직 노조원으로 광역런던의회에서 켄 리빙스턴의 가까운 동지였고, 지방세율 상한규제 정책을 둘러싸고 리빙스턴과 한바탕 싸우기 전까지는 그의 참모를 지냈다. 맥도널은 사실상 한결같이 좌익 성향인 일부 지역의회가 책정할 수 있는 세율의 상한을 대처 정부가 제한하는 정책에 반기를 드는 방편으로, 광역런던의회가 리버풀의 선례를 좇아 예산 편성 내역 공개를 거부하기를 바랐다. 하지만 리빙스턴이 생각하기에 이 행동은 도가 지나쳤다.

데이비드 위닉은 코빈과 맥도널이 의회 뒷좌석에서 함께 어울리기 시작할 때부터 선배 의원인 코빈이 맥도널의 의견을, 특히 경제정책에 관해서는 그의 의견을 따르는 모습에 주목했다. 세월이 흐르면서 코빈은 점점 외교 문제에 집중하게 되었고 국내 문제는 맥도널에게 맡겼다. 두 사람의 관계는 블레어와 브라운의 관계와 다르지 않았다. 그들은 그런 비교를 마뜩잖게 생각하겠지만 말이다. 위닉의 말이다.

"처음부터 두 사람의 관계는 분명했다. 하원 회의장에서 코빈은 때때로 맥도널이 앉아 있는 쪽으로 다가가서 귓속말을 하곤 했다. 그러나 맥도널이 코빈 쪽으로 오는 법은 결코 없었다."

둘의 관계에서 코빈의 서열을 아래로 묘사한 노동당 중앙당 의원은 위닉뿐만이 아니다.

존 맥도널이 하원의원에 당선된 지 18년 만에, 노동당 당수가 된 코빈은 옛 여자친구 다이앤 애벗과 나란히 앉아서 그의 친구이자 새로 임명된 예비내각 재무장관인 맥도널이 노동당 전당대회에서 연설하는 모습을 뿌듯하게 바라보았다. 코빈은 휴대전화를 꺼내서 애벗에게 문자메시지를 보냈다.

"나랑 당신이랑 존이 여기 있다는 사실이 믿어져?"

2005년에 출간된 필립 카울리의 《반란자들: 블레어가 어떤 식으로 다수를 속였나The Rebels: How Blair Mislaid His Majority》[157]에는 노동당이 집권한 후 첫 두 임기 동안 코빈의 표결 기록을 잘 보여주는 대목이 나온다.

2001년부터 2005년까지 가장 반란표를 많이 던진 의원은 제러미 코빈이었다. 북이즐링턴 지역을 대표하는 노동당 중앙당 의원인 그는 148차례에 걸쳐 당론에 반하는 투표를 했다. 웨스트민스터 관측자들에게 이는 놀랄 일이 아니다. 그는 1997년부터 2001년 사이에도 가장 반란표를 많이 던진 노동당 중앙당 의원이었다. …… 그는 자기가 그냥 무턱대고 당에 반대표를 던지지는 않는다고 말한 적이 있다. 세 가지 사안, 즉 전쟁과 평화, 자유, 사회경제적 정책에 관해서만 기꺼이 당론을 거스른다고 했다. 그렇다면 정부가 추진하는 거의 모든 정책을 반대하는 것 아니냐고 지적하면 그는 웃으면서 이렇게 말한다. "그렇겠네요."

코빈은 노동당 정부가 주요 위원회에 어느 의원을 임명할지에 대한 토론을 제한하려 하자 반기를 들었다. 반테러리즘, 범죄와 안보 법안에도 반대했다. 교육 법안, 국적과 이민과 망명 관련 법안, 국민건강보험 개혁과 보건전문가 법안도 반대했다. 이라크, 소방관, 철도 관련 사안에도 반기를 들었다. 형사 관련 법안, 사회복지(지역공동체 보건과 표준) 법안, 망명과 이민(청구인에 관한 대우) 법안, 고등교육 법안에도 딴죽을 걸었다. 사행산업 법안, 아동 법안, 주택 법안, 조직범죄 법안, 신분증 법안에도 반기를 들었다. 그리고 이 모든 법안들 못지않게 중요한 테러리즘 방지 법안에 대해서도 반대했다. 간단히 말해서 코빈은 노동당에 대한 반란에 거의 빠짐없이 관여했다.

압도적인 다수의 지지를 등에 업은 블레어 정부는 1997년부터 2007년까지 고집불통 좌파 의원 한 명이 제멋대로 행동하는 것쯤은 무시할 여유가 있었다. 원내총무단도 의사 결정에서 코빈을 고려해야 할 대상으로 여기지 않았다. 코빈은 하원에 출석하지 않을 때면 영국 전역에서 열리는 모임에 침석하거나 해외에 출타 중이었고, 타협(妥協)하려 하지도 않았다. 타협이란 두 주요 정당의 원내총무단이 한쪽 정당의 의원 한 명이 당의 허락을 받고 표결에 불참하게 되면 다른쪽 정당 의원 한 명을 표결에서 배제하기로 사전에 합의하는 제도다. 2002년의 한 기록을 보면 짓궂은 한 평의원이 노동당 원내총무들 가운데 한 명의 수첩을 힐끗 보았는데 거기에는 코빈을 조롱하는 거친 농담이 적혀 있었다.

"제러미 코-빈 라덴. 옆구리 찢어지게 웃긴다. 꿰매주세요, 제발."[158]

2007년 블레어에 이어 당내 좌파에 훨씬 우호적이라고 여겨지는 고든 브라운이 당수가 되었어도 코빈은 여전히 노동당 노선을 따르기가 쉽지 않았다. 브라운이 집권한 첫해에 코빈은 50차례 이상 반기를 들었다. 이 가운데는 테러 용의자를 재판 없이 42일 동안 억류할 수 있도록 하는 조치를 도입하는 법안도 있었고 그 법안은 부결되었다. 에마

크루Emma Crewe의 저서 《하원: 현역 하원의원들의 면면The House of Commons: An Anthropology of MPs at Work》에는 브라운 정권 초기에 코빈과 노동당 원내총무단과의 관계에 대한 일화가 소개되어 있다. 투팅이 지역구인 하원의원 사디크 칸Sadiq Khan이 코빈을 설득하는 임무를 맡았다.

당시 원내총무였던 사디크 칸과 제러미 코빈의 통화 내용은 대충 이랬다.
"안녕하쇼, 제러미. 화요일에 어떻게 투표할 건지 궁금해서 전화했소."
"반대할 거요."
"알겠소, 제러미."
"정부에 반대표를 던지겠단 말이오."
"아, 알았다니까."
"사디크, 이 시점에서는 당신이 내게 당을 지지해달라고 설득해야 하는 거 아니오?"
"소용없는 짓을 뭐하러 하겠소. 기권이라도 생각해보겠소?"
"미안하지만 그럴 수 없소."
"알겠소."[159]

오랜 세월 동안 당에 반기를 들어온 코빈을 혹독하게 비판하는 사람들도 있다. 앨런 존슨Alan Johnson 전 내무장관의 말이다.
"제러미 코빈은 하원 재임 기간 중에 모셨던 당수에게 하나같이 불충했다."[160]
에드 밀리밴드의 공보 담당 톰 볼드윈Tom Baldwin은 이렇게 말한다.
"그는 노동당 주변부, 영국 정치의 주변부에서 32년을 떠돌았다."[161]
코빈의 행동을 달리 보는 사람들도 있다. 코빈이 예전에 살았던 혼

지와 우드그린 지역을 대표하는 신임 하원의원이자 일찍이 코빈의 지지
자였던 캐서린 웨스트이다.

"그는 타협하지 않는 순수주의자다. 늘 그래왔고 바로 그 때문에
사람들이 그를 좋아한다."[162]

아슬아슬했던 적이 몇 번 있었을지 모르지만 코빈은 늘 가까스로
선을 넘지는 않았고, 따라서 징계를 받은 적도 없다. 불안한 줄타기 같
은 적도 있었지만 코빈은 늘 노동당의 노선을 벗어나지 않으면서도 자
신의 원칙에 충실했다. 데이비드 위닉은 "그가 자신의 신념에 충실했다
는 점은 인정해줘야 한다"며 이렇게 말한다.

"자기 신념이 그토록 확고한데 왜 바꾸겠는가. 그는 결코 뭘 바란
적도 없다. 하원 내 노동당으로부터 상당히 초연하게 의원 활동을 해왔
다. 의석도 안정적이고 연륜도 쌓여가는데 뭣 때문에 변하겠는가."

2015년 당수 경선 후, 코빈은 자신이 평의원으로서 끊임없이 당론
을 어겨왔듯이 이제 당수가 된 그가 자기 같은 평의원을 만나 골치를
썩게 되지 않겠느냐는 물음에 직면했다. 툭하면 반란을 일으켰던 과거
행적을 어떻게 정당화할 것이며, 자신은 노동당 전임 당수들에게 충성
하는 데 그토록 처절하게 실패했으면서 다른 의원들에게 어찌 충성을
기대할 수 있겠는가? 결국 이런 의문들은 현실이 되었다. 당수에 당선
된 후, 그는 애초에는 시리아에서 IS에 대한 공습을 승인하는 표결이 하
원에서 이루어지기에 앞서 노동당 중앙당 의원들이 따를 당론을 제시
하겠다고 했지만, 결국 자유 표결을 허용할 수밖에 없었다. 자신의 과거
행적으로 미루어볼 때 그는 다른 의원들에게 복종을 요구할 만한 권위
가 전혀 서지 않았다.

당수에 당선되기 직전 BBC의 프로그램 〈파노라마^Panorama〉에서 코

빈은 과거 노동당에 반기를 든 불충의 세월에 대해 질문을 받고 다음과 같이 말했다.

"나는 내가 하는 일에 대한 신념이 확고하고 그 신념을 지키기 위해 맞서는 사람이다."

어쨌든 노동당이 하는 일에 죄다 반대하지는 않았다. 당수가 된 직후, 코빈은 정치생활을 통틀어 가장 뿌듯했던 순간으로 1998년 3월 화요일 새벽 5시 하원에서 최저임금 법안에 찬성표를 던진 후 자전거를 타고 집으로 돌아가던 순간을 꼽았다.

반란표를 끊임없이 던진 이력을 지니고 있기는 하나, 사실 코빈은 놀라울 정도로 노동당에 충성을 해왔다. 그렇게 오랜 세월 동안 자신이 소속한 당의 정권에 맞서온 사람이라면, 다른 사람 같았으면 다른 길을 택했을지도 모른다. 실제로 그의 친구 조지 갤로웨이나 켄 리빙스턴은 각각 새 당을 창당하거나 탈당해 무소속으로 노동당 정권에 맞섰다. 코빈은 2012년 브랫퍼드 웨스트 지역 보궐선거에서 노동당 후보를 이긴 갤로웨이에게 트위터를 통해 당선 축하를 해서 많은 이들의 분노를 사는 등 노동당에 등 돌린 두 사람을 응원했을지 모르지만, 코빈 자신은 열여섯 살의 그래머 스쿨 학생일 때 입당한 노동당을 떠날 생각은 꿈에도 하지 않았다. 타리크 알리는 다음과 같이 말한다.

나는 제러미 코빈, 존 맥도널, 그리고 일부 좌파들이 신노동당을 떠나 하원 내에 작은 조직을 만들고 그것을 바탕으로 신당을 창당하기를 바랐다. 그런데 그들의 생각은 달랐다. 나는 '이 도적떼 같은 놈들하고 붙어 있을 이유가 없다'고 생각했지만 그들은 노동당에 매우 헌신적이었다. 나와 달랐다. 절대 항복하지 않겠다는 일부 소수가 있었다는 것, 그뿐이다. 우리도, 코빈 자신도, 존 맥도널도, 코빈이 당을 접수할 수 있다고는 꿈에도 생각하지 않았다.

코빈 자신도 최근에 존 맥도널, 토니 벤, 그리고 코빈 자신과 같은 좌파들이 노동당에 끝까지 버티고 남아 있었던 이유에 대해 질문을 받았다. 코빈은 이렇게 대답했다.

그동안 노동당에 처절하게 실망한 적이 많았다. 특히 이라크전 때 그랬고, 그보다 앞서 베트남전쟁 때 그랬다. 그래도 그동안 이룩한 일들을 생각해 보고 노동당이 수백만 유권자들의 정치적 고향이라는 점도 생각하면서 그냥 남아 있다. 늘 그래왔다. 토니 벤과 수없이 여러 번 한 얘기가 떠오른다. 벤이 그러더라. "있잖아, 동지. 우리 그냥 있어야지. 그렇지 않은가?"[163]

그래서 신노동당 집권 시절 내내 코빈과 맥도널과 벤은 늘 그래왔 듯이 회합에 참석하고 시위에 가담하고 연설을 하고 집회에 참석했다. 그리고 코빈의 주변 사람들은 그가 눈에 띄지 않는 자기만의 방식으로 좌파 수장 벤의 역할을 떠맡고 있다는 사실을 조금씩 깨닫기 시작했다. 벤 자신도 자신의 뒤를 이을 사람은 코빈보다 훨씬 카리스마 있는 켄 리빙스턴이나 좌파 하원의원 앨런 심슨Alan Simpson이 되리라고 늘 예상해 왔지만, 자신의 친한 친구이자 동지인 코빈이 그 역할에 적합한 인물이 되어가는 모습을 지켜보며 흡족해했다. 블레어 정권 초기 몇 년에 걸친 기간 동안 쓴 그의 일기에는 그가 차세대 좌파 인사들에게 자신의 책무를 일정 부분 떠맡도록 하는 과도기(자신의 부인 캐롤라인의 건강이 염려되기도 했기 때문인데, 2001년 벤이 하원에서 물러나기 직전 그의 부인은 암으로 사망했다)가 그려지고 있다.

벤은 작위 법안*Peerage Act* 투쟁에서 승리한 순간 다음으로 가장 뿌듯했던 때를 자신의 아들 힐러리 벤*Hilary Benn*이 1999년 리즈 센트럴 지역 보궐선거에서 당선되어 의원 선서를 하던 모습을 지켜본 순간으로 꼽았다. 그러나 벤, 힐러리, 코빈 세 사람을 모두 아는 사람들은 대부분 힐러리가 훨씬 온건한 성향인 점으로 미루어볼 때 21세기 접어들면서 벤의 아들보다 코빈이 훨씬 벤의 정치적 후계자에 가까워졌다고 말한다. 데이비드 라미는 2014년 벤이 사망하기 직전 한 시위 현장에서 두 사람을 본 적이 있다.

토니는 힘이 없어서 제대로 서 있지도 못했다. 토니가 앉자 제러미는 그가 물 마시는 걸 도와주고 괜찮은지 살폈다. 그때 나는 깨달았다. …… 벤이 해온 투쟁을 이어갈 실질적인 후계자는 제러미라는 사실을 말이다. 물론 하원 내에는 데니스 스키너처럼 탁월한 좌익 정치인들이 많았지만, 런던 북부, 런던 중부와 같은 강경좌익 지식인들의 진영에서는 토니가 제러미를 후계자로 지목했다고 여겼다. 제러미는 그 바닥에서 대단한 존경을 받고 있다.

코빈도 급진좌익과 친분을 돈독히 유지해왔다. 노동당의 한 중진 보좌관의 말이다.

●
부친의 사망으로 작위를 물려받게 된 벤은 귀족이 하원의원이 될 수 없도록 한 규정에 따라 하원의원 자격을 박탈당할 처지가 되었다. 그러자 그는 작위를 포기할 권리를 위해 투쟁했고 결국 1963년 작위 포기를 허용하는 법안을 통과시켰다.

다이앤 애벗과 켄 리빙스턴을 비롯한 좌익 진영의 모든 사람들 가운데 유일하게 코빈만이 좌익 자투리 집단들, 골수 강경파이자 심각할 정도로 위험스러운 트로츠키주의자들과 친분을 유지하고 있다. 다른 사람들은 하나같이 코빈의 그런 태도를 용납하기 어려워하고, 1994년 이후에 노동당에 입당한 사람들도 누구든지 그렇게 생각한다. 그래도 코빈은 그들과 친분을 유지한다.

1990년대 말에서 2000년대로 진입하는 기간 내내 코빈은 좌익 시위에 출석 도장을 찍었다. 그의 관심사는 다양했지만 이념적 일관성은 한결같았고, 그의 행적에 대한 자료들은 잘 정돈된 그의 하원의원실에 깔끔하게 분류되어 보관돼 있다.

1998년 그는 이스라엘이 핵무기를 보유하고 있다고 폭로해 수감된 이스라엘 핵과학자 모르데차이 바누누Mordechai Vanunu를 노벨평화상 수상자로 추천하고, 노동당 전당대회에서 무기 거래의 폐해에 대해 일장 훈시를 했다. 또한 북대서양조약기구를 늘 미심쩍게 생각해온 그는 블레어가 지지한 세르비아 폭격도 비난했다. 1년 후 코소보 해방군이 세르비아와의 전투에서 북대서양조약기구로부터 공중 지원을 받자 아주 극소수 인사들과 더불어 그 지원에 반대했고, 이와 관련해 국제개발 담당 장관 클레어 쇼트Clare Short는 코빈을 비롯한 반대자들을 "노동당의 수치"라고 했다.[164]

코빈은 또 노동당이 포뮬러 원F1 소유주인 버니 에클레스톤Bernie Ecclestone으로부터 기부금을 받자 항의했다. 이는 담배광고 금지 대상에서 자동차 경주를 면제해주기로 한 정부의 결정과 맞물렸다(기부금은 결국 반환되었다). 또 그는 (많은 이들과 더불어) 밀레니엄 돔Millennium Dome 전시관 건설을 돈 낭비라고 비판했다. 코빈은 평화주의자들이 세금을 덜 내야한다고 주장하면서 하원에서 다음과 같이 말하기도 했다.

"영국 납세자들은 전쟁 시기에 양심적 병역 거부의 권리가 있다. 평화적인 시기에는 왜 그 같은 권리가 없는가?"[165]

맥도널드가 자사를 비판하는 책자를 만든 환경운동가 두 사람을 상대로 명예훼손 소송*을 하자 코빈은 거대 패스트푸드 기업을 비판하는 공식 발의를 하원에 제출했다. 또 한부모 가정에 대한 정부 지원을 삭감하는 법안에 반대했다. 그는 하이드 파크에서 대학 수업료에 대한 수수료 도입과 장학금 삭감에 반대하는 집회도 주관했다. 〈타임스〉는 그가 군중을 대상으로 연설하며 "부자들 엿 먹어라Fuck the rich"라고 했다고 보도했다. 며칠 후 〈타임스〉는 코빈의 말을 잘못 인용했다고 하면서 "부자들에게 과세하라Tax the rich"라고 했다고 정정 보도를 했다. 코빈은 좀처럼 욕을 하지 않으며, 한다고 해도 절대 공개 석상에서는 하지 않는다.[166]

그는 초당적인 하원 인권단의 부의장으로서 자신의 고국에서 추방된 차고스 제도Chagos Islands** 주민들의 비참한 처지에 대해 문제를 제기했다. 또한 1999년 신노동당 내무장관 잭 스트로가 칠레의 독재자 피노

---

*
1987년 1월 그린피스 소속의 데이브 모리스와 헬렌 스틸이라는 두 환경운동가가 "맥도널드, 무엇이 잘못되었나?"라는 전단을 배포하면서 시작된 사건이다. 나중에 맥도널드 명예훼손 사건으로 널리 알려졌다. 재판에 거금을 쏟아부은 맥도널드가 결국 7년 만에 승소하긴 했지만, 이 사건을 계기로 맥도널드의 제조와 판매 과정에서 문제점이 드러남에 따라 대중의 거부감이 증폭되는 결과를 낳았다.
**
인도양에 위치한 영국의 해외 영토다. 1965년 영국은 자국 식민지인 모리셔스로부터 차고스 제도를 매입했다. 1966년 영국 정부는 미국이 차고스 제도에서 가장 큰 섬인 디에고 가르시아Diego Garcia에 군사기지를 설치하도록 허용하는 협약을 맺으면서 이곳에 살고 있던 주민들을 강제로 퇴거시켰다. 1968년 영국으로부터 독립한 모리셔스는 영국과 미국의 협약이 독립 이전에 식민지 분할을 금지한 유엔총회의 결의를 위반했다며 차고스 제도의 주권을 주장했다. 차고스 제도를 둘러싼 영국과 모리셔스 간의 영토 분쟁은 현재 진행 중이다.

체트에 대한 범죄인 인도 요청을 승인하자, 당시 아내였던 브래키타와 수년 동안 그의 범죄인 인도를 요구해온 코빈은 신노동당이 하는 일에 늘 반대만 해온 사람으로서는 드물게 노동당 각료에게 이런 찬사를 보냈다.

"마침 인권선언 50주년을 맞이해, 잭 스트로는 올바르고 훌륭하고 용감한 결정을 내렸다."[167]

피노체트에 대한 범죄인 인도 운동을 벌이면서 코빈은 살해 협박도 받았고, 이즐링턴에 있는 그의 지역구 사무실에 다음과 같은 글귀가 적힌 포스터가 붙기도 했다.

"3천 명이 죽었다. 제러미 코빈, 다음은 너다."

그러나 스트로는 다음 해인 2000년 3월에 결정을 번복하며 피노체트를 석방했다.

21세기 초 50대에 들어선 코빈의 강성 이미지는 누그러질 기미를 보였다. 2001년 그는 '올해의 턱수염 상'을 받았다. 그의 수염은 신노동당에 대한 저항의 몸짓으로 해석되었다. 그 후로도 그는 '올해의 턱수염 상'을 다섯 차례 수상하게 된다. 그러나 코빈은 조용히 어둠 속으로 사라질 생각은 없었다. 좌익 진영 내 자신의 위상을 강조하듯, 하원 출입기자들과 어떠한 친분도 쌓지 않아온 그가 2004년 벤이 〈모닝 스타〉에 기고하던 칼럼을 이어받아 쓰게 되었다. 데이비드 워닉은 코빈이 자기 목소리를 낼 통로로 그 신문을 선택했다는 사실은 시사하는 바가 있다며 다음과 같이 말했다.

"공산주의 투쟁에서 매우 강경한 노선을 지향하는 사람들이 〈모닝 스타〉를 장악하고 있다."

2000년, 오랜 세월 동안 공화주의를 주장해온 코빈은 영국 왕실을

"버킹엄 궁보다 규모가 더 작고 소박한 거처로 옮기자"고 주장했다.[168] 2년 후 엘리자베스 여왕의 모친이 서거하자 그는 고인을 기리는 엄숙한 자리에 그의 특징인 붉은색 재킷을 입고 나타나 하원을 발칵 뒤집어놓았다. 한 신문기사에 따르면, 몇 년 후 이즐링턴에 있는 코빈의 집이 도둑을 맞았는데 훔쳐 갈 물건이 너무 없어서 화가 난 도둑들이 자동차를 타고 달아나면서 차창 밖으로 그 재킷을 내던져버렸다고 한다.[169] 그 기사에 나오지 않은 이후의 상황은 이렇다. 코빈의 그 유명한 붉은색 재킷이 도로 위에 널브러져 있는 모습을 보고 그의 지역구 유권자들 몇 명은 자기 지역구 의원인 코빈이 차에 치였다고 생각했다. BBC 기자는 코빈의 사무실에 전화를 걸어 코빈이 괜찮은지 확인했다.

코빈은 블레어 집권 기간 동안 세계를 누비며 돌아다녔다. 팔레스타인에 방문대표단 일원으로 참가했고, 뭄바이에서 열린 세계사회포럼에도 참석했으며, 체첸공화국 국민들을 지지하기 위해 모스크바에도 갔다. 그는 비핵화운동 활동을 계속했고 기후 변화(코빈과 가장 친한 형 피어스는 코빈과 달리 기후 변화에 회의적인 입장을 지니고 있다)에 대응을 촉구하는 발의에 서명도 했다. 2005년 코빈은 '베네수엘라에 간섭하지 말라 Hands off Venezuela'라는 회의를 주관하고 그 회의에서 연설도 했다. 벤은 자신의 일기에서 이렇게 감탄했다.

"코빈은 출중한 인물이다. 그는 30년 동안 중남미 상황을 예의 주시해왔다."

두 사람은 후에 우고 차베스를 런던에서 만났다. 베네수엘라의 이 사회주의 지도자는 하원에서 열린 리셉션에 참석하기에 앞서 리빙스턴의 초청으로 시청에서 연설을 했다.

이 모든 일들을 하면서도 코빈은 변함없이 자신의 지역구인 북이즐링턴에 충실했다. 지역 유권자들에게 헌신적이었으며 부지런히 지역구를 챙겼다. 이즐링턴 지역의회 의원인 게리 헤더의 말이다.

"그는 선거운동을 하면 가가호호 문을 두드리고, 문을 열어준 유권자들과 한 시간 반 동안 그들의 애로사항을 들어주는 경우가 다반사다. 우리는 그런 활동을 '제러미 짓 한다doing a Jeremy'고 한다."

내각 각료들에게 지역 문제를 거론해야 할 경우 코빈은 이웃 지역구인 남이즐링턴의 에밀리 손베리와 손을 잡았다. 손베리는 이렇게 말했다.

"정부 각료와 의논해야 할 지역 이슈가 있을 때, 솔직히 제러미가 각료에게 연락하면 들어줄 요청도 안 들어줄지 모르기 때문에 내가 만나자고 신청하고 우리 둘이 함께 만나러 간다."

코빈은 자기 지역구, 좌익 진영, 그리고 정당정치의 외곽에서 신노동당에 대한 우려 사항을 표출할 통로를 찾던 사람들, 특히 청년들을 중심으로 부상하던 운동 세력들에게는 잘 알려진 인물일지 모른다. 하지만 하원에서는 거의 고립무원이었다. 그는 하원 회의장과 다른 하원의원들이 어울리는 장소에는 발길을 하지 않았고 노동당 중앙당의 주간회의에도 참석하지 않았다. 2015년 코빈이 당수로서 처음 해야 할 일 중 하나가 노동당 중앙당을 대상으로 연설을 하는 일이라고 하자 한 중진 하원의원이 중얼거렸다.

"하원 건물 위치가 어딘지는 아는지 모르겠군."[170]

코빈이 첫 예비내각을 임명한 후, 에드 밀리밴드의 선거본부장으로서 그와 가깝게 지내온 루시 파월Lucy Powell은 코빈이 그녀에게 예비내각의 교육장관을 맡아달라고 하기 전까지는 코빈과 한 번도 말을 나눈 적이 없었다고 털어놓았다.[171] 헴즈워스 지역을 대표하는 하원의원이자 밀리밴드의 또 다른 측근으로서 코빈이 당수 선거운동을 조직하는 데 도움을 주게 된 존 트리켓Jon Trickett도 2015년 여름 전까지는 코빈을 거의 몰랐다고 했다. "하원은 매우 이상야릇한 곳이다"라며 트리켓은 다음과 같이 덧붙인다.

반평생을 하원에 바치고 이념적으로 같은 진영에 속해 있으면서도 딱히 죽마고우는 아니다. 물론 서로 안면도 있고 얘기도 나눈다. 코빈은 매우 유쾌한 사람이다. 따뜻하고 붙임성이 있다. 교조적이지는 않지만 매우 원칙적이다. 나는 하원 회의장에 가지 않는다. 그도 안 간다. 나는 술을 안 마신다. 그도 술을 마시지 않는 것으로 알고 있다. 런던 지역 하원의원이라면 다른 의원들과는 생활방식이 좀 다르다. 지역구가 코앞이기 때문에 하원에서 시간을 많이 보낼 필요가 없다.

블레어의 임기가 (고든 브라운이 보채는 가운데)• 끝나가면서 노동당 내 좌파들은 자신들이 내세울 후보를 물색했다. 존 맥도널은 브라운이 당수직을 승계하지 못하도록 하려고 출마하기로 결정했지만 같은 좌파 동료 마이클 미처가 경선에 뛰어들자 못마땅해했다. 2007년 블레어가 물러날 때쯤 미처는 맥도널을 위해 사퇴하겠다고 했지만 그의 지지자들이 모두 그의 뜻을 따르지는 않았다. 당수 후보들은 노동당 중앙당 의원들 가운데 12.5퍼센트의 지지, 즉 45명으로부터 지명을 받아야 하

•
1994년 노동당 당수 존 스미스가 사망하자 후임 당수로 블레어와 브라운이 유력한 인물로 떠올랐다. 둘 가운데 연장자인 브라운은 블레어가 양보하리라고 생각했지만 여론조사에서 블레어가 더 인기가 있는 것으로 나타나자 브라운은 몇 가지 조건을 내걸고 블레어에게 당수 자리를 양보하기로 했다. 즉, 블레어가 정권을 잡아 총리가 되면 두 번째 총리를 하고 물러나면서 브라운을 차기 당수로 지지해주고, 총리 재직 시에는 국내 정책과 관련해 브라운에게 전권을 준다는 조건이었다.

는데 맥도널은 목표치에서 16표 모자랐다. 브라운을 당할 경쟁자는 없었다. 코빈은 부당수 출마를 잠시 고려하며 〈가디언〉에 이렇게 말했다.

"아무것도 결정되지 않았다. …… 하지만 이라크전쟁에 반대하는 후보가 있어야 한다. 지금 후보들 중에는 그런 사람이 아무도 없다."[172]

코빈의 부당수 출마 계획은 불발되었고, 해리엇 하먼이 가까스로 앨런 존슨을 제치고 부당수가 되었다. 하지만 코빈과 맥도널 둘 다 소중한 교훈을 얻었다. 특히 맥도널은 8년 후 코빈의 이름을 당수 후보로 투표용지에 올리고는 매우 흡족해했다.

브라운이 총리로 재직한 기간을 지배했던 두 사건이 있다. 2008년 금융위기와 2009년 의원들의 부당 경비 지출 사건이다. 두 사건 모두 코빈이 2015년 당권으로 가는 길을 터준 중요한 사건이다. 의원들의 부당 경비 지출 기사를 터뜨린 〈데일리 텔레그래프〉는 코빈을 "천사"라고 묘사했다. 코빈은 공식적으로 가장 경비를 적게 신청한 의원들 명단에 이름이 올랐다.

코빈은 할로웨이 로드를 벗어나 있는 자기 집이 "나의 첫 번째 집이고, 두 번째 집이고, 세 번째 집이고 네 번째 집"이라고 큰소리쳤지만,[173] 그가 런던에 지역구를 둔 하원의원이기 때문에 제2의 부동산에 세금 지원을 받을 자격이 되지 않았다. 따라서 수도를 벗어난 지역에 지역구를 둔 동료 의원들처럼 공적자금을 남용하고 싶은 유혹을 받거나 이번처럼 남용하다가 적발될 가능성이 없었다. 이번 사건에서 보수당 의원들은 해자垓字•에 오리집이 있는 연못까지 딸린 저택에 공적자금 지원을 받았고, 노동당 의원들은 최신식 변기 좌대와 LCD TV에 세금을

• 중세에 적의 침입을 막기 위해 성 주위를 파서 만든 못이다.

썼다. 코빈이 어떤 하원의원보다도 경비를 적게 신청했다고(프린터 잉크 카트리지 8.95파운드) 널리 알린 기사[174]는 출처가 분명하지 않다. 카트리지 영수증은 해당 일사분기 경비 내역에서 누락되어 따로 기록되어 있었다.[175]

하지만 대부분의 의원들이 유권자의 비난이 두려워 봉급은 인상하지 못하고 대신 경비를 은밀한 추가 봉급으로 여기던 시절에, 코빈이 의회의 경비 지출에 대해 보인 태도는 칭찬받을 만하다. 코빈의 말이다.

"나는 자린고비 의원이다. 의원들은 사무실을 운영하고 보좌진에게 봉급을 주려면 경비를 신청해야 하지만, 신중해야 한다. 공적자금이니까."[176]

핀즈베리 파크에 있는 코빈의 지역구 사무실의 임대료는 한 해에 1만 2천에서 1만 4천 파운드다. 임대인은 윤리적 부동산 운용사Ethical Property Company로서 "영국에서 가장 역동적이고 영향력 있는 자선 단체들과 비영리 조직들의 활동을 지원하는 사무용 건물을 관리하는 독특한 사회적 기업"이라고 자사를 소개한다.

금융위기 발발로 도입된 긴축정책에 대해 분노가 일면서 2015년 노동당 당수 선거에서 좌파 후보에 대한 열망이 고조되었다. 따라서 부당 경비 지출 사건으로 주류 정치인들과 정치에 대한 불만이 팽배해지자 코빈이 승리할 여건이 조성되었다.

코빈의 경쟁자 앤디 버넘은 대중이 박살내고 싶어 하는 의원들의 시건방진 태도를 "웨스트민스터만의 딴 세상Westminster bubble"●이라고 적확하게 규정했다. 하지만 신노동당 정부에서 특별자문역을 역임하고 내

●
영국 의회가 민심과 현실로부터 동떨어져 있다는 뜻으로 쓰이는 표현이다.

무장관도 지낸 그의 이력은 대중의 열망을 십분 활용하기에는 부적격이었다. 등 돌린 민심을 사로잡고 변화를 열망하는 분위기를 십분 활용하게 된 사람은 코빈이었다. 에디 밀리밴드 선거팀에서 일했던 한 인사는 비꼬듯이 말했다.

"경비 지출 뉴스를 터뜨린 〈데일리 텔레그래프〉가 원망스럽다. 기성 정치에 대한 반감은 경비 지출 사건에 기인한 바가 크다. 기성 정치에 대한 반감이 어떤 식으로든 분출되기는 했으리라 생각하지만 그 사건이 아니었다면 이 정도로 반감이 컸을까? 나는 그렇게 생각하지 않는다."

코빈이 노동당 당권을 쟁취하는 데 기여했으나 간과된 또 다른 요인도 그가 자신이 소속한 당과 불편한 관계에 있었던 반란의 시기에 기초하고 있다. 그의 이즐링턴 친구 키스 비네스와 데이비드 라미는 코빈이 40여 년 동안 수없이 많은 대의명분에 헌신해왔기 때문에 당수 선거에서 유리한 출발점에 섰다고 생각했다. 비네스는 "제러미의 장점 중 하나는 그가 수십만 명에게 알려진 인물이라는 점이다"라고 말한다.

사람들은 피켓을 들고 코빈과 나란히 서서 시위를 했거나, 코빈이 그들의 모임에서 연설을 하는 등 이러저러한 이유로 그를 알게 됐다. 노동당의 어느 모임을 가도 사람들이 "내가 제러미를 만난 게 언제냐 하면 말이야"라는 말이 들린다. 그는 어떤 일이든 발 벗고 나섰다. 그게 그의 가장 중요한 장점이다. 북이즐링턴에서도 그는 그런 존재다. 그를 모르는 유권자가 없다.

다음은 라미의 말이다.

노동당은 운동을 원했다. 제러미는 수년 동안 운동을 이끌어왔다. 강경좌파, 과격파의 운동도 했지만, 정말 수없이 많은 운동, 헤아릴 수 없을 정도로 많은 고결한 명분의 운동도 해왔다. 인종차별에 강력히 반대하고 파시스트에 강력히 반대하는 운동들 말이다. 그게 제러미다. 제러미는 꾀부리지 않는다. 자기 시간을 엄청나게 쏟아붓는다. 그는 그걸 즐긴다. 대중을 보면 물 만난 고기가 된다. 대중의 관심에서 벗어나는 문제라도 제러미는 포기하지 않는다. (살해당한 10대 흑인 스티븐 로렌스의 부모인) 로렌스 부부가 뉴스에 등장하고, 경찰의 감독하에서 발생한 죽음이 뉴스에 등장하고, 마크 더건(총기를 소지한 경찰에게 희생된 그의 죽음은 2011년 폭동을 촉발했다)이 뉴스에 등장한다. 그러다가 관심이 시들해진다. 그래도 제러미는 여전히 싸우고 있다. 비핵화 문제가 뉴스에 등장하고, 트라이던트 미사일 문제가 뉴스에 등장한다. 그러다 사라진다. 그래도 제러미는 여전히 싸우고 있다. 바로 이 점이 중요하다. 그는 한결같이 시종일관 그런 일을 해왔다. 운동가들은 그를 안다. 내가 생각하기에 노동당 주류가 이해하지 못하는 것은 그러한 운동들이 계속되어왔고 그 운동을 한 사람들은 노동당에 발을 들여놓은 적이 없다는 사실이다.

코빈이 쌓아온 풀뿌리 운동이 당권의 초석을 다져놓았다.

Chapter 11

이라크

제러미 코빈은 연단으로 나가 군중 앞에서 연설을 시작했다.

"이 세상 누구든지 이라크전쟁에 반대할, 절대로 반대할 기회가 있습니다. 이라크에서 발생한 수천 명 이상의 죽음이 갈등, 증오, 절망으로 치닫고 있습니다. 이는 미래 세대에 전쟁, 갈등, 테러리즘, 절망으로 타오르게 될 것입니다."

그는 절규했다. 2003년 2월 15일 연단에 선 그를 그의 정신적 스승 토니 벤, 그의 전처 클라우디아 브래키타, 그리고 세 아들이 지켜보고 있었다. 런던 하이드 파크에 마련된 연단 앞에는 살을 에는 바람을 막으려고 옷을 겹겹이 두른 100만 명의 청중이 코빈의 경고에 귀를 기울이고 있었고, 그들 뒤로는 수만 명이 수도 런던의 도로들 수마일까지 장

사진을 치고 있었다.

주말이었던 2월의 그날, 수백만 명이 전 세계 모든 대륙에서 행진을 했다. 카이로에서 태즈메이니아의 호바트, 레이캬비크에서 뉴욕, 로마에서 부에노스아이레스, 다마스커스에서 마드리드, 도쿄에서 요하네스버그, 맨체스터에서 텔아비브에 이르기까지 72개 나라 789개 마을과 도시들에서 사람들이 행진했다. 남극 맥머도 연구기지의 과학자들도 눈 위에 드러누워 평화의 상징을 만들어 보이면서 30분 동안 집회에 동참했다. 바그다드에서는 시위자들이 거리 행진을 했지만 곧 공습을 받았다. 전체적으로 볼 때 2003년 2월 15일과 16일에 전쟁 중단을 요구하는 행진에 참여한 사람들은 3천만 명에 이르는 것으로 추산되었다.

평화 요구는 묵살당했다. 한 달 후 3월 20일, 이라크 해방 작전이 시작되었다. 미국과 영국은 이라크를 침공해 바그다드를 점령하고 독재자 사담 후세인을 축출했으며, 후세인은 2006년 12월 교수형에 처해졌다. 코빈의 예언은 현실이 되었다. 이라크전쟁이 거의 9년 동안 이어지면서 영국군 179명을 비롯해 100만여 명이 목숨을 잃었고(총 사망자 수는 여전히 논란거리다) 서로 다른 종파들 간의 유혈 내전이 발발해 오늘날까지 계속되고 있다. 2015년 10월 토니 블레어는 강경하고 잔혹한 테러리스트 집단 IS가 부상하는 데 이라크전쟁이 기여했다는 점을 인정했다.

앞선 행진을 주관한 전쟁저지연합의 지도부 일원으로서 코빈은 노련한 미국 인권운동가 제시 잭슨Jesse Jackson이 "전 지구 역사상 최대 규모의 시위"라고 묘사한 이 행진이 성공하는 데 자기 몫을 했다고 할 수 있다.[7] 그리고 당시에는 코빈도 예견하지 못했을지 모르지만, 그날 그의 연설을 듣고 난 후 자신의 시민권을 박탈당한 느낌을 받은 100만여 명의 영국인들은 훗날 코빈이 당권을 쟁취하도록 하는 데 직접적인 역할을 하게 된다. 그날 코빈의 주도로 이루어진 행진에 참여한 사람들의 말에 귀 기울이지 않은 인물, 토니 블레어에 대한 분노의 표출이었다. 이라크 침공으로 이어지기까지 팽팽한 긴장감이 감돌았던 수개월 동안 코빈과 알게 되거나 친구가 된 사람들은 2015년 여름 당수 경선 때 그의 주위에 모여들었고, 결속력이 강하고 매우 효율적인 선거팀의 기반이 되었다. 게다가 코빈은 전쟁에 반대함으로써 그의 신노동당 경쟁자들에게는 없는 도덕적인 권위를 확보하게 되었다.

전쟁저지연합은 이라크전쟁이 아니라 아프가니스탄 전쟁을 앞두고 2001년 창설되었다. 코빈과 좌익 진영의 그의 친구들은 누구 못지않게 9월 11일의 사태에 경악했다. 9·11 사태는 TV로 현장을 지켜본 사람들에게 잊을 수 없는 기억을 남겼다.

토니 벤은 처음에 뉴욕과 워싱턴에서 발생한 잔혹 행위가 1995년 오클라호마시티에서 연방정부 건물을 폭파해 168명의 목숨을 앗아간 티모시 맥베이Timothy McVeigh 같은 극우 테러리스트의 범행일지 모른다고 생각했다.[178] 그러나 며칠 만에 극악무도한 오사마 빈 라덴이 이끄는 알 카에다라는 집단이 배후에 있는 이슬람 지하디스트들의 짓임이 밝혀지자 미국이 무력으로 대응하리라는 점이 명백해졌다. 블레어 총리 정권하에서 노동당 지도부와 이미 멀어져 있던 좌파는 영국이 미국의 뒤를 따를까 봐 우려했다. 전쟁의 북소리가 워싱턴에서 울려퍼지기 시작하자 아프가니스탄에 대한 공격이 임박했음이 분명해졌다. 근본주의자 탈레반 정권이 빈 라덴을 은닉하고 있는 곳이 바로 아프가니스탄이라고 알려졌기 때문이다. 9월 20일, 미국의 조지 부시 대통령은 '테러에 대한 전쟁'을 선포했고 첫 공격 대상은 알 카에다였다.

아직 전쟁 초기였는데도 좌익 진영은 군사적 갈등이 중동 지역에

보다 광범위하게 퍼지게 될 것을 걱정했다. 노동당 정권하에서 국방장관을 역임한 평의원 피터 킬포일Peter Kilfoyle은 9·11 사태가 발생하고 2주가 채 지나지 않았을 때 미국의 잠재적인 공격 목표는 이라크라고 언급했다. 놀라운 예지를 보인 그는 다음과 같이 말했다.

"미국 정부 내의 매파(강경파)가 테러리즘을 척결하자는 본래 목적에 충실하기보다는 예전 일에 대한 앙갚음을 하는 쪽으로 의제를 형성해가려고 한다. 새로운 한 세대를 잠재적인 자살폭파범으로 만드는 일은 절대 해서는 안 된다."[79]

코빈도 2003년 〈모닝 스타〉에 기고한 글에서 이렇게 말했다.

"역사학자들은 지난 18개월 동안에 이루어진 보도 조작을 흥미롭게 여기고 연구하게 될 것이다. 9월 11일 이후 빈 라덴과 알 카에다가 만행의 주범이라는 주장이 신속하고 분명하게 이루어졌다. 이러한 주장은 탈레반에 대한 공격으로 이어지더니 은근 슬쩍 아프가니스탄의 정권 교체로 바뀌었다."

전쟁에 대한 우려가 점점 고조되자 코빈과 평화운동을 하는 그의 친구들은 서로 연락을 주고받으며 전쟁으로 흘러가는 사태를 막기 위한 계획을 세우기 시작했다. 9·11 사태가 발생한 지 2주가 지난 9월 25일, 좌익 정치인, 운동가, 평화운동가 2천여 명이 런던 중부 유스턴에 있는 프렌즈 하우스에 모였다. 그들은 며칠 앞서 미국 캘리포니아의 버클리 대학에서 결성된 시위대의 이름을 따 모임을 '전쟁저지연합'이라고 부르기로 했다. 버클리에서 결성된 운동은 이미 미국 전역의 대학가에 퍼져 있었다. 사회주의노동자당의 당원이자 〈소셜리스트 리뷰Socialist Review〉 편집장이었던 린지 저먼Lindsey German이 의장을 맡았다. 그녀는 연합이 결성된 과정과 그날 프렌즈 하우스의 분위기를 이렇게 설명한다.

9·11 다음 날 그들은 곧 (아프가니스탄) 전쟁과 알 카에다와 탈레반의 연관성에 대해 논의하기 시작했다. 공격이 시작된 다음 날 그들은 이라크 이야기를 하기 시작했다. …… 우리는 모두 생각했다. "이거 큰일 나겠다. 손을 써야겠다." …… 그래서 결정했다. 정말 대대적인 모임을 개최하기로. …… 도착해보니 큰 홀만 꽉 찬 게 아니라 (1,300~1,400명 정도) 작은 홀도 꽉 찼고, 안으로 들어오지 못한 500명 정도가 바깥에 있었다. 그래서 우리는 야외 모임도 했다. 정말 놀라웠다.[180]

청중 가운데는 토니 벤, 타리크 알리, 마이크 마커시 등과 같은 여러 좌익 인사들뿐만 아니라 비핵화운동 회원들, 영국 공산당 당원들, 잡지 〈레이버 레프트 브리핑Labour Left Briefing〉 직원들, 트로츠키주의자인 강경좌익 단체 노동자해방연합Alliance for Workers' Liberty 회원들도 있었다. 그들은 아프가니스탄이 '파멸'에 직면해 있고 그곳의 무력 충돌은 "인도 반도, 이란, 중동의 전쟁으로 확산될 가능성이 있다"는 저먼의 연설에 귀를 기울였다.[181] 또 다른 연사들 가운데는 비핵화운동의 전 의장 브루스 켄트Bruce Kent와 코빈이 있었다.

전쟁저지연합은 포괄적인 목표에 합의했다. 모든 지역에서 전쟁을 방지하고 종식시키기 위해 노력하되 곧 닥칠 아프가니스탄 사태에 집중하기로 한 것이다. 코빈은 그 이후로 전쟁저지연합에 자신이 바랐던 바는 전쟁으로 치닫는 세상에서 '평화, 희망, 정의'를 대표하는 일이었다고 말해왔다. 저먼은 전쟁저지연합의 의장에 임명되었고 코빈은 운영위원회 위원이 되었다. 벤은 회장을 맡았다.

9·11 사태에 뒤이은 몇 주 동안 부시 대통령은 아프가니스탄의 탈레반 정권에게 오사마 빈 라덴을 미국 측에 넘기라는 요구를 연속해서

발표했다. 탈레반 정권이 요구에 응하지 않으려 한 건지, 응하려고 해도 응할 수가 없었던 건지, 어쨌든 요구가 받아들여지지 않자 미국과 영국은 '항구적 자유 작전Operation Enduring Freedom'을 개시했고, 탈레반에 대한 이 전쟁은 그 후 13년 동안 이어지게 된다. 전쟁은 탈레반의 군사기지인 카불, 칸다하르, 헤랏에 대한 폭격으로 시작되었다. 아프가니스탄 반군 세력인 노던 얼라이언스Northern Alliance의 지원을 받은 영미 연합군은 처음에는 아프가니스탄을 비교적 간단하게 접수했지만, 탈레반 투쟁 세력 대부분을 체포하거나 살상하는 데 실패했다. 그들은 이웃 파키스탄, 지형이 험준한 오지, 아프가니스탄 사막지대로 숨어버렸다. 이제 지루한 비정규전이 시작되었다.

전쟁이 시작되자마자 전쟁저지연합은 시위를 계획했다. 트라팔가 광장의 집회를 시작으로 한 달 뒤에는 런던 중심부를 관통하는 행진을 했다. 시위대의 규모는 금방 불어나 2001년 11월 행진에는 2만 5천 명이 참가했다. 대규모 집회와 시위의 모양이 갖추어지기 시작했고, 영국 무슬림 지역사회의 지도자들과 정치, 종교, 예술계 인사들이 연설을 했다. 코빈, 벤, 알리, 극작가 해럴드 핀터Harold Pinter, 작가이자 방송인 존 필저John Pilger, 정치운동가 비앙카 재거Bianca Jagger, 조지 갤로웨이, 켄 리빙스턴도 연설자로 나섰다.

"이 광기는 도대체 누구를 위한 것인가? 얼마나 많은 사람들이 더 죽어야 하는가?"

코빈은 2001년이 끝나갈 무렵 한 반전 집회에서 열변을 토했다.

"세계에서 가장 부유한 나라가 폭탄에서 해결책을 찾는 이 문명은 도대체 어떤 문명인가?"[182]

벤은 이렇게 덧붙였다.

"고분고분한 의회와 비굴한 내각은 영국이 전쟁에 가담해야 하는지를 논할 권리조차 요구하지 않는다."[183]

2002년 1월, 테러에 대한 전쟁이 확산되리라는 좌익의 우려는 현실이 되는 듯했다. 부시 대통령이 연두교서에서 테러리스트를 지원하고 교사하는 불량국가 3개국으로 이루어진 '악의 축'이 존재하며 이들이 미국에 위협을 가하고 있다고 선언했다. 악의 축으로 거론된 나라는 이란, 북한, 이라크였다. 부시는 사담 후세인 독재 정권하의 이라크를 집중적으로 강력하게 비판했다. 후세인은 11년 앞서 부시 대통령의 부친인 조지 H. W. 부시 전 대통령이 제1차 걸프전에서 축출할 뻔했으나 실패한 인물이다. 1차 군사적 갈등 당시에도 코빈을 비롯한 인사들은 이라크와 중동에 대한 미국의 의도에 의구심을 표명했다. 1991년 캠페인 그룹 회보에 실린 글에서 코빈은 다음과 같이 말했다.

"미국에서 전쟁을 주도하는 세력의 목표는 유럽과 북미의 은행과 다국적 기업이 지배하는 세계 질서를 유지하는 일이다."[184]

2002년부터 2003년으로 이어지는 기간에 토니 벤이 쓴 일기에는 좌익 진영의 많은 이들이 느끼고 있던 우려가 극명하게 드러난다. 그리고 그런 생각을 한 사람들은 좌익 진영에만 있지 않았다. 부시가 날카로운 시선을 이라크 쪽으로 돌리고 있다는 사실을 세계가 서서히 깨닫게 되었다. 안타깝게도 전쟁을 향한 여정은 그렇게 시작되었다. 엉성한 증거 자료들이 제출되고 45분 동안 주장이 이어지고 무기사찰단이 거론되었다. 유엔 결의안을 확보하려는 외교적 노력이 무산되었고, 하원에서 반기를 들었지만 전쟁을 막지는 못했다.

2002년 9월, 전쟁저지연합이 주최한 행진은 40만 명이 몰려 런던에서 열린 최대 가두행진으로 기록되었다. 행진에 앞서 코빈은 시위를 통해 블레어가 영국 보통 사람들의 의견을 대변하지 않고 조지 부시를 대변한다는 사실을 전 세계에 보여줄 것이라고 말했다.[185] 코빈은 또 이렇게 말했다.

"이 나라에서 이 전쟁에 반대하는 세력은 지금까지 내가 본 어떤 세력보다 놀라운 연대감을 보여주었다. 기독교도도 동참하고 무슬림도 동참했으며, 젊은이와 어르신이 동참하고, 노조원과 평화운동가도 동참했다. …… 우리는 평화를 사랑하는 이 나라 국민들을 대변한다."[186]

허구한 날 시위와 집회에 참여하라고 독려하는 소수 좌익 운동가들 틈에서 그 긴 세월을 보낸 코빈으로서는 전쟁저지운동에 대중이 열광적인 반응을 보여 놀랐고 고무되었다고 털어놓았다. 어느 시점에는 동참자들의 수가 점점 불어나 수만에서 수십만 명에 이르게 되었다. 그는 "우리가 주류라는 사실을 깨달았다"고 말했다.[187] 새로운 경험이었다.

코빈은 하원에서의 반전운동에도 전면에 나섰다. 2002년 9월 가두행진 직전에 그는 참전에 반대한다는 의견을 기록으로 남기기 위해 명목상으로라도 발의안을 제출하는 반란을 일으킨 56명의 노동당 중앙당 의원들 틈에 끼어 있었다.

코빈은 그날 참전을 정당화하기 위해 정부가 제출한 악명 높은 '9월 서류September Dossier'를 읽고 경악했다. 그 서류에서는 이라크가 대량살상무기를 보유하고 있다는 명백한 증거를 인용하고 있는데 그 증거는 훗날 믿을 수 없는 정보로 드러났다. 그는 "아침 8시에 하원에 도착해 이 역사적인 문서를 읽었던 기억이 난다"며 이렇게 말을 이었다.

"정부 문서를 발간하는 출판국에 내가 제일 처음 도착했다. 8시 1분 전, 출판국이 업무를 개시하자마자 창구에 손을 넣어 문서 두 부를 낚아챘다."[188]

코빈은 한 부를 학자인 친구에게 건네준 뒤 그와 헤어져서 각자 따로 문서를 읽은 후 전화 통화를 하면서 얘기를 나누었다.

"이건 어불성설이야. 완전히 말도 안 돼. 이런 걸 누가 믿지?"[189]

그로부터 다섯 달 후 미국 국무장관 콜린 파월이 후세인이 보유했다고 의심되는 대량살상무기 다이어그램을 갖고 유엔총회를 설득하려 했을 때, 코빈은 즉각 그 주장이 허무맹랑하다는 사실을 깨달았다. 다이어그램은 아이스크림을 파는 밴van과 비슷했다며 그는 이렇게 말했다.

"실제로 아이스크림을 파는 밴이었을지도 모른다."[190]

이즈음 코빈은 전쟁저지연합 회원들과 매우 가까워졌다. 그들 가운데 많은 이들이 코빈이 당수 경선에 출마했을 때 소중한 도움을 주게 된다. 급진좌파와 평화주의 단체라는 서로 이질적인 집단에 소속된 인력들을 끌어모아 구성된 전쟁저지연합은 보통 단일한 이슈를 내세운 운동에서는 찾아볼 수 없는 훨씬 광범위한 집단을 대상으로 인재들을 활용할 수 있었다. 당연히 출중한 인물들이 부상했고 동기부여가 되어 있을 뿐만 아니라 전문성도 갖춘 집단이 형성되었다. 전쟁저지연합 활동을 하면서 실력을 연마한 사람들은 2015년 여름, 이론적으로는 경쟁자들이 그들보다 훨씬 경륜 있고 노련한 사람들이지만, 대중을 동원하고 조직화하는 능력에서는 그들이 더 뛰어나다는 사실을 보여준다. 2003년 런던의 거리 행진에 인구 60명당 한 명 이상을 동참시킨 노련한 운동가들이니 그로부터 12년 후 뜻밖에 당수로 선출된 후보를 위해 전국을 순회하며 집회에 군중을 동원하는 일쯤은 식은 죽 먹기였다. 당시 코빈이 만난 사람들 중에는 카멜 놀런Carmel Nolan도 있었는데, 그는 당수 경선 기간 동안 코빈의 공보관으로 뛰게 된다.

2002년 가을과 겨울을 지나 2003년으로 이어지는 기간 내내 가두

행진과 시위가 열렸고 2003년 2월 15일 대규모 전쟁저지연합 시위에서 절정에 이르렀다. 그 시위 규모에 모두가 놀랐다. 참가자 숫자만으로도 정부가 평화 요구를 묵살하지 못하리라는 희망을 잠시나마 품게 되었다. 그날 겪은 일들을 떠올리면서 코빈은 2015년 1월 하원에서 다음과 같이 말했다.

하이드 파크가 한눈에 들어오는 거대한 연단 위에 저와 함께 서 있던 많은 분들이 이 자리에 있습니다. 100만 명의 군중이 공원을 가득 메웠고 공원에 들어오지 못한 수십만 명도 그 자리에 있었습니다. 정치적으로는 근본적으로 저와 의견이 다른 분들도 그곳에서 봤습니다. 대중 집회나 모임에는 평생 참석해본 적이 없는 분들도 있었습니다. 그분들은 이라크에 대량살상무기가 있다는 증거 자료가 명백한 거짓말이라는 사실에 분개했고 그런 증거를 근거로 우리가 전쟁에 참가해서는 안 된다고 생각했습니다. 그 자리에 참석한 모든 사람들은 그날 교훈을 얻었습니다. 이 땅에서 우리가 대중으로부터 냉소적인 시선을 받는 이유는 부분적으로는 하원이 그 특별한 날 치욕적인 태도를 보였기 때문입니다.

타리크 알리도 블레어 정부가 평화를 요구하는 국민의 대대적인 요구에 귀를 기울이지 않았기 때문에 그날 행진에 동참한 사람들이 노동당에 불만을 품게 되었고 그러한 감정의 앙금은 코빈이 당수에 당선되고 나서야 말끔히 가시게 되었다고 믿는다. 실제로 그는 코빈이 당권을 쥐는 데 이라크 문제가 상당한 공헌을 했다고 생각한다. 이라크 침공이 참담한 결과를 낳았기 때문만은 아니다. 그날 가두행진에 동참했던 사람들이 느낀 소외감 때문이기도 했다. 알리의 말이다.

"이라크전쟁에 반대하느라 거리로 나선 사람이 100만 명이었다. 이라크전에 반대하는 시민들이 대대적으로 시위에 동참하면서 신노동당의 종말이 시작되었다."

하원이 영국군을 이라크에 파병할지 여부를 놓고 공식적으로 표결을 하려고 회의를 소집한 2003년 3월 18일만 해도 많은 사람들이 전쟁만은 피하게 되길 바랐다. 노동당 원내총무단은 하원의원들이 당론을 위반하지 못하게 하려고 강압적인 조치에 들어갔고, 여러 내각 장관들은 이에 맞서 사임하겠다고 위협했다. 결국 하원 지도자 로빈 쿡Robin Cook과 그보다 서열이 낮은 장관 두어 명만이 사임했다. 쿡이 하원에서 극적인 사임 연설을 하는 영상을 보면 코빈이 쿡 바로 뒤에 앉아 앞장서서 손뼉을 치는 모습을 확인할 수 있다(하원에서는 매우 이례적인 일로, 하원의원들이 손뼉을 치는 일은 거의 없다). 후에 그는 쿡의 연설을 "놀랍다"고 묘사했다.[91] 전쟁에 반대표를 던진 139명의 노동당 중앙당 의원들 가운데 자신의 결정을 후회한 사람은 아무도 없다. 전쟁에 반대표를 던지지 않은 244명 중 아주 소수만이 자신의 결정을 후회하게 된다.[92]

표결 직전에 블레어는 낙관적인 기대를 품고 코빈을 비롯한 전쟁에 반대하는 의원들을 하원 회의장 뒤에 있는 자신의 작은 사무실로 불러 모았다. 대화가 진전 없이 계속 제자리를 맴돈 지 30여 분, 블레어는 시계를 훔쳐보기 시작했다. 훗날 코빈은 그날 블레어와 다음과 같은 대화를 나누었다고 밝혔다.

"내가 그랬다. '토니, 한 가지만 물읍시다. 전쟁을 하는 이유가 뭐요?' 그는 탁자를 손으로 치더니 이렇게 대답했다. '그게 옳기 때문이오.' 내가 다시 말했다. '그건 내 질문에 대한 대답이 아니오.' 그러자 그가 말했다. '나는 그 대답밖에 달리 할 말이 없소.'"[193]

한밤중에 '충격과 공포'의 폭격과 함께 바그다드 공습이 시작되었다. 그러자 영국 내 분위기는 파병된 영국군에 대한 지지로 돌아섰다. 하지만 몇 달이 흐르면서 사망자가 속출하고 피해가 발생하자 대중은 환멸을 느끼기 시작했다. 특히 장담했던 것과는 달리 대량살상무기도 발견되지 않자 여론은 다시 돌아서기 시작했다. 이 모든 과정을 겪는 동안 시종일관 코빈과 전쟁저지연합은 아프가니스탄과 이라크에서의 군사적 갈등에 반대하는 입장을 견지했다. 2004년 2월 전쟁저지연합의 연례 총회가 열리고 난 후, 이라크 침공이 일어난 지 거의 1년이 되는 시점에 토니 벤은 자신의 일기에 다음과 같이 적었다.

"제러미 코빈의 연설은 뛰어났다. 인정해야겠다. 제러미는 생각이 깊고 경륜도 있고 신념이 분명하다."

지금처럼 그때도 코빈은 자신의 노동당 동료인 토니 블레어를 전범으로 여겼다. 2006년 3월, 전쟁이 발발한 지 3주년을 기념하는 뜻에서 코빈은 트라팔가 광장에서 열린 집회에 참석했다. 그 자리에서 블레어와 부시 정부가 저지른 스물여덟 가지 전쟁범죄가 낭독되었는데, 거기에는 "평화를 해친 죄"와 "허위 증거를 바탕으로 전쟁을 계획하고 저지른 죄"도 포함되었다. 그해에 코빈은 자기 말로 노동당 원내총무단의 "엄청난 압력"에 맞서서 이라크전쟁 조사위원회를 설치하는 일에 찬성하는 표를 던졌는데, 이 조사위원회는 의장인 존 칠콧John Chilcot의 이름을 따 칠콧조사위원회Chilcot Inquiry로 불리게 된다.[194] 다른 많은 의원들과 마찬가지로 코빈도 칠콧조사위원회의 활동을 지연시키는 사태들을 참기 어려웠다. 또 그는 여전히 블레어를 법정에 세워야 한다고 생각한다. 그는 2015년 당수 경선 기간 동안 BBC 〈뉴스 나이트〉에 출연해 이렇게 말했다.

"그가 전쟁범죄를 저질렀다면, 전쟁범죄를 저지른 사람이라면 누구나 그래야 하듯이, 법정에 서야 한다. 이라크전쟁은 불법적인 전쟁이었다. 그 점에 대해 나는 확신한다."

중동 문제는 늘 코빈을 매료시켰다. 이제 아프가니스탄과 이라크에서 군사적 갈등이 일어나자 그는 그 지역 내의 단체들과 접촉할 수 있는 정치적 경로와 인맥을 점차 적극적으로 찾아나서기 시작했다. 이 때문에 그는 지금도 여전히 비난을 받고 있다. 이라크 사태와 관련해 겪은 일들과 코빈이 주장해온 많은 대의명분들, 특히 국제적인 영역의 문제들과 관련해 당시에는 어리석고 위험한 행동으로 치부되었던 일들 가운데 훗날 옳았다고 평가받게 된 일들도 있지만, 코빈은 비판만큼은 받아들이지 않는다. 오랜 세월 동안 국제협력주의를 표방하고 인권을 옹호해온 코빈은 팔레스타인을 비롯한 분쟁 지역에 대해 분명한 자기 생각을 지니고 있다. 그러나 때로 그는 고집스럽고 그 지역들과의 연계가 다른 사람들의 눈에 어떻게 비칠지 헤아리지 않는다는 비난을 받아왔다. 오랜 세월 토니 블레어에게 반대하며 살아온 사람답게 코빈은 옳고 그름에 대한 자기 나름의 신념이 확고해져서 다른 사람들의 비난에도 아랑곳하지 않는다.

코빈에 대해 제기되는 가장 심각한 비판 가운데 하나로 2015년 당수 선거운동 당시 여러 차례 제기되었던 이슈는 반유대주의와 동성애 혐오, 여성 혐오, 지하드와 테러리즘을 옹호하는 발언을 공개적으로 한 이슬람 지도자들을 초청하고 연단에 그들과 어깨를 나란히 하고 섰다는 사실이다. 북아일랜드 문제에서와 마찬가지로 코빈은 중동 문제의 모든 당사자들과 기꺼이 대화하겠다는 입장이다. 그리고 북아일랜드 문제에서와 마찬가지로 그는 갈등의 한쪽 당사자와만 대화를 한다는 비판을 받았다. 코빈에게 그가 교류한 사람들이 했던 끔찍한 발언들을 지적해주면 그는 당시에는 그들이 그런 말을 한 줄 몰랐다고 주장하곤 했다. 그를 비판하는 사람들은 변명을 하는 코빈에 대해 부주의하거나 정직하지 못하다고 말한다.

코빈이 처음 당수 경선에 뛰어들어 뜻밖에 가장 높은 지지를 받는 후보로 부상하자, 그가 '우익 언론'이라며 무시하는 일간지 기자들은 코빈이 이슬람 집단들과 교류해온 오랜 역사 속에서 쉽게 기사 소재를 찾아냈다. 이스라엘에서 테러 공격을 한 팔레스타인의 하마스^{Hamas} 같은 단체 대표단과의 모임, 1982년 이스라엘의 레바논 침공으로 생겨난 정치운동 세력으로 폭력적인 군사조직을 거느리고 있는 헤즈볼라^{Hezbollah}와의 모임 등을 다룬 기사들이 수없이 많았다.

코빈은 중동에 대한 자신의 태도를 비판하는 언론에 예민하게 반응하면서도 동시에 아랑곳하지 않는 기이한 태도를 보이고, 해명을 요구하면 발끈한다. 2015년 당수 경선 초기에 그가 채널 4 뉴스의 방송인 크리슈난 구루-머시^{Krishnan Guru-Murthy}와 벌인 언쟁은 유명하다. 머시는 코빈이 하마스와 헤즈볼라 대표단을 '친구들'이라는 단어로 묘사했다는 점을 추궁했다. 코빈은 머시가 토론을 하찮게 만들고 "선정적인 보도를 한다"며 발끈하더니 자기가 그런 단어를 쓴 이유를 해명했다.

나는 그 단어를 그냥 한데 뭉뚱그려서 그들은 우리의 친구들이라고 말하는 데 사용한 것이다. 그렇다고 내가 하마스의 주장에 동의한다는 뜻인가? 그렇지 않다. 헤즈볼라의 주장이나 그들의 행동에 내가 동의한다는 뜻인가? 아니다. 내 생각에 그 단어가 의미하는 바는 평화 절차를 진행시키려면 근본적으로 의견이 다른 사람들과도 대화를 해야 한다는 뜻이다.

그러나 동성애자의 권리를 옹호하는 운동가이자 코빈의 오랜 동지인 피터 태첼Peter Tatchell은 그 상황에서 '친구'라는 표현은 매우 부적절하다고 생각했다.

"'친구들'이라는 단어가 극단주의자들의 마음을 사고 대화의 장으로 이끌어내기 위해 사용한 외교적 수사라는 제러미의 말은 변명에 불과하다고 생각한다."

태첼은 다음과 같이 덧붙였다.

그러면서도 코빈은 극우 집단인 영국민족당British National Party, BNP이나 영국방어연맹English Defence League, EDL, 그 밖의 유럽 파시스트 정당들에 대해서는 친구들이라는 단어를 쓰지 않았고, 같은 연단에 섰던 한 하원의원이 자신이 한 해명과 비슷한 해명을 했을 때 받아들이지 않았다. 그런 해명은 받아들이지 않는 게 맞다. 이슬람주의자들은 종교적 극우 집단이다. 그들은 민주주의나 인권을 존중하지 않는 신정독재 체제를 원한다. 우리가 친구라고 부르거나 찬사를 하거나 어떤 종류의 무비판적 교류도 할 가치가 없는 집단들이다.[195]

〈스펙테이터〉에 따르면, 중동 지역에서 대화를 추구한다는 공식적인 명분하에 코빈은 "놀라울 정도로 수많은 불쾌한 인물들"과 연달아 '친구' 관계를 맺었고, 친팔레스타인 집단들로부터 경비를 지원받아 그 지역에 수차례 방문했으며 이따금 자신의 세 번째 부인 로라 알바레즈가 동행하기도 했다. 여행 경비를 지원해준 집단들 가운데는 미국에서 활동이 금지된 영국의 자선 단체 인터팔Interpal이 있는데, 미국에서는 그 단체를 "하마스에 자금을 대는 조직망의 일부"[196]라고 여기고 있다(이 단체는 미국의 이러한 주장을 강력히 부인한다). 이외에 하마스와 연계된 팔레스타인 귀환센터 Palestinian Return Centre 도 있다.

코빈이 교류하는 중동 인사들 중 이브라힘 휴잇 Ibrahim Hewitt 이라는 인물이 있는데 그는 급진주의적 성직자로서 동성애가 사회구조를 와해시킨다고 말한 적이 있다.[197] 코빈은 그를 하원에 초청해 접대했다.

"나는 그를 매우 친한 친구로 여기고 있고 그가 정말 훌륭한 일을 해왔다고 생각한다."[198]

코빈은 다이르 야신 리멤버드 Deir Yassin Remembered 가 주관한 행사들에도 참석했다. 이 조직은 시온주의자 준군사집단의 학살 현장인 한 팔레스타인 마을에서 이름을 따왔으며, 홀로코스트를 부정한다고 자인하는 폴 아이젠 Paul Eisen 이 이끌고 있다. 그러한 모임에 대해 추궁을 받자 코빈은 "15년 전에 아이젠은 홀로코스트를 부정하지 않았다"며 이렇게 말했다.

"그가 홀로코스트를 부정했다면 절대로 상대하지 않았을 것이다. 나는 다이르 야신에서 자기 마을을 잃은 사람들의 처지를 보고 딱하게 생각했다."[199]

2009년 코빈은 디압 아부 자자 Dyab Abou Jahjah[200] 를 하원에 초대했는데, 레바논 정치운동가인 그는 동성애자들을 "에이즈를 퍼뜨리는 말종"[201]이라고 하고 영국 군인들을 "합법적으로 쏴도 되는 목표물"[202]이라고 말한 인물이다. 코빈은 당시 내무장관이었던 재키 스미스 Jacqui Smith 에게 친서를 보내 자신의 '친구' 자자에게 비자를 발급하라고 촉구했다. 당수 선거운동 기간 중에 〈선〉이 두 사람이 만난 사실을 보도하자, 코빈은 처음에는 부인하다가 두 사람을 찍은 사진이 보도되자 까맣게 잊고 있었다고 말했다. 자자에 대한 질문을 받자 그는 "내가 인종차별주의자라든가 반유대주의자라는 주장은 불쾌하기 이를 데 없고, 역겹고 심히 모욕적이다"라면서 "나는 평생 인종차별주의에 맞서 싸워왔다"고 주장했다.[203] 자자는 블로그에 올린 글에서 자신은 반유대주의자가 아니며 영국 군인들에 대해 한 말은 와전됐다고 주장하면서 코빈과의 관계에 대해 다음과 같이 말했다.

물론, 나는 제러미 코빈을 지지하고 그가 노동당 당수에 당선되어 영국인들을 위해 보다 나은 미래를 건설해주길 바란다. 나도 코빈 씨처럼 사회주의자이고 우리는 비슷한 가치를 공유한다. 그렇다고 해서 내가 모든 사안에 대해 그의 의견에 동의한다는 뜻은 아니고, 그도 또한 내 의견에 동의하지 않는 사안들이 있으리라 믿는다. 그는 당시에 나를 맹목적으로 지지하지도 않았고, 나 역시 지금 그를 맹목적으로 지지하지는 않는다. 진지한 사람들은 그런 식으로 사고하지 않는다.

코빈은 내무부에 대해 월권행위를 하고 2012년 시크 라에드 살라 Sheikh Raed Salah를 초청해 하원 테라스에서 차를 대접했다. 살라는 "매일 쌍둥이 빌딩으로 출근하는 4천 명의 유대인들이 2001년 9월 11일에는 출근하지 말라고 미리 언질을 받았다"[204]고 주장하고 동성애를 "중범죄"라고 했다.[205] 코빈은 그와의 만남에 대해 변명했다.

"우리는 장시간 대화를 나누었고 나는 내 의견을 분명히 밝혔다. 그는 나와 있는 동안 어떠한 반유대인 발언도 하지 않았다."[206]

훗날 논란이 된 또 다른 일은 2012년 코빈이 스티븐 사이저 Stephen Sizer를 옹호하는 탄원서를 쓴 일이다. 성공회 신부인 그는 부유한 유대인들이 9·11과 관련이 있다는 글을 페이스북에 올려 영국 국교회로부터

소셜 미디어에 글을 올리지 말라는 명령을 받은 인물이다.[207]

2015년 코빈이 압도적인 지지로 노동당 당수에 당선되기 한 달 전, 영국에서 가장 긴 역사를 자랑하는 유대인 신문 〈주이시 크로니클Jewish Chronicle〉은 코빈에게 그가 교류해온 인물들 가운데 일부 인사들과 관련해 해명을 촉구했다. 코빈은 처음에는 대응을 하지 않았지만, 결국 〈주이시 크로니클〉이 다음과 같은 사설을 1면에 싣자, 코빈의 선거팀 참모들 가운데 일부는 벙어리 냉가슴을 앓았다.

우리는 영국의 절대다수 유대인을 대표해서 코빈 씨가 노동당 당수로 당선되는 사태가 발생할지 모른다는 불길한 생각에 깊은 우려를 표한다. 그 이유는 그가 유대인에 대해 반감을 갖고 있다는 직접적인 증거는 없지만 홀로코스트를 부정하는 인사들, 테러리스트들, 그리고 공공연한 반유대주의자들과 교류하고 그들을 지지했다는 증거는 차고 넘치기 때문이다.

코빈은 마침내 이 사설에 대응하기로 했고 자신을 반유대주의자들의 친구로 묘사한 글을 "어처구니없는 오보"라고 했다.[208]

〈타임스 오브 이스라엘Times of Israel〉도 코빈이 승리하는 사태에 대해 우려를 표명하며 그가 당선되는 사태를 "대다수 영국 유대인들이 로슈 하샤나Rosh Hashanah에 받고 싶지 않은 선물"이라고 했다. 유대인 명절인 이날은 마침 2015년에는 코빈이 당수에 취임한 다음 날이었다. 이 기사에는 영국 유대인 대표단 회장 조너선 아쿠시Jonathan Arkush의 성명서도 실렸다. 그는 "코빈이 홀로코스트를 부정하는 인사들, 반유대주의 행적이 있는 인사들과 연계되어 있다는 보도와 이스라엘에 적대적인 그의 입장에 대해 유대인 지역사회는 매우 깊이 우려하고 있다"고 했다.

'노동당의 이스라엘 친구들Labour Friends of Israel' 의장 조앤 라이언Joan Ryan은 당수 선거의 투표권자들에게 코빈을 지지하지 말 것을 촉구했다.

"우리는 제러미 코빈이 과거에 취했던 입장과 행적과 발언에 중대하게 우려되는 사항이 있다는 점을 인식하고 있으며, 그로 인해 심각한 의문이 제기된다는 사실도 인식하고 있다."[209]

코빈의 선거팀은 그가 반유대주의자라는 주장에 적극적으로 반박 대응하며 다음과 같은 성명서를 발표하기도 했다.

제러미는 수년 동안 중동 문제에 깊은 관심을 보여왔고 자신의 견해와는 매우 다른 견해를 지닌 많은 사람들과 단체들을 만나왔다. 하지만 그는 오직 대화만이 평화를 가져올 수 있다고 믿는다. 홀로코스트는 인류 역사상 가장 참혹한 사건이었고 유대인들은 나치의 희생양이 되었다. 제러미의 부모를 비롯한 일부 영국인들은 이 나라에서 나치의 준동을 저지하기 위해 1936년 케이블 스트리트에서 시위도 했다.[210]

그러나 코빈의 선거운동원들 가운데 일부는 코빈이 적대적인 언론에 너무 익숙해진 나머지, 언론이 정당한 문제를 제기하는 경우도 분간하지 못하게 된 건 아닌지 걱정하며 속앓이를 했다. 코빈을 지지하는 한 저명인사는 코빈이 설사 자신에 대한 유대인 지역사회의 비판에 동의하지 않는다고 해도 노동당 지도자로서 그러한 주장을 일축해버리기보다는 우려를 불식시키려는 노력을 할 의무가 있다고 익명을 전제로 말했다. 이 인사는 또 이렇게 말했다.

"일부 유대인 지역사회는 그를 반유대주의자로 여기는 게 분명하다. 코빈은 반유대주의자가 아니다. 하지만 그가 하마스 및 헤즈볼라와 연계된 것은 분명한 사실이고, 그렇기 때문에 일부 유대인들이 그를 반유대주의자라고 생각하는 것이다. 코빈은 그 사실을 인식하고 이 문제를 정면승부로 해결해야 한다. 부글부글 끓게 내버려둬서는 안 된다."

그러나 타리크 알리는 중동에 관한 한 코빈의 행적은 깨끗하다고 생각한다. 반유대주의자라는 비판, 아니, 더 정확히 말하자면 반유대주의에 너그러운 태도를 보여왔다는 비판은 근거가 없다고 생각한다.

"어불성설이다. 유대인 대표단의 비판이나 〈주이시 크로니클〉의 보도가 그에게 큰 영향을 미쳤다고 생각하지 않는다. 팔레스타인 문제에 대한 그의 헌신적인 태도는 타의 모범이 될 만하고 그 점은 변하지 않을 것이다."

크리스 멀린은 다음과 같이 덧붙인다.

"코빈은 하마스와 대화를 해야 한다고 주장하는 바람에 엄청난 공격을 받고 있다. 그런데 그건 내가 정부에 있을 때 MI6•이 늘 하던 주장이었다."

로니 캠벨은 이렇게 말한다.

"그는 팔레스타인 사람들에게 우호적으로 대해주었다. 그는 그 지역에 평화가 정착하기를 원했다. 그가 반유대주의자라는 주장은 새빨간 거짓말이다. 그는 갈등이 종식되기를 바란다. 문제가 해결되기를 바란다."

그의 오랜 친구들 가운데는 다소 비판적인 사람들도 있다. 피터 태첼은 코빈의 외교정책에 대해 장문의 글을 썼다.

• 영국의 정보기관은 국내 전담인 MI5와 해외 전담인 MI6으로 나뉜다. MI는 Military Intelligence의 약자이고 공식 명칭은 SISSecret Intelligence Service이다.

그는 자신과 연단에 나란히 서는 사람들이 어떤 사람들인지 파악하지도 않고 극우 이슬람주의자들과 지나치게 무비판적으로 어울리는 등 경솔하게 행동해왔다. 나는 제러미가 그들의 극단주의적인 견해에 동의하지 않는다고 확신하지만, 인권 유린을 옹호하는 상당히 고약한 인사들과 교류하고 모임을 갖고 모임에서 연설을 한 이유를, 특히 그러면서 왜 그들의 전체주의적인 정치관에 대해서는 공개적으로 비판하지 않는지 더 상세히 설명할 필요가 있다고 생각한다.[211]

코빈의 외교정책과 관련한 입장에 대해 신랄하게 비판한 또 한 사람은 온라인 잡지 〈콰이어터스Quietus〉 기자 테일러 파크스Taylor Parkes이다.

코빈의 추종자들이 뭐라고 주장하든 코빈의 언행은 국제 외교가 아니다. 정상회담도 아니고 평화 회담도 아니다. 깜짝 홍보 쇼다. 평화나 아니면 그 비슷하게 어리석고 천진난만한 깜짝 홍보쇼다. 그렇다고 해도 사실은 변함없다. 이런 행적을 통해 어떤 건설적인 결과, 단 한 가지의 결과도 절대로 도출될 리 없다는 사실 말이다.[212]

코빈이 프레스 TV에 출연해 중동에 대해 한 발언은 더욱 큰 논란을 불러일으켰다. 프레스 TV는 이란 정부의 공식 TV 채널로서, 인권운동가들의 주장에 따르면, 반정부 인사들이 강요받고 한 자백을 방송한 채널이다. 코빈은 이란 정부가 핵 개발을 자제하겠다고 약속하기 전부터 이란에 대한 제재를 풀어야 한다고 끊임없이 주장해왔고 서방 세계가 이란을 사악한 집단으로 매도하고 있다고 통탄했다.[213]

당수 경선이 마무리되기 며칠 전 공개된 프레스 TV의 동영상에는

2011년 파키스탄 아보타바드에 있는 오사마 빈 라덴의 자택을 급습한 미국 네이비 실Navy Seals의 손에 오사마 빈 라덴이 처형당한 사건을 비극이라고 말하는 코빈의 모습이 담겨 있었다. "이건 암살 기도다. 그리고 또 다른 비극이다. 비극에 이은 비극의 연속이다"라고 말하면서 그는 다음과 같이 덧붙였다.

"뉴욕 세계무역센터 사건은 비극이었다. 아프가니스탄에 대한 공격도 비극이었다. 이라크전쟁도 비극이었다. 수만 명이 목숨을 잃었다."[214]

〈러시아 투데이〉와의 인터뷰 동영상도 공개되었는데, 여기서 그는 잔인무도한 이슬람 테러 단체 IS를 이라크에 파병된 미국 군인과 동일시했다. 이라크에서 갈등을 해소하려면 어떻게 해야 하느냐는 질문에 그는 이렇게 대답했다.

이라크 북부의 일부 도시에 거주하는 수많은 사람들이 IS 세력을 왜 기꺼이 용납했는지 그 이유를 받아들이고 이해해야 한다. 그들이 잔인한 것은 맞다. 그들이 끔찍한 일들을 저지른 것도 맞다. 하지만 미국인들이 팔루자를 비롯한 여러 지역에서 저지른 일도 마찬가지로 끔찍하다.[215]

코빈의 선거운동본부 대변인은 코빈의 이러한 발언에 대해 비판이 일자 이렇게 말했다.

"제러미 코빈은 IS 세력의 폭력적인 이념은 사악하고 혐오스러우며 그들을 저지해야 한다고 생각한다."[216]

정치인들, 특히 중진급 의원들은 경쟁 상대인 다른 당의 당수 선거에 대해 언급을 자제하는 게 관례다. 그러나 IS에 대한 코빈의 그와 같은 발언에 격분한 나머지 데이비드 캐머런이 코빈을 비판하면서 이 논란에 뛰어들었다.

"저런 태도는 철저히 잘못된 접근 방식이고 영국의 안보를 불안하게 한다."[217]

코빈이 당선되고 뒤이어 열린 2015년 보수당 전당대회에서 캐머런 총리는 한 술 더 떠서 코빈이 빈 라덴의 죽음과 관련해 한 말에 대해 다음과 같이 비판했다.

비극은 어느 날 아침 뉴욕에서 3천 명이 살해당한 일이다. 비극은 그날 다시는 퇴근해서 집으로 돌아오지 못하게 된 엄마들과 아빠들이 있다는 사실이다. 비극은 비행기가 건물을 들이받은 다음에 고층 건물에서 뛰어내린 사람들이 있다는 사실이다. 우리는 그가 우리의 안보를 위협하고 테러리스트들에게 동조하며 영국을 혐오하는 주장으로 우리가 사랑하는 이 나라에 타격을 가하도록 내버려두어서는 안 된다.

캐머런 총리는 2015년 12월 하원에서 시리아의 IS에 대한 공습을 승인할지 여부를 표결하기 전날, 코빈을 "테러리스트들에게 동조하는 자"라고 지칭한 점에 대해 사과하지 않겠다고 했다.

코빈은 지금도 여전히 전쟁저지연합의 회원이고 중동에 대한 군사적 개입을 반대한다. 그의 이러한 두 입장도 비판을 받아왔다. 그는 시리아 공습에 반대했고, 자신의 신임 예비내각 각료들로 하여금 자신의 입장을 따라 하원 표결에서 정부가 제시한 시리아 공습에 반대표를 던지게 하려고 어설픈 시도를 하다가 결국 실패하면서 당수 취임 초기에 최대 위기를 맞았다. 이라크전쟁과 관련해 자신의 주장이 옳은 것으로 증명되었기 때문에 그는 노동당 중앙당 의원들이 중동 지역에서 미국이 주도하는 또 다른 끝 모를 전쟁에 영국이 휘말리게 하는 우를 범하도록 내버려둘 수가 없었다. 그러나 그는 자신의 입장을 고수했고 이 때문에 힐러리 벤을 비롯해 예비내각 절반을 잃을 위기에 직면하게 되었다. 코빈이 마침내 당론 강요를 포기하고 자유 표결을 허용하자, 하원에서는 벤 의원이 자신이 소속된 당의 당수가 공습 반대 입장을 밝힌 지 몇 시간 만에 공습을 지지하는 강력한 연설로 박수갈채를 받으면서 토론을 마무리하는 진풍경이 벌어졌다.

표결이 끝난 직후 전쟁저지연합의 간부 존 리즈John Rees는 벤을 퇴출시키자는 온라인 청원운동을 시작했다. 예비내각 외무장관인 벤을 공격하는 기사가 전쟁저지연합의 웹사이트에 올라왔다. 이 기사는 2015년 11월 13일 파리에서 발생한 테러 공격을 서구 탓으로 돌리고, IS를 스페인 내전에 참가한 국제여단에 비유하며 다음과 같이 주장했다.

"결국 다에시Daesh•를 탄생시킨 지하드 운동이 캐머런이 주장하는 공습보다 훨씬 더 국제여단의 국제주의와 연대정신에 가깝다. 국제적인 지하드 운동이 노동자 계층과의 연대나 사회주의 혁명을 주장하는 국제 연대와는 달리 억압받는 무슬림들과의 연대 형태를 띠고 있다는 점만 빼면 말이다."

코빈은 전쟁저지연합과 거리를 두라는 충고를 받았지만 거절했다. 그의 친구 캐롤라인 루카스는 전쟁저지연합 부의장직에서 물러났지만, 노동당 당수인 코빈은 시리아 공습에 대한 하원 표결이 있은 지 열흘

• '이슬람국가'를 뜻하는 IS 혹은 ISIS라는 명칭은 테러 조직을 종교와 국가적 지위에 연결시켜 합법성을 부여하는 효과가 있다. 이 때문에 일부 아랍권과 서방 국가나 언론에서는 '다에시'라는 명칭을 대신 사용한다. 다에시는 ISIS를 아랍어로 표기한 말에서 앞 글자만 따 발음한 것이다.

후에 이 단체의 크리스마스 파티에 참석했다.

코빈이 내세웠던 수많은 대의명분과 마찬가지로 신임 노동당 당수로서의 외교정책, 특히 중동과 관련된 정책은 당을 분열시켰다. 결국 코빈에게 표를 던진 사람들은 코빈이 과거에 미심쩍은 인물들과 어울린 행적이 있지만 그를 평화주의자라고 결론 내렸다. 코빈과 경쟁했던 신노동당 노선의 후보들은 영국 국민들이 크게 지지하지 않은 이라크전쟁을 지지했다(당수 경선 후보였던 앤디 버넘과 이벳 쿠퍼는 둘 다 이라크 침공에 찬성했다). 하지만 코빈은 이에 반대해 통찰력을 입증해 보임으로써 그의 경쟁자들이 꿈도 꾸지 못할 권위를 얻었다.

코빈이 오랜 세월 동안 해온 정치운동은 그에게 정당성과 권위를 부여했다. 그리고 2003년 3월 이후 환멸을 느끼며 정치에 등을 돌렸던 사람들에게 다시 노동당으로 돌아올 이유를 마련해주었다. 2015년 1월 코빈은 하원에서 다음과 같이 말했다.

"나는 전몰자 추모기념관도 싫고 추모식도 싫다. 나는 우리가 이 세상에서 평화와 정의를 증진시키는 데 진정한 힘이 되었으면 한다."[218]

Chapter 12

분노에서
느긋함으로

2015년 5월 총선 투표일에 제러미 코빈은 북이즐링턴 지역을 집집마다 방문하며 유권자들에게 다시 한 번 믿고 표를 달라고 호소했다. 예순여섯 번째 생일을 3주 앞둔 시점이었다. 대부분의 사람들은 은퇴를 이미 했든지 아니면 은퇴를 생각할 나이지만 그가 여덟 번째로 출마하리라는 것은 누구도 의심하지 않았다. 정치는 50년 넘게 그의 삶이었다. 그의 결혼을 두 번 파탄 냈고 그의 생각을 지배했으며 친구 관계를 규정하고 그의 시간을 독점했다. 그는 하원을 떠난 삶은 상상할 수도 없었고 무엇보다 하원을 떠나고 싶지 않았다.

이제 코빈을 만나는 사람이라면 누구든지 그를 안정되고 느긋한 사람으로 묘사한다. 젊은 시절의 분노와 안달은 사라지고, 인생을 좀 더 느긋하게 바라본다고까지는 할 수 없어도 어느 정도 관조적인 태도를 지니게 된 것만은 분명했다. 그는 자기 자신의 모습에 만족했다. 인생이 그런 식으로 풀린 데 대해 흡족해했다.

북이즐링턴에서 코빈은 여전히 유권자들의 존경을 받고 있고 유권자들을 위해 일하는 데 긴 시간을 쏟아붓고 있다. 유권자들은 그의 지역구를 영국에서 서른 번째로 가장 안전한 노동당 텃밭으로 만들어주었다. 그에게 차점자보다 2만 1천 표를 더 안겨주는 지지로 보답한 것이다. 마거릿 호지는 2015년 초 지구당의 요청으로 북이즐링턴에서 열린 한 행사에 참석한 일을 떠올렸다.

"30년 만에 처음 그곳에 가보았는데, 제러미도 있었고 그의 연설도 들었다. 그때 퍼뜩 든 생각은 30년 전에 했던 연설과 똑같다는 사실이었다."

하원에서도 코빈이 지난 5년 동안 한 일은 이전 27년 동안 해온 일과 똑같았다. 설득력이 있는 일이든 아니든 정부에 반기를 드는 일이었다. 2010년 5월 고든 브라운 총리 정권하에서 노동당이 추락하고, 데이비드 캐머런이 이끄는 보수당과 자유민주당의 연립정부가 집권했어도 그의 정치 활동에는 아무런 영향을 미치지 못했다. 코빈은 거듭해서 반란을 일으켰지만, 에드 밀리밴드 당수가 이끄는 노동당에서는 한동안 느껴보지 못했던 편안함도 맛보았다. 밀리밴드의 최측근으로 꼽히는 존 트리켓은 2010~2015년의 기간 동안 의회에서 노동당 지도부는 코빈을 더 이상 눈엣가시로 여기지 않았다고 말한다. 코빈은 자신이 지지할 사항과 지지하지 않을 사항을 분명히 했고 좌파의 반란을 대놓고 조장하지도 않았다. 트리켓은 "코빈이 일부 전임 당수들보다 에드가 낫다고 생각했던 것 같다"며 다음과 같이 덧붙인다.

제러미는 일부러 사람들을 화나게 하거나 힘들게 하는 성격은 아니다. 당시에 에드가 하는 일 가운데 제러미가 원칙에서 벗어난다고 여기고 찬성표를 던지지 않을 일이 어떤 일인지 예측할 수 있었다는 느낌이 든다. 뜻밖에 뒤통수를 치지는 않았다. 최근 몇 년 동안은 반대를 조직화하려는 시도도 하지 않았다. 나는 그를 자신이 옳다고 생각하면 거리낌 없이 자신의 생각을 말하는 원칙주의자로 보았다. 그를 외톨이라고 하지는 않겠지만 그렇다고 체제를 전복하려고 세를 조직화하는 유형이라고도 생각하지 않는다. 오히려 '이게 나라는 사람이다. 이게 내가 표방하는 원칙이다'라는 것을 행동으로 보여주는 유형이다.

당수가 되는 과정에서 코빈은 여러 차례 밀리밴드의 조언을 구했고 그의 조언이 도움이 되었다고 생각한다.

2010~2015년의 기간 동안 코빈에게는 노동당이 좀 더 편하게 느껴졌을지 모르지만 결코 자신의 신념에 대해서는 타협하지 않았다. 총선 전, 밀리밴드가 이끄는 노동당의 정책이 총선에서 승리하기에는 지나치게 좌익 성향이라는 주장에 대해 어떻게 생각하느냐는 질문을 받고 그는 다음과 같이 말했다.

급진좌익 성향의 공약은 분명히 아니다. 무슨 공약을 내걸었더라? 국영철도 공공부문의 지분을 제한적으로 허용한다는 공약은 실제로 매우 높은 지지를 받고 있고, 최저임금 정책도 아주 괜찮지만, 경제 공약은 본질적으로 재분배 정책은 아니다. 사실 우리가 제시해야 할 정책은 바로 재분배 정책이다. 우리는 매우 불평등한 사회에 살고 있기 때문이다.[219]

분노에서
느긋함으로

하원에 재직하는 기간 내내 코빈이 가장 관심을 둔 정치 문제는 국제 문제였다. 처음에는 브라운에게, 그리고 나중에는 밀리밴드에게 자문 역할을 한 중진 인사는 자기가 자문 역할을 한 10년 동안 코빈은 한 번도 자신과 국내 정책에 대해 의논하지 않았다고 말했다. 밀리밴드와 더불어 코빈도 2013년 시리아의 아사드 정권을 겨냥한 공습에 반대표를 던졌다. 그는 트라이던트 핵무기 체계의 재계약에도 반대했다. 러시아와 블라디미르 푸틴 대통령에 대한 견해도 코빈답게 정도를 벗어났다. 2014년 우크라이나 사태 초기에 러시아가 크리미아 반도를 합병하자(하지만 우크라이나 동부에서 유혈 사태가 발생하기 전이다), 그는 푸틴을 가해자로 본 서구의 일반적인 분석을 거부하고 갈등의 근원은 북대서양조약기구의 "호전적인 태도에 있다"면서 러시아가 "아무 이유 없이 도발하지는 않았다"고 했다.[220]

코빈은 러시아가 소유하고 운영하는 모스크바 발 영어 TV 방송 〈러시아 투데이〉를 즐겨 시청한다. 그는 2011년 4월 윌리엄 황태자와 케이트 미들턴의 영국 왕실 결혼식 날 자신의 트위터 팔로어들에게 메시지를 날렸다.

"〈러시아 투데이〉를 보시오. 왕실 결혼 뉴스도 없고 대부분의 방송들보다 리비아에 대해 훨씬 객관적으로 보도하니까."

코빈은 사실 소셜 미디어 얼리 어댑터로서 2010년 2월에 트위터와 페이스북에 가입했다. 그 연배치고는 상당히 신식으로 소통한다. 그리고 2015년 당수 경선에서도 소셜 미디어의 덕을 톡톡히 보았다.

2014년 3월 토니 벤이 88세를 일기로 세상을 떠났다. 장례식에 참석한 코빈은 그를 애도했다.

광부 파업에서부터 이라크와 아프가니스탄의 참담한 전쟁에 대한 반대
운동에 이르기까지 나는 그와 함께 일하는 기쁨과 영광을 누렸다. 그는
우리에게 일기와 자신이 쓴 책을 남기고 멋진 추억도 남겨주었다. 그러나
우리의 귀감이 되어주었다는 사실이 무엇보다 소중하다.[22]

코빈은 마음속으로 무척 비통해했다. 그래도 코빈은 나이 60대에
도 끈끈한 우정을 이어가는 인사들이 여러 명 있고, 특히 하원에서 거
의 20여 년을 동고동락해온 최측근 동지 존 맥도널이 있다. 코빈은 여전
히 하원 내에서 인기가 많은 인물은 아니지만, 게리 애덤스 같은 아일랜
드공화주의자들을 의회에 데리고 왔던 옛 시절처럼 내놓은 사람 취급
을 받지도 않는다. 다소 신참에 속하는 하원의원들은 그를 개인적으로
잘 몰랐지만, 중진 동료 의원들은 그의 근면 성실한 의정 활동과 여러
가지 정치 활동에 헌신하는 태도를 존중했다. 런던에 지역구를 둔 노동
당 의원들은 특히 자신들이 도움을 청하면 언제든 마다하지 않는 그에
게 고마워했다.

2015년 4월, 총선을 몇 주 앞둔 시점에서 데이비드 라미는 동료 하
원의원에게 토트넘에서 선거운동 개시 연설을 해달라고 부탁하는 일을
깜빡 잊어버렸다. 동료 의원에게 연설을 부탁하는 것이 관례였다. 막판
에 코빈이 기꺼이 돕겠다고 뛰어들었고 늘 하던 대로 긴축재정에 반대
하는 연설을 했다. 그날 코빈과 함께 보낸 라미는 코빈은 여전히 자신의
신념에 투철했지만 그리 큰 야심은 없어 보였다고 말했다.

"그 시점에 제러미는 자신이 몇 주 후 당수 선거에 출마하게 되리
라고는 전혀 생각하지 못했다고 나는 확신한다."

마거릿 호지도 코빈이 기꺼이 내미는 도움의 손길 덕을 봤다.

2006년부터 2010년 사이에 나는 내 지역구인 바킹에서 지역의회 의석을 차지한 급진우익 성향의 영국민족당과 싸우고 있었다. 제러미는 이즐링턴 사람들을 자동차에 가득 태워서 나를 도우러 두세 번 왔다. 제러미는 그런 사람이다. 런던에 지역구를 둔 어떤 하원의원보다도 더 자주 와주었다. 나는 파시즘과 싸우고 있었고 파시즘은 그의 지역구까지 완전히 말아먹을 기세였다.

코빈을 잘 아는 하원의원들은 대부분 그를 신사로 여긴다. 호지의 말이다.

"그는 한결같이 언제나 정중하다. 나는 그가 성질내는 모습을 본 적이 없다."

에밀리 손베리는 다음과 같이 덧붙인다.

"나는 제러미를 아낀다. 그는 사적으로도 친구다. 그가 시간을 내달라면 언제든 내준다. 나는 그를 정말로 존경한다. 절대 타협하지 않는 그의 성품을 정말 존경한다. 그는 자기 원칙을 지키고 끝까지 싸운다. 그런 점이 마음에 든다."

동료 의원들과의 관계는 나아졌을지 모르지만 코빈의 옷차림은 1983년 의회에 입성한 이후로 거의 바뀌지 않았다. 하원의원 초창기보다는 약간 초라함을 덜었지만 결코 말쑥해지지는 않았다. 2015년 당수 선거에서 승리한 후 그의 (적어도 의회에서의) 독특한 패션 감각이 화제가 되었다. 대부분의 남성 정치인들이 입는 말끔한 양복과 넥타이 차림을 하지 않았고, 지난 총선 막판에는 정치인으로서 권위를 풍기는 정장 대신 편안한 유니폼을 택했다. 평소 넥타이를 매지 않는 그는 윗단추를 푼 와이셔츠 속에 흰 티셔츠를 받쳐입은 차림으로 하원에 등원하는 게 보통이었다. 그는 주부들이 즐겨 찾는 멈즈넷Mumsnet 사이트의 실시간 채팅을 통해 그 옷을 자기 지역구에 있는 시장에서 자그마치 1파운드 50실링(약 2,000~3,000원)을 주고 샀다고 털어놓았다.[222] 그는 코듀로이 재킷을 즐겨 입었는데 윗주머니에는 항상 안경과 펜이 꽂혀 있었다. 2015년 당수 선거운동 기간에는 무릎까지 내려오는 반바지에 무릎까지 올라오는 양말을 신고 찍은 사진이 공개돼 세간의 웃음거리가 되었다.[223]

코빈은 여전히 정치에 거의 모든 에너지를 쏟아붓지만 칠순이 가까워오면서 약간의 여가시간도 갖고 느긋해지기 시작했다. 그의 노동당 동료들이 기억하는 혼지 시절의 코빈, 지나치게 운동에 몰두한 나머지 여가를 즐길 여유가 없던 옛날과는 사뭇 달라진 모습이다. 지역 텃밭의 분양 대기자 명단에 오른 지 수년 만인 2003년 3월, 코빈은 마침내 이스트 핀칠리 지역에 있는 작은 텃밭을 분양받았다. 그는 이 텃밭을 우스갯소리로 '제러미 나라'라고 불렀다. 그는 여유롭게 채소와 과일을 키우며 행복한 시간을 보냈다. 여기서 수확한 것을 친구들에게 나눠주기도 했다. 2015년 당수 선거운동 중 가까스로 마련한 휴식 시간 동안 코빈은 자기 텃밭에서 수확한 과일로 잼을 만들며 한가한 시간을 보내기도 했다. 그는 감자, 콩 같은 채소와 딸기같이 씨 없는 과일과 사과를 길렀다. 그의 말로는 물을 자주 줄 필요가 없는 농산물이라고 한다.

수년 동안 쉬지 않고 일하는 코빈을 지켜보아온 그의 동료들은 코빈이 당수에 당선된 후 〈선데이 미러Sunday Mirror〉와의 인터뷰에서 한 이 말을 들었다면 놀라 까무러쳤을지 모른다.

"다른 일들도 즐긴다. 일만 할 수는 없지 않은가. 일만 하면 일을 제대로 하지 못하게 된다. 나는 텃밭과 정원에서 뭔가를 기르기를 좋아한다. 올해에는 옥수수가 아주 잘됐다. 거름을 아주아주 많이 줬다."

분노에서
느긋함으로

코빈의 다른 취미들 가운데는 독서도 있는데 가장 좋아하는 작가로 오스카 와일드, 예이츠, 나이지리아 작가 치누아 아체베$^{Chinua\ Achebe}$를 꼽은 적이 있다.^{224} 그리고 좋아하는 영화는 〈카사블랑카〉와 〈위대한 개츠비〉이다.^{225} 그는 달리기도 좋아해서 당수 경선 기간 동안에도 시간을 내서 이즐링턴 거리를 달렸고, 크리켓 경기 관람도 즐긴다.

코빈은 미국인이지만 열렬한 크리켓 팬인 친구 마이크 마커시와 장시간에 걸쳐 영국 팀의 성적을 두고 토론하기를 즐겼다. 아스널 풋볼 클럽의 골수팬인 그는 종종 비난의 포화를 받는 아르센 벵어$^{Arsène\ Wenger}$ 감독의 팬클럽 '우리는 아르센을 믿는다'의 회원이기도 하다.^{226}

그는 자전거도 열심히 타고 기차 여행도 매우 즐긴다. 10대 때 아버지의 자동차를 만지작거리며 보냈지만 환경 보호 차원에서 이제는 직접 운전을 하지 않고 가능한 한 대중교통을 이용한다. 코빈이 노동당 당수에 당선되고 몇 주 후 〈레일웨이 매거진$^{Railway\ Magazine}$〉이 그를 표지 모델로 쓰자, 코빈은 팔로어 수만 명을 거느린 자신의 트위터에 잡지 표지 사진을 찍어 올리며 좋아했다.^{227}

그가 가장 좋아하는 식당은 코벤트 가든에 있는 개비즈 다이너$^{Gaby's\ Diner}$이다. 이곳은 유대인 율법을 따르지 않고 조리하는 유대인 음식을 파는 델리로, 그는 존 맥도널과 함께 트라팔가 광장에서 열린 집회에 참가한 후에 이곳에 들르곤 했다. 맥도널은 "후무스 맛이 아주 그만이다"라고 말했다.^{228}

당수가 되기 전 하원에서 보낸 지난 몇 년 동안 마침내 코빈은, 데니스 힐리의 유명한 구절을 빌려 말하자면, 정치에서 벗어날 '도피처'를 만들고야 만 듯하다. 그는 당수 선거운동 기간 중 한 청중에게 긴 열차 여행을 하던 중 시도 쓰고 스케치도 하면서 시간을 보냈고 자신의 예술적 취향은 "믿어지지 않을 만큼 추상적인" 신선한 작품들이라고 말했다.[229] 그는 여전히 고양이를 기르고 있고 조금 시간을 내 TV를 보기도 하는데, BBC가 방송하는 그날의 축구 하이라이트와 역사 다큐멘터리를 즐겨 본다. 그의 친구와 지인들은 하나같이 그를 자상한 사람이라고 말한다. 크리스 멀린과 언론인 케빈 머과이어Kevin Maguire는 기차에서 코빈을 우연히 만나 그가 갖고 온 샌드위치를 나누어 먹은 일화를 들려준다. 노동당 자문을 지낸 데이비드 밀즈David Mills는 저녁식사 모임에 초대된 손님 가운데 노숙자에게 주려고 한다며 손대지 않은 페이스트리를 싸 가도 되겠냐고 묻는 사람은 코빈밖에 없다고 말했다.

친구와의 관계에서뿐만 아니라 가정에서도 코빈은 자신이 축복받았다고 생각한다. 그는 여전히 형들과 가깝게 지내고 있고 특히 피어스와 친하다. 그는 자주 저녁을 먹으러 들르는데 그때마다 가족의 화목을 깨지 않는 선에서 열띤 토론을 벌이곤 한다. 2013년 코빈이 간디평화상을 수상했을 때 그의 의원실 직원들은 하원에서 열린 시상식에 그의 첫째 형 데이비드를 초청해 깜짝 놀라게 해주었다. 데이비드는 국제적으로 권위 있는 상을 받는 영광을 누리게 된 막냇동생을 보면서 자랑스러운 마음을 표했다.

정말 감동적이었다. 동생 의원실 사람들이 수상 소식을 미리 알려주었고 내가 시상식에 참석해 수상 소감을 들을 수 있도록 배려해주었다. 해마다 주는 상이 아니다. 상을 받을 자격이 있는 사람이 있다고 판단될 때만 주는 상이라고 한다. 아무 관련도 없는 사람들이 독자적으로 판단해서 동생을 인정해주었다. 동생은 진정으로 세상을 더 나은 곳으로 만들려고 애쓴다.

간디평화상 측은 선정 이유를 밝혔다.

간디재단의 이사회는 30여 년에 걸친 의정 활동을 하면서 사회정의와 비폭력이라는 간디의 가치를 지키기 위해 끊임없이 노력해온 공로를 인정해 그에게 우리 재단의 국제평화상을 수여하는 데 동의했다. 열성적으로 일하고 지지도가 높은 지역구 하원의원이라는 점 외에도 그는 시간을 내 영국 안팎에서 인권을 지지하는 연설을 하고 글을 써왔다. 신식민주의 전쟁과 핵무기에 반대해온 그의 헌신적인 노력은 그에게 맞서온 사람들의 주장에 진실이 결여되어 있음을 되풀이해서 입증해왔다.[230]

시상식에 10분 늦게 도착한 코빈은(보통 하루를 쪼개 수많은 모임에 참석하는 그는 약속에 늦는 것으로 악명 높다) 자신이 그토록 존경하고 공감하는 위인을 기리는 상을 받게 되어 기뻤다. 그는 다음과 같이 수상 소감을 밝혔다.

간디가 삶의 초기에 한 언행들 때문에 그를 완전히 비판적인 시각으로 바라보는 사람들이 있다. 그가 런던에서 학교를 다니던 당시 양복을 입었다고 비난을 받았다는 그런 얘기들 말이다. 하지만 그의 삶 전체와 그가 평화와 정의를 위해 오랜 세월에 걸쳐 이룩해낸 위대한 업적으로 그를 평가해야 한다.[231]

2001년 코빈 형제는 둘째 앤드루를 떠나보내는 깊은 슬픔을 겪었다. 광산 엔지니어인 앤드루는 처음에는 아프리카로 가서 일했고 그 후에는 오스트레일리아로 갔다. 거기서 정착해 결혼하고 자녀를 두었고 오스트레일리아 서부 프리맨틀에 있는 머독 대학에서 광산학을 가르쳤다. 대학에 재직하면서 그는 긴 안식년을 내고 전 세계의 오지로 답사 여행을 다녔다. 가끔 학생들을 동반하기도 했다. 그는 자신의 탐험 목적지인 오지까지 쉽게 여행하기 위해 조종사 자격증을 따려고 했지만 중증 고혈압인 사실이 밝혀지자 자격증 취득을 금지당했다. 코빈의 맏형 데이비드는 앤드루가 생활방식이 건강하지 못하고 "해괴하기 이를 데 없는 식습관"이 있었으며 약을 안 먹으려 했다고 말한다.

앤드루가 답사한 지역들 가운데는 파푸아뉴기니도 있었다. 처음에 그는 가족과 함께 답사 여행을 다녔지만, 그의 부인이 현지 생활 여건을 견디기 힘들어하자 혼자서 정글 지역으로 탐사를 갔다. 그는 1980년대에 북이즐링턴 노동당 행사에서 동생을 도와주다가 부인을 만났다. 그는 파푸아뉴기니의 제2도시인 라에를 방문하던 중, 현지에 있는 한 식당에서 심장마비를 일으켜 사망했다. 향년 57세였다. 데이비드 코빈은 다음과 같이 말한다.

그는 툭하면 학생들을 데리고 오지 탐험에 나섰고, 정글로 데리고 들어가서 흥미로운 것들, 특히 지질학적으로 흥미로운 것들을 보여주었다. 그래서 비명횡사했다고 생각하겠지만 그렇지 않다. 병원이 지척에 있었고 응급 의료진이 금방 도착했지만 유감스럽게도 숨을 거두었다. 아마도 애초에 고혈압 때문에 아주 건강하지도 않았을 것이다.

키스 비네스에 따르면, 코빈은 우스갯소리로 앤드루를 "진짜 정신 나간 형"이라고 부르곤 했고, 피어스는 '진짜'를 빼고 그냥 "정신 나간 형"이라고 부르곤 했다. 비네스의 말이다.

분노에서
느긋함으로

"1987년 총선 당시 두 형이 다 돕겠다고 나타나자 제러미는 말했다. '정신 나간 우리 형 만난 적 있어?' 그래서 내가 물었다. '누구? 피어스?' 그러자 그가 말했다. '아니, 진짜로 정신 나간 우리 형.'"

앤드루의 시신을 영국으로 송환하는 일은 코빈이 맡았다. 비네스는 그때의 일을 이렇게 전한다.

"앤드루는 그곳 원주민의 명예회원이었다. 제러미는 그곳까지 가서 시신을 회수해야 했는데 원주민들이 장례식을 치르는 이틀 동안 베란다에 죽치고 앉아 있어야 했다. 앤드루는 정말 완전히 제정신이 아니었다."

코빈은 지금도 코빈 집안의 가족 모두와 가깝게 지내듯이 앤드루의 자녀들과도 가깝게 지낸다.

그는 전처 브래키타와도 사이좋게 지내고 장성한 세 아들에게도 헌신적인 아버지다. 아들들이 어렸을 때는 할로웨이에 있는 자택 내 분리된 공간에서 따로 살았지만, 나중에는 핀즈베리 파크 근처의 현재 시가 62만 파운드짜리 집으로 이사했다. 코빈과 브래키타의 맏아들 벤저민은 축구코치가 되었고 아스널 패밀리 클럽에서 5년 동안 지역사회 연락책으로 일했다. 후에 바넷 풋볼 클럽으로 옮겨 청소년 관련 업무를 했다. 유럽축구연맹 B 축구협회 자격증을 소지하고 있는 그는 현재 새로 생긴 프리미어리그 클럽 왓퍼드^{Watford}에서 청소년 코치로 일하고 있다. 스페인어가 유창해 이따금 선수들을 위해 통역도 한다.

이제 스물여덟 살인 벤저민에게도 아들이 있으므로 코빈은 할아버지인 셈이다. 코빈은 공개 석상에서 절대 손자 얘기를 하지 않지만 그 꼬마는 분명 코빈의 마음속에 큰 자리를 차지하고 있다. 야당 당수 집무실로 옮기기 전, 그의 비좁은 웨스트민스터 의원실에는 손자가 그린 그림이 보란 듯이 벽에 핀으로 꽂혀 있었다. 벤저민의 아들은 이즐링턴 지역구에서 열린 코빈의 당수 선거운동의 마지막 집회에도 참석했고, 집회장을 뛰어다니며 할아버지가 무대를 장악하는 모습을 만끽해 지켜보는 사람들을 미소 짓게 했다.

코빈의 아들들은 모두 정치적 신념이 강하고 그들의 신념은 부모로부터 물려받은 것이다. 그들은 아버지의 당수 선거운동 기간 동안 소셜 미디어를 사적인 용도로 전환했지만, 그전까지는 소셜 미디어를 통해서 좌익의 주장, 국제 문제, 특히 모친의 고향인 중남미와 팔레스타인 문제에 대해 자신들의 견해를 밝혔다. 벤저민은 아버지가 당수 경선에 뛰어들기 전까지는 노동당 지지자가 아니었다. 그는 페이스북에 다음과 같은 글을 썼다.

"나는 노동당에 환멸을 느낀다. 당원으로 가입한 적도 없다. 하지만 좌익의 대의명분을 위해 투표할 것이다."

벤저민은 또한 "팔레스타인: 점령을 종식하라"라고 쓰인 티셔츠를 입고 게리 애덤스와 2007년에 찍은 사진을 페이스북에 올려놓았다. 또다른 포스팅에서 단식투쟁을 하다 숨진 보비 샌즈의 묘를 방문한 이야기를 올리기도 했다.

가장 정치적 신념이 투철한 아들은 이제 스물네 살이 된 세바스천이다. 그는 대학을 졸업한 후 존 맥도널 밑에서 연구원으로 일했다. 당수 선거운동 기간 동안에는 핵심적인 역할을 맡아 적극적으로 활약했다. 아들 세바스천이 바람에 헝클어진 아버지의 머리카락을 가지런히 매만져주는 가슴 뭉클한 사진은 당시에 큰 화제가 되었다. 최근 코빈과 맥도널은 친족 등용으로 비판을 받았다. 맥도널이 절친 코빈의 아들인 세바스천에게 일자리를 주었다는 이유 때문이었다. 한 노동당 중앙당

의원은 다음과 같이 말한다.

"조지 오스본^{George Osborne•}이 데이비드 캐머런의 아들을 자신의 의원실 연구원으로 채용했다면 얼마나 비난이 쏟아졌을지 상상해보라."

이에 대해 코빈의 전 대변인 해리 플레처^{Harry Fletcher}는 다음과 같이 말한다.

많은 하원의원들과 오랜 세월 동안 일해왔지만 자기 보좌진을 공개 채용하는 사람은 한 명도 보지 못했다. 오늘날 (의회에서) 일하고 싶어 하는 사람이 너무도 많다. 그들을 일일이 다 살펴보고 선발할 수도 없고 하원의원들은 그럴 시간도 없다. 그러니 알음알음해서 채용하는 수밖에 없다. 옳은 방법은 아니다. 이상적인 채용 방법도 아니다. 하지만 더 나은 방법을 제시하는 사람도 없다. 누가 감히 세바스천이 그 일을 하는 데 적임자가 아니라고 할 수 있는가? 그는 케임브리지 대학에서 2:1^{••}을 받았고 매우 영리하다.

코빈의 막내아들 토머스도 형들 못지않게 정치 활동에 적극적이다. 그는 학교에 다니면서 휴대용 컴퓨터와 탁상용 컴퓨터를 수리하는 회사를 차렸다. 중등교육수료 자격시험을 친 후 학교를 그만뒀지만 최근에 요크 대학에서 기초과정을 수강하고 여러 컴퓨터 회사에서 기술 보조로 일했다. 지금은 다시 베터 PC^{Better PC}라는 자기 회사를 운영하면

• 현 재무장관이자 보수당 하원의원으로서 캐머런 정권의 사실상 2인자로 여겨졌다.

•• 영국의 학사학위는 5가지 등급으로 나뉜다. 1등급 학위^{First-class honours}, 상 2등급 학위(2:1)^{Upper second-class honours}, 하 2등급 학위(2:2)^{Lower second-class honours}, 3등급 학위^{Third-class honours}, 보통 학위(pass)^{Ordinary degree}이다.

서 노동당에서 시간제 자원봉사자로 일하고 있다. 당수 선거운동이 시작되자 코빈의 대변인 해리 플레처는 브래키타와 아들 셋을 모두 집 근처 술집에 데리고 가서 앞으로 집중될 언론의 관심에 어떻게 대처할지를 의논했다. 그들은 어떤 식으로든 언론을 대상으로 직접 발언하지는 않기로 했다. 그리고 브래키타와 세 아들은 그 약속을 지켰다.

코빈에게는 로라 알바레즈도 있었다. 코빈의 세 번째 부인이자 그가 마침내 자신의 삶에 맞아들일 마음의 여유가 생긴 여인이다. 두 사람을 연결해준 사람은 뜻밖에도 토니 벤이다. 1999년 코빈은 클라우디아와 이혼한 직후 소방관 노조를 위한 기금 모금 행사에 연설을 하러 갔다. 그 행사에서 코빈과 마찬가지로 연사로 초대된 벤에게 마르셀라 알바레즈Marcela Alvarez라는 멕시코 여성이 다가왔다. 친구를 따라 행사에 온 여성이었다. 그녀는 벤에게 사이가 소원해진 자신의 남편이 웨스트 서식스 주 크롤리에 있는 자기 집에서 일곱 살짜리 딸 재스민을 데리고 잠적했다고 말했다. 그녀는 훗날 다음과 같이 말했다.

"토니는 그 후 내 친한 친구가 되었다. 그가 나를 제러미에게 소개해주었고 제러미는 내게 도와주겠다고 약속했다. 토니는 제러미에게 정신적 스승 같은 사람이다. 두 사람은 매우 가까웠다. 가족 같았다. 제러미가 도와줘서 내 딸을 찾았다. 그가 발 벗고 나서서 여기저기 전화를 걸고 최선을 다해 도와주었다. 그의 도움이 아니었다면 나는 다시는 딸을 만나지 못했을지도 모른다."[232]

코빈을 처음 만난 직후 마르셀라는 당시에 멕시코시티에서 살고 있던 자기 여동생 로라에게 영국으로 와서 딸 찾는 일을 도와달라고 했다. 로라가 영국으로 온 후 두 자매는 또 다른 기금 모금 행사에 함께 갔다. 이번에는 핀즈베리 파크에서 열리는 행사였는데 거기서 또 코빈과

분노에서
느긋함으로

마주쳤다. 마르셀라의 말이다.

"우리 딸 사건 때문에 코빈과 내 동생이 만나게 되었고 두 사람은 사랑하게 됐다. 첫눈에 반했냐고? 모르겠다. 시간이 가면서 조금씩 호감이 생긴 것 같다."[233]

코빈은 웨스트서식스 경찰에게 연락을 했고 알바레즈 자매가 경찰관들과 만나는 자리에 동행했다. 경찰이 행적을 추적한 결과 마르셀라의 딸은 결국 미국 유타 주 옥든에 있는 것으로 밝혀졌다. 2003년 크리스마스 날 영국에서 마르셀라와 딸은 다시 상봉했다.[234] 언니가 딸 재스민과 다시 만나게 되자 로라는 다시 법학 공부를 위해 멕시코시티로 돌아갔지만, 코빈과는 계속 연락을 하고 지냈다. 마르셀라는 두 사람이 "수년 동안 장거리 연애를 했다"고 말했다.[235]

코빈보다 스무 살이 어린 로라 알바레즈는 다섯 남매 가운데 막내로 멕시코시티에서 비교적 가난하게 자랐다. 아버지는 집집마다 다니면서 치즈를 팔아 돈을 벌었다. 가족과 친구들은 그녀가 "평범한 소녀였지만 영리했다"고 말한다.[236] 법학대학을 졸업한 그녀는 2년 동안 빈곤한 시골 지역에서 지역사업 자금을 대출해주는 은행에서 일했다. 코빈과 장거리 연애를 한 긴 세월 동안에 그녀는 멕시코 국가인권위원회에서 일하기도 했다. 가족과 친구인 길 벨라스케스^{Gil Velasquez}는 다음과 같이 말했다.

"로라는 항상 다른 사람들을 돕는 데 열심이었다. 그녀는 양심이 매우 바른 사람이다. 매우 똑똑하고 한결같이 상냥하다."[237]

2011년 즈음 두 사람은 더 이상 떨어져 살 수 없다는 판단을 내렸다. 알바레즈는 런던으로 이주해 코빈의 새 집에 정착했다.

코빈은 자신과 정치적 이념이 같지 않은 사람과는 절대로 같이 못

산다고 말한 적이 있다.[238] 다행스럽게도 알바레즈는 그와 정치 성향이 맞아떨어졌다. 그녀는 지식인 노엄 촘스키의 글을 자신의 페이스북에 인용하고, 팔레스타인 문제에서부터 중남미 지역의 인권 문제에 이르기까지 코빈이 소중하게 생각하는 이슈들과 관련된 집회와 행사에 참석해왔다. 브래키타와 살 때도 그랬듯이 코빈은 알바레즈를 대중 앞에 내세우지 않는다. 당수 선거 전에 영국 언론에 그녀가 언급된 적은 딱 한 번 있었다. 2014년 3월 넬슨 만델라의 사망을 추모하는 런던 추모행사에 조문객으로 참석했다는 기사가 전부였다. 그나마도 코빈과의 관계는 언급되지 않았다.[239] 당수 선거운동이 시작된 지 한 달은 족히 지나서 피어스가 〈선〉과의 인터뷰에서 그녀에 대해 언급하고 나서야 대부분의 웨스트민스터 의원들도 코빈이 세 번째 결혼을 했다는 사실을 알게 되었다.[240]

2013년, 존경받는 17세기 작가이자 수녀인 후아나 이네스 드 라 크루즈Juana Inés de la Cruz가 살던 집인 멕시코의 아시엔다 파노야에서 두 사람의 결혼식이 열렸다. 두 개의 화산 포포카테페틀과 이즈타시우아틀 기슭에 자리 잡은 그곳은 지금은 관광 명소로서 식당, 동물원, 놀이공원이 갖추어져 있다. 결혼식에 하객으로 참석한 벨라스케스는 코빈이 영국에서 데리고 온 친구는 기자 딱 한 명이었는데 이름은 기억나지 않는다며 다음과 같이 말했다.

"결혼식은 아주 조촐하게 조용히 치러졌다. 그녀의 부모님과 오빠들, 가까운 친구 몇 명만 참석했다. 아름답고 낭만적인 결혼식이었다."[241]

하객들은 잔디밭에서 샴페인을 마신 후 식당에서 정찬을 했다.

코빈의 직계가족은 결혼식에 참석하지 않았지만 그들도 알바레즈를 좋아한다. 코빈의 아들들은 로라 옆에 나란히 앉아서 코빈이 노동당 전당대회에서 당수로서 처음 연설하는 광경을 지켜보았다. 코빈은 정치인들이 연설이 끝나면 으레 자기 부인을 무대 위로 불러올려 포옹을 하는 진부한 광경은 연출하지 않았다. 그들이 회의장을 떠날 때 톰이 로라를 팔로 감싸 취재진으로부터 보호해주는 장면이 포착되었다. 피어스 코빈은 로라 알바레즈에 대해 "그녀는 신념이 투철하고 적극적이다"라고 말했다.[242] 아마도 이는 대다수 남자들과 달리 코빈 집안 남자들의 배우자에게는 꼭 필요한 매우 중요한 자질이리라.

알바레즈는 코빈을 행복하게 해주었다. 코빈은 그녀가 언론에 노출되지 않도록 각별히 주의를 기울이지만, 믿을 만한 청중들이 모인 정치 행사나 의회의 여행에는 그녀를 기꺼이 동반했다. 마거릿 호지는 2015년 초 북이즐링턴에서 열린 한 행사에서 알바레즈를 만났다.

"코빈이 나를 그녀에게 소개해주었는데 매우 자랑스러워하는 것 같았다. 보기 좋았다. '어머나, 우쭐해하네. 푹 빠졌군' 하는 생각이 들었다."

알바레즈는 결혼 후 런던대학 소속 버크벡 칼리지에서 인권에 대한 강의를 들었다. 두 사람은 멕시코와 그 밖의 중남미 지역에서 휴가를 즐겼다. 알바레즈는 영국으로 돌아온 지 얼마 지나지 않아 유기농 공정무역 커피를 고향인 멕시코에서 수입하는 작은 회사를 차렸다. 당수 선거운동 기간 중에 〈메일 온 선데이〉는 알바레즈의 회사에 대한 폭로 기사를 실었다. 그녀가 수입하는 커피를 기르는 농민들이 최저임금에 못 미치는 보수를 받는다는 주장이었다.[243] 알바레즈는 자기가 남편의 선거운동을 망쳤다는 생각에 망연자실했지만, 코빈은 언론이 사생활을 침해했다고 생각해 노발대발했다. 코빈의 선거운동 관계자는 다음과 같이 말한다.

로라의 회사는 아주 소규모다. 이윤을 남긴 적이 없다. 그녀가 누구를 착취할 거라는 생각은 어불성설이다. 그녀는 기사가 나가고 매우 상심했다. 제러미에게 피해를 줄 일을 했다는 생각에 무척 괴로워했다. 제러미는 노발대발했다. 당수 선거운동 기간 중에 가장 최악의 시기였다. 그는 로라가 그녀 자신의 의사와 상관없이 선거에 끌려 들어가는 데 질색했다.

이즐링턴으로 이사한 후 로라는 코빈을 따라 선거운동도 하고 지구당 행사와 가족 행사에 참석하면서 코빈의 지역구에서 친숙한 얼굴이 되었다. 두 사람을 아는 사람들은 그녀가 코빈의 인생 말년에 사는 맛을 느끼게 해주었다고 한다. 자기 자신보다 다른 사람들과 대의명분에 오랜 세월 동안 헌신해온 남자의 삶에 차분하고 든든한 지원군이 생겼다는 것이다.

이것이 2015년 5월 7일 하원 선거에 다시 뛰어들 준비를 할 당시의 제러미 코빈의 모습이었다. 가정생활도 행복하고 든든한 친구들도 곁에 있고 정치 인생도 탄탄했으며, 앞으로도 더 많은 세월 동안 좌익 운동가로서 앞장서서 일할 나날이 기대되었다. 당시에 코빈에게 누군가가 "넉 달 안에 당신은 신노동당이 초기에 열광적인 지지를 누린 이후로 영국 정치 역사상 전례 없는 인기와 열렬한 지지를 받으며 노동당 당수 경선에서 압도적인 승리를 거두게 된다"라고 말했다면, 그는 아마 그런 말을 한 사람의 면전에 대고 폭소를 터뜨렸을지 모른다.

분노에서
느긋함으로

Chapter 13

폴커크 사태

스코틀랜드 폴커크의 지역 경제는 철강제조업이 기반을 이루고 있다. 밤 10시, 그곳이 지역구인 하원의원 에릭 조이스Eric Joyce는 이미 취했는데도 계속 술을 마시고 있었다. 하루 중 그맘때면 늘 그렇듯이, 웨스트민스터 사원 근처 한복판에 위치한 답답하리만치 비좁은 스트레인저스 바는 발 디딜 틈이 없었다. 하원이 파한 지 한참 됐지만 주중에 가족들에게 돌아갈 수 없는 지방 하원의원들은 몇 세기 동안 그래왔듯이 술집에 삼삼오오 모여 한잔씩 하면서 그날 하원에서 있었던 일에 대한 정치 뒷얘기로 시간을 때우고 있었다.

2012년 2월 22일, 그날 하원의 분위기는 살벌했다. 연립정부가 제안한 국립건강보험 개혁안에 대한 총리질의응답에서 데이비드 캐머런과 에드 밀리밴드가 충돌했고, 뒤이은 개혁안에 대한 토론도 험악했다. 스트레인저스 바의 분위기도 처음과 달리 곧 살벌해지기 시작했다.

노동당 소속인 조이스와 그의 친구들이 술집 한쪽에서 술잔을 들이켜고 있었고, 보수당 의원들은 손님인 캐나다의 하원의장 앤드루 시어Andrew Scheer를 황당한 애기로 즐겁게 해주며 왁자지껄하고 있었다. 그때 누군가가 한 말이 조이스의 심기를 건드렸다. 조이스는 비틀거리면서 보수당 의원들 쪽으로 다가가 술집이 "빌어먹을 보수당 의원 천지"라고 하고는 펏지Pudsey가 지역구인 보수당 하원의원 스튜어트 앤드루Stuart Andrew를 머리로 받아버렸다. 딱히 그를 겨냥하지는 않은 것으로 보인다.[244]

이어 난투극이 벌어졌다. 조이스는 다른 보수당 의원들 몇 명과 그들이 접대하던 손님들에게 주먹을 휘둘렀다. 경찰이 출동했고 팔다리를 휘젓는 조이스는 수갑이 채워져 근처 경찰서 유치장으로 끌려가 거기서 밤을 보냈다. 그는 나중에 네 명을 폭행한 혐의를 인정했고, 노동당으로부터 징계를 받은 후 2015년 5월 총선에는 불출마한다고 발표했다. 그날 밤 만취한 조이스는 본의 아니게 일련의 사건들을 연쇄적으로 촉발시켰는데, 이는 그로부터 3년 후 제러미 코빈이 노동당 당수에 당선되는 결과를 낳게 된다. 정치학자 필립 카울리는 코빈이 당수가 된 후 다음과 같이 말한다.

"이 모든 사건의 발단은 스트레인저스 바에서 사람들을 두들겨 팬 에릭 조이스로 거슬러 올라간다."

2015년 9월 코빈이 승리한 근본적인 이유는, 얼핏 이해가 안 되겠지만, 그의 전임자 에드 밀리밴드가 노동당 내에서 자신의 영향력을 확고히 하고 자신이 노조의 하수인이 아니라는 점을 증명하려고 했기 때문인데, 그 출발점이 조이스와 폴커크였다.

에드 밀리밴드는 2010년 총선에서 노동당이 패배하고 보수당과 자유민주당의 연립정부가 꾸려진 후 그해 9월 노동당 당수로 당선되었다. 치열한 경쟁 끝에 에드 밀리밴드가 노동당 내 우파의 지지를 받던 자신의 친형 데이비드를 근소한 차이로 이긴 결과였다. 경선은 1980년부터 적용해온 선거인단 체제하에서 치러졌는데, 선거인단은 하원의원과 유럽의회 의원들로 구성된 집단, 평당원들로 구성된 집단, 노조를 비롯한 노동당 유관 단체들의 집단, 이렇게 세 집단으로 구성되며 각 집단에 똑같은 비중이 주어졌다. 따라서 의원 한 명의 표는 평당원 수천 명의 표, 유관 단체 회원 수만 명의 표와 맞먹었다.

형 데이비드가 의원과 평당원의 집단에서 동생 에드를 이겼지만 에드는 선거인단 가운데 노조가 포함된 집단에서 압도적인 승리를 거두어 판세를 뒤집었다. 일부 노조들은 동생 밀리밴드가 당선되기를 절실히 바란 나머지 선거 책자에 회원 투표용지를 넣어 배포하기도 했다. 처음에 당선되었을 때만 해도 에드 밀리밴드는 선거인단 제도를 바꿀 생각이 전혀 없었다. 그 제도 덕분에 자신이 당선되었는데 왜 바꾸겠는가. 그러나 당수가 되고 첫 몇 년을 보내면서 그는 형이 당선되었어야 하는데 그가 부당하게 당수직을 빼앗았고, 당에서 폭넓은 지지를 얻지 못했으니 정통성이 없다는 비난을 받았다. 이러한 세간의 인식을 바꾸기 위해 그는 당수 선출 규정을 바꾸는 방법을 택했다.

이러한 변화를 촉발한 도화선은 폴커크에서 발생한 투표 조작 사건이다. 이 지역에서 2000년 보궐선거에 당선되어 스코틀랜드의 센트럴 롤랜즈에 있는 스털링셔를 대표해온 에릭 조이스 의원이 2015년 총선 불출마 선언을 하면서 공석이 된 의석을 두고 유나이트Unite라는 노조의 노조원들이 노동당 후보를 선출하는 경선을 조작하려다가 기소되었다. 조이스는 2015년까지 하원에 남았지만 차기 총선에서 그를 대체할 후보를 뽑는 절차는 2012년 그가 노동당 중앙당에서 축출된 지 몇 달 만에 시작되었다. 그런데 2013년 3월 투표가 조작되었다는 주장이 나오고 상호 비방이 난무하면서 경선 절차가 중단되었다. 유나이트 노조가 노조 사무총장 렌 매클러스키Len McCluskey의 친구인 케리 머피Karie Murphy에게 유리하도록 폴커크 지구당의 표를 조작하려 했다는 게 핵심이었다. 케리 머피는 톰 왓슨Tom Watson의 사무장도 지냈다. 현재 부당수인 톰 왓슨은 당시에는 2015년 선거운동을 책임지고 있었고 폴커크 추문이 터지면서 선거운동본부장 자리에서 물러나게 되었다.

조이스가 사임한 직후 스코틀랜드 지역의 유나이트 노조 의장 스티븐 딘즈Stephen Deans가 폴커크 지구당 의장이 되었다. 조이스가 의원일 때 100여 명 정도이던 당원이 두 배 이상 늘어났다. 새 당원들 가운데는 그 지역 제철소 노동자들과 유나이트 노조원들이 많았다. 케리 머피가 선출되고 나서 당원 가입 신청서가 위조되었고 협박과 괴롭힘이 자행되었다는 충격적인 주장이 제기되었다. 그러자 지구당은 경선 절차를 중단하고 경찰에 수사를 의뢰했다. 형사재판까지 가지는 않았지만, 나중에 노동당 전국집행위원회에 제출된 내부보고서에는 "경선 절차를 조작하려고" 본인도 모르게 사람들을 당원으로 가입시켰다는 결론이 내려졌다. 머피는 경선 출마가 금지되었고 새로운 후보 캐런 화이트Karen White가 선출되었다. 나중에 머피는 잘못이 없는 것으로 밝혀져 노동당에 복당했다. 화이트는 상당한 격차로 스코틀랜드국민당에 패배했다.

폴커크에서 발생한 이 추문은 당시에 언론의 헤드라인을 도배했지만, 장기적인 여파는 없을 듯싶었다. 그러나 웨스트민스터에서 이 추문은 일부 의원들에게 기회를 제공했다. 당수에 당선된 후 노조와 당내 좌파에게 매여 있다는 인상을 주지 않으려고 애쓰던 에드 밀리밴드의 측근들은 폴커크에서 벌어진 사태의 추이를 경계심 있게 지켜보았다. 노조와 좌파 세력들이 지구당을 접수하려 했던 1980년대의 악몽으로 되돌아간 듯했다. 밀리밴드와 그의 측근들은 언론 보좌관 밥 로버츠^{Bob} ^{Roberts}와 정치 보좌관 애나 이얼리^{Anna Yearley}에게 폴커크 사태를 해결하라고 하면서 추가로 취할 수 있는 조치가 있는지 모색했다. 밀리밴드의 선임 보좌관은 이제 이렇게 털어놓는다.

우리는 폴커크 사태를 두고 상당히 치열하게 싸웠고 결국 우리가 원하는 대로 마무리되었다. (그러나) 폴커크는 사실 내부 문제였다. 폴커크 사태를 해결하고 이를 발판으로 더 큰 상징적인 행동으로 에드 밀리밴드가 당을 개혁하는 조치를 취해야 한다는 시각이 있었다. 사람들은 조직의 힘으로 정치를 하는 행태를 일소하고 노동당 내에서 더 포괄적인 변화를 일으킬 기회로 보았다. 폴커크 사태가 나기 전까지만 해도 당을 개혁하는 일은 우리 계획에 없었지만, 그 사건을 계기로 더 큰 변화를 일으키고 "에드가 당을 개혁한다"는 인상을 주어야 한다는 공감대는 분명히 있었다.

밀리밴드는 당수 선출 방식을 개혁해 자신을 비판하는 우파 세력에게 노조가 노동당에 부당한 영향력을 행사하지 않는다는 점을 입증하고 싶었다. 타리크 알리는 다음과 같이 말한다.

"바로 그게 참 얄궂은 점이다. 좌파가 블레어 부류들을 달래려고 당을 개혁한다니 말이다. 정말 웃기는 일이다."

2013년 봄 어느 주말, 밀리밴드 팀은 이 문제를 논의하기 위해 런던 북부 다트머스 파크에 있는 밀리밴드의 자택 정원에 모였다. 이날 논의에서 나온 결론은 노동당 당수 선출의 새로운 방식을 도입하는 데 결정적인 역할을 하게 되고, 이 방식으로 치러진 2015년 경선에서 좌파 후보가 압도적인 지지로 당선된다. 의도적이었을까? 대부분의 노동당 사람들은 그렇지 않다고 생각한다. 그러나 다트머스 파크 모임에 참석했던 밀리밴드의 사람들 중 존 트리켓과 사이먼 플레처^{Simon Fletcher}가 코빈의 당수 선거운동팀에 합류하게 된 점은 시사하는 바가 있다. 특히 플레처는 새로운 당수 선출 방식을 십분 활용해 자신이 미는 후보를 승리로 이끌었다. 노동당의 한 중진 관계자의 말이다.

> 밀리밴드가 만든 새로운 규정 덕분에 코빈이 당선되었다. 사정은 이랬다. "다시는 유나이트 노조에 휘둘리는 모습을 보여서는 안 돼. 그러려면 내가 그렇게 호락호락한 사람이 아니라는 걸 보여주되 노조들을 완전히 열받게 하지는 않을 방법을 찾아내야 해. 그러니 우리 집 뒷마당에 모여 의논을 좀 하세. 노동당의 사정을 모르는 사람들을 모으고 노동당을 잘 아는 사이먼도 불러서 얘기해보세."

밀리밴드에게 정신적인 스승과 같았던 트리켓은 "폴커크 사태 이전까지만 해도 당 개혁은 당수가 중요하게 생각한 의제가 아니었다. 하지만 '1당원 1표'를 바탕으로 한 선거인단 방식에 밀리밴드가 즉각 솔깃해졌다"며 다음과 같이 말한다.

> 하원의원인 내 한 표가 당원 3천 명의 표와 맞먹는다니, 말도 안 된다는 생각은 늘 해왔다. 21세기 대명천지에, 맙소사, 정치 엘리트가 주야장천

나라를 좌지우지한다니 절대로 바람직하지 않았다. 복종의 시대를 끝내고 바람직한 민주주의 시대를 열기 위해서는 하원의원들의 표가 다른 사람들의 표보다 더 큰 비중을 차지하는 특혜는 누리지 말아야 한다.

밀리밴드의 자택 정원 모임 끝에, 전 노조원이자 노동당 사무총장을 역임한 레이 콜린스Ray Collins 경에게 당수 선출 규정을 6개월 동안 검토하는 일을 맡겨 1인 1표를 기반으로 한 새로운 선출 방식을 만들기로 했다. 노동당 정당강령 부서의 제니 스미스Jenny Smith와 데클란 맥휴Declan McHugh가 그를 돕는 데 차출되었다. 그러나 밀리밴드와 그의 팀이 최종적인 결과물을 만들어내는 데 깊이 관여하리라는 점은 분명했다. 맥휴는 당수 선출 규정을 검토한 작업에 대해 이렇게 말했다.

노동당은 당수 선출 규정을 개정하는 일이 토니 블레어가 노동당의 핵심 강령인 제4조를 개정한 일과 맞먹는 일이고 시대의 변화에 발맞춘 조치라며 여론을 몰아갔다. 중요한 개혁이었다는 점은 부인할 수 없다. 그러나 결과물은 신중하고 정교하게 만든 개혁안이 아니었다. 정치적인 공황 상태에서 사태를 수습하고 궁극적으로는 노조와 타협한 결과물이었다.[245]

해괴한 점은 당수인 밀리밴드 자신을 포함해서 그의 최측근들 누구도 그로부터 2년 만에 밀리밴드를 대체할 새 인물을 뽑는 데 자신들이 만든 새 규정이 이용되리라는 점을 깨닫지 못했다는 사실이다. 사실 2015년 총선에서 노동당이 다수당이 되리라는 자신감을 주는 여론조사도 없었다. 게다가 밀리밴드가 타의에 의해 당수직에서 물러나거나 자발적으로 사임할 가능성이 매우 높은데도 불구하고, 노동당 진영에

폴커크 사태

서 가장 중요한 역할을 하는 인물을 결정하는 데 새 규정이 그렇게 빨리 시험대에 오르리라고 생각한 사람은 아무도 없었던 듯하다. 오히려 밀리밴드 측은 2015년 여름이 아니라 2016년 런던시장 선거의 후보를 선출할 때 새 규정을 시범적으로 운영해보게 되리라고 생각했다. 그런 잘못된 예측이 낳은 여파는 오래갔다.

2014년 2월 마무리된 당수 선출 규정에 관한 검토서의 도입부에서 콜린스 경은 밀리밴드의 지시에 따라 착수한 자신의 임무를 규정했다.

"에드가 중점적으로 추구하는 목적은 노동당을 탈바꿈시켜 모든 유권자에게 다가가는 진정한 일반 당원 중심의 당이 되는 것이다."

그는 검토서를 통해 1당원 1표 방식을 제안했고 의원들이 후보를 지명하는 절차를 통해 후보들을 사전 검증하는 방식을 채택했다. 그 방식에 따라 노조가 투표에 참가하려면 공식적으로 당원 가입을 해야 했다. 기존의 체제와는 상당히 달랐다. 존 트리켓은 이렇게 말한다.

노동당과 노조의 관계에 대한 정당성 논쟁은 늘 있어왔다. 개인적으로 나는 노동당이 노동자들의 대중적인 정당이 되기를 늘 바랐다. 그리고 새로운 규정에서도 그대로 유지된 단체 가입 방법과 노조원들이 개별적으로 노동당 당원이 되는 방법 둘 다 시행할 수 있다고 생각했다.

노조원 자격과 노동당 당수 경선의 투표 참여 자격의 직접적인 연결고리를 끊음으로써 밀리밴드는 자신에게 붙은 노조의 주구走狗라는 꼬리표를 떼어내기를 바랐던 것이 틀림없다.

1당원 1표 체제를 도입하면서 에드 밀리밴드의 측근들은 하원 연단에 서서 언론과 나라 전체를 대상으로 하원의원들을 대표할 당수를 선출하는 데 의원들의 영향력을 상당히 줄이는 효과도 보았다. 그 규모와 파급력이 어느 정도일지 당시에는 거의 아무도 예견하지 못한 근본적인 변화였다. 노동당의 한 중진 관계자의 말이다.

"레이 콜린스가 절대 그 체제를 만들지 않았다. 그 체제를 실제로 고안한 사람들은 그동안 의회의 영향력이 너무 막강했다는 인식을 분명히 했다. 그들에게 가장 큰 수확은 지나치게 막강한 노동당 중앙당의 영향력을 제거했다는 점이다."

존 트리켓은 다음과 같이 덧붙인다.

하원의원들에게 더 이상 특수 역할을 부여하지 않는 문제를 두고 격론이 벌어졌다. 나는 처음부터 그게 옳지 않다고 주장했다. 새 규정에 따르면 그러한 역할은 제거되었다. 하원의원은 200~300명에 불과하지만 그 외의 노동당 당원은 50만 명이 넘는다. 그게 내 생각이다. 1당원 1표. 그 방식이 훨씬 평등하고 수평적이다.

콜린스 검토서에는 순수한 1당원 1표 체체에서 벗어나 비당원들도 '등록 지지자registered supporters'로 가입하면 당수 선출에 참여할 수 있도록 허용하자는 제안이 있었다.

당원이 아니거나 노동당 제휴 단체의 회원인 개인들도 당에 지지자로 등록하면 당수 선출에 참여할 수 있다. 그러려면 노동당이 표방하는 가치에 대한 지지를 표명하고 연락처를 당에 제공하고 선거인 명부에 이름을 올리고 당비를 내야 한다.

콜린스는 당비의 구체적인 액수를 규정하지는 않았지만, 노동당 내부 관계자들의 말에 따르면 명목상의 당비이므로 액수는 미미하게 책정한다는 계획을 염두에 두었다고 한다. 새로운 규정을 만드는 당사자들은 비당원들을 당수 선출에 참여시키는 방식을 오픈 프라이머리 Open Primary 형식을 도입하는 것으로 보았다. 이 방법은 미국의 두 개 주요 정당이 일부 주에서 자기 당의 대통령 후보를 선출할 때 채택하고 있고, 영국에서는 일부 소수 지역구에서 보수당이 채택하고 있다. 프랑스의 사회주의 정당도 당비 1유로만 내면 지지자들이 대통령 후보 선출에 참여할 수 있도록 하는 오픈 프라이머리 방식을 시범적으로 운영해왔다.

공교롭게도 코빈과 캠페인 그룹 회원들은 처음에는 정식 당원에게 불공평하다는 이유로 '등록 지지자'에게 투표권을 주는 데 반대하는 쪽이었다. 새로운 당수 선출 규정을 만드는 데 관여한 한 인사는 현재 한 해에 당비로 50파운드를 내는 정식 당원들과 비슷한 권리를 등록 지지자들에게도 부여하는 방식이 불공평하다는 주장을 일축한다.

"바로 그런 주장 때문에 해가 갈수록 당세가 위축된다. 정당이 할 일은 새로운 사람들에게 적극적으로 다가가는 것이다. 새로운 사람들이 당에 동참하도록 할 유인책이 필요한데 당수 선출에 투표할 수 있도록 하는 방식은 아주 훌륭한 유인책이다."

이 새로운 체제는 "잠입entryism•에 취약하다"는 주장도 있다. 즉, 노동당 내 좌파든 우파든 방해꾼들이 잠입해 경선을 맘대로 주무르게 된다는 주장이다. 이 주장에 대한 격론이 2015년 당수 경선 과정 내내 일

•
특정 조직이 자기 조직의 회원이나 지지자들을 부추겨 주로 규모가 더 큰 조직에 가입시킴으로써 자기 조직의 영향력을 확대하는 정치 전략이다.

었고, 보수당 지지자들과 심지어는 보수당 하원의원들도 노동당에 가입해 코빈에게 표를 던짐으로써 훨씬 주류에 가깝고 이론적으로는 보수 진영에 훨씬 위협이 되는 인물을 떨어뜨리려 한다는 주장이 제기되었다. 코빈의 경쟁자들이 불만을 제기하자 노동당은 급진좌파 진영 지지자들을 걸러내는 '숙청' 작업에 들어갔다.

잠입이라는 주장에 대한 진실이 무엇이든 간에 3파운드의 당비를 내면 비당원들도 당수 선출에 참여하도록 한 결정은 결국 2015년 당수 경선에서 보다 광범위하게 대중의 관심을 불러일으켰고 결국 코빈이 승리하는 데 도움이 되었다. 존 트리켓은 다음과 같이 말한다.

"그런 선출 방식이 틀림없이 결정적인 역할을 했다. 선거인단의 구성을 바꾸고 선거인단의 결정 방식을 바꾼 게 결정적인 발판이 되었다."

데이비드 라미는 이렇게 덧붙인다.

"에드 밀리밴드가 3파운드 방침을 들고 나오자마자 새 규정을 자의적으로 운용하려는 움직임이 신속하게 일어났다. 조직화할 수 있는 수단도 분명이 존재했다. 게다가 제러미는 선거운동에 전력을 다하며 공을 들이는 사람이므로 간판인물로 내세우기에는 더할 나위 없이 제격이었다."

노동당 내에서 코빈의 당선을 개탄하는 많은 인사들은 새 당원이나 지지자들을 모집할 때 "마감 시기를 설정해놓지 않은 건 큰 실책이었다"고 말한다. 즉, 마감 시기를 경선에 출마할 후보들이 결정되기 전인 경선 초기로 설정해서 선거인단이 특정 후보와 연관되지 않도록 했어야 했다는 얘기다. 그렇게 했다면 당은 신규 가입자들을 상세하게 조사할 충분한 시간을 확보할 수 있었을 테고, 코빈의 경쟁자들에게도 그런 편이 훨씬 나았을지 모른다. 즉, 특정 후보가 대중의 인기를 얻게 되면서 그 후보를 당선시키려는 의도를 지닌 사람들이 신규 당원으로 등록하는 일을 미연에 방지했을지도 모른다는 얘기다. 코빈의 경쟁자들은 코사모(코빈을 사랑하는 사람들의 모임)에 대해 노동당원이 아니라 코빈 추종자라고 불만을 토로하지만, 앤디 버넘의 선거본부장을 지낸 존 리할John Lehal은 이렇게 말한다.

이런 절차를 만든 사람은 제러미 코빈의 선거 총참모 사이먼 플레처다. 노동당은 전혀 준비를 하지 못했다. 인정할 건 인정하자. 마감하고 이틀 만에 투표용지를 나눠주는 법이 어디 있는가? 후보들이 정해지기 전에 신규 당원 등록을 마감했어야 했다. 마찬가지로 신규로 등록한 당원들에 대한 확인 절차도 거치지 않고 투표용지를 나눠주지는 말았어야 했다. 노동당이 제대로 하지 못한 게 한두 가지가 아니다. 이런 일을 겪으면 '노동당이 자기 당 선거도 제대로 치르지 못하는데 나라의 경제나 공공정책을 맡겨도 되나?' 하는 생각이 든다.

그러나 밀리밴드 팀에서 일했던 톰 볼드윈은 이 의견에 거의 공감하지 않는다.

에드 밀리밴드가 만든 개혁안을 비난하는 당 주류 사람들은 남 탓할 자격이 없다. 이 개혁안에 따르면 어느 누구든 나서서 사람들을 노동당에 가입시킬 수 있다. 그런데도 지난 수개월 동안 개정된 절차에 대해 불평만 쏟아냈지, 제러미 코빈처럼 새로 가입시킬 사람들을 효과적으로 모으지는 않았다.[246]

그렇다면 당수 경선을 비당원들에게 개방했기 때문에 좌파 후보가 당선될 수밖에 없었을까? 꼭 그렇지만은 않다. 콜린스 검토서는 후보로 나서려는 사람들이 일정한 수의 노동당 의원들의 지명을 확보해야 후보 자격을 얻을 수 있도록 했기 때문에 노동당 중앙당 의원들에게 여전히 후보들을 선별할 권한을 주고 있었다. 규정이 바뀌기 전에는 노동당 중앙당의 12.5퍼센트의 지지를 받아야 했는데, 이는 2010년 당수 경선으로 치면 당시 노동당 중앙당 의원 257명 가운데 33명의 지명을 받아야 후보 자격을 얻는 셈이다. 코빈의 친구 존 맥도널은 2007년과 2010년 모두 이 조건을 충족시키는 데 실패했다. 이 규정은 노동당 중앙당의 지명을 확보하지 못하는 자격 미달 후보들을 걸러내는 역할을 했다.

폐쇄적인 선거인단 구성을 개방하고 하원의원들의 특권을 제거하면서 후보 지명 절차는 어느 때보다 훨씬 중요해졌다. 새로운 규정의 의미를 인정하는 뜻에서 지명 절차는 1당원 1표 체제로 치러지게 되었고, 밀리밴드 팀은 후보 자격의 요건을 중앙당의 20퍼센트 혹은 25퍼센트의 지지를 받는 것으로 강화했다. 이렇게 되면 이 요건을 충족시킬 수 있는 후보의 수가 상당히 제한된다.

당내 좌파들은 자격 요건을 강화하는 방침을 반대했다. 이들은 존 맥도널이 두 번이나 후보 지명에 실패한 데 대해 불만이 많았다. 다이앤 애벗이 2010년 후보 지명을 받긴 했지만 그것도 보다 안정적인 지지를 확보한 후보들로부터 표를 '빌려왔기에' 가능했다. 공교롭게도 당수 경선에 출마하는 후보들의 자격 요건을 강화해 지명 절차를 까다롭게 하는 데 반대한 사람들은 사실 노동당 내 우파였다. 콜린스 검토서가 한창 논의되던 당시, 당내 우파 상당수는 의원 지지율의 요건을 15퍼센트로 낮추자고 했다. 그보다 높이 잡으면 우파 후보도 투표용지에 이름을 올리기 힘들까 봐 우려했기 때문이다. 이러한 의견을 주장한 사람들 중에 짐 머피Jim Murphy도 있었는데, 그는 스코틀랜드 지역에서 노동당의 지도자가 되지만 2015년 총선에서는 의석을 잃게 된다. 예비내각 장관의 중진 보좌관이었던 한 인사의 말이다.

그 논쟁에서 이긴 사람은 트리켓과 그쪽 사람들이 아니다. 짐 머피와 블레어 계파였다. 그들은 블레어 계파의 후보가 기준을 통과하게 되기를 바랐다. 바로 그게 빌어먹을 멍청한 짓거리였다는 사실이다. 펄쩍 뛰며 반대한 사람들은 우파였다. 그들은 12.5퍼센트로 낮추고 싶어 했는데 20~25퍼센트라는 새로운 제안이 들어왔고 그걸 15퍼센트로 줄였다.

2015년 여름 즈음 노동당의 의석은 232석으로 줄어 있었다. 하원 지명 15퍼센트 선을 충족시켜 당수 경선 투표용지에 이름을 올리려는 후보는 하원의원 35명의 지명을 받아야 했다. 존 트리켓의 말이다.

지명 절차를 진행하는 게 노동당 중앙당의 역할이었다. 그 역할의 취지는 기준을 정해서 배우자가 세 명인 정신 나간 사람, 친한 친구가 하나도 없는 외톨이가 기준을 통과하지 못하도록 하는 것이다. 의원 15퍼센트의 지지를 받아야 하는데 그러려면 35명의 지명을 받아야 했다. 그러니까 후보가 되려면 넘어야 할 기준이 있었다. 바로 부적격자를 걸러내는 게 노동당 중앙당이 할 역할이었다.

데클란 맥휴는 다음과 같이 말했다.

"15퍼센트면 부적격자를 충분히 걸러낼 수 있다고 판단했다. 특히 강경좌파 성향의 후보 말이다. 그러나 완전히 오판이었다."[247]

지명 요건이 어느 수준으로 책정되든 상관없이 새로운 규정의 취지가 제대로 실현되려면 노동당 의원들이 콜린스 검토서에 새로 만들어진 규정에 따라 자신들의 역할이 어떻게 달라졌는지를 이해하고 받아들일 수 있어야 했다. 배로인퍼니스 지역을 대표하는 하원의원 존 우드콕John Woodcock은 당수 선거에 출마한 리즈 켄들의 선거운동을 도운 노동당 내 우파다. 그는 기준선을 15퍼센트 이상으로 올리려는 시도를 블레어 계파가 막았다고 비난하는 사람들이 깨닫지 못하는 게 있다고 말한다. 바로 새로운 당수 선출 규정하에서 자신들의 책무를 다하지 않은 사람들은 바로 노동당 중앙당 의원들이라는 점이다. 그는 에드 밀리밴드도 당내 우파들을 공격한 사람들 중 하나라고 주장한다.

적반하장도 유분수지. 기준을 낮춘 게 다 블레어 계파의 탓이라니. 에드 밀리밴드가 그런 말을 하리라고 누가 생각이나 했겠는가. 정말 그런 일이 있었는지는 모르겠으나 나는 그런 논의에 참석한 적이 없다. 실제로는 원래 기준이 더 낮았는데 논의를 거쳐 높였다. 따라서 오히려 우리가 할 역할에 대한 책임을 더 강화했다. 그런데 상당수 사람들이 이를 완전히 무시해버렸다. 당수 선출 규정의 취지는 후보들과 가장 가까이서 일해왔고 그들의 장단점을 잘 파악할 기회가 있었던 사람들이 우선 판단을 내리도록 하자는 것이었다. 그런데 그런 책임을 저버리고 대신 완전히 엉뚱한 종류의 책임을 자신들에게 부여한 것이다. 즉 후보에 대한 논의를 확대해서 당원들이 바라는 대로 해주는 게 자신들의 임무라고 규정했다.

코빈의 당선에 불만이 있는 사람들 사이에서 사후에 이뤄지고 있는 분석과 평가 가운데, 중진 인사들이 내놓은 의견은 하원의원들이 자신의 역할이 한층 강화되었다는 사실을 깨닫지 못했다는 것이다. 노동당의 한 중진 전략가는 이렇게 말한다.

"코빈 같은 인물의 당선을 막는 게 당수 경선 규정의 가장 중요한 취지였다. 코빈은 투표용지에 이름을 올릴 만큼 노동당 중앙당의 지지를 받지도 못하는데 하원의원들이 당을 저버렸다."

규정을 개정하는 데 참여했던 한 인사는 이렇게 덧붙인다.

당수 경선 규정은 노동당 중앙당에 문을 열 열쇠를 쥐여주었다. 이 규정은 좌파 후보에게 유리한 규정이 아니다. 노동당 중앙당의 지지를 받는 믿을 만한 후보들에게 유리한 규정이다. 그런데 노동당 중앙당은 그냥 문을 활짝 열어젖혀 아무나 들어오게 만들었다. 문제를 야기한 사람은 규정을 만든 사람들이 아니다. 규정을 이해하지 못한 사람들이 문제를 야기한 사람들이다. 바로 하원의원들이다. 그들은 지도력을 발휘할 위치에 있는 사람들이다. 자기들이 잘못된 선택을 해서 신뢰할 수도 없는 인물의 이름이 투표용지에 올라가도록 했다면 그건 규정이 잘못된 게 아니라 그 규정을 실행한 사람들의 잘못이다.

2014년 3월 1일 런던 엑셀센터Excel Ceter에서 콜린스 검토서에 대해 토론과 표결을 하는 특별회의가 열렸다. 당시에 새 규정에서 가장 논란이 예상됐던 조항은 노조의 영향력을 줄이는 부분이었다. 그러나 그 권고안은 노동당 지구당, 노조, 노동당 관련 협회와 대표자들로 이루어진 대표단의 86퍼센트라는 압도적인 찬성으로 채택되었다. 영국에서 가장 막강한 세 노조의 지도자들, 즉 130만 회원을 거느린 유니즌Unison의 데이브 프렌티스Dave Prentis, 140만 회원을 자랑하는 영국 최대 노조 유나이트의 렌 매클러스키, 그리고 63만 회원이 소속된 영국일반노조Britain's General Union, GMB의 폴 케니Paul Kenny는 연설을 통해 노조와 노동당의 관계를 한층 희석시키는 어떠한 시도도 용납하지 않겠다고 경고했지만, 결국 콜린스 권고안을 지지했다. 회원 수가 가까스로 2만 명을 넘는 소규모 노조인 제빵사와 식품 및 연합 노동자 조합Bakers, Food and Allied Workers Union과 청년노조Young Labour만이 권고안에 반대했다. 에드 밀리밴드 팀조차도 압도적인 지지에 놀랐다. 밀리밴드의 한 자문역은 이렇게 말한다.

어떤 면에서 보면 우리는 더 논란을 불러일으킬 만한 개혁안을 만들려고 했다. 투쟁이 일어나길 바랐다. 선거인단에서 노조가 행사할 수 있는 영향력이 줄어들면서 이를 둘러싸고 더 큰 다툼이 있을 것으로 기대했다. 하지만 기존의 체제는 취지만큼 그렇게 민주적이지 않았다는 부인할 수 없는 명분이 있었다. 그러니 기본적으로 우리는 논쟁에서 이겼고 그것도 아주 쉽게 이겼다.

결국 코빈이 승리하면서 콜린스 검토서와 그것을 바탕으로 만들어진 새 규정은 그 규정이 좌파 후보에게 유리하게 만들어졌다고 생각하는 사람들로부터 강한 비판을 받았다. 레드카 지역을 대표하는 초선 하원의원 애나 털리Anna Turley는 이제 와 되짚어보니 콜린스 권고안을 채택한 건 실수였다고 생각하는 사람들 가운데 하나다.

"새로운 규정에 찬성표를 던진 것이 정말 순진한 짓이었다는 생각이 든다."

전 노동당 공보 수석 에이드리언 맥메너민Adrian McMenamin의 말이다.

"규정이 제대로 작동하지 않았다. 하지만 그 이유는 노동당 중앙당 의원들이 후보 지명을 둘러싸고 바보짓을 하고 비겁하게 굴었기 때문이다."

그러나 새 규정을 만드는 데 일조한 애나 이얼리는 코빈이 당선된 후에도 쭉 새 규정을 옹호해왔다.

"새로운 당수 선출 규정은 잘 만들어졌다. 정치를 대중에게 개방하는 게 취지였다."

존 트리켓은 새 규정이 반드시 좌파에게 유리하다고 믿지는 않지만, 당수 선거 당시에는 새 규정 덕분에 자신의 신념이 대중에게 제대로 알려지게 되었다고 생각했음을 인정한다. 또 대부분의 사람들과 달리 그는 당원 자격을 확대하면 자신과 코빈과 좌파 인사들이 수십 년 동안 관심을 쏟아온 주장들이 더 폭넓게 수용되리라고 확신했다.

당내의 다양한 의견들에 대해 제대로 토론하게 되면 내가 평생 정치를 하면서 지녀왔던 생각들이 처음으로 세상의 빛을 보게 되리라고 생각했다. 나는 1969년에 노동당에 가입했다. 누구보다도 노동당을 잘 안다고 자부한다. 자격이 있는 사람이 제대로 된 주장을 하면 수만 명의 사람들이 공감하리라고 확신했다. 그리고 실제로 그렇게 되었다.

그렇다면 새로 선거인단을 구성하게 된 수만 명의 사람들은 누구였을까? 코빈의 당선에 반대했던 노동당 내 인사들은 만장일치로 당원들의 성향이 왼쪽으로 움직이기 시작한 때는 에드 밀리밴드가 당수일 때부터였다고 믿는다. 노동당의 중진 보좌관을 지낸 디제이 콜린스DJ

Collins는 다음과 같이 말한다.

"새 선거인단 체제가 그렇게 만들었다. …… 에드 밀리밴드가 그렇게 되도록 내버려두었다."

에드 밀리밴드가 2010년 노동당 당권을 쥐려고 신노동당보다 왼쪽으로 자신의 입지를 정했음은 분명한 사실이다. 그래서 그는 200만 파운드 이상의 부동산에 대저택세를 부과하는 정책을 제안했고, 블레어계파는 이를 질색했다. 그러한 정책을 내놓으면서 밀리밴드가 자신을 '강경한' 좌파로 규정하지 않았을지는 모르지만 '온건한' 좌파임이 분명한 신규 당원들의 호응을 얻었다. 13년 동안 정권에 대한 실망이 쌓이고 특히 이라크전쟁으로 그 실망이 깊어지면서 온건한 좌파들은 노동당을 떠났다. 그들은 2010년 이후 당에 복귀했다. 웹사이트 〈무삭제 노동당Labour Uncut〉의 편집자 아툴 하트왈Atul Hatwal은 심도 있게 다음과 같이 적었다.

노동당 지구당 위원장들과 총무들은 하나같이 (2015년 경선 때 당에 가입한) 신규 당원들과 지지자들이 대부분 예전에 당원이었던 사람들이라고 확신한다. 이 집단을 규정하는 가장 큰 특성은 온건좌파라는 점이다. 코빈이 소속된 강경좌파도 아니고, 트로츠키주의자들이나 당내에 잠입한 세력도 아니며, 당 외곽의 급진적인 집단에 소속된 스탈린주의자(공산주의자)들도 아니다. …… (2015년 당수 경선에 나섰던) 후보 한 명은 내게 지구당을 수없이 방문해본 자신의 경험에 비추어볼 때, 신규 가입자들은 그저 당이 더 잘되기를 바라고 당에 대해 더 소속감을 느끼고 싶어 하는, 노동당 총위원회 뒷자리를 차지하고 앉아 있던 사람들이라고 했다.[248]

한 노동당 관계자는 이렇게 덧붙인다.

지난 30년 동안 노동당은 딱히 이 사람들을 내치지도 않았지만 그렇다고 이들의 호응을 얻지도 못했다. 그런데 갑자기 이들이 노동당으로 돌아올 이유가 생겼고, 그래서 대거 입당했다. 밀리밴드가 당이 왼쪽으로 움직일 가능성을 조금 열어주자 그쪽으로 쏠려버린 것이다.

밀리밴드의 집권하에서는 노동당 내에 또 다른 중요한 변화가 조용히 진행되고 있었다. 이전보다 훨씬 좌파 성향인 하원 후보들이 선출되었던 것이다. 일부 노동당 관계자들은 밀리밴드가 당수로서 장악력을 발휘하는 데 실패했다고 주장한다. 토니 블레어와 고든 브라운은 노동당 하원 후보들을 선출하는 데 지대한 관심을 쏟았지만, 밀리밴드는 그러한 책임을 애나 이얼리에게 이양했고, 이얼리는 중진급 후보들에게 지역구를 배정하는 데 실패했다는 비난을 받았다. 밀리밴드 팀에 소속되었던 한 인사는 이렇게 말한다.

"집권 말기에도 고든 브라운은 자기가 의회에 입성시키고 싶은 사람은 누구든지 후보로 만들 수 있었다. 에드는 그렇게 하지 못했다. 그럴 만한 영향력이 없었고 주변 사람들도 성과를 내지 못했다. 밀리밴드가 의석을 약속한 아주 훌륭한 후보들이 몇 명 있었는데 약속을 지키지 못했다."

예비내각의 전 각료 자문을 지낸 한 인사는 "밀리밴드는 광적인 좌파 후보들이 대거 선출되도록 내버려두었고(아니면 막지 못했든지) 이는 코빈에게 도움이 되었다"고 말하기도 한다.

그러나 밀리밴드와 가까운 소식통은 이러한 비난을 일축하면서 좌파 후보들은 이미 좌경화되기 시작한 지구당 내에서 '치열한 경선'을 통해 선발되었다고 말한다.

"당을 더 강력히 장악해야 했다고 말하기는 쉽지만, 어떻게 더 당을 장악해야 했다는 말인지 모르겠다. 제러미 코빈이 왜 이겼는지 제대로 분석은 하지 않고 그냥 지난 일에 대한 변명거리만 찾는 꼴이다."

밀리밴드의 지도력 부재로 공백이 생기자 노조가 후보 선출 과정에 개입해 수많은 후보를 선출시키고 지역 좌파들을 대신해 선거를 조직화했다. 결국 2015년에 선출된 노동당 후보들은 토니 벤이 부상하고 코빈이 하원에 입성했던 1980년대 초 이후 그 어느 때보다 좌파 성향이 짙어졌다. 노동당 내에서 좌파가 아닌 한 초선 하원의원은 이렇게 말한다.

"후보를 선출하는 절차는 그냥 에드의 손을 떠나버렸고, 전부 괴상한 사람들이 당선되었다."

존 프레스콧John Prescott이 한 유명한 말을 빌리자면, 노동당 내의 정치 지형은 코빈에게 유리한 방향으로 움직이고 있었다.

Chapter 14

경선의 막이
오르다

2015년 5월 8일 해가 뜨기 직전 에드 밀리밴드는 자신의 지역구 동캐스터에 마련된 연단 위에 서서 자포자기한 얼굴로 득표 결과를 기다리고 있었다. 몇 시간 전만 해도 그는 그날 자신이 다우닝 가 총리 집무실로 걸어 들어가리라는 희망을 버리지 않고 있었다. 그게 아니라면 적어도 연립정부를 구성하기 위해 심도 있는 논의를 하면서 웨스트민스터로 향하고 있으리라고 생각했다. 그런데 밀리밴드가 이끈 노동당은 총선에서 연달아 두 번 패했고, 그날 밤 다우닝 가 10번지에서 잠자리에 들 주인공은 그가 아니라 보수당 당수 데이비드 캐머런으로 결정됐다.

새벽 5시 30분 직전에 동캐스터 북부 지역의 투표 결과가 나왔다. 밀리밴드는 득표율이 5퍼센트 이상 오르면서 당선됐지만 조금도 위안이 되지 않았다. 그는 동캐스터 시의회 사무실의 개표소에 모인 지지자들에게 "지난밤은 노동당에게 실망스럽고 힘든 밤이었다"고 말했다. 거의 200마일 떨어진 이즐링턴 소벨 레저센터에서 제러미 코빈의 득표 결과가 몇 시간 전에 발표되었다. 그도 득표율을 올리면서 가볍게 하원으로 돌아왔다. 유권자들에게 '진심으로' 감사한 후 코빈은 보수당의 충격적인 승리에 대해 연설했다.

"영국의 빈곤층에게는 비보이고 건강보험에는 악재이며 청년들에게도 비보다."

2015년의 총선 패배는 닐 키녹 집권하에서 치른 1992년 선거 결과만큼이나 노동당에게 충격이었다. 밀리밴드가 그냥 무작정 이기리라고 자신한 게 아니다. 아무도 보수당이 과반수 의석을 확보해 정권을 잡으리라고 예상하지 못했다. 언론도, 정치인들도, 무엇보다도 모두가 의지했던 여론조사 전문가들도 예상하지 못했다. 밀리밴드의 집권 초기만큼 상황이 노동당에게 녹록하지는 않았다. 하지만 2015년 3월 선거운동이 시작되면서 대부분의 여론조사에서는 두 정당의 지지율이 막상막하로 나타났고, 거의 모든 주요 여론조사 전문가들과 분석가들은 하원 의석이 팽팽하게 나뉘리라고 예측했다. 여론조사기관 포퓰러스Populus와 유고브YouGov, 보수당 상원의원 애슈크로프트Ashcroft 경은 노동당과 보수당이 각각 34퍼센트나 33퍼센트를 득표하는 초접전을 예상했다. 또다른 여론조사기관 입소스 모리Ipsos Mori와 콤레스ComRes는 보수당이 겨우 1퍼센트 더 얻어 다수당 단독정부를 구성하기에 부족한 결과를 얻으리라고 예상했다.

5월 7일 목요일 아침, 잠에서 깬 밀리밴드는 〈가디언〉의 ICM 여론조사 보도에서 막판에 표가 노동당으로 움직여 보수당에 1퍼센트 앞섰다는 기사를 접하고 기뻤다. 밀리밴드와 그의 부인 저스틴Justine은 아침 8시가 되기 조금 전 동캐스터 북부에 있는 집을 나선 뒤 투표소가 설치된 서튼 빌리지 홀까지 짧은 거리를 걸어가 일찍 투표를 마쳤다. 그들을 응원하러 나온 지지자들이 대거 몰리는 바람에 경찰이 투표소 바깥 도로를 폐쇄해야 했다. 밀리밴드는 투표를 마치고 하루 종일 집에서 휴식을 취하며 보좌진들과 연락을 주고받았다. 그들은 예비내각 각료들을 누구로 할지 의논하며 연립정부를 구성하기 위해 지루하게 이어질 협상의 전략을 짰다.

밤 9시 59분 밀리밴드와 그의 팀은 TV앞에 모여 출구조사 결과가 발표되기를 기다렸다. BBC, ITN, 스카이가 합동으로 투표소를 나서는 유권자 2만 명을 대상으로 실시하는 출구조사는 실제로 투표하러 갈지 불확실한 2천 명 남짓한 사람들을 대상으로 전화나 이메일을 통해 조사하는 일반 여론조사보다 훨씬 조사 범위가 넓었다. 밀리밴드의 거실에 모인 사람들은 출구조사가 선거 결과를 대체로 정확히 예측할 가능성이 높다는 점을 알고 있었다. 그날 밤 밀리밴드의 거실에 그와 함께 있었던 사람들은 부인과 두 명의 최측근 보좌관 스튜어트 우드Stewart Wood와 그레그 빌즈Greg Beales였다. 그리고 그 후 전개된 상황에서 그들이 받은 충격은 어떤 말로도 형언하기 어려웠다. 모든 게 한순간에 바뀌는 정치 드라마였다. 빅 벤Big Ben*이 10시를 알리자 BBC의 노련한 선거개표 방송 진행자 데이비드 딤블비David Dimbleby가 화면에 등장했다.

"10시를 알려드립니다. 출구조사 결과는……."

밀리밴드와 함께 TV를 시청하던 이들은 푸른 장미 그림 옆에 미

•
영국 국회의사당에 세워진 높이 95미터의 시계탑이다.

경선의 막이
오르다

소 띤 데이비드 캐머런의 사진이 화면을 가득 채우자 경악했다. 딤블비는 말을 이었다.

"보수당이 다수당이 되었습니다. 자세한 득표 결과는 다음과 같습니다. 매우 놀랍습니다. 출구조사 결과 보수당은 316석으로, 지난 2010년 선거 때보다 9석이 늘었습니다. 에드 밀리밴드가 이끄는 노동당은 239석으로 지난번 선거보다 19석이 줄어들었습니다."

밀리밴드가 새 연립정부의 수장으로서 다우닝 가로 향하게 되기는커녕 실패했다고, 노동당이 패배했다고 출구조사는 말하고 있었다. 사실일까? 자유민주당과의 연립정부를 5년 동안 이끌어온 캐머런이 정말로 여론조사들의 예상을 깨뜨렸을까? 이제 그가 보수당 단독정부를 구성하게 될까?

"뭐야, 제기랄!"

막 발표된 출구조사가 무엇을 뜻하는지 모두가 깨닫게 된 순간, 누군가 이렇게 내뱉었다. 에드 밀리밴드는 그냥 거실에서 나가 자기 서재로 가서 출구조사가 나오기 전까지 쓰고 있던 연설문을 다시 썼다. 우선 그는 그토록 하고 싶었던 연설 내용을 차마 다 폐기 처분할 엄두가 나지 않았다. 최고 의석수를 차지한 노동당의 승리를 선언하고 내각을 구성할 권한을 위임받았다는 내용이었다. 그러나 밤이 깊어지면서 연설문은 여러 번 바뀌었다. 그리고 밤의 끝자락에 완성된 연설문은 완전한 패배를 인정한다는 내용이었다. 거실에 함께 있던 사람들 가운데는 밀리밴드의 너무나도 침착한 태도에 놀란 사람들도 있었다. 또 다른 사람들은 그의 품성에서 우러나온 태도라고 생각했다. 한 보좌관은 "달리 어쩌겠는가"라고 말했다.

처음에 밀리밴드 팀은 출구조사가 맞다는 사실을 믿지 않으려 했지만, 곧 보수당이 예상보다 더 선전했다는 사실이 분명해졌다. 보수당이 추가로 얻은 의석들은 대부분 자유민주당 의원들에게서 빼앗은 것이지만, 스코틀랜드국민당이 59석 가운데 56석을 싹쓸이하면서 노동당이 스코틀랜드에서 거의 전멸하다시피 했으므로 노동당의 손실은 엄청났다. 예비내각 재무장관 에드 볼즈^{Ed Balls}도 그날 밤 낙선했다.

날이 밝아오면서 참패가 분명해졌다. 밀리밴드가 지역구로 향할 시간이 다가왔으며, 그의 팀은 동캐스터에서 그의 다음 행보를 의논하기 시작했다. 밀리밴드는 직관적으로 자신이 즉시 물러나고 참패에 대한 책임을 모두 져야겠다고 생각했다. 총선 선거운동 기간 동안 언론의 주목이 달갑지 않았던 그의 부인도 물러날 때라는 데 동의했다. 그녀는 선거 참패에 뒤이어 남편이 총리질의응답 자리에서 단상 맞은편에 앉아 있는 데이비드 캐머런과 마주하는 모욕은 참을 수 없다고 말했다고 전해진다.²⁴⁹ 그레그 빌즈도 즉시 사임하는 게 패배한 밀리밴드가 품위를 지킬 수 있는 행보라고 생각했다.²⁵⁰ 저스틴과 빌즈의 생각에 반대한 사람은 밀리밴드의 최측근 전략가 톰 볼드윈과 스펜서 리버모어^{Spencer Livermore}, 그리고 팔코너^{Falconer} 경이었다. 팔코너 경은 토니 블레어의 절친한 친구이자 헌법 전문가로서 연립정부 구성 협상과 관련한 법적 세부 사항을 논의하기 위해 그 자리에 초대되었다.

밀리밴드가 물러나지 말아야 한다고 주장한 이들은 밀리밴드가 적어도 크리스마스까지는 당수직을 유지하면서 노동당에 패인을 분석할 시간을 줘야 한다고 생각했다. M18 도로를 따라 자동차로 지근거리에 있는 헴즈워스를 지역구로 둔 존 트리켓도 같은 생각이었다. 밤을 새고 아침까지 그는 밀리밴드에게 끊임없이 전화를 걸어 사임하지 말라고 설득했다.

"TV에서 출구조사 결과를 보고 나서 그와 통화했고, 밤에도 수차례 통화를 했다. 나는 그와 가까운 정치적 동료였다. 그와 자주 대화를 했다. 나는 그가 즉시 사임하기를 바라지 않았다. 당의 미래에 대한 논의가 선행되어야 한다고 생각했기 때문이다."

그러나 때는 이미 늦었다. 차에 올라탄 밀리밴드는 자기 지역구인 동캐스터를 떠나 런던으로 향하는 긴 여정을 시작했고, 이미 사임하기로 마음을 먹은 상태였다. 그의 팀 한 명이 트리켓에게 전화를 걸어 귀띔을 해주었다. 아직 자기 지역구 헴즈워스의 투표 결과를 기다리고 있던 트리켓은 마지막으로 한 번 더 밀리밴드를 설득했다.

그가 차 안에서 내게 전화를 걸어 사임하겠다고 했다. 나는 적어도 당분간만이라도 계속 당수직을 유지하라고 하고는 내 지역구에서 바로 런던으로 향했다. 나는 그를 이곳(런던)에서 만났지만 그는 사임할 결심을 굳힌 상태였다. 그렇게 해서 그는 물러나버렸다.

런던에 도착한 밀리밴드는 침통한 표정이 역력했다. 노동당 당사에서 당사 직원들을 대상으로 간단하게 소회를 밝힌 후 그는 지지자들 앞에 서서 감정에 복받친 기자회견을 열었다.

"저는 오늘 오후 유럽 전승기념일 기념식을 끝으로 당수직에서 물러나고자 합니다. 제가 즉각 물러나는 이유는 당이 앞으로 나아갈 올바른 방향에 대해 아무런 제약 없이 허심탄회하게 논의하길 바라기 때문입니다."

밀리밴드가 몇 달 더 당수직을 유지하지 않고 서둘러 물러난 것은 노동당 당수 경선의 판세에 중요한 영향을 미쳤다. 즉, 당의 미래에 대한 내부 논의가 진행되는 동안 당을 추스를 지도자가 사라지면서 충분한 시간을 두고 대안을 모색할 수 없게 되었다. 최근 몇 년 사이에 선거에서 패배한 당수들은 대부분 총선에서 패배하고 며칠 후 물러나긴 했지만, 꼭 그런 방법만 있는 것은 아니었다. 노동당 당수였던 제임스 캘러핸은 데니스 힐리에게 당권을 넘겨주려다가 뜻을 이루지는 못했지만 1979년 총선에 실패한 후 18개월 동안 당권을 유지했다. 보수당 당수였던 마이클 하워드는 2005년 보수당의 세 번째 총선 패배에도 불구하고 자신의 후임을 정하기 위한 긴 경선이 진행되는 동안 당수직을 유지하겠다고 자원했다.

하워드는 2001년에 의회에 입성한 데이비드 캐머런과 조지 오스본을 포함한 새 예비내각을 임명하고 당수 후보들에게는 자신의 역할을 활용해 블레어 정부를 공격함으로써 능력을 입증하도록 권했다. 보수당의 당수 경선이 본격적으로 시작된 시기는 총선 후 여섯 달이 지나고 나서였다. 그리고 처음부터 선두를 달렸던 경륜 있는 예비내각 내무장관 데이비드 데이비스^{David Davis}를 캐머런이 꺾고 승리한 것은 12월에 가서였다. 하워드는 캐머런을 예비내각의 교육장관에 임명하고 하원의원들과 보수당 당원들이 캐머런의 재능을 확인할 수 있도록 했다. 그는 충분한 시간을 두고 경선을 진행시킴으로써 캐머런이 승리할 발판을 마련해주었다는 평가를 받았다. 경선 기간이 길어지면서 데이비스는 실수할 여지가 많아졌다. 그는 자신의 선거운동 출범식과 10월 경선 전날 당의 연례회의에서 엉망으로 연설을 했다.

밀리밴드는 총선에 패배한 다음 날 아침에 사임함으로써 노동당 내에서 이와 같은 절차가 진행될 기회를 앗아가버렸다. 공교롭게도 밀리밴드가 당수직을 조금 더 오래 유지했어야 했다고 말한 사람 가운데

경선의 막이
오르다

는 코빈도 있었다.

참패한 에드 밀리밴드가 감정에 복받쳐 사임 연설을 하고 있는 와중에 그의 선거운동팀의 한 중진 인사는 차기 당수 경선에 나서게 될 후보 한 사람으로부터 앞으로 있을 경선에서 자기를 도와달라는 문자를 받고 경악했다. 정치인들은 하나같이 무자비하다고 하는데, 출마하고 싶어 안달난 의원은 문자메시지를 보낸 사람만이 아니었다.

또 다른 잠재적 후보이자 레스터 이스트가 지역구인 블레어 계파 의원 리즈 켄들도 친구들에게 전화를 돌려보면서 출마 여부를 논의하고 있었다. 2010년 당수 경선에서 패배한 전 예비내각 장관 앤디 버넘도 출마 선언을 할 준비를 했다. 예비내각 내무장관 이벳 쿠퍼는 의석을 잃은 남편 에드 볼즈를 위로하느라 선거가 끝나고 나서 며칠 동안 요크셔에 있는 자택에서 보냈고 그다음 주에 가서야 출마 여부를 진지하게 고민하기 시작했다. 하지만 이벳과 에드는 이미 그 문제를 충분히 생각해왔고 일찍이 볼즈가 밀리밴드 형제와 버넘을 상대로 출마했다가 떨어진 2010년부터 그다음 당수 경선에는 쿠퍼가 나서기로 합의했었다.

밀리밴드가 당수직을 당분간 유지하기를 바란 존 트리켓도 선거 당일 밤보다 훨씬 전부터 당수직 유지 여부를 논의했다고 털어놓는다.

"우리가 지면 어떻게 되느냐 하는 게 문제였다. 나는 뭐, 에드가 참패하지 않는 한 당수직을 유지해야 한다고 생각했다. 참패한다면 아마도 사임해야겠지만, 그렇다면 후임은 어떻게 할 것인지가 문제였다."

밀리밴드가 사임한 후 몇 시간 동안 트리켓은 물러난 당수를 위로했다. 두 사람은 노동당 전 당수들이 연속적으로 출연해 당의 패인을 분석하는 방송에 귀를 기울였다. 그 가운데는 밀리밴드가 지나치게 좌편향되었기 때문이라고 주장하는 사람들도 있었다. 트리켓은 그 소리를 듣고 자기 귀를 의심했고 그 후로도 며칠 동안 선거의 패인을 분석하는 이야기가 이어지면서 점점 짜증이 더해갔다.

선거 후 첫 일요일, 스트레텀이 지역구인 블레어 계파의 하원의원 추카 우무나$^{Chuka\ Umunna}$가 BBC 〈앤드루 마 쇼$^{Andrew\ Marr\ Show}$〉에 출연해 "우리의 정책은 친기업 정책인데 사람들은 그렇지 않다는 인상을 받았다"고 하자 당내 좌파가 행동에 나섰다. 트리켓은 이렇게 말한다.

> 우리가 지금 이 상황에 이르게 된 결정적인 정치적 계기가 여럿 있었는데 그 가운데 하나는 금요일 아침과 그 직후에 일어난 일들이다. 대부분의 당 운동가들은 처참한 패배에 무척 상심하고 있었다. 우리는 그러고 있는데 중진이라는 사람들이 나와서는 염장을 질렀다. 그날 아침에 그들의 이름으로 발표된 기사나 발언을 보면 패배가 확정되기도 전에 미리 준비한 느낌이 역력했다. 하나같이 비슷한 논조였다. 그들은 대단한 실책을 범한 것이다. 자기들은 그럴 권리가 있다고 생각한 듯하다. 그들은 노동당이 자기네들 당이고 결국 자기들 손에 다시 들어올 테니 그저 간단하게 몇 마디 지껄여주기만 하면 된다고 생각했던 모양이다. 당시 노동당에서는 그 시기에 그들이 보인 행태에 혐오감을 느꼈을 것이다.

트리켓은 좌파에서 밀리밴드를 대체할 후보를 내야 한다고 마음먹었다. 그런데 과연 누구를 내세울 것인가?

2007년과 2010년에 당수 선거에 출마했지만 투표용지에 이름을 올리지 못했던, 코빈의 친구 존 맥도널은 지체 없이 BBC에 출연해 자신은 출마하지 않는다고 밝혔다. 선거 전에도 그는 다음과 같이 말했다.

"나는 이미 여러 번 나섰지만, 투표용지에 이름도 올리지 못하고

경선의 막이
오르다

저지당했다. 그런 일을 몇 번이나 겪어야 하나?"[251]

　2010년 경선에서 최하위를 한 다이앤 애벗도 나서지 않을 것 같았다. 총선이 끝나고 며칠 후 애벗은 런던시장 선거에 노동당 후보로 출마하겠다고 발표함으로써 사실상 당수 경선에 출마할 가능성을 배제해버렸다. 코빈도 일찍이 총선이 끝난 직후 토요일에 후보로 나서라는 요청을 받았는데, 그날 그는 런던방송국에서 이언 데일Iain Dale이 진행하는 프로그램에 출연했다. 두 사람은 경선에 누가 나설지에 대해 이야기를 나누다가 '런던에 사는 사라'라는 청취자의 전화를 받았는데 이 청취자는 "많은 사람들이 제러미 코빈이 출마하기를 바란다"고 말했다. 너무 황당한 발언이라서 두 사람은 웃었다. 코빈은 "정말 훌륭하신 분 같은데, 이분을 제외한 나머지 사람들이 제러미 코빈이 나서는 것을 바랄지는 모르겠다"며 이의를 제기했다.

　이 시점에서 코빈이 진지하게 당수 경선에 출마할지를 고려하고 있었는지는 모르겠지만 적어도 겉으로는 전혀 드러내지 않았다. 다만 선거 직후인 5월 11일 하원의원들이 등원했을 때 이미 경선에 좌파가 나서야 한다고 확신하고는 있었다. 그는 〈모닝 스타〉와의 인터뷰에서 말했다.

　"당수 경선에 좌파이면서 긴축정책에 반대하는 후보가 반드시 출마해야 한다고 생각한다. 누구로 할지는 지금 의논하고 있다."

　나름대로 정치 지형을 분석해온 게 분명했다. 그리고 그는 콜린스 검토서가 표면적으로는 좌파 후보가 투표용지에 이름을 올리기를 더 어렵게 만든 것처럼 보이지만, 밀리밴드가 지구당에서 하원의원 후보를 선출하는 절차를 소홀히 하는 바람에 새로운 좌파 후보들이 대거 하원에 당선된 사실로 미루어보면 당수 경선에 좌파 후보를 출마시켜볼 만하다고 결론을 내렸다.

"기존의 하원의원들과 새로 당선된 사람들을 보면, 가능하다."[252]

그러나 누가 나서야 당선될 수 있을까? 이 시점에서 코빈은 다른 자리를 염두에 두고 있었다. 그리고 동료 의원들에게 자기에게 표를 달라고 요청하기 시작하긴 했지만 노동당 당수 후보로서 표를 달라는 말은 아니었다. 데이비드 라미의 말이다.

"의회에 등원하자 제러미는 내게 자기가 외교특별위원회 위원으로 나서려 하는데 표를 줄 수 있겠느냐고 물었다."

코빈이 당수 출마에 관심이 있다는 기미를 전혀 보이지 않는 가운데, 그가 칼럼을 기고하는 〈모닝 스타〉는 당수로 이언 레이버리[Ian Lavery]를 언급했다. 그는 전국광부노조 전 위원장이자 흠잡을 데 없는 노동자 계층 이력을 지닌 인물로, 완스벡 지역을 대표하는 하원의원이었다. 존 트리켓도 가능한 후보로 거론되기 시작했다. 이즈음 처음으로 공식적으로 출마를 발표한 인물이 나왔다. 리즈 켄들이 BBC 〈선데이 폴리틱스〉에 출연해 출마 의사를 밝히면서 노동당은 "술집에서 구시렁거리는 사람" 같다고 했다. 추카 우무나는 이틀 후인 5월 12일 출마를 선언했는데, 노동당 당원들의 취향에 비해 너무 순탄하게 살아왔다는 주장을 불식시키려고 유튜브에 일부러 조잡하게 만든 영상을 올렸다.

버넘도 영상을 올리면서 5월 13일 경선에 뛰어들었고 언론, 사행업체들, 당내의 많은 사람들이 신속하게 그를 띄웠다. 버넘이 출마 선언에서 "우리가 당면한 과제는 왼쪽으로 갈지, 오른쪽으로 갈지 여부도 아니고 이 계층에 초점을 둘지, 저 계층에 초점을 둘지 여부도 아니다. 노동당의 심장을 다시 뛰게 만드는 일이다"라고 발언했는데도 지지자들은 그가 당내 좌파 후보로 나설 예정이라는 자료를 돌렸다. 버넘의 경쟁자들은 그가 두 번째로 당수에 출마하기 위해 이번 총선까지 이어지는 수년 동안 좌파와 가깝게 지내고 노조의 환심을 사려고 애써왔다고 주장한다. 버넘은 이런 주장을 부인하지만 자신도 많은 예비내각 동료들과 마찬가지로 밀리밴드의 폐쇄적인 팀에게 거리감을 느낀 점은 인정한다. 버넘의 선거본부장이 된 존 리할의 말이다.

두말할 필요 없이 그는 당을 위해서 많은 일을 해왔다. 그는 강력한 지지를 받는 입장에서 경선에 뛰어들었고, 그런 입지를 발판으로 유권자들에게 다가가고 후보들과 대화를 하고 지구당과도 소통을 했으며 언론에도 많이 노출되었다. 올해 초에 밀리밴드가 패배할 경우 누가 당수 경선에 나설지 설왕설래했는데 앤디의 이름도 당연히 거론되었다. 따라서 5월 13일 그가 경선 출마를 선언한 일은 뜻밖이 아니다.

버넘이 너무나도 완벽하게 입지를 다져놓았기 때문에 웨스트민스터에서는 좌파가 2007년과 2010년처럼 명목상의 후보라도 내리라고 생각하는 사람은 거의 없었다. 데이비드 라미는 다음과 같이 말한다.

앤디 버넘은 정치적으로 중도좌파로 이동하는 데 탁월한 수완을 발휘해 세간에는 노조가 앤디를 지지하리라는 소문이 돌았다. 선거 당일까지 막후에서는 웨스트민스터 근처에 있는 어느 누구도 다른 후보를 언급한 자료를 보지 못했고, 〈미러〉에도 보도가 거의 되지 않았다. 앤디가 바로 좌파 후보임이 분명했다. 아무도 앤디보다 더 왼쪽에 있는 후보를 물색하지 않았다.

경선 초기에 버넘이 왼쪽으로 이동하면 승리하리라고 분석했다면 그것은 옳은 판단이었다. 유감스럽게도 그는 애초의 계획을 고수하지 않았다. 버넘은 경선 내내 입장을 "번복한다"는 비난에 시달렸다. 게다가 처음부터 좌파 진영의 많은 사람들이 자기들은 결국 버넘에게 투표하게 되리라고 생각했지만, 좌파 일부는 바깥세상의 현실과 유리된 '웨스트민스터만의 딴 세상'에서 벗어나고 싶다는 그의 되풀이되는 주장을 미심쩍어했다. 버넘을 지지했던 노동당의 중진 인사는 이렇게 털어놓는다.

그의 주장이 설득력이 없었던 이유는 그 사람 자체가 바깥세상으로부터 격리된 웨스트민스터를 상징했기 때문이다. 정치를 벗어나 있었던 기간은 3년뿐이고, 케임브리지를 졸업한 데다 특별자문역을 하다가 하원의원으로 14년을 보냈으니 그의 말에는 진정성이 없었다. 말은 번지르르하게 했지만 사람들의 반응은 이랬다. '무슨 소리야? 벗어나고 싶다니. 당신 자체가 웨스트민스터야.'

존 트리켓은 다음과 같이 덧붙인다.

"앤디가 아마도 좌파의 표를 얻으리라고 생각했다. 웨스트민스터를 배척하는 발언을 해댔지만, 동시에 그게 약점이기도 했다."

한편 이언 레이버리가 버넘을 지지한다고 선언하면서 레이버리를 설득해 좌파 후보로 내세울 수 있다는 희망은 좌절되었다. 기자이자 코빈의 친구로 코빈의 선거운동을 돕게 되는 오언 존스Owen Jones와 일부 좌파들은 이제 리사 낸디Lisa Nandy의 차출을 고려했다. 위건 지역을 대표하는 하원의원인 낸디는 2010년 하원에 입성한 이후로 많은 이들에게 강한 인상을 주었다. 그녀에게 출마를 촉구하는 페이스북 페이지가 개설되었지만 낸디가 결심을 하기는 몇 주 일렀고, 결국 그녀도 버넘 지지를 선언하면서 경선 출마 가능성을 배제해버렸다.

버넘이 선거운동에 착수할 무렵 노동당 전국집행위원회는 새로운 당수 경선 규정을 추인하기 위해 모였다. 9월 말 연례회의에서 마무리되었던 2010년 선거 일정은 완전한 재앙이었다. 새 당수가 취임하면서 물러나야 할 예비내각 장관들이 여전히 직함을 지니고 연설을 해야 했고, 하원에서는 패배한 측의 불만이 폭주했다. 2015년 총선이 끝난 후 열린 첫 노동당 중앙당 회의에서는 임시 당수 역할을 하던 해리엇 하먼이 2010년에 채택했던 선거 일정도 전국집행위원회가 고려하는 안에 포함되어 있다고 하자 노골적으로 탄식이 터져 나왔지만, 다음 날 집행위가 2010년 일정을 배제하기로 결정하자 안도의 목소리가 들렸다. 집행위는 콜린스 검토서를 바탕으로 2015년 9월 12일에 당수를 선출하는 일정을 추진하기로 합의했다. 이전과 마찬가지로 경선은 선호투표제 방식으로 하기로 했다. '즉석결선투표제'로도 알려진 이 투표 방식에 따르면 투표에 참가하는 사람은 두 번째로 선호하는 후보와 세 번째로 선호하는 후보도 선택하도록 되어 있다.

전국집행위원회는 하원의원들의 후보 지명 마감시한을 6월 15일 월요일 정오로 정했다. 총선 후 노동당 의원 수가 232명으로 줄어들면서 콜린스 검토서가 정한 15퍼센트 하한선을 넘으려면 후보들은 자신의 표를 포함해 35명으로부터 지명을 받아야 했다.

또한 사상 처음으로 비당원도 지지자 등록을 하고 3파운드로 책정된 당비만 내면 투표를 할 수 있게 되었다. 해리엇 하먼은 전국집행위원회의 합의 결과를 발표하면서 다음과 같이 말했다.

이 경선은 지난해 우리가 합의한 새로운 규정에 따라 치러지게 된다. 1인 1표를 바탕으로 한 광범위하고 개방적인 경선이다. 가능한 한 많은 사람들이 참가해주기를 바란다. 이 나라에서 정당이 당수 경선을 이런 식으로 개방한 것은 이번이 처음이며, 이에 대해 당 바깥에서도 큰 호응이 있으리라고 기대한다. 이는 대중이 중요한 결정에 참여하도록 하는 새롭고 혁신적인 방법이다. 게다가 우리는 규정을 바꿔서 의원이든, 예비내각 각료든, 노조원이든, 등록 지지자든 관계없이 한 표만 행사하도록 했다. 모든 사람의 표는 동등하다. 그래야만 한다.

하먼과 가까운 한 중진 인사는 이 단계에서 등록 지지자는 3천 명에서 5천 명 사이일 것으로 예상했다. 그런데 위장 잠입이라는 둥, 사기라는 둥 난무하는 비난 속에서 등록자 수가 엄청나게 불어나기 시작했다. 많은 사람들이 당비를 너무 낮게 책정했다고 비판했다. 로치데일 지역을 대표하는 하원의원 사이먼 댄축^{Simon Danczuk}은 입바른 소리를 잘 하기로 유명한데, 그는 다음과 같이 불만을 토로했다.

"어설프게 만든 규정 때문에 노동당은 테스코^{Tesco}에서 파는 도시락 한 끼 값에 노동당 반대자들에게 당을 상납하는 꼴이 되었다."[253]

훗날 그는 코빈에 대해 거리낌 없이 비판을 하게 된다.

그러나 전국집행위원회가 결정을 내릴 당시에 우려는 없었다. 등록 지지자들의 자격에 대한 언급도 없어 나중에 가서야 자격 요건이 정해졌고, 녹색당이나 사회주의노동자당과 같이 노동당과 경쟁 관계인 당에서 활동하는 당원이 아니어야 하며 노동당의 가치를 공유해야 한다는 규정도 없었다. 하먼은 희소식도 발표했다. 선거에서 패배한 지 일주일도 채 지나지 않았는데 3만 명 이상이 노동당에 가입했다고 발표했

경선의 막이
오르다

다. 이는 보수당이 다시 정권을 잡은 현실에 경악한 무시할 수 없는 소수 유권자들 사이의 분위기를 말해주는 작은 단서였을지도 모른다.

전국집행위원회가 이벳 쿠퍼의 출마를 발표한 다음 날 경선 분위기는 후끈 달아올랐다. 쿠퍼는 〈데일리 미러Daily Mirror〉의 한 기사에서 다음과 같이 말한 것으로 보도되었다.

"노동당은 좌파니 우파니 하는 낡은 꼬리표를 떼어내고 함께 미래를 향해 나아가야 한다."

이 단계에서 쿠퍼의 선거팀은 버넘이 당선되리라 믿었고 그가 주요 노조의 지지를 받으리라고 생각했다. 급진좌파가 위협이 될지 모른다는 생각은 깊이 하지 않았다. 전략가 로저 베이커Roger Baker의 말이다.

"5월에 우리가 생각하고 있었던 판세는 앤디가 좌파를 달래는 한편, 오른쪽으로는 중원을 장악해 좌우 양쪽을 포용한다는 계획이었다. 그러면 리즈는 우파로 밀려나게 되어 있었다."

리즈 켄들의 선거팀도 좌파의 위협을 감지하는 데 실패했다. 자기들이 넘어야 할 산은 버넘이라고 믿었다. 켄들의 선거 참모가 된 존 우드콕은 다음과 같이 말한다.

"처음부터 이겨야 할 대상은 분명히 앤디였다. 온통 앤디가 열렬한 지지를 받는다는 얘기뿐이었다."

서로 경쟁이라도 하듯이 오판과 오산을 쏟아내는 가운데 아무도 제러미 코빈이 부상하리라고는 생각하지 않았다.

웨이크필드 지역을 대표하며 앞에 잘 나서지 않는 하원의원이자 예비내각 환경장관인 메리 크레이도 신문에 경선 출마를 발표해 일부에서 흥미롭게 생각했는데, 그 소식을 발표한 신문은 우익 성향의 〈데일리 메일〉이다. 이 신문은 그녀의 출마에 대해 "영국 중산층에 강력한 호소력을 지닌 친기업 성향"이라고 보도했다. 그렇게 해서 노동당의 총선 참패 후 첫 주말부터 에드 밀리밴드를 대체할 사람을 뽑는 경선이 본격적으로 시작되었고, 다섯 명의 후보가 경쟁하는 구도가 될 듯이 보였다. 한 좌파 의원은 그때 노동당 내 좌파는 심드렁했다고 말한다.

"각양각색의 후보들이 출마할 때마다 당내에서는 혐오감이 표출되었다. 모두 비슷비슷한 사람들이었고, 모두가 당이 너무 왼쪽으로 기울고 반기업적이고 부정적이고 중산층의 표심을 얻지 못한다고 주장했다. 기본적으로 모두 개소리였다."

5월 15일 금요일은 노동당 당수 경선에서 극적인 사건이 벌어진 날이다. 경선에 출마한다고 발표한 지 96시간 만에 추카 우무나가 언론의 검증으로 인한 '스트레스의 수위'가 예상했던 것 이상이며 자기 가족에게 미치는 영향을 고려해 후보직을 사퇴한다고 발표했다. 이 단계에서는 아직 당권에 도전할 의사가 없었던 코빈은 자신의 사생활과 사랑하는 가족들에게 쏟아지는 언론의 관심이 참기 어렵다는 우무나의 심정을 훗날 공감하게 된다. 카리스마 넘치는 우무나가 무대에서 사라지자 블레어 계파는 타격을 입었고, 이들 가운데 일부는 아직 남아 있는 우파 후보 리즈 켄들에 대해 심드렁한 반응을 보였다.

또 한 사람의 잠재적 후보인 예비내각 교육장관 트리스트럼 헌트^{Tristram Hunt}는 결심을 하지 않고 며칠을 질질 끌더니 출마하지 않기로 결정했다. 2010년 총선에서 당선된 동기들 가운데 네 번째 인물인(켄들, 헌트, 우무나 모두가 연립정부가 구성된 해에 당선된 의원들이다) 전직 낙하산 부대원이자 반즐리 센트럴 지역구 의원 댄 자비스^{Dan Jarvis}도 출마하라는 권유를 받았지만 부인이 암으로 막 세상을 떠난 후였기 때문에 아직 어린 자녀들에게 신경을 써야 한다고 생각했다.

경선의 막이
오르다

우무나의 사퇴로 직접적인 이득을 얻은 사람은 켄들이었다. 특히 보수당 일각에서 보수 진영이 가장 두려워하는 후보가 켄들이라는 말을 퍼뜨리자 언론은 즉각 그녀를 변화의 기수로 묘사했다. 그러나 앤디 버넘의 선거팀은 전혀 위협을 느끼지 않았고 여전히 승리를 자신했다. 존 리할은 다음과 같이 말했다.

선거팀 전원이 지려고 해도 질 수 없는 선거라고 생각했다. 경선 초기부터 리즈가 꼴찌를 하리라고 확신했다. 우리는 추카가 사퇴하고 나자 블레어 계파가 엉뚱한 후보를 지지한다고 생각했다. 노동당의 블레어 계파에서는 오직 후보 한 명만 나올 수 있었고 물러나지 말아야 할 엉뚱한 후보가 물러났다고 생각했다.

우무나를 둘러싸고 설왕설래하는 가운데 그날 오후 〈레이버리스트 LabourList〉 웹사이트에 서신이 하나 올라왔는데 거의 아무도 주목하진 않았다. 8일 전 당선된 노동당 초선 하원의원 열 명이 서명한 이 서신은 누구도 상상하지 못한 반향을 불러일으킨다. 그 내용은 다음과 같이 시작된다.

선거운동 기간 동안 수만 명의 유권자들과 소통한 끝에 노동당 중앙당 의원에 당선되어 웨스트민스터에 입성한 지금, 우리는 민중과 그들의 가족과 지역사회의 일상적 요구를 잘 충족시켜주고 긴축정책에 맞서 공공서비스 투자를 늘리는 의제로 무장하고 전진해야만 노동당에 미래가 있다는 사실을 인식하고 있다.

서신은 리즈 켄들과 블레어 계파에 맞서는 내용으로 이어졌다.

노동당의 새 당수를 선출하게 된 지금, 우리에게는 미래를 내다보고 복지 삭감에 맞서 싸우고 대기업들의 강력한 기득권을 타파하고 긴축정책에 대한 대안을 제시할 지도자가 필요하다. 과거의 '신노동당' 강령으로 회귀할 인물은 원하지 않는다.

서신에 서명한 열 명 가운데는 나중에 코빈을 지지한 노리치 사우스 지역의 초선 하원의원인 좌파 성향의 클라이브 루이스Clive Lewis, 리즈 이스트의 리처드 버건Richard Burgon, 랭카스터와 플릿우드 지역에서 당선되기 전까지 코빈 밑에서 일했던 캣 스미스Cat Smith가 있었다. 초선 하원의원들이 좌파 정책과 좌파 후보를 원한다는 명백한 선언이었다.

〈레이버리스트〉에 게재된 이 서신을 주목한 소수 의원들 가운데 한 사람은 2015년에 당선된 중도 성향의 의원으로서 나중에 앤디 버넘을 지지했다. 그는 다음과 같이 말했다.

서신을 보자마자 나는 무슨 일이 벌어지고 있는지 직감했다. 그런 서신은 2010년 초선이든, 2005년 초선이든 단체로 쓰지 않는다. 보통 각 기수에서 좌파 한두 명이 쓴다. 그런데 열 명이나 썼다. 대세에 영향을 미칠 수 있는 대량의 몰표가 존재한다는 증거였다.

웨스트민스터에서 그 서신을 주목한 사람은 거의 없었지만 의회 바깥에서는 그 서신이 완전히 간과되지는 않았다.

경선의 막이
오르다

Chapter 15

당수 후보로
나서다

제러미 코빈이 노동당 권좌에 오르게 되기까지는 두 가지 공교로운 사건이 있었다. 하나는 중산층이 주로 거주하는 부유한 지역이자 보수당 텃밭인 홈 카운티즈^Home Counties* 두 마을에서 일어난 사건으로, 코빈으로 하여금 마침내 좌파의 기수로서 당수 경선에 뛰어들게 만든 일련의 사건들 가운데 핵심적인 사건이다. 또 한 가지는 구태의연한 좌파를 당수 집무실에 입성하게 한 주인공이 바로 최첨단 매체 소셜 미디어였다는 점이다. 코빈 자신도 웨스트서식스 주 워딩에서 시간제로 일하는 아로마 테라피스트와 켄트 주 오핑턴에 사는 네 자녀를 둔 주부가 시작한

●
런던을 둘러싸고 있는 여러 주들을 말한다.

온라인 서명운동 덕분에 자신이 2015년 노동당 당수 경선에 뛰어들었다고 말한다. 그 결과 지난 2010년 경선 당시에는 불가능했던 소셜 미디어 캠페인이 펼쳐졌다. 그리고 경선의 선두 주자였던 앤디 버넘이 저지른 첫 실수는 부지불식간에 상황이 코빈에게 유리하게 굴러가도록 도와주게 되고 그 후에도 버넘은 수많은 실책을 범하게 된다.

미셸 라이언Michelle Ryan은 워딩의 자기 집 근처 요양원 어르신들을 대상으로 활동하는 아로마 테라피스트로 자신을 "노동당에 투표한 지극히 평범한 사람"이라고 소개한다. 마흔다섯 살의 이 여성은 에드 밀리밴드를 당수로 만들기 위해 2010년 총선 후에 노동당에 입당했고 그이후로 정치에 점점 더 관심을 갖게 되었지만, 주로 페이스북과 트위터에서 자신과 같은 좌익 성향의 네티즌들과 소통하는 것이 전부였다. 이처럼 그녀의 정치 활동은 인터넷에 국한되었다. 2015년 총선이 끝나고 열흘 후인 5월 17일 일요일, 라이언은 〈옵저버〉에 실린 앤디 버넘의 인터뷰 기사를 읽었다. 그 시점에 그녀는 당수 경선에서 앤디 버넘을 지지하려 하고 있었다. 대저택에 세금을 부과하겠다는 밀리밴드의 정책을 어떻게 생각하느냐는 질문을 받은 버넘은 다음과 같이 답변했다.

"보여주기식 정책들은 이제 지양해야 한다. 대저택세도 그런 부류에 속하는 정책이다. …… 대중의 입맛에 영합하는 정책인데, 이는 시기심을 부추기는 정치politics of envy*다."

라이언은 맥이 풀렸다. 그녀는 이렇게 말했다.

후보들이 출마를 선언하기 시작했을 때 나는 앤디 버넘을 지지하려고 생

---

*
못 가진 자들에게서 가진 자들에 대한 반감을 부추겨 계층 간 편 가르기를 하는 정치를 말한다.

각하고 있었다. 지난 당수 선거 때 나는 그를 제2선호 후보로 정했고 늘 그가 마음에 들었다. '당연히 앤디'라고 생각하지는 않았지만 '앤디 정도면 괜찮지'라고 생각했다. 그런데 그가 완전히 정나미 떨어지는 얘기를 했다. 대저택세를 얘기하면서 그걸 '시기심을 부추기는 정치'라고 묘사한 것이다. 그 순간 이 사람은 안 되겠다 싶었다.

라이언은 버넘의 인터뷰에 대해 같은 노동당 지지자들과 인터넷을 통해 우려스럽다는 의견을 주고받았다. 그러다 이틀 전 열 명의 초선 하원의원들이 긴축정책에 반대하는 후보를 요구하며 〈레이버리스트〉에 게재한 서신을 우연히 보게 되었다. "그걸 보고 아이디어가 떠올랐다"고 그녀는 말한다. 라이언은 '레이버 리포커스트 Labor Refocused'라는 이름의 페이스북 페이지에서 가상 공간의 친구들에게 그들의 생각을 물었다. 그리고 좌파 성향이고 긴축정책에 반대하는 후보가 경선에 나서서 버넘에게 맞서야 한다는 서명운동을 하자고 제안했다.

그 친구들 중 한 명인 레베카 반스 Rebecca Barnes가 자신이 돕고 싶다는 답장을 보냈다. 네 아이의 엄마인 반스는 10대 때 노동당에 가입했지만 블레어 정권 때 첫아이가 태어나면서 당원 자격을 갱신하지 않았다. 그러나 그녀는 적극적으로 활동하는 노조원이었고 20년 넘게 철도 승차권 검표원으로 일해왔다. 마흔 살인 그녀는 2015년에 당에 다시 가입했지만 총선에서 적극적으로 선거운동을 한 적은 없었다. 보수당의 텃밭인 오핑턴에 살기 때문에 투표를 해봤자 소용없다고 생각했다. 그 대신 라이언처럼 온라인에서는 적극적으로 활동했다. 라이언이 '레이버 리포커스트'에 올린 글을 보기 전까지는 반스도 버넘에게 투표할 생각이었다. 반스는 "나는 앤디 버넘을 지지하고 있었다. 그가 개중에 가장 나왔고 사람 좋아 보였기 때문이다"라고 농담을 하며 다음과 같이 덧붙였다.

"하지만 흡족하지 않았다. 진짜 변화가 필요한 때라는 느낌이 들었다."

지금까지 한 번도 직접 만나보거나 전화 통화를 해본 적도 없고 오직 인터넷을 통해 소통해온 이 두 여성은 청원서를 작성하기로 의기투합했다. 결국 이 서명운동은 코빈이 당수 경선에 뛰어들게 된 직접적인 계기가 된다. 레베카 반스가 작성한 청원서는 이렇게 시작된다.

노동당의 당원이자 지지자이자 유권자로서 우리는 노동당 초선 의원들이 발표한 공개서한에 공감하고 그들을 지지한다. 우리는 그들이 긴축정책에 맞서고 공공서비스에 대한 투자를 활성화함으로써 영국의 민중과 그들의 가족과 지역사회의 요구를 받들어야 한다는 제안을 읽고 고무되었다. 우리도 이 제안이 앞으로 노동당이 나아가야 할 방향을 제시한 최선의 행동 제언이라고 생각한다.

이 청원서는 다음과 같이 마무리되었다.

"당수 경선이 진행되는 가운데 우리는 여전히 이러한 과제를 채택하고 긴축정책에 반대한다는 주장을 선거운동 전면에 내세울 후보를 간절히 기대하고 있다."

성명서에는 벡 반스Beck Barnes와 셸리 라이언Chelley Ryan이라는 이름이 적혀 있었다. 이 청원서를 최대한 널리 퍼뜨리기 위해서 반스와 라이언은 페이스북을 통해 레드 레이버Red Labour라는 조직과 접촉했다. 이 조직은 노동당 내에 사회주의를 전파하려는 목적으로 2011년에 창립된 단체로 이들의 페이스북은 상당히 인기가 있었다. 도와달라는 두 여성의 호소를 이 사이트 관리자인 나오미 피어론Naomi Fearon이 포착했는데, 이 여성은 랭커셔 주 플릿우드에 사는 서른두 살의 교사였다. 그녀도 당수 경선이 전개되는 방향에 실망하고 있었다. 피어론은 "당수 후보들이 발표되자 우리는 모두 조금 김이 샜다"며 이렇게 덧붙였다.

우리는 후보들을 "흐리멍덩한 50가지 그림자"*라고 이름 붙였다. 차악의 선택을 할 것인가, 선택 자체를 하지 않을 것인가. 정말 고리타분한 후보들이었다. 그래서 성명서 같은 걸 발표해서 좀 색다른 정책과 후보를 원하는 사람들을 규합해보면 어떨까 하는 생각을 했다. 긴축정책에 반대한다는 입장이 의제에 올라야 했다. 우리는 초안을 작성하기 시작했는데 마침 벡이 레드 레이버의 페이스북을 통해 우리에게 연락을 해왔다. 그녀는 "우리가 이런 서신을 작성했다"고 말했다. 내가 할 일을 덜어주었다.

피어론은 이 청원서가 가능한 한 눈에 띄게 만들기로 결심하고, '진보 정치'를 지지하는 회원 200만 명의 비영리 운동 웹사이트 '38도'에 올렸다. 청원서는 5월 20일에 게재되었다. 이 시점에서는 라이언, 반스, 피어론 모두 좌파 후보로 나서달라는 자신들의 청원에 누가 응답할지 자신이 없었다. 그들은 자신들의 의견을 대변할 적당한 하원의원을 물색하기로 했다. 피어론은 "제러미는 아니었다"고 말한다.

제러미는 당수직에 관심을 표명한 적이 없었다. 우리는 모두 그를 알고 있

---

*
여성들에게 폭발적인 인기를 끈 소설 《그레이의 50가지 그림자Fifty Shades of Grey》에 빗댄 표현이다.

당수 후보로
나서다

었고 좌파 진영에서는 핵심적인 인사였지만 늘 그의 관심은 외교정책에 있었다. 우리는 이언 레이버리가 어떨까 의논해보았다. 그는 상당히 좌파 성향의 의원으로 여겨졌기 때문이다. 그런데 그가 버넘을 지명하고 나섰고, 따라서 자동적으로 탈락했다. 우리는 '아, 이제 어쩌지?'라는 생각이 들었다.

한편 미셸 라이언은 초선 의원 클라이브 루이스에게 나서달라고 해보면 어떨까 생각했다. 유튜브에 올라온 인터뷰에서 그가 당당하게 자신은 사회주의자라고 말하는 모습을 보고 깊은 인상을 받았기 때문이다.

"난 그저 우리의 의견을 대변하는 사람이 나서주기를 바랐는데 아무도 없었다. 노동당 당수 경선에서 우리 의견을 대변할 사람이 아무도 없다는 사실이 끔찍했다."

레베카 반스는 존 맥도널이 다시 출마하면 어떨까 생각했다. 심지어는 팔순이 넘은 데니스 스키너를 설득하면 노구를 이끌고 나서주지 않을까 하고 생각하기까지 했다.

소셜 미디어를 노련하게 다루는 나오미 피어론은 트위터를 비롯한 여러 경로를 통해 청원서를 알리면서 자신이 생각하기에 사람들이 가장 많이 접속할 퇴근 시간에 중점적으로 메시지를 퍼뜨렸다. 청원서는 5천 명으로부터 온라인 서명을 받으면서 순탄하게 시작되었다. 정치적 주장에 대한 지지가 탄력을 받는 데 인터넷과 소셜 미디어의 역할이 얼마나 지대한지 그 잠재력을 보여주는 신호탄이었다. 이제 정치운동가들이 운동에 동참할 수 있게 되었고 그들은 자신들이 지닌 상당한 영향력을 이용해 자기 집 거실에 앉아서 실시간 이벤트들을 양산해냈다.

코빈의 선거팀은 나중에 가상 공간에서 발생한 이 운동을 동력 삼아 자신들이 밀던 인물을 당선시키기 위해 가차 없이 밀어붙인다. 온라인 민중의 힘이 탄생하면서 생긴 결과는 오늘날 여전히 그 여파가 이어지고 있다. 코빈을 지지하는 소셜 미디어 선거운동이 영향력을 발휘하고 코빈이 승리하자, 일각에서는 인터넷이 가장 목소리가 큰 사람들에게 너무 많은 영향력을 행사하게 하고 그것을 이용하는 사람들은 반드시 보다 폭넓은 영국 대중을 대표하지는 않는다고 주장한다.

좌파 후보가 나서야 한다는 압력이 높아지자 라이언과 반스와 그들의 온라인 친구들은 24시간 청원서 확산 운동을 벌이기 시작했다. 그들은 직접 하원의원들에게 트위터 메시지를 보내 경선에 참여하라는 대중의 요구에 귀를 기울이라고 촉구했다. 하지만 누구 하나 귀를 기울이지 않았다. 이제 코빈이 나서야 했다. 그는 라이언의 메시지를 처음으로 리트윗한 사람들 가운데 한 명이었고 그 뒤를 존 맥도널이 이었다. 코빈은 훗날 라이언과 반스 덕분에 출마하게 되었다고 자신의 페이스북에서 밝혔다.

"우리의 가장 열렬한 지지자로 꼽히는 셸리 라이언은 벡 반스와 함께 노동당 당수 선거에 긴축정책을 반대하는 후보가 나서기를 촉구하는 청원서를 배포한 주인공이고 사실상 이 모든 사태를 촉발시켰다."

그로부터 며칠 만에 코빈은 사람들이 요구하는 좌파 진영 후보로 자신이 나서야겠다고 마음먹었다.

하지만 그런 열광적인 지지를 불러일으키게 된 사람치고는 코빈이 좌파의 후보로 공식적으로 부상하기까지 놀랄 만큼 오랜 시간이 걸렸다. 5월이 가고 6월이 되었어도 여전히 그를 비롯해 노동당의 어느 누구도 출마할지 확신하지 못하고 있었다. 5월 셋째 주 즈음 이미 당수 경선

당수 후보로
나서다

출마를 선언한 네 사람, 즉 앤디 버넘, 이벳 쿠퍼, 리즈 켄들, 메리 크레이는 당수로서 자신이 적임자임을 알리느라 분주했다. 버넘은 여전히 사행업체들이 선호하는 후보였지만 경선은 그리 쉽게 끝나지 않을 것이며 켄들과 쿠퍼 둘 다(어쩌면 크레이까지도) 예상을 뒤집을 가능성이 충분하다는 분위기가 팽배했다. 좌파 일부는 경선 초기 몇 주 동안 후보들이 내세우는 주장에 점점 더 좌절감을 느꼈다. 특히 후보들이 에드 밀리밴드와 그가 총선에서 내세웠던 주장들과 거리를 두려고 하자 더욱더 좌절했다. 네 명 모두 에드 밀리밴드가 당수일 때 하원 벤치 앞자리를 차지했던 사람들인데도 말이다.

긴축정책에 반대하는 후보가 나서기를 촉구하는 소셜 미디어 운동이 끓어오르면서 의회 내 노동당 좌파 성향의 소수 의원들은 점점 더 큰 압력을 받게 되었다. 많은 좌파 운동가들은 자신들을 대변해야 할 의원들이 소심한 태도를 보이는 데 경악하며 그들이 반드시 행동하게 만들겠다는 결의를 다졌다.

5월 23일, 토니 벤의 계파인 노동당민주주의캠페인 집행부 회의에서 경선에 나서기를 주저하고 있는 의원들에게 책임을 다하라고 요구하자는 결정이 내려졌다. 이 단체가 선택한 후보는 존 트리켓이었다. 그들은 이 시점에서 자신들이 내세우는 후보가 승리하리라는 기대는 전혀 하지 않았고 그저 소박한 희망을 품고 있었다. 버넘과 쿠퍼를 왼쪽으로 밀어붙이는 것이었다. 좌파 후보의 이름을 투표용지에 올려 긴축정책에 반대하는 입장을 표명하게 하면 중도 성향의 후보들은 적자를 줄이는 정책에 대해 자신들도 우려한다는 입장을 표명함으로써 대응하리라고 생각했다. 그들은 그러한 자신들의 의사가 반영되지 않으면 후보들이 리즈 켄들과 블레어 계파들을 따라 오른쪽으로 움직이려는

유혹을 느끼게 될지도 모른다고 우려했다. 노동당민주주의캠페인은
회의 후에 성명서를 발표했다.

오늘날의 노동당 당수 경선 과정을 지켜보는 당 운동가들의 심정은 참담
하다. 지난 노동당 정권이 과도한 지출을 했다는 주장에 대해 후보들이
서로 앞다퉈 사과하고 있다. 그러면서도 여전히 긴축정책을 요구하는 신
자유주의 주장에 대해 공개적으로 맞서지 못하고 있다. 노동당이 결국
경제정책에 실패했다는 평가를 받는 중요한 이유가 바로 긴축정책 때문
인데 말이다. 당내 블레어 계파는 그 신자유주의 주장을 믿을지 모르지
만, 에드 밀리밴드와 에드 볼즈가 신자유주의를 믿지 않았듯이 앤디 버
넘과 이벳 쿠퍼도 믿지 않을지 모른다. 그렇다고 해도 긴축정책에 반대하
는 주장을 내세우는 좌파 후보가 없는 상황에서 그들이 자신들의 전임자
들보다 더 큰 용기를 보여줄 가능성은 없다. …… 이번 당수 선거의 본질
을 바꾸기 위해서는 좌파 후보가 반드시 필요하다.

노동당민주주의캠페인 집행부의 두 회원인 코빈의 오랜 친구 존
랜즈먼과 노동당 전국집행위원회 위원인 피터 윌스먼^{Peter Willsman}이 존 트
리켓에게 희소식을 전하는 역할을 맡았다. 트리켓은 "나는 출마하지 않
겠다는 의사를 분명히 밝혔기 때문에 그들이 나를 찾아왔을 때 좀 놀
랐다"고 말했다.

수없이 많은 전화를 받았는데 한결같이 "우리도 후보를 내야 한다. 이기
지는 않더라도 우리 후보를 내서 우리 입장을 밝혀야 한다"고 했다. 하지
만 나는 내가 좌파를 단결시킬 수 있을지 자신이 없었다. 나는 7년 동안

당수 후보로
나서다

의회에서 앞좌석에 앉아 있었다. 완전히 새로운 시각으로 접근할 수 있는 사람이 필요했다.

트리켓에게는 안 된 일이지만, 랜즈먼은 노동당민주주의캠페인 전 회원들에게 이메일을 보내 트리켓이 후보라고 이미 알려놓은 상태였다. 트리켓은 그로부터 몇 주 후에도 여전히 출마를 지지한다는 메시지를 받았다.

경선 초기에 대저택세를 '시기심을 부추기는 정치'라고 언급해 노동당 지지자 일부를 실망시켰던 앤디 버넘은 좌파들이 보기에 또 한 번 실수를 저질렀다. 5월 29일, 런던 심장부에 있는 언스트앤드영Ernst & Young, EY 본사에서 재계 지도자들을 상대로 출마 선언 후 첫 연설을 한 것이다. 중도 성향의 후보들은 지난 노동당 집권 세력과 단절할 것을 내세웠고, 존 트리켓을 비롯한 일부는 스코틀랜드에서 좌익 성향의 스코틀랜드국민당이 약진한 현상은 물론이고 노동당의 패인조차 다루지 않는 등 토론의 방향이 비생산적이라는 생각이 들었다. 트리켓은 다음과 같이 말한다.

"그들이 우파적 관점에서 에드와 에드의 공약을 공격하는 모습에 나는 놀랐다. 그들은 모두 당이 즉각 오른쪽으로 이동해야 한다고 생각한다는 사실이 분명해졌다. 당은 전혀 그렇지 않았다."

에드 밀리밴드 선거팀에서 일했던 한 인사는 버넘이 경선 초기에 내세웠던 좌파를 아우르는 전략을 스스로 폐기하는 실책을 저질렀다는 데 동의한다.

좌파에게 다가가는 게 버넘의 전략이었다. 그런데 그는 선거가 다가오자

겁이 덜컥 났다. 그래서 오른쪽으로 가서 붙었다. 큰 실수였다. 애초에 그리 신념이 투철하지 않았으니 가능한 일이다. 현실 정치를 강조하는 신노동당 계열 말이다. 웨스트민스터만의 딴 세상에 살고 있는 사람들은 하나같이 노동당이 (총선에서) 패배한 이유는 너무 왼쪽으로 치우쳤기 때문이라고 주장했다. 정작 그 딴 세상을 벗어나고 싶다고 했던 앤디도 그들의 주장을 초월해 더 큰 그림을 읽지는 못했다.

버넘이 좌파들의 눈 밖에 나기 시작하자, 캣 스미스와 클라이브 루이스를 비롯한 급진적인 초선 의원들이 대거 합세해 세가 불어난 캠페인 그룹은 하원 W3실에서 총선 후 첫 회의를 했다. 코빈은 나서지 않으려고 했지만 결국 연공서열에 따라 경선에 뛰어들게 되었다는 신화가 탄생한 곳이 바로 이 회의다. 사실은 코빈이 먼저 캠페인 그룹 소속 동료들에게 넌지시 자신이 경선에 나서겠다고 했지만 그의 친구들이 말렸다. 코빈은 좌파 후보가 나서기를 촉구하는 소셜 미디어 활동가들과 인터넷에서 실시간으로 대화하던 중 누군가가 나서야 한다고 하면서 이런 말로 마무리했다.

"내가 나서면 어떨까?"[254]

초선 의원 클라이브 루이스는 후에 코빈의 이러한 제안에 대해 어떤 반응이 나왔는지에 대해 다음과 같이 묘사했다.

"회의실에 침묵이 흘렀다. 여러 가지 이유로 인해 딱히 동의하지 않는 사람들이 일부 있었다. 내 생각에 그들은 제러미가 겪을 일이 걱정스러웠던 것 같다."[255]

코빈의 많은 동료들은 30년 넘게 평지풍파를 일으켜온 그의 이력으로 미루어볼 때 그가 경쟁자들과 언론의 손쉬운 먹잇감이 될 것이라

당수 후보로
나서다

고 우려했다. 코빈이 그 회의에서 실제로 얻은 수확은 좌파에서 누군가가 나서야 한다는 합의에 이르렀다는 점이다. 그는 훗날 다음과 같이 말했다.

"우리는 노동당 의원들 가운데 누가 긴축정책에 반대하는지에 대해 토론했고, 기꺼이 그런 입장을 취하겠다는 후보를 내세우는 게 좋겠다고 결정했다."

데이비드 위닉은 코빈이 출마를 선언하기 훨씬 전에 이미 나서기로 결심했다고 믿는다. 코빈이 노동당 중앙당 주간회의에 참석하는 모습을 본 적이 없는 위닉은 총선 후 처음 열린 두 번의 회의에서 코빈을 발견하고는 놀랐다. 돌이켜보니 코빈이 그 자리에 참석했다는 사실은 그가 당수 경선 출마를 고려하고 있었다는 첫 번째 단서라고 위닉은 생각한다. 코빈이 그동안 어울리려고 애쓰지 않은 동료들과 어깨를 나란히 할 기회였다는 것이다. 코빈이 아직 캠페인 그룹의 동지들을 설득해 자신이 나서야 한다는 주장을 관철시키지 못한 상태였다고 해도 말이다. 위닉은 "그때 모든 게 결정되었다고 본다"며 다음과 같이 말한다.

"나는 코빈이 평생 고위직은 생각해본 적도 없고 낯을 가리고 나서기 꺼리는 인물이라는 주장에는 그다지 공감하지 않는다."

5월 말 즈음, 나중에 코빈의 대변인이 된 해리 플레처는 좌파 후보를 과연 찾아낼 수 있을지 자포자기하는 심정이 되었고 존 맥도널과 맷 풋Matt Foot*을 비롯한 친구들과 코빈 본인에게 걱정을 털어놓았다. 플레처의 말이다.

•
선거 유세를 취재하던 기자 폴 풋Paul Foot의 아들이자 1980~1983년 노동당 당수를 지낸 마이클 풋의 조카손자다.

5월 말과 6월 초, 좌파에서 후보를 내야 할지 의논했던 기억이 난다. 당시 상황은 후보들에 대한 불만이 끓어오르고 있었다. 존은 정말 흥이 안 나는 경선이라며 탄식했다. 우리는 누구와 협력하지? 내 친구들은 하나같이 말했다. "누군가 있겠지. 하지만 좌파 후보가 모욕적으로 참패하는 위험을 감수할 가치가 있을까?" 쟁점은 다음과 같았다. "의원 35명의 지명도 못 받게 되어서 좌파 세력이 더 위축되면 어쩌지?" 내가 그랬다. "좌파가 나서야 한다. 하지만 누가 나서지?" 대다수는 아무도 내세우지 말자고 했다. 그들은 만류하는 쪽이었다.

좌파 일부는 마침내 새 보수당 정부의 긴축정책과 복지 삭감 정책에 맞서기 위해서라도 후보를 찾아내야 한다는 주장에 설득당했다. 하지만 여전히 많은 사람들은 코빈이 적임자라는 주장에 확신이 없었다. 클라이브 루이스는 당시 벌어졌던 논쟁을 이렇게 설명한다.

의견이 갈렸다. …… 일부는 우리가 후보를 내세웠다가 참패하면 당내 우파들이 우리에게 이렇게 말할지 모른다고 주장했다. "너희 소굴로 돌아가. 하고 싶은 말은 했잖아. 너희들은 끝났어. 꺼져. 꼴찌잖아. 너희가 에드 밀리밴드를 내세워서 우리는 총선에서 졌고, 이제는 너희가 꼴찌까지 했으니 말이야." 우리는 그게 두려웠다.[256]

시간은 흘러가고 후보 지명이 마감되는 6월 12일이 다가오면서 나오미 피어론, 미셸 라이언, 레베카 반스는 이제 소셜 미디어 활동을 한층 강화했다. 그들은 조지 오스본 재무장관의 긴축정책에 반대한 것으로 알고 있는 좌파 의원들에게 쉴 새 없이 트위터를 날리고 이메일을 보

당수 후보로
나서다

내 출마하라고 촉구했다. 존 트리켓은 이맘때쯤 의원들이 좌파 쪽에서 후보가 나서야 한다는 평당원들의 애타는 심정을 뼈저리게 인식하고 있었다고 털어놓는다. 존 맥도널은 캠페인 그룹의 의장으로서 또 한 번 회의를 소집해 이 문제를 논의하겠다고 협의했다. 그 전날인 6월 2일, 코빈은 하원 건물 내에 미로처럼 얽히고설킨 통로들 가운데 한 곳에서 스카이 뉴스의 노련한 수석 정치기자 존 크레이그[Jon Craig]와 우연히 마주쳤다. 크레이그는 훗날 코빈과의 조우를 이렇게 회상했다.

> 내가 물었다. "제러미, 이번 경선에는 왜 좌파 후보가 없죠?" 그가 신바람 나서 말했다. "아! 우리가 그 문제를 의논하기 위해 내일 캠페인 그룹 회의를 열어요." 그날 우리가 얘기를 나눌 때 자기가 후보가 되리라고 예상했는지는 모르겠지만 그 후 일어난 일들은 다들 아시다시피……[257]

캠페인 그룹은 다시 W3호실에 모였다. 일부 회원들은 괜히 좌파 후보가 나섰다가 참패하면 좌파가 내세우는 대의명분이 훼손된다는 주장을 고수했지만, 경선에 참가하지 않으면 당내 좌파와 그들이 추구하는 정책들, 특히 긴축정책에 반대하는 입장은 노동당에서 입지를 잃게 된다는 주장이 압도적이었다. 일단 좌파에서 누군가가 나서야 한다는 점이 합의되자 코빈 말고는 선택의 여지가 없어 보였다. "어쩌다 보니 제러미가 떠맡게 되었다"고 캣 스미스는 말했다.[258]

캠페인 그룹에는 2015년에 열린 총선 이전에 의회에 입성한 의원이 아홉 명뿐이었고, 초선 의원들이 나서기에는 너무 버거운 일이었다. 중진들 가운데 존 맥도널, 마이클 미처, 다이앤 애벗 세 명은 이미 예전에 당수 경선에 출마해서 좋은 성적을 거두지 못한 사람들이었다. 네 번째 중진 이언 레이버리는 이미 앤디 버넘을 지지한다고 선언하면서 출마 가능성이 배제됐고, 레이튼과 완스테드가 지역구인 존 크라이어 John Cryer는 노동당 중앙당 의장 역할을 포기하면서까지 출마하지는 않으려 했다. 여섯 번째 중진 의원 이언 먼즈Ian Mearns는 이미 쿠퍼를 지명했다. 나이가 각각 일흔둘, 여든셋인 원로 의원 로니 캠벨과 데니스 스키너는 노령이라 당수 선거운동이 힘에 부칠 게 분명했다. 이렇게 되니 나설 사람은 예순여섯 살로 비교적 젊은 코빈밖에 없었다. 그는 회의에서 "동지들이 지지해주면 나서겠소"라고 말했다.[259]

코빈의 당수 선거운동 마지막 집회에서 의기양양한 존 맥도널은 코빈이 후보로 나서기로 결심한 순간을 다소 맥빠지게 묘사했다.

"우리는 탁자 주위에 둘러앉아서 제러미를 쳐다보았다. 그는 '알았소, 알았다니까. 내가 나서겠소'라고 말했다."

클라이브 루이스는 이렇게 말했다.

"회의실에 모인 사람들이 그랬다. '좋소. 당신이 나서면 우리가 지지해주겠소.'"[260]

로니 캠벨은 또 이렇게 덧붙였다.

"제러미가 나서야 한다는 주장은 기본적으로 설득력이 있었다. 아무도 나서지 않았으니까. 우리는 그에게 '제러미, 한번 해보게. 출마해봐. 당신 차례야'라고 말했다."

그렇게 코빈은 출마하게 되었다.

캣 스미스와 클라이브 루이스는 회의실을 빠져나와 하원 테라스로 갔고, 거기서 코빈의 출마 소식을 퍼뜨리기 시작했다. 그곳에서 그들은 〈데일리 미러〉의 정치평론가 케빈 머과이어를 보았다. 머과이어는 캠페인 그룹이 모이기 직전에 이미 코빈이 경선에 뛰어들 가능성이 높

당수 후보로
나서다

다는 정보를 입수하고 그 소식을 트위터로 퍼뜨린 상태였다(캠페인 그룹이 코빈의 출마에 동의하기 훨씬 전에 코빈이 이미 출마를 결심했다는 사실을 보여주는 또 다른 증표다). 머과이어는 최초로 그 소식을 터뜨렸지만 새 후보의 당선 가능성에 대해서는 매우 현실적인 전망을 내놓았다. 그는 트위터에 이렇게 썼다.

"제러미 코빈이 좌파에서 노동당 당수 후보로 나선다. 담론의 폭이 넓어졌지만 의원 35명으로부터 지명을 받으려면 애를 먹을 것이다."

머과이어의 메시지는 98차례 리트윗되었고 트윗이 맘에 든다는 하트 표시가 40개나 된 점으로 미루어볼 때 좌파 후보가 나서기를 바라는 강렬한 욕구가 있었다는 사실을 알 수 있었다. 미셸 라이언이 처음으로 이를 언급했다.

몇 시간 후 코빈은 〈가디언〉과의 인터뷰에서 경선 출마에 대한 질문에 매우 심드렁하게 대답했다.

좌파들끼리 모여 당이 앞으로 나아갈 방향에 우리가 어떻게 영향력을 행사할지 의논했다. …… 우리는 그러한 담론을 활성화시키려면 누군가가 출마해야 한다고 결정했다. 그리고 유감스럽게도 그 누군가가 나였다. 다이앤과 존은 이미 출마한 적이 있었기 때문에 이번에는 내가 나설 차례가 되었다.

동지들의 '설득'이 필요했느냐는 질문에 그는 이렇게 덧붙였다.

"그렇다. 나는 공식적인 직책을 맡아본 적이 없기 때문에 그런 점에서 보면 좀 이례적이긴 하지만 내가 출마함으로써 우리가 내세우는 대의명분을 널리 알리고 담론을 활성화시킬 수 있다면 좋은 일이다. 내가 출마하는 이유는 그거다."

　코빈 자신과 마찬가지로 캠페인 그룹의 어느 누구도 그날 코빈이 정말로 당선되리라고 생각한 사람은 없었다. 대부분은 코빈이 투표용지에 이름을 올리기 위해 필요한 35명 의원들의 지명을 확보하기도 힘들 것이라고 생각했다. 더군다나 앤디 버넘이 이미 상당히 많은 좌파 의원들의 지명을 확보한 상황이었으니 말이다. 그렇기 때문에 당선보다는 여름 동안 벌어질 선거운동과 후보 토론 과정에서 노동당의 미래에 대한 토론에 미약하게나마 영향을 미치는 게 목적이었다. 로니 캠벨의 말이다.

　우리는 코빈이 의원들의 지명을 확보하지 못하리라고 생각했다. 2010년 다이앤 애벗이 지명을 받을 때도 애를 먹었기 때문이다. 그러니 제러미는 지명을 받기가 더 힘들 것이라고 생각했다. 나는 기대하지 않았다. 내가 알기로는, 제러미가 주로 한 일은 좌파와 사회주의의 의제를 노동당 담론의 장에 다시 올려놓는 일이었다. 처음에 그가 출마한 동기는 그것이었다고 나는 확신한다.

　우연히도 캠페인 그룹이 회의를 한 날, 미셸 라이언과 레베카 반스가 작성한 청원서 서명이 목표치인 5천 명을 달성했다. 나오미 피어론은 이 청원서를 노동당 중앙당 의장인 존 크라이어에게 전달했다. 피어론과 라이언을 비롯한 사람들은 코빈이 출마한다는 소식이 나오기 시작하자 뛸 듯이 기뻤다. 피어론의 말이다.

　"제러미 같은 사람들이 내가 생각하는 노동당을 상징하는 사람들이다. 제러미가 나서기로 했다니, 우와! 누구라도 나서기는 할지 자신이 없었기 때문에 나는 정말 기뻤다."

캠페인 그룹 회의에 참석하지 않았던 존 트리켓도 코빈의 출마 소식을 기뻐했다.

그가 시대정신을 포착하는 데 적합한 인물이라고 생각했다. 좌파 일부는 편협하다. 자신들 외에 다른 사람들을 모두 적으로 본다. "당신 어느 편이야?"라고 편을 가른다. 코빈은 그렇지 않아 보였다. 그는 성난 젊은이 같은 품성이 아니었다. 원칙적이었다. 우리들과는 다르게 타협하지 않고 살아왔다. 나는 그가 적임자라고 생각했다.

유나이트 노조의 사무총장 렌 매클러스키는 코빈이 출마하겠다고 결심한 데 대해 다음과 같이 말했다.

나는 리즈와 이벳과 앤디가 하는 말을 듣다가 가까이 있는 날카로운 물건을 집어 내 손목을 그을 뻔했다. 맹탕 같은 말을 똑같이 반복하는 것에 정말 절망스러웠다. 왕년에 이 바닥을 겪어봤던 나 같은 사람은 정말 받아들이기 힘들었다. 그런데 제러미 코빈이 등장했고 모두를 열광시킬 대상을 얻었다.[261]

해리 플레처는 스카이 뉴스 속보에서 코빈의 출마 소식을 접하고 즉시 세바스천 코빈에게 전화를 걸었다. 그는 총선 이후 하원의 존 맥도널 집무실 내에 있는 사무실 하나를 세바스천과 나누어 쓰고 있다. 세바스천이 플레처에게 말했다.

"우리 아버지는 좌파 진영 유권자들로부터 엄청난 압력을 받고 있었어요."

코빈의 공식적인 출마 선언이 그날 늦게 코빈의 지역구 신문 〈이즐린턴 트리뷴〉에 실렸다. "긴축정책에 반대한다"는 공약을 내걸고 출마한다면서 코빈은 라이언, 반스, 피어론 같은 사람들로부터 직접적으로 영향을 받았다고 밝혔다.

"출마를 결정한 이유는 다양한 후보들이 나서기를 바라고 당의 미래에 대한 허심탄회한 토론이 이루어지기를 바라는 노동당 당원들의 염원에 부응하기 위해서다. 나는 노동당 당원들의 목소리를 이번 당수 경선 토론에 반영하기 위해서 출마한다."

사행업체들*은 즉시 코빈의 배당률을 100-1**로 설정했다. 많은 사람들이 지금은 그 배당률에 내기를 건 것을 땅을 치고 후회하고 있다. 내기에서 이긴 극소수 인사들 가운데 한 사람은 캣 플레처Kat Fletcher였다. 그녀는 북이즐린턴 지역에서 코빈의 선거운동 회계 책임자로서 훗날 코빈의 최측근 보좌관이 된 인물인데, 할로웨이 로드에 있는 업자를 통해 내기를 걸었다. 그녀조차도 코빈이 정말로 이기리라고는 생각하지 않았다.

"솔직히 말하면 이긴다는 데 내기를 건 이유는 내가 지지한다는

---

*
영국에서는 면허가 있는 다양한 사행업체들을 통해 스포츠 경기, 정치선거 등 다양한 사안에 대해 합법적으로 도박을 할 수 있다.
**
배당률의 왼쪽 숫자는 수익, 오른쪽 숫자는 판돈을 나타낸다. 예컨대, 3-1은 판돈 1단위당 3단위를 따게 된다는 뜻이다. 1단위가 10파운드라면 본래 건 판돈 10파운드에 수익 30파운드를 합해서 40파운드를 받게 된다.
배당률이 1-1이라면 본래 건 판돈 1단위에 수익 1단위를 합해 2단위를 받게 된다. 오른쪽 숫자가 왼쪽 숫자보다 큰 경우 '승산이 높은' 내기라고 하는데 이 경우에는 예상되는 수익보다 더 많이 판돈을 걸어야 한다. 예컨대, 배당률이 1-2이라면 판돈 2단위마다 1단위를 벌게 된다. 왼쪽 숫자가 오른쪽 숫자보다 큰 경우는 '승산이 낮은' 내기다. 예컨대 배당률이 5-2라면 판돈 2단위마다 5단위의 수익을 얻게 된다.

당수 후보로
나서다

사실을 행동으로 보여주기 위해서였다. 그래야 제러미에게 내가 그를 지지했다고 말할 수 있기 때문이다."[262]

그녀는 내기로 딴 돈 2천 파운드를 코빈이 당수로 취임한 후 처음 열린 노동당 전당대회에 열렬한 청년 자원봉사자 스무 명을 초청해 호텔 숙박비로 썼다.

Chapter 16

분초를 다투는
후보 지명

6월 15일 월요일 12시 1분 전, 옥스퍼드 이스트가 지역구인 예순네 살의 중진 의원 앤드루 스미스^{Andrew Smith}는 하원 건물의 어두운 지하 복도를 걸어 내려가 노동당 중앙당 본부로 사용되는 작은 방으로 들어갔다. 방 바깥에 모여 있던 몇몇 사람들이 환호했다. 그의 손에는 노동당 당수 후보 지명 양식이 들려 있었고, 거기에는 제러미 코빈의 이름이 적혀 있었다. 코빈이 받은 서른여섯 번째 지명이었다. 하지만 코빈 선거팀은 지난 한 시간에 걸쳐 벌어진 극적인 사건들을 겪으면서 그게 서른다섯 번째(후보 이름을 투표용지에 올리는 데 필요한 매직넘버) 지명이라고 생각했기 때문에 스미스가 지명을 하고 나서야 비로소 자축하기 시작했다. 그들은 서로 악수를 하면서도 좌파 후보가 투표용지에 이름을 올렸다는

333

분초를 다투는
후보 지명

사실이 여전히 믿기지 않았다. 빅 벤이 열두 번 종을 울렸다.

어떻게 스미스를 비롯해 그와 성향이 비슷한 정치인들이 자신들이 오랜 세월 동안 반대해온 강경좌파 이념을 내세운 후보인 코빈을 지명하게 되었는지는 코빈이 당수가 된 과정에서 가장 흥미로운 이야기다. 스미스는 〈인디펜던트〉의 매튜 노먼Matthew Norman이 토니 블레어 정권 하에서 노동과 연금 분야 장관을 역임했음에도 "존재감이 전혀 없는" 정치인이라고 했을 정도다. 이들 가운데 많은 사람들은 나중에 자신들의 행동을 뼈저리게 후회하게 되고, 코빈이 당수로 등극한 데 절망한 당 동료들로부터 맹렬한 비난과 질책을 받게 된다. 코빈에 반대해온 그들에게 가장 관대한 사람조차도 그들이 코빈이 이기기를 바라지 않으면서 그를 지명한 행동을 비난했다. 폴커크 추문에 이어 만들어진 콜린스 검토서의 새 규정에 따라 그들에게 주어진 책임을 심각하게 오판했다는 것이었다. 그게 실책이라면, 그 실책의 근원은 코빈의 과거 연인이었던 다이앤 애벗과 그녀가 2010년 여름 노동당 당수에 출마했다가 실패한 사실에 있었다.

당시 선거 초기에는 데이비드 밀리밴드가 고든 브라운을 이을 노동당 당수로 가장 높은 지지를 받고 있었다. 그런데 2010년 5월 경선이 진행되면서 경선 출마자가 모두 남성일 뿐만 아니라 성장배경, 경력, 성향도 놀라울 정도로 비슷하다는 우려가 제기되기 시작했다. 밀리밴드 형제, 에드 볼즈, 앤디 버넘은 모두 40대 초반이었고 모두 처음에는 신노동당 특별자문역을 하다가 내각 각료로 일했다. 그들은 모두 옥스브리지에서 교육을 받았고 경제적 수준에 어느 정도 차이는 있으나 중산층 출신이었다. 말투도 비슷하고 생김새도 비슷했다. 성향도 완전히 다르지 않았다.

코빈의 친구인 존 맥도널이 좌파를 대표해 경선에 뛰어들기는 했지만 투표용지에 이름을 올리는 데 필요한 지명을 얻어내는 데 애를 먹을 게 분명했다. 따라서 경선에 나선 다른 후보들뿐만 아니라 많은 사람들은 흑인 페미니스트이자 좌파에 해크니 출신으로 오랜 세월 동안 평의원으로 일해온 당시 50대 후반의 다이앤 애벗이 경선에 합류하겠다고 선언하자 안도의 한숨을 내쉬었다.

"여성을 배제하고는 당수 경선 토론을 진행할 수 없다. 더군다나 이민 정책에 대해 토론을 하려면 나처럼 이민자의 자녀가 있어야 한다. 이민자의 자녀인 수백만 명의 영국 국민들도 경선 토론에서 목소리를 내야 하지 않겠는가?"[263]

이때 애벗은 밀리밴드 형제의 부모가 난민이라는 사실은 언급하지 않았다. 그들은 나치의 박해를 피해 이주한 유대인들이었다.

그러나 애벗에게는 문제가 있었다. 소규모 캠페인 그룹 바깥에는 친구가 거의 없었고, 언행이 거칠었기 때문에, 한 동료 의원의 말에 따르면 노동당 중앙당 내에서도 '비호감'이었다. 존 맥도널과 마찬가지로 그녀도 필요한 수의 지명을 확보하지 못하리라는 사실을 곧 깨달았다. 2010년 당시에는 노동당 중앙당 의원의 12.5퍼센트인 33명의 지명이 필요했다. 애벗은 데이비드 밀리밴드의 강력한 지지자인 데이비드 라미에게 도와달라고 손을 내밀었다. 그녀는 라미에게 같은 흑인 의원으로서 소수 인종 후보가 투표용지에 이름을 올릴 수 있게 도울 책임이 있다고 말했다.

평등을 추구하는 차원에서 애벗은 어느 후보보다도 많은 의원의 지명을 받은 데이비드 밀리밴드에게 그들의 표를 자신에게 "빌려주라고" 권할 것을 제안했다. 밀리밴드를 지지하고 있지만 아직 공식적으로

분초를 다투는
후보 지명

지명권을 행사하지 않은 의원들을 설득해달라는 것이다. 라미는 밀리밴드를 설득해보겠다고 했고 밀리밴드는 처음에는 주저했지만 결국 동의했다. 심지어 자신의 지명권을 애벗을 지지하는 데 행사하기까지 했다. 그렇게 해서 밀리밴드의 지지자인 잭 스트로와 필 홀라스$^{Phil\ Whoolas}$를 비롯한 10여 명의 노동당 의원들은 그녀를 지명하기로 결정했다. 하지만 경선 본선에서는 그녀에게 표를 던지지 않았다. 후보 등록 마감일에 33명의 의원이 애벗의 이름이 적힌 지명 양식을 들고 노동당 중앙당 사무실에 들어서자 그녀와 라미는 서로 포옹했다. 둘의 눈에는 눈물이 고였다. 하지만 애벗은 경선에서 부진을 면치 못했고 결국 최하위를 하면서 좌파에게 불리한 선례를 남겼다.

2015년 당수 선거운동에서 코빈이 투표용지에 이름을 올리려고 하자 그의 출마를 지지하는 많은 이들이 애벗의 사례를 거론했다. 그러면서 노동당 중앙당은 당내 모든 성향이 경선에서 대표되도록 하고 그들이 생각하는 '바람직한 토론'이 이루어지도록 할 책임이 있다고 주장했다. 그러나 라미는 2010년에 자신이 애벗을 도운 이유는 그녀가 좌파여서가 아니라 여성이고 소수 인종이기 때문이었다는 점을 분명히 했다. 당시 부당수였던 해리엇 하먼도 애벗이 여성이기 때문에 지명한다는 점을 분명히 밝힌 사람들 가운데 한 명이었다.[264]

라미는 애벗의 출마를 계기로 노동당이 언젠가는 당수로서 소수 인종을 선출하게 되기를 희망한다고 말했다. 그러면서 그는 지금에서야 이렇게 자신의 입장을 밝힌다.

"내가 다이앤의 요청을 받아들인 이유는 다이앤이 물꼬를 트는 게 중요하다고 생각했기 때문이다. 정말 솔직히 말하자면, 나와 다이앤은 우리가 소수 인종에게 닫힌 관문을 여는 데 앞장섬으로써 추카 우무나

같은 의원이 들어올 수 있도록 하는 일이 중요하다고 믿었다. 그러기 위해 흑인 여성 후보를 내야 한다고 생각했다."

해리 플레처는 다음과 같이 덧붙인다.

"2010년에 다이앤은 명목상의 후보였다. 백인 남성들이 그녀를 지명한 이유는 경선에 흑인 여성을 들러리로 내세우고 싶었기 때문이다."

애벗을 지명한 대부분의 의원들이 평등이라는 이름을 내걸었지만, 당시에도 애벗의 지명에 대해 우려하는 시각은 있었다.

2015년 당수 후보 지명 절차에 이어 항의가 쏟아졌고, 이러한 항의의 시발점은 신노동당 내각 각료를 지낸 헤이즐 블리어즈^{Hazel Blears}의 특별자문역을 맡았던 폴 리처즈^{Paul Richards}가 날린 다음과 같은 트위터 메시지였다.

"우리 일부는 강경좌파와 수십 년 싸워왔다. 그런데 이제 우리 의원들이 캠페인 그룹 소속 의원을 투표용지에 올려주려고 무리수를 두고 있다. 미쳤다."

리처즈는 의원들이 후보를 지명하려면 정말 지도자로서 자질이 있다고 생각하는 후보들에게만 자신의 지명권을 행사해야 한다고 생각했다. 따라서 경선 본선에서 지지하지도 않을 사람을 지명하는 행동은 무책임한 짓이라고 생각했다.

마침내 코빈이 출마를 선언하고 며칠이 지났지만 캠페인 그룹은 애벗이 쓴 방식을 동원해 코빈의 이름을 투표용지에 올릴 가능성에 여전히 회의적이었다. 한 정치평론가의 말처럼, 웨스트민스터 내에서는 코빈이 "좌파의 제단에 바쳐진 희생양"이 되고 말리라는 게 중론이었다. 코빈은 공식 출마가 늦어지면서 경쟁자들보다 지명을 얻는 데 3주나 뒤처져 있었다. 6월 15일 정오 마감시간 전까지 지명해줄 의원들을 물색하려면 겨우 12일이 남은 상황이었다. 게다가 코빈이 지명을 낚으려고 한 연못에서 앤디 버넘의 팀이 이미 열심히 낚시질을 해 지명을 다 낚아채 간 뒤라 상황은 한층 어려워졌다.

버넘 팀은 선두 주자로서 담론을 이끌고 세를 몰아가겠다는 치밀한 계획하에 공식적인 노동당 당원 명부를 확보하려고 열심이었다. 당원 명부는 투표용지에 이름이 오른 후보들에게만 열람할 자격이 주어졌다. 스티브 로더럼^{Steve Rotherham} 의원은 버넘을 위해 일찍이 의원들의 지명을 확보하는 '채근 작전' 임무를 맡았다. 버넘 팀이 일찍이 낚아올린 좌파 성향의 의원들은 이언 레이버리와 리사 낸디뿐만이 아니었다. 버넘 경쟁자들의 선거진영에서는 버넘이 의원들의 사무실로 전화를 걸어 자신을 지지해주면 한자리 주겠다고 했다는 주장을 했고, 버넘의 선거팀은 이런 주장을 부인해야 하는 지경에까지 이르렀다. 중도좌익을 표방하는 잡지 〈뉴 스테이츠맨〉은 코빈이 지지를 받고자 했을 의원 열다섯 명은 이미 버넘에 대한 지지를 선언했고 세 명은 이벳 쿠퍼를 지지하고 있다고 추산했다.

코빈 자신은 미래를 그다지 확신하지 않았는지 모르지만, 다른 사람들은 2015년 노동당 당수 경선의 역사에 코빈이 사족으로 남게 하지는 않겠다는 결의에 차 있었다. 코빈이 6월 3일 출마를 선언하고 몇 시간 만에 코빈의 이야기에 등장한 또 다른 소셜 미디어의 무명 용사는 두 번째 온라인 서명운동을 시작했고 이번에는 의원들에게 코빈을 지명하라고 촉구했다. 이 서명운동의 주인공은 스튜어트 휠러^{Stuart Wheeler}였다. 자녀 셋을 둔 마흔네 살의 아버지인 그는 육가공업체 회계 부서에서 근무하며 콘월 주 세인트 블레이지라는 작은 마을에 거주하고 있었다. 그 지역은 공식적으로 영국에서 가장 빈곤한 곳으로 알려져 있지만 오랜 세월 동안 노동당 정치보다는 자유주의 성향을 보여온 지역이었다.

휠러는 1994년 당시 당수였던 존 스미스의 충격적인 사망 직후 노동당에 가입했다. 세월이 흐르면서 그는 점점 적극적으로 정치 활동을 하게 되었고, 지역의회에서도 일하고 5월 총선에서 (패배한) 노동당 후보의 선거운동 회계 담당자로도 일했다. 에드 밀리밴드의 지지자인 휠러는 자신의 성향을 노동당 좌파로 분류하면서 하위 90퍼센트 국민을 위한 정책을 지지하며, 미셸 라이언과 레베카 반스처럼 자신도 앤디 버넘을 지지하려 했는데 코빈이 출마한다는 소식을 접하고 마음이 바뀌었다고 했다.

긴축정책에 반대하는 사람이 나섰다는 소식을 접하자마자 나는 내가 실제로 지지할 수 있는 대의명분이 생겼다고 생각했다. 나는 제러미가 지명을 확보하지 못할까 봐 걱정했지만, 그가 나서지 않았다면 경선 토론이 정말 무미건조했을지 모른다. 서로 비슷한 주장만 하는 세 후보밖에 없었을 테니 말이다. 아무도 긴축정책의 핵심적인 사안은 짚고 넘어가지 않았을 것이다. 시간이 촉박했다. 코빈이 아직 공식적으로 출마한다고 발표한 상황도 아니었으며 많은 의원들이 이미 다른 후보를 지명한 상황이었다.

휠러는 '즉흥적으로' 아무하고도 상의하지 않은 채 의원들에게 코빈의 이름을 투표용지에 올리라고 촉구하는 온라인 서명운동을 시작했다. 또 하나의 선거운동 웹사이트 'Change.org'에 올린 그의 청원서는 다음과 같은 내용이었다.

당수 후보로 투표용지에 이름을 올리기 위해서 의원 35명의 지명을 받도록 한 규정은 의원들이 당의 모든 성향을 충분히 반영한다는 것을 전제로 한다. 의원들의 지명 외에는 달리 투표용지에 이름을 올릴 방도가 없는 상황에서 …… 의원들은 우리를 위해 경선 관문을 최대한 넓혀야 한다고 생각한다. 우리가 이러한 요청을 하는 이유는 승리를 장담하기 때문이 아니라 그저 당내 일부가 경선 과정에서 완전히 배제되지 않도록 해달라는 것뿐이다. 긴축정책에 반대하는 입장이 우리 당과 우리 지지자들이 나아갈 방향인지 그 가능성에 대해 토론하는 일은 매우 중요하다. 따라서 우리는 제러미 코빈이 반드시 35명의 지명을 받도록 해달라고 노동당 의원들에게 촉구하며, 당내에서 전쟁과 긴축정책에 반대하는 진영에게 토론의 장을 열어주기를 바란다.

24시간 만에 이 청원서에 2천 개의 서명이 올라왔고 〈데일리 미러〉가 이 사실을 보도했다. 나오미 피어론도 휠러의 청원서가 게재된 다음 날 이를 발견하고 레드 레이버를 대표해 트위터로 실어 날랐다. 미셸 라이언도 이 청원서를 퍼뜨리기 시작했다. 라이언의 말이다.

"나도 즉시 코빈의 지명을 촉구하는 서명운동을 시작하려고 했는데 누군가(스튜어트 휠러)가 선수를 쳤다."

웨스트민스터에서는 2007년과 2010년 당수 경선에서 낙마한 존 맥도널이 자신의 절친한 친구인 코빈의 이름을 투표용지에 올리게 된다면 자신의 지난 패배에 달콤한 설욕을 하게 되는 셈이었다. 앞에 나서지 않는 코빈이 직접 지명을 부탁하려면 애를 먹으리라는 사실을 알고 있던 맥도널은 자기가 직접 나서서 노동당 의원들을 설득하기로 했다. 세바스천 코빈, 해리 플레처, 그리고 코빈 자신은 직접 만난 적도 없지만 소셜 미디어를 통해 쉬지 않고 의원들의 지지를 촉구하고 있던 좌익 운동가들의 탄탄한 네트워크로부터 다시 한 번 지원을 받았다.

경선 전까지 플레처는 코빈과 가깝게 지내지 않았지만 코빈의 운동 경력을 잘 알고 있었다. 그는 코빈을 "매우 친화적"이라고 평가했으며, 이 이즐링턴을 대표하는 의원이 출마한다는 소식을 접하자마자 도와주겠다고 나섰다. 확보해야 하는 의원 지명의 기준이 15퍼센트로 상향 조정되어 2010년보다 상황이 녹록하지는 않아 보였지만 초선 의원들 가운데 중도좌파 성향이 많았으므로 산술적으로 볼 때 불가능하지는 않았다. 캠페인 그룹 회원인 의원 일부를 비롯해 많은 좌파 성향 의원들을 버넘과 쿠퍼에게 이미 빼앗기긴 했지만 말이다. 플레처의 말이다.

"당시 우리는 지명을 확보하기까지 며칠밖에 여유가 없었다. 그 주 주말이 되자 약 열흘의 시간이 남아 있었다."

존 트리켓과 로니 캠벨은 둘 다 자기가 가장 먼저 코빈을 지명했다고 주장한다. 트리켓은 이렇게 말한다.

"내가 가장 먼저 코빈을 공개적으로 지명했다. 며칠 동안은 나 하나뿐이었는데 불이 붙기 시작했다. 그냥 확 불길이 타오르더니 점점 번졌다."

캠벨도 이렇게 주장한다.

"내가 제일 먼저 그를 지명했다. 내가 처음 지명했고 데니스 스키너에게도 지명하라고 채근했다."

일찍이 코빈을 지명한 의원들은 초선인 클라이브 루이스, 캣 스미스, 리처드 버건이었다. 그러나 주말이 되자 코빈의 경쟁자인 이벳 쿠퍼와 앤디 버넘이 35명을 채웠고 이들의 이름이 공식적으로 투표용지에 오르게 되었다. 코빈이 지명을 확보할 전망은 그리 밝아 보이지 않았다. 게다가 후보인 코빈 자신도 흔들렸다. 그의 팀 소속이었던 한 인사는

분초를 다투는
후보 지명

다음과 같이 말한다.

주말 동안 제러미는 후보로 나서는 일에 마음이 흔들리기 시작했다. 충분한 지명을 확보하게 될지, 자신의 정치생명에 타격을 입지는 않을지, 쏟아지는 관심 때문에 가족들이 피해를 입지는 않을지 걱정했다. 코빈은 아마도 에드 밀리밴드가 겪은 일을 염두에 두고 있었던 것 같다. '사람들이 집으로 불쑥 찾아와 아이들을 괴롭히는 일이 생기면 어떡하지?' 하는 걱정이 앞섰을 것이다.

6월 8일 월요일, 후보들은 노동당 중앙당이 개최한 정견발표장에 나타났다. 다른 후보들은 모두 지도자로서 자신이 적임자임을 내세우느라 분주한데, 코빈은 의기소침해 보였고 자신을 내세우지도 않았다며 코빈을 지지하는 한 의원은 이렇게 말했다.

그들(의원들)은 코빈에게 관심이 있었지만 가망은 없다고 생각했다. 코빈은 "내가 당수가 된다면"이라는 말을 차마 입에 담지 못했다. 선거운동이 시작되자 다른 후보들은 당수의 자질을 특정한 방향으로 규정하려고 애썼다. 이벳은 특히 "나를 보시오. 지도자감으로 보이지 않소?"라고 말하려고 애썼는데 여기서 생략된 내용은 "제러미를 보시오. 그는 어느 모로 봐도 총리감은 아니오"였다.

그 의원은 정견발표장에서 코빈이 보인 언행에 실망했지만, 깊은 인상을 받은 사람들도 있었다. 그날 밤 노동당 중앙당의 정견발표장에 참석했던 한 인사는 코빈의 지지자는 아니었지만 이렇게 말했다.

정견발표장을 빠져나오는 사람들이 하나같이 얼굴에 생기가 없었고 겸 연쩍게 웃으며 이렇게 말했다. "정견발표 성적으로 치자면 내 생각에는 제러미 코빈이 제일 낫다." 코빈이 가장 달변이었고 꾸밈이 없었으며 유쾌 했다. 게다가 아무 말이나 하지 않았고 자기주장이 확고했으며 뻔한 말이 지만 자신의 신념에 투철했다. 다른 후보들은 횡설수설했다. 그들은 논리 가 빈약했고 확고한 신념이 있는(과연 신념이 있는지도 의심스럽지만) 사람들 같 지 않았다. 그들은 그 밥에 그 나물이었다.

코빈이 당내의 보다 폭넓은 진영에 호소력을 발휘할 잠재력이 있 다는 낌새는 다음 날인 6월 9일에 나타나기 시작했다. 그날 다섯 명의 후보는 영국일반노조가 주관하는 정견발표회에서 연설하기 위해 더블 린으로 날아갔다. 신문들은 그 자리에서 대의원들이 앤디 버넘과 리즈 켄들에게 정부의 복지 삭감을 비판하지 않았다며 비난을 퍼부은 사실 에 집중했지만, 참석자들에게는 코빈이 가장 따뜻한 대접을 받았다는 사실이 눈에 띄었다.[265]

코빈이 더블린에 가고 없는 동안 존 맥도널, 세바스천 코빈, 캣 스 미스, 클라이브 루이스는 노동당 중앙당 의원들의 지명을 확보하는 데 전념했다. 맥도널은 아직 어느 후보도 지명하지 않은 의원들에게 총선 참패의 원인에 대해 '철저하게 분석하는 토론'을 하고 모든 의견들이 제 시되도록 해야 할 의무가 있다고 촉구했다. 그가 당내 좌파의 주장이 경선에서 제시될 기회가 주어지지 않는다면 좌파 진영의 평당원들이 용서하지 않을지 모른다고 주장하자 스튜어트 휠러의 청원운동이 탄 력을 받았다. 또한 리즈 켄들이 35명의 지명이라는 관문을 통과함으로 써 당내 우파들의 입장이 경선에 반영될 게 확실해지자 6월 8일 청원서에 서명한 사람은 5천 명 이상으로 늘어났다.

과거에 지역 이슈와 관련해 여러 차례 서명운동을 펼쳤던 휠러는 "매우 빠르게 확산되었다. 그렇게 빨리 퍼진 적이 없었다"고 말했다. 미셸 라이언도 "나는 사실상 노동당 의원들을 쫓아다니며 이메일을 보내고 있었기 때문에 거의 전업으로 이 일을 하는 것 같았다. 잠시도 그들을 가만히 내버려두지 않았다. 우리 모두 그렇게 열심히 뛰었다"고 당시 분위기를 설명했다. 소셜 미디어의 잠재력을 재빨리 간파한 세바스천 코빈과 코빈 팀은 '제러미 코빈을 당수로Jeremy Corbyn For Leader'라는 페이스북 페이지를 개설하고 '제러미코빈포리더JeremyCorbyn4Leader'라는 트위터 계정을 만들어 휠러의 청원서를 링크했다. 코빈 팀이 아직 지명권을 행사하지 않은 의원들의 명단을 발표하자 휠러는 명단에 오른 의원들에게 개별적으로 이메일을 보내, 자기 말로는 "아주 정중한 어조로" 자신의 청원서를 언급하며 코빈을 지명하라고 촉구했다. 그러나 그날 해가 저물도록 코빈을 지명한 의원 수는 여전히 11명에 머물렀다.

의회 안팎에서 코빈의 지지자들이 그의 이름을 투표용지에 올리기 위해서 온 힘을 기울이는 가운데 정작 코빈 자신은 필요한 지명을 확보할 승산에 대해 초연한 태도를 보이며 지금까지만 해도 소기의 목적을 달성했다고 만족스러워했다. 코빈은 "의회 내 좌파 의원들 사이에서 어떻게 할지 여러 차례 토론이 있었고, 결국 마감 일주일 전에 우리는 누군가를 내세워 긴축정책에 반대하는 입장을 토론 의제로 올려보자고 합의했다"며 다음과 같이 덧붙였다.

투표용지에 이름을 올린다면 더할 나위 없다. 어떻게 되는지 두고 보기로 했다. 하지만 나는 우리가 이미 2주 전에 취한 행동으로써 토론 내용을 바꿨다고 생각한다. 내 원칙에 근본적으로 동의하지 않는 많은 사람들이, 그리고 나와 30년 동안 이견을 보여온 많은 사람들이 "뭐, 적어도 당신은 색다른 주장을 하는군"이라고 말한다. 그들은 그 점을 인정해주는 분위기다.[266]

6월 11일 즈음 코빈이 지명을 얻어낸 의원은 16명이 되었다. 본선에서 코빈을 지지할 계획이 전혀 없음에도 불구하고 그의 이름을 투표용지에 올리는 데는 협조하기로 한 의원들을 포함한 숫자였다. 뉴캐슬 센트럴 지역구 의원 치 오누라^{Chi Onwurah}는 코빈을 지지하는 이유에 대해 "나는 그의 신념을 존중한다"며 자신의 웹사이트에 올린 지역구 주민들에게 보내는 메시지에서 다음과 같이 밝혔다.

그는 사회주의의 이상과 원칙과 정책을 강력히 주장해온 사람으로 잘 알려져 있다. 이 상황에서 더 중요한 사실은 많은 의원들이 그의 신념에 공감하거나 적어도 그러한 주장들이 공론의 장에서 논의되기를 바란다는 점이다. 내가 의원들과 내 지역구의 지지자들에게 누굴 지명할지 물어보았더니, (공정을 기하기 위해서 뉴캐슬 센트럴 지역에 거주하지 않는 수많은 사람들을 포함해) 압도적으로 많은 사람들이 제러미 코빈의 이름이 투표용지에 올라가야 한다고 답했다. 그렇다고 해서 내가 그가 노동당의 차기 당수가 되어야 한다고 생각한다는 뜻은 아니다.

혼지와 우드그린 지역에서 당선된 초선 의원 캐서린 웨스트는 트위터에 다음과 같은 메시지를 날렸다.

"오늘 저녁 나는 제러미 코빈을 지명했음을 밝힌다. 노동당 당수

분초를 다투는
후보 지명

경선의 담론 범위가 가능한 한 확대될 필요가 있기 때문이다."

배틀리와 스펜 지역에서 당선된 초선 의원 조 콕스Jo Cox는 자신의 지지자들에게 말했다.

"개인적으로 본선에서는 제러미에게 투표하지 않을 예정이지만 폭넓은 토론을 보장하고 당원들에게 가능한 한 광범위한 선택지를 부여하기 위해 지명권을 행사하기로 결심했다."[267]

코빈의 이웃인 남이즐링턴 지역구 의원이자 본선에서는 이벳 쿠퍼에게 투표한 에밀리 손베리는 다음과 같이 말한다.

내가 그를 지명한 이유는 일부에서 당수 선거를 이용해 당을 오른쪽으로 끌어당기려는 시도를 하는 데 대해 다른 많은 사람들과 마찬가지로 짜증이 났기 때문이다. 나는 제대로 된 토론을 해야 하고 그런 토론을 하는 데 겁을 먹어서는 안 된다고 생각했다. 이런 일(코빈의 승리)이 일어나리라고는 예상치 않았다. 하지만 그렇게 됐다.

노동당 일부 진영에서는 지명 마감시한이 가까워진 며칠 동안 소셜 미디어의 압박을 견뎌내지 못하고 코빈을 지명한 많은 의원들에 대한 비난이 들끓었다. 노동당의 한 전직 중진 참모는 이렇게 말한다.

"그들은 입법의원이다. 어려운 결단을 내리기 때문에 봉급을 받는 사람들이다. 콜린스 체제의 요체는 누가 납득할 만한 미래의 총리인지 심사숙고할 책임이 의원들에게 있다는 점이다. 제러미 코빈은 그럴 만한 자질이 없다. 그들도 그 사실을 알고 있었다. 하지만 그들은 코빈의 이름을 투표용지에 올리지 않으면 악한으로 비쳐질까 봐 두려워서 그를 배제할 엄두를 내지 못했다."

그러나 존 트리켓은 의원들이 웨스트민스터 바깥세상의 목소리에 귀를 기울인 것은 옳은 일이었다고 생각한다.

소셜 미디어에서 의원들은 코빈의 주장에 동의하지 않더라도 "제대로 된 토론을 해보자"라는 원칙에 따라 그를 지명하라는 엄청난 압력을 받았다. 그 논리가 큰 효과를 발휘했다. 소셜 미디어에서 펼쳐진 지명운동 덕분에 코빈의 이름이 투표용지에 올랐다. 코빈의 주장에 동의하지 않는데도 그를 지명한 의원들이 바보 같은 짓을 했다고들 말한다. 하지만 그런 주장을 하는 사람들이 잊고 있는 점은 보다 폭넓은 사회와 선출된 의원들 간의 관계다. 지도력이라는 구태의연한 개념에 대한 집착과 바깥세상과는 단절된 의회에서 결정을 내린다는 구태의연한 생각은 구글이 지배하는 오늘날과 같은 세상에서는 통하지 않는다. 자발적인 운동이 일어나고 수만 명의 사람들이 자기 지역구 의원들에게 트위터를 보내 "당신은 제러미를 지명해야 하오"라고 말하면서 140자 이내로 매우 논리적인 주장을 펼친다. 정치를 예의 주시하는 사람들은 하원에서 축구 경기가 펼쳐진다고 생각한다. 그런데 실제로 축구공은 의회 바깥에 있다. 어떻게 돌아가는지 사정을 알려면 정치가 실제로 벌어지는 곳으로 눈을 돌려야 하는데 그 현장은 보다 넓은 지역사회다.

노동당 주류 인사들은 에드 밀리밴드를 비난한다. 그가 총선에서 당선시킨 좌파 초선 의원들이 코빈의 이름을 투표용지에 올리는 데 일조했다는 것이다. 하지만 밀리밴드와 가까운 한 인사는 이렇게 말한다.

코빈을 지명한 초선 의원들이 아니었다고 해도, 강경좌파의 핵심 세력은 어떻게든 노동당 중앙당 내에서 다른 사람들을 찾아내 코빈을 지명하게 했을 것이다. 좌파 후보를 투표용지에 올리려는 움직임이 탄력을 받고 있었고 의원들에게 압력이 가해지고 있었기 때문에 그들은 다른 사람들을 찾아내 지명하게 했을 것이다. 제대로 분석하거나 생각해보지도 않고 비난하기는 쉽다.

6월 12일 금요일, 메리 크레이가 동료 의원들로부터 지명을 얻는 데 어려움을 겪고 있다며 출마를 포기했다. 앤디 버넘 팀은 그녀를 지지하는 의원들이 대신 버넘을 지명하길 바랐지만, 대부분이 코빈을 지명하자 놀라고 실망했다. 크레이의 사퇴와 더불어 언론은 코빈이 아직까지 매직넘버 35를 달성하지 못했다고 보도하면서 코빈이 레이버리스트 웹사이트의 일반 지지자들을 대상으로 한 여론조사에서는 지지도가 1위라는 흥미로운 내용도 함께 보도했다. 일반 운동가들의 47퍼센트라는 압도적인 수가 코빈을 선호 후보로 지목했고, 버넘은 13퍼센트, 켄들은 11퍼센트, 쿠퍼는 9퍼센트의 지지도를 보였다. 지명 마감일까지 며칠을 남겨두고 레이버리스트에서 발표한 여론조사의 수치로 인해 아직 지명을 하지 않은 의원들은 더욱 더 큰 압박을 받았다. 코빈을 지명하는 의원의 수가 조금씩 늘어나 20명이 되었다.

다른 후보들을 지명할 의원들이 코빈을 지지하고 나서자 그의 경쟁자들은 짜증이 났다. 그들의 선거 참모들은 의원들이 지역구 좌파 당원들과 소셜 미디어의 압력에 굴복할 만큼 나약하든지 아니면 자신들이 해야 하는 역할에 대해 완전히 착각하고 있다고 생각했다. 이 시점에 앤디 버넘의 선거캠프는 "코빈을 그리 위협적인 인물로 여기지 않고" 있었다. 하지만 코빈 때문에 의원 90명으로부터 지명을 받으리라는 희망이 무산되고 마감일까지 겨우 68명의 지명을 받는 데 그치자 실망감을 감추지 못했다. 리즈 켄들의 선거팀은 코빈에게 지명을 빼앗기는 바람에 승산이 낮아졌다고 생각했다. 존 우드콕의 말이다.

리즈가 투표용지에 일단 이름을 올리게 되자 리즈에게로 기울었거나 이미 리즈를 지지하던 의원들이 제러미를 지명하기로 결정했다. 그것은 우리의 신경을 건드렸다. 자기 지역구의 일부 유권자들이 이메일로 불만을 표한다는 이유만으로 코빈을 지지하다니…… 그런 의원들이 자기 표를 다른 사람에게 던져서 리즈가 노동당 중앙당에서 실제보다 낮은 수의 의원으로부터 지명을 받게 되지 않았는가.

지명 마감시한 직전 주말에 대부분의 의원들은 자기 지역구로 돌아가 그곳에서 직접 일반 당원들의 생각을 들을 수 있었다. 훗날 알려진 바와 같이 일반 당원들은 대부분의 의원들에게 코빈의 이름을 투표용지에 올리라고 촉구했다. 6월 14일 일요일, 아직 14명의 지명이 부족했다. 남은 시간이 24시간이 채 되지 않는 시점에서 '제러미 코빈을 당수로' 페이스북 페이지에 아직 지명을 하지 않은 46명의 의원 명단이 공개되었다. 미셸 라이언, 스튜어트 휠러, 나오미 피어론은 즉각 행동에 돌입해 그 명단에 오른 모든 의원들에게 직접 트위터로 메시지를 보냈다. 이제 휠러의 청원서에 서명한 사람은 7천 명을 넘어서고 있었다. 전부당수 존 프레스콧도 코빈의 이름을 투표용지에 올리라는 요구에 동참해 〈선데이 미러〉에 이런 글을 썼다.

"좌파 제러미 코빈이 내세우는 주장 대부분에는 동의하지 않는다. 하지만 당원들이 그의 주장에 대해 의견을 표명할 기회를 주는 게 당

분초를 다투는
후보 지명

을 위해서도 바람직하다. 이런 이유로 나는 노동당 의원들이 코빈에게 표를 빌려주기를 바란다."

런던시장 선거에서 노동당 후보로 나서려던 두 의원, 데이비드 라미와 사디크 칸이 코빈을 지명하고 나섰다. 이후로 그들은 전국 다른 지역보다 훨씬 좌익 성향이 강한 수도 런던 유권자들의 환심을 사려고 코빈을 지명했다는 비판을 받아오고 있다. 결국 시장에 당선된 칸은 분명히 코빈과 연대해서 이득을 보았다. 코빈을 지명하기 전까지만 해도 그는 테사 조월^{Tessa Jowell}에게 뒤지고 있었기 때문이다. 당수 경선이 끝난 후 투팅이 지역구인 그는 버넘에게 투표했다고 밝혔다. 코빈 선거팀의 한 인사는 라미와 칸이 코빈을 지명한 것은 "계산된 도박"이라고 했다.

라미는 소셜 미디어 사용자들과 코빈의 동지들로부터 코빈을 지명하라는 엄청난 압박을 받았다고 털어놓았다.

나는 (지명 마감시한 직전인) 일요일 밤까지도 결심을 하지 못하고 있었다. 제러미에게 호감은 있었지만 그리 깊이 생각해보지 않은 상태였다. 시장 선거운동에 정신이 팔려 있었기 때문이다. 코빈의 아들 세바스천이 내게 전화를 하더니 코빈에게서도 전화가 왔다. 그래서 "의회에 등원해서 당신을 지명하겠다"고 했다. 초선 의원 클라이브 루이스가 일요일 밤 내게 메시지를 보내 코빈을 지명하라고 공개적으로 채근해서 조금 놀랐다. 우리는 그런 일을 공개적으로 하지 않는데 말이다. 그는 코빈을 지명하는 일과 관련해 내게는 단 한마디도 하지 않았는데 공개적으로 나를 궁지에 몰아넣었다. 소셜 미디어에서 진행되는 운동들이 한두 가지가 아니지만 그런 운동들이 모두 다 효과를 발휘하지는 않는다. 하지만 제러미가 부상하게 된 데는 효과를 발휘했다는 생각이 든다.

라미에 따르면 그는 코빈을 지명했다고 자신의 지역구 토트넘에 거주하는 유대인들로부터 거센 비난을 받았다. 반유대주의자를 옹호한다고 말이다.

코빈의 선거팀에서 언론을 담당한 해리 플레처는 6월 14일 일요일 내내 공책에 다음 날 발표할 세 가지 서로 다른 내용의 보도자료를 끄적거리며 보냈다. 첫 번째 것은 간단한 표제로 작성했다. "긴축정책을 반대하는 후보, 투표용지에 이름을 올리다." 두 번째 것은 다음과 같았다. "제러미 코빈은 안타깝게 패했지만 존 맥도널과 다이앤 애벗보다 많은 지명을 받음으로써 좌파의 주장에 대한 지지가 상승하고 있음을 보여주었다." 세 번째 것은 코빈이 후보 요건에 한참 못 미치는 수의 의원으로부터 지명을 받았을 경우를 상정한 최악의 시나리오로서 다음과 같은 내용이었다. "당원들이 누구에게 투표할지를 의원들이 결정하는 방식은 민주주의에 대한 모독이다." 이제 플레처는 첫 번째 보도자료를 배포하게 되리라는 데 점점 더 희망을 걸고 있었다.

그 일요일 밤, 나오미 피어론은 늦게까지 자지 않고 코빈을 후보로 만들기 위해서 온 힘을 기울이고 있었다.

"아침 이른 시간까지 계속했다. 우리는 아직 지명권을 행사하지 않은 모든 의원들에게 끊임없이 이메일을 보내고 또 보내서 코빈을 지명하라고 촉구했다. 말은 안 했지만 우리는 막판에라도 몇몇 의원들이 응하리라는 자신이 있었다."

그녀의 노력이 결실을 맺었다. 다음 날 아침, 지명 마감시한을 겨우 세 시간 남짓 남겨둔 시점에, 버먼지와 올드 서더크 지역구 의원 닐 코일Neil Coyle이 자신에게 쏟아진 메시지들에 답하는 트위터 메시지를 발송했다. 그는 트위터에 "코빈/노동당 당수 관련 이메일에 다음 사항

분초를 다투는
후보 지명

을 포함시킬 것: 5월 7일 총선에서 어느 당에 투표했는지, 노동당이 아니라면 그 이유는 뭔지(코빈은 노동당 당원이니까!), 그리고 코빈의 이름이 투표용지에 올라갔지만 패배할 경우 어떻게 할 건지"라고 적었다. 이에 대한 답변들을 본 코일은 코빈을 지명하기로 했다. 나중에 그는 이 결정을 땅을 치고 후회하게 된다(결국 그는 자기 지역구 유권자인 코빈의 형 피어스가 총선에서 노동당에 반대하는 운동을 했다는 사실을 근거로 당수 경선에서 피어스가 노동당 지지자로 등록하지 못하도록 하는 데 성공한다).

해리 플레처는 이제 코빈을 지명한 의원의 수가 "31명 또는 32명쯤 되었다"고 말했다.

"서너 명 더 동참할 가능성이 높다고 세바스천이 이야기했고 제러미도 같은 생각이었다. 우리는 여기까지 왔는데 아슬아슬하게 지명을 채우지 못한다면 비극이라고 의원들에게 말했다."

존 트리켓은 다음과 같이 덧붙였다.

월요일 아침 우리는 여전히 31명의 지명밖에 받지 못한 상황이었다. 사람들이 "코빈은 기준을 통과하지 못하겠어"라고 말했다. 우리는 31명을 확보했고 6~7명을 더 확보해 도달할 수 있다고 생각했다. 하지만 12시를 5분 남겼을 때 그 확신이 흔들렸다.

코빈의 경쟁후보 팀의 한 인사는 훗날 지명 절차의 일정에 대해 분개하며 〈가디언〉에 이렇게 말했다.

지명 마감시한을 월요일 정오로 정하다니, 빌어먹을 마약에 취해 제정신이 아니었던 게다. 아무하고도 연락이 안 된다. 의원들은 빌어먹을 지역구 총무나 좌파인 자기 마누라하고 주말을 보내고 어슬렁어슬렁 등원한다. 월요일 아침 정오면 빌어먹을 지하철에서 하차한 뒤 아직 티룸에서 차도 마시지 않은 상태다. 그러고는 바로 노동당 중앙당으로 직행해서는 바보짓거리들을 한 거다.

마감까지 반 시간을 남겨두고, 리즈 켄들의 지지자이며 해로웨스트 지역구 의원이자 런던시장 후보인 개러스 토머스 Gareth Thomas 와 앤디 버넘을 지지하는 전 부당수 마거릿 베켓이 코빈을 지명한 의원의 대열에 동참했다. 베켓은 훗날 그 같은 자신의 결정을 공개적으로 자책하며 BBC에 이렇게 말했다.

"아마도 내가 이때까지 저지른 정치적 실수 가운데 최악의 실수지 싶다."

토니 블레어의 전 자문역을 지낸 존 맥터넌 John McTernan 이 코빈에게 지명을 "빌려준" 의원들을 "쪼다들"이라고 부른 데 대해 어떻게 생각하느냐는 질문에 베켓은 한숨을 내쉬며 "나도 그중 한 명이다"라고 대답했다.[268] 그러나 해리 플레처는 베켓이 신중하게 내린 결정이라고 생각한다.

"마거릿 베켓은 코빈을 지명함으로써 경선 토론의 기조를 바꿀 수 있고 다른 후보들로 하여금 중도 노선과 거리를 두게 할 것이라고 생각했다."

이벳 쿠퍼의 전략가 로저 베이커는 많은 의원들이 단지 자신에게 주어진 책무, 즉 부적격자를 걸러내는 역할을 인식하지 못했을 뿐이라고 주장한다.

분초를 다투는
후보 지명

5월과 6월 지명 절차를 거치면서 새로운 규정하에서 의원들이 해야 할 역할이 무엇인지 아무도 설명해주지 않았다는 사실이 분명해졌다. 특히 초선 의원들에게 말이다. 게다가 단지 초선 의원들뿐만 아니라 정말로 경륜 있는 중진들도 지명 절차에서 자신들의 역할이 뭔지 이해하지 못했다. 그들을 탓하는 게 아니라, 공정하게 말하자면 아무도 의원들의 역할이 뭔지 분명히 짚고 넘어가지 않았다. 게다가 기존의 규정에서는 노동당 중앙당의 지명 절차는 약간의 토론과 합의를 거쳐 진행되었다. 그런데 이번 새 규정은 성격이 전혀 달랐다.

그다지 너그럽게 해석하지 않는 사람들도 있다. 존 우드콕은 이렇게 말한다.

"다 지나간 다음에 왜 그런 사태가 일어나리라고 짐작하지 못했냐고 이러쿵저러쿵 하는 셈이다. 리즈 팀뿐만 아니라 모든 의원들이 그런 심정이다. 지명 절차에서 사실상 자기 직무를 유기한 사람들에게 가장 적절한 처벌이 무엇인지 갑론을박한다."

캠페인 그룹의 회원 로니 캠벨은 베켓을 비롯해 코빈을 지명한 의원들의 뒤늦은 참회에 대해 고소해한다.

"코빈을 지명한 의원들이 이제 와서 후회하는 까닭은 손가락질을 받고 있기 때문이다. 지명할 때만 해도 그들은 '진지한 토론이 될 것'이라고 했다. 일부는 '코빈이 정견발표장에서 토론의 수준을 높일 것'이라고까지 했다. 이런 대가를 치를지 몰랐는데 이제야 깨닫게 된 것이다."

마감까지 분초를 다투게 되면서 해리 플레처와 존 트리켓은 늑장을 부리던 의원들이 지명 등록을 하러 올 노동당 중앙당 사무실로 가보기로 했다. 복도를 걸어 내려가던 플레처는 긴장된 분위기 탓인지 그곳이 생소한 느낌이 들었다. 둘 다 노동당 중앙당 사무실 바깥에서 펼쳐지고 있는 광경을 보고 놀랐다. 코빈은 여전히 자전거 탈 때 입는 재킷을 걸치고 헬멧을 들고 있었고 존 맥도널, 캣 스미스, 존 랜즈먼도 이미 와 있었다. 코빈의 지명을 둘러싼 드라마의 곁다리로 부당수 후보들이 지명을 받으려고 막판에 동분서주하고 있었다. 베스널 그린과 보 지역의 젊은 의원 러샤나라 알리Rushanara Ali가 막판에 사퇴하면서 아직 필요한 지명 의원 수를 채우지 못한 부당수 후보들이 알리를 지지한 의원들의 지명을 받으려고 난리가 났다. 다섯 명의 부당수 후보들이 각축전을 벌이고 있는 가운데 결국 나중에 부당수에 당선된 선두 주자 톰 왓슨이 생각이 바뀌기 전에 코빈을 지명해주겠다고 제안했다. 존 맥도널은 이렇게 회상했다.

"마감까지 한 시간을 남겨두고 우리는 30명을 넘지 못하고 있었다. 그런데 31명으로 늘어나고 33명이 되었다. 우리가 34명을 확보하면 그때 지명해주겠다고 약속한 의원이 5명이 있었는데, 마감시한 10초를 남겨두고 그들 중 두 사람이 그 조건을 철회했다. 나는 눈물이 글썽글썽해서 애걸을 했다."[269]

처음으로 조건을 철회한 의원은 블랙풀 사우스 지역구 의원이자 이벳 쿠퍼 지지자인 고든 마스든Gordon Marsden으로 캣 스미스가 이렇게 애걸복걸하자 넘어갔다.

"경선에 참가하게만 해주세요. 기회를 주세요. 토론에 참가하게만 해주세요."[270]

그러더니 마감시한 1초를 남겨두고 또 다른 쿠퍼 지지자 앤드루 스미스가 나섰다. 빅 벤이 12시를 알리고 코빈은 2015년 노동당 당수 경선에 출마하는 공식 후보가 되었다.

분초를 다투는
후보 지명

코빈을 지명한 의원들 가운데 절반 이상은 본선에서 다른 후보에게 투표했다.[271] 그 의원들 가운데는 앞서 언급한 의원들을 비롯해 돈 버틀러Dawn Butler, 존 크러더스Jon Cruddas, 루파 허크Rupa Huq, 루이즈 헤이Louise Haigh, 튤립 시디크Tulip Siddiq, 그리고 프랭크 필드Frank Field가 있다. 그렇게 해서 노동당 중앙당은 제러미 코빈을 당수 후보로 지명했다. 노동당 의원들의 압도적인 다수가 승리하리라고 기대하지도 않았고 승리하기를 바라지도 않은 사람이 당수 후보가 된 것이다.

Chapter 17

판세를 뒤집은
선거운동

2015년 노동당 당수 선거에 나설 자격을 얻은 직후 몇 분 아니, 몇 시간 동안 코빈은 자신이 실제로 후보가 됐다는 사실이 실감나지 않았다. 막판에 코빈에게 소중한 한 표를 던져준 의원들은 여전히 코빈을 지명해준 데 대한 변명을 늘어놓기 바빴다. 앤드루 스미스는 당이 "공개토론을 할 필요가 있다고 생각한다"고 해명했고, 고든 마스든은 트위터에서 자신은 본선에서 이벳 쿠퍼에게 투표하겠다고 다짐했다.

그런 와중에도 코빈은 지난 40년 동안 해온 일을 계속했다. 시위에 참가하는 일 말이다. 그렇게 시위에 참가하면서 그는 2015년 노동당 당수 경선을 시작했고 마무리도 그렇게 했다. 팔러먼트 스퀘어에서 열리는 그 시위는 바로 자신보다 혜택을 못 받은 사람들, 즉 난민들을 지지하는 집회였다.

존 맥도널은 자기 친구가 마감 당일, 아니 마감 직전에 이름을 투표용지에 올리게 된 데 울컥하며 아마도 자신이 두 번 출마했다가 실패한 데 대한 한을 비로소 푼 느낌이 들었을지 모른다. 하지만 코빈은 여전히 차분했다. 아들 세바스천을 시켜 지지자들에게 희소식을 간단한 문자메시지 "36!"으로 보내도록 하고, 자신은 맥도널과 해리 플레처와 함께 팔러먼트 스퀘어에서 열리는 시위에 동참했다.

외국인들을 본국으로 송환하기 전에 억류하는 시설인 얄즈 우드 이민자 송환센터의 열악한 여건에 항의하는 여성 200여 명이 시위를 하고 있었다. 세 사람은 웨스트민스터 북서쪽에 있는 뉴팰리스야드를 가로질러 세인트 스티븐스 게이트를 나서다가 좌파 성향의 노동당 중앙당 의장 존 크라이어와 마주쳤다. 그는 존경스럽다는 듯 코빈에게 말했다.

"하나님, 맙소사. 도대체 어떻게 해낸 거요?"

세 사람은 대답 대신 그냥 웃기만 했다. 사행업자들은 코빈이 후보군에 이름을 올렸다는 소식에 그의 배당률을 20-1로 조정했다. 그래도 코빈은 여전히 경선에서 승산 없는 후보로 취급되었다.

얄즈 우드 시위자들과 함께 시위에 참가한 후 세 사람은 다우닝 가로 갔다. 다우닝 가 10번지 맞은편에 있는 행정부 건물 화이트홀 국방부 앞에서 또 다른 소규모 시위에 참가했다. 그곳에서는 관타나모 수용소에 억류되어 있는 마지막 영국인 샤커 아머Shaker Aamer를 위한 시위가 벌어지고 있었다.

코빈은 시위대 몇 명과 대화를 하면서도 그로부터 석 달도 채 안된 시점에 노동당 당수로서 지금 인권운동가들과 함께 마주하고 있는 그 유명한 장소 다우닝 가 10번지에서 데이비드 캐머런을 축출하기 위해 투쟁하게 되리라고는 전혀 생각하지 않았다. 코빈, 맥도널, 플레처 중에 어느 누구도 그날 코빈이 경선에서 이기리라고는 생각하지 않았다. 애초에 투표용지에 이름을 올리는 게 목표였고, 그 목표를 달성한 지금 아주 조금 더 욕심을 내 새로운 목표를 세웠다. 최하위는 면하자는 목표였다.

코빈이 후보로 확정되고 첫 한 시간 동안 세 사람은 자신들이 앞으로 감당해야 할 일이 뭔지 생각조차 하지 않았지만 선거운동 준비를 해야 한다는 생각이 서서히 들기 시작했다. 플레처는 "제러미는 자기가 36명의 지명을 받았다는 사실에 매우 놀랐다"고 말한다.

"나는 '맙소사, 이제 어쩌지?' 이런 느낌이었다. 선거운동을 할 조직도 없고 아무런 준비도 갖추어져 있지 않았기 때문이다. 다른 후보들은 선거팀도 있고 선거 사무실도 있었다."

세 사람은 하원으로 돌아가서 급하게 회의를 소집해 행동 계획을 세웠다. 코빈은 영국 전역을 돌며 마을과 도시에서 연설을 하는 전국 유세를 하자고 제안했다. 맥도널은 자기들 나이에 그런 유세는 아마 "마지막으로 보낸 여름 와인 여행"(요크셔 출신 사고뭉치 세 노인의 이야기를 다룬 BBC 시트콤에 빗댄 표현)이 될지 모른다고 농담을 했다.[272] 실제로 전국 유세는 눈부신 성공을 거두었다. 점점 속도가 붙고 열렬한 지지자들이 늘어나고 탄력을 받으면서 코빈은 그를 흠모하는 지지자들의 눈에는 어설픈 중년 좌익 정치인에서 록스타 비슷한 존재로 변모했다. 그들은 당선하리라는 희망을 애써 억누르면서도 어쩔 수 없이 일말의 가능성을 보고 내심 희열을 맛보기 시작했다. 플레처는 "바로 그 첫날, 우리는 뭔가 될 것 같다는 느낌이 들기 시작했다"고 말한다.

판세를 뒤집은
선거운동

코빈의 선거캠프는 선거준비팀을 꾸리기 시작했다. 시작은 미미했지만 결과적으로 이 팀은 당수 경선 사상 가장 효과적인 선거운동 조직으로 꼽히게 된다. 하원 건물에서 열린 첫 회의에 참석했던 사람들 가운데는 리처드 버건, 고故 마이클 미처, (코빈이 옷차림을 단정하게 해야 한다고 주장한) 캣 스미스, 레베카 롱 베일리Rebecca Long Bailey, 켈빈 홉킨스Kelvin Hopkins, 케이트 오사모Kate Osamor 등이 있었다. 미처와 버건의 의원실 연구원들도 거들기로 했고, 공공서비스와 상업 노조 위원장(나중에 경선에서 투표권 행사를 금지당했다) 마크 서워트카Mark Serwotka는 보좌관들을 보냈다. "한 사람의 도움도 아쉬웠다"고 해리 플레처는 말한다. 또 다른 언론 담당관 카멜 놀런은 코빈의 선거캠프를 "도울 의향이 있는 사람들과 도울 여건이 되는 사람들의 연대"라고 묘사했다.[273]

이제 선거에서 주요 역할을 할 사람들이 정해졌다. 코빈 다음으로 가장 중요한 역할을 할 사람은 존 맥도널로 선거본부장을 맡았다. 예순네 살의 맥도널은 코빈에 대해 웬만큼 호감을 지닌 노동당 의원들 사이에서조차 의견이 갈리는 인물이었다. 코빈이 당수에 당선되고 처음으로 예비내각 임명권을 행사하면서 맥도널을 예비내각의 재무장관에 앉히자 노동당 중앙당에서는 거의 폭동이 일어날 뻔했다.

코빈이 헤링게이 지역의회 기획위원회 위원을 지낸 시기를 제외하고는 정치에 몸담은 40여 년을 늘 반대하며 보내온 것과 달리, 한 의원의 말을 빌리면, 지적이고 주도면밀하고 '무자비한' 맥도널은 실제로 관리자 경험이 있었다. 그는 런던당국연합회(런던정부연합의 전신)의 회장을 지냈다. 맥도널이 수장을 맡은 당시 런던당국연합회에서 일했던 한 직원은 토머스 홉스Thomas Hobbes가 《리바이어던》에서 인간의 삶을 묘사한 구절을 인용해 그 시절을 "비열하고, 잔인하고, 순식간이었다"고 표현했다.[274] 그 후 맥도널은 광역런던의회에서 켄 리빙스턴의 2인자 역할을 하면서 런던의 예산을 관리했지만, 켄조차도 맥도널이 지나치게 좌편향되어 있다고 생각하면서 두 사람의 관계가 틀어졌다. 리빙스턴은 자신의 회고록에서 두 사람 사이의 불화에 대해 언급했다.

"내 주위에서 사단이 벌어지리라고는 꿈에도 생각하지 않았고, 존이나 내가 그 일을 극복하는 데 10여 년이 걸릴 거라고도 생각하지 못했다."[275]

맥도널은 런던 내의 아일랜드공화국군 동조자들과도 적극적으로 어울렸다. 코빈이 당수에 당선된 후 맥도널은 예전에 마거릿 대처를 암살한다는 농담을 하고 아일랜드공화국군을 찬양한 데 대해 사과를 해야 했다.[276] 그는 "제러미 덕분에 내가 훨씬 선한 사람이 된다"고 말했다.[277]

1980년대부터 코빈과 맥도널을 알고 지낸 한 의원은 코빈이 "해롭지 않은 구식 좌익"인 반면, 그의 친구 맥도널은 훨씬 강경한 성향이라고 했다. 이 의원은 코빈이 투표용지에 이름을 올리기 훨씬 전부터 이 일을 진행한 사람이 바로 맥도널이고 그가 코빈의 이름을 내세우고 뒤에서 수렴청정을 한다고 주장하기도 했다. 그 의원은 이렇게 말했다.

"존 맥도널은 늘 배후에 있었다. 그는 놀라울 정도로 똑똑하고 말 그대로 무자비하며 지킬과 하이드처럼 완전한 이중인격자다. 모든 결정은 그가 다 한다. 제러미가 아니다. 제러미는 존 맥도널이 끈으로 조종하는 꼭두각시에 불과하다."

코빈 팀은 맥도널이 코빈을 조종하는 배후라는 주장을 일축하지만, 코빈이 스스로 정치계에서 가장 가까운 친구라고 말하는 맥도널에게 크게 의존하고 그의 지원을 소중히 생각한다는 데는 모두의 의견이

판세를 뒤집은
선거운동

일치한다. 코빈은 "존 맥도널은 내가 함께 일해본 사람 가운데 가장 원칙적이고 열성적이고 헌신적인 동료다"라고 말했다.[278] 차후에 맥도널을 예비내각 재무장관으로 임명한 데 대해 코빈은 자신의 결정을 이렇게 변호했다.

이런 결정을 내리면 일부에서 비판을 하리라는 사실을 늘 알고 있었다. 모두들 알다시피 그는 나와 아주 가까운 친구다. 그는 명석하고 경제학과 관련 이슈들에 대한 식견이 있다. 당수와 예비내각 재무장관이 생각하는 방향이 같다는 점은 매우 중요하고, 그런 점에서 우리는 확실히 생각이 같다.[279]

코빈 팀에서 맥도널 다음으로 가장 중요한 인물들은 플레처 성을 지닌 세 명, 즉 사이먼, 캣, 해리다. 세 사람은 아무런 혈연관계도 없고 우연히 성이 같을 뿐이다. 이 세 사람 가운데 가장 널리 존경을 받는 사이먼 플레처가 가장 핵심적인 역할을 하게 된다. 사이먼은 코빈 선거운동팀의 일원이었고 코빈의 경쟁자들이 자기 선거진영 참모로 가장 탐을 낸 인물이다. 그는 코빈을 좌파 후보로 내세우기로 한 첫 회의가 열리고 하루나 이틀 후 코빈의 선거팀에 합류했다. 에드 밀리밴드의 노조 연락책으로 활동한 사이먼은 폴커크 추문에 이어 이루어진 당수 경선 규정의 개정안 초안 작업에 관여했었다. 따라서 네 명의 당수 후보 선거진영들을 통틀어 누구보다도 새로운 선거 규정을 잘 알고 있었을 것이다. 당수 후보들이 노조의 지지를 받으려고 애쓰게 되면서 그와 노조의 친밀한 관계도 곧 진가를 발휘하게 된다. 노조 지도자의 아들인 사이먼은 10대 때 토니 벤의 '티백Teabag' 가운데 한 명이었다. 티백은 코빈의 정신적 스승인 벤이 자신의 어린 조수들을 일컬은 애칭으로, '벤의 뛰어난 자료조사원 협회The Eminent Association of Benn Archive Graduates'의 약자다.

1990년대에 사이먼은 노동당 후보 프랭크 돕슨Frank Dobson에 맞서 무소속 후보로 런던시장에 출마한 켄 리빙스턴을 도와 시장에 당선시켰다. 그리고 리빙스턴의 비서실장으로서 리빙스턴을 정치적 동토에서 양지로 이끌어냈고, 리빙스턴이 함께 어울리던 급진주의 무리들에게서 그를 떼어내 2004년 하원 재선 시기에 맞춰 노동당에 다시 합류하게 했다는 평가를 받고 있다. 4년 후 사이먼은 채널 4의 프로그램 〈디스패치스Dispatches〉가 그를 트로츠키 단체인 사회주의행동Socialist Action과 연계하자 당황했다. 그러나 리빙스턴은 여유 있게 말했다.

"내 보좌관들은 거의 모두 사회주의행동과 관련이 있었다. 그 단체는 유일하게 합리적인 좌익 단체였다. 그들은 나의 사회주의 경제정책을 만들어내곤 했다. 비밀 조직이 아니었다."

타의 추종을 불허하는 유능한 관리자인 마흔다섯 살의 사이먼은 이제 코빈을 대신해 그의 비전을 알리고 사람들을 조직하는 능력을 효과적으로 발휘하면서 공공서비스 투자, 철도 재국유화, 수업료 면제 등을 비롯해 혹할 정도로 신선하고 역동적인 동시에 코빈 후보가 오랫동안 지녀온 이상에 충실한 정책들을 만들어냈다. 후보가 연설하는 시간은 오후 6시와 7시 뉴스 시간에 맞춰서 진행했고, 전국을 다니며 여는 집회는 이른 저녁에 개최해서 코빈이 마지막 기차를 타고 런던으로 돌아올 수 있도록 했다. 노동당 보좌관을 지낸 한 인사는 "사이먼이 짠 선거 전략 덕분에 코빈이 승리했다. 사람 좋고, 매우 결단력 있고, 매우 재능이 있는 친구다"라고 말한다. 이벳 쿠퍼의 선거팀에서 일한 로저 베이커는 "사이먼 플레처를 정말 존경한다. 자기가 할 일이 뭔지 잘 아는 사람이다"라고 덧붙인다. 코빈이 당수가 된 사실을 유감스럽게 생각하는 한 의원 역시 사이먼 플레처가 세운 선거운동 전략에 대해 이렇게 말한다.

> 산만하기 이를 데 없는 에드 밀리밴드의 사무실과 전혀 다르다. 놀라울 정도로 효율적으로 운영되고 하는 일마다 효율성이 돋보인다. 전부 철저한 생각을 거친 전략이다. 초기에 내세운 이슈들, 예를 들면 철도 국영화 등에 대해선 뭐 아무도 이의를 제기하지 못하지만, 그들이 정말로 하고 싶은 일은 은행을 국영화하는 일이다.

플레처 성을 가진 두 번째 인물인 캣은 코빈의 전략 수석이 되어 곧 대거 등장하게 되는 자원봉사단을 책임지게 되었다. 캣 플레처는 전국학생노조National Union of Students 회장을 지낸 젊은 정치활동가로서 강경좌익으로 알려져 있다. 그는 20여 년 동안 회장직을 독점해온 보다 온건한 '노동학생Labour Students'에 맞서서 2004년 전국학생노조 회장에 당선되었다. 노동당 전직 보좌관이자 당시에 학생 정치인으로서 캣과 충돌했던 한 인사의 말이다.

"캣 플레처는 좌익 집단들 가운데 가장 극단적이고 불쾌한 무리에 뿌리를 두고 있다. 푸틴이 우크라이나에서 잘 처신하고 있고 베네수엘라가 훌륭한 정부의 본보기라고 생각하는 그런 부류다."

서른다섯 살인 캣 플레처는 이즐링턴으로 이사 온 후 코빈을 알게 되었다. 그 후 이즐링턴의 지역의회 의원을 역임하고 부시장에 당선되었으며 코빈의 선거운동팀에서 회계를 담당하게 되었다. 코빈처럼 일벌레인 그녀는 코빈의 선거운동에 전념하기 전에 작은 식당 체인점을 운영했다.

세 번째로 플레처 성을 지닌 사람은 경륜 있는 언론 담당자 해리 플레처다. 보호관찰관노조NAPO의 부사무총장으로 20년 이상 일했고 지난 몇 년은 피해자 권리를 옹호하는 운동을 하면서 초당적으로 의회 내에서 인터넷 악용을 근절하는 문제를 다루어왔다. 2015년 총선 후 해리 플레처의 하원 출입증 발급을 보증해왔던 플라이드 컴리-웨일스당 소속 하원의원 엘핀 흘루이드Elfyn Llwyd가 은퇴한 후 존 맥도널이 그의 출입증 발급을 보증하겠다고 나서자 해리는 캠페인 그룹에 합류했다. 그는 1970년대에 헤링게이에서 코빈을 처음 알게 되었고, 후에 억울하게 누명을 쓴 버밍엄 6인의 석방을 위해 코빈과 함께 일했다. 그는 공식적으로 각인된 코빈의 강경 이미지를 누그러뜨리고 과격한 주장을 순화시켜주는 역할을 담당한다. 특히 런던 언론계가 코빈의 이력을 샅샅이 훑어 신나게 보도하는 바람에 위기로 치달을 뻔한 사태들을 진정시키곤 한다.

일주일 후 해리 플레처의 언론 담당팀에 혈기왕성한 카멜 놀런이 합류했다. 전쟁저지운동을 해온 쉰 살의 노련한 운동가 놀런은 리버풀에서 라디오 기자를 했고 조지 갤로웨이와 가까웠다. 갤로웨이가 2004년 전쟁에 반대하는 정당을 창당했을 때 당시 여덟 살이었던 그녀의 딸 호프Hope가 당명을 '존중Respect'이라고 지어주었다고 한다. 해리 플레처와 카멜 놀런은 둘 다 언론의 요구사항에 대응하는 한편, 사실상 모든 기자들을 '우익 언론'이라며 무시해버리는 코빈 후보를 달래느라 어려움을 겪었다. 코빈은 의회를 출입하는 기자단을 상대해본 적이 없었고 오랜 세월 그렇게 상대 안 하고 지냈는데 이제 와서 바꿔야 하는 이유를 이해하지 못했다. 사실 코빈이 하원에서 일한 오랜 세월 동안 그와 언론의 관계는 북아일랜드 문제에서부터 왕실 문제에 이르기까지 대체로 적대적이었다. 코빈이 ITV의 〈디스 모닝This Morning〉이나 BBC의 〈앤드루 마 쇼〉와 같이 출연자들을 혼쭐내는 전통적인 형식의 프로그램에 출연하기를 거부하면 그의 동료 의원들은 경이로움과 약간의 존경심을 가지고 그를 바라보았다. 코빈은 엄선된 기자들을 상대로 언론 인터뷰에 아주 제한적으로 응했다. 노동당의 한 전직 보좌관은 다음과 같이 말한다.

"코빈은 기자단이 무슨 말을 하든 완전히 무시할 줄 안다. 코빈은 이미 언론의 80퍼센트를 적으로 돌렸고 그들이 자신에게 절대 호감을 보이지 않으리라는 사실을 알고 있다. 그러니 99.9퍼센트를 적으로 만든다고 해서 달라질 게 뭐겠는가."

놀런은 코빈의 언론 담당 업무를 "고삐 풀린 말을 길들이는 일" 같다고 한 적이 있다.[280]

세바스천 코빈은 자기 아버지의 개인 비서가 되었다. 키가 훤칠한 그는 코빈이 제시간에 맞춰 행사에 참석하도록 최선을 다했고 선거 유세 현장에서 익숙한 얼굴이 되었다. 하지만 쉬운 일이 아니었다. 코빈은 행사에 늦기로 악명 높았고 산만했기 때문이다. 거의 10년 동안 그의 선거 회계를 담당해온 키스 비네스의 말이다.

숙적에게도 권하고 싶지 않은 일이다. 당일 일정을 얘기해주면 그는 "하지만 나는 이 모임에 가기로 약속했는데……"라고 한다. 한편으로는 인정이 많다는 생각이 들다가도 다른 한편으로는 짜증이 난다. 애써 잡은 일정이었으니까. 코빈을 보고 사람 참 좋다고들 말한다. 사실이다. 하지만 그를 제시간에 어디에 도착하게 하는 일은 고역이다.

당수 선거운동이 끝날 무렵 록스타 순회공연을 방불케 하는 코빈의 선거 유세가 켄트 지역 마게이트에서 열렸다. 이곳에는 당시 비네스 부부가 살고 있어 코빈은 해변에 있는 식당에서 생선과 감자튀김을 먹고 있는 그들과 합류하겠다고 고집을 부렸다. 그렇게 되면 둘째 아들 세바스천이 런던을 출발하기 전에 이미 주선해놓은 '코빈을 지지하는 중남미계 영국인들' 행사에 몇 시간 늦게 되니 세바스천으로서는 미칠 노릇이었다.

서른한 살의 좌익 정치평론가이자 운동가인 오언 존스도 선거운동에서 중요한 역할을 담당하게 되었다. 그는 청중이 꽉 들어찬 유세장에서 후보가 연설하기 전에 분위기를 띄우는 역할을 하고 진지한 기사나 블로그 포스트를 통해 후보의 생각을 설명하는 일을 맡았다. 노퍽에 거주하는 쉰일곱 살의 회계사이자 세제 전문가인 리처드 머피Richard Murphy는 코빈의 경제 공약을 담당했다. 그는 논란이 된 국립투자은행 설립과 '코비노믹스Corbynomics'로 알려지게 된 '민중을 위한 양적완화'를 비롯해 긴축정책에 반대하는 공약들을 제시했다.

그 외에 다른 선거운동원들은 그들만큼 도움이 되지는 못했다. 1981년 토니 벤이 부당수에 출마했을 때 코빈과 함께 벤의 선거운동을 했던 존 랜즈먼은 '리즈 켄들을 보수당 당수로'라는 가짜 웹사이트 링크를 트위터로 전파해 비판을 받은 후 언행을 삼가야 했다.[281] 선거운동이 끝나갈 무렵 랜즈먼은 카멜 놀런과 제대로 한판 붙게 된다.

6월 하순에 코빈의 선거팀은 선거 전략을 짜고 선거 조직을 꾸리기 시작했다. 그들은 노조가 마련해준 두 장소에 두 개의 선거본부를 차렸다. 하나는 운송업 봉급생활자협회Transport and Salaried Staff Association가 유스턴 역 근처 멜튼 스트리트에 있는 워크든 하우스에 마련해주었고, 다른 하나는 호번, 시오볼즈 로드에 있는 유나이트 노조의 본부였다. 전자는 사이먼 플레처가 관할하면서 선거 전략을 짜고 언론을 상대했고, 후자는 캣 플레처가 책임자로 있으면서 자원봉사자들로 채워졌다. 캣은 2008년 미국 대선 당시 버락 오바마의 선거 슬로건을 떠올리게 하는 "그래, 우린 할 수 있어!Jez We Can!"라는 구호를 내걸고 자원봉사자들을 '슈퍼 볼즈Super vols(volunteers)'라고 불렀다.[282] 자원봉사자들은 전화 업무와 자료를 입력하는 일부터 문의에 응답하고 봉투에 우표를 붙이는 일까지 다양한 일을 했다. 코빈의 선거팀은 슬로건을 "꾸밈없고 정직한 정치Straightforward, honest politics"로 정했다. 해리 플레처는 "처음 한 주, 한 주 반 동안 조직을 꾸렸다. 그저 조직의 구색이라도 갖추는 게 목표였다"고 말한다.

경선이 본격적으로 시작된 지 이틀째인 7월 14일, 코빈은 여전히 당수 후보 역할이 편안해 보이지 않았다. 그는 후보가 된 후 첫 주요 인터뷰를 〈가디언〉과 했는데, 인터뷰 내내 "사적인 얘기는 안 한다"고 우기는 바람에 이 신문은 코빈과의 인터뷰 기사 제목을 "사적인 얘기는 안 한다"라고 뽑았다. 인터뷰를 진행한 사이먼 해튼스톤Simon Hattenstone이 후보가 된 걸 축하한다고 하자 코빈은 무덤덤하게 대답했다.

"고맙소이다. 실제로 해냈다는 데 조금 놀라긴 했지만, 어쨌든 여기까지 오게 되었소."

코빈은 자신을 당수라는 개념과 연관시키는 일에 익숙해지는 데 한참 걸렸다. 심지어 첫 인터뷰를 하고 한 달이나 지나서 BBC의 〈월드 앳 원World at One〉에 출연했을 때도 진행자 마사 커니Martha Kearney가 코빈에게 정말로 총리가 되고 싶냐고 여러 차례 집요하게 물었지만 긍정적으로 답변하질 못했다.

코빈 자신이 승리의 가도를 달리고 있다는 사실을 깨닫기까지는 한참 걸렸지만 좌파가 반란에 성공할 가능성을 처음부터 꿰뚫어 본 인물이 한두 명은 있었다. 해리 플레처는 의원들의 후보 지명이 마감되고 사흘 후 코빈과 함께 하원 건물을 가로질러 가다가 노팅엄 노스가 지역구인 노동당 중앙당 의원 그레이엄 앨런Graham Allen과 마주쳤다. 신중한 인물로 알려진 그가 물었다.

"이번에 이기길 바라오?"

코빈이 대답했다.

"암요, 물론이죠. 물론이고 말고요."

그러자 앨런이 이렇게 말했다.

"당신 스스로 이기기를 바란다면 이길 수 있소. 다른 세 명의 후보는 모두 현실과 유리된 웨스트민스터만의 딴 세상에 갇혀 살고 있지만 당신은 그렇지 않소. 바로 그 점 때문에 많은 사람들의 지지를 얻게 될 거요."

코빈은 플레처를 향해 "해리, 내가 이길 수 있다고 생각해?"라고 물었다. 플레처는 "나한테 물어봐야 소용없어요. 난 기껏해야 25명한테 지명을 받을 거라고 생각했으니까요"라고 대답했다.

존 트리켓은 당시 선거팀의 분위기에 대해 다음과 같이 말한다.

"처음에 그가 이기리라고 생각했냐고? 아니었던 것 같다. 하지만 다양한 아이디어가 분출하고 당원 가입이 폭증하리라고, 즉 뭔가 극적인 일이 벌어지리라고는 예상했다."

당시에 코빈의 선거팀에서 정말로 코빈이 당수가 될 가능성이 있다고 생각한 사람이 거의 없었는지는 모르겠지만, 그의 경쟁자들이 그를 위협적인 존재로 보지 않았다는 사실은 분명하다. 앤디 버넘의 선거

판세를 뒤집은
선거운동

팀을 이끈 존 리할은 좌파가 경선에 뛰어든 것을 걱정하는 사람은 없었고 애초에 버넘 팀은 코빈이 한 3등쯤 하리라고 생각했다고 말한다. 리할은 또 이렇게 말한다.

"처음에 우리는 여유만만했다. 우리는 오히려 코빈이 경선에 뛰어들면서 앤디가 '분별력 있는 후보'라는 프레임을 만드는 데 도움이 되리라고 생각했고, 그 프레임을 두고 앤디와 이벳이 경쟁하리라 보았다. 리즈가 최하위를 할 것이고, 결국 이벳과 앤디 두 사람의 싸움이 되리라고 생각했다."

버넘의 선거팀에 속했던 또 다른 인사는 다음과 같이 덧붙인다.

코빈의 경선 참여를 환영할 만한 정당한 이유가 있었다고 본다. 좌파 후보가 투표용지에 이름을 올리고 다양한 의견이 제시된다는 의미에서 말이다. 하지만 개인적으로 나는 그가 경선에 참여한 일에 모욕감을 느낀다. 진정으로 당수가 되기를 바라는 사람만이 경선에 참여해야 한다고 생각하기 때문이다. 코빈이 이제 와서 뭐라고 하든 관심 없다. 경선 초기에 그는 분명히 말했다. 당수가 되기 위해서 출마한 게 아니라고 말이다.

리즈 켄들 선거팀의 존 우드콕은 이렇게 말한다.

"우리는 코빈의 경선 참여를 두고 순전히 후보 토론이 어떤 방향으로 진행될지, 좌파인 그가 뛰어들면 다른 후보들은 어떤 입장을 취해야 할지만 생각했다. 그리고 코빈의 참여로 앤디의 입지가 흔들릴 것이라고 생각했다. 그는 처음에 자신의 입지를 어떻게 정해야 할지 확신하지 못했기 때문이다."

이미 사람을 진 빠지게 만드는 끝 모를 노동당 당수 후보의 정견발표회가 한창 진행중이었다. 이는 6월 초 지명이 마감되기 훨씬 전부터 이미 시작되었고 7월 내내 계속되면서 후보들은 모두 지칠 대로 지쳤다. 이미 웨스트민스터에서 노동당 중앙당의 비공개 정견발표회가 열리고 영국일반노조 주최로 더블린에서 열린 행사를 포함해 노조가 주관한 행사가 두 번 있었지만, 일반 당원들이 처음으로 후보들을 만난 행사는 6월 17일 BBC의 〈뉴스 나이트〉가 워릭셔 주 너니턴에서 생방송으로 보도한 정견발표회였다. 그곳은 노동당이 정부를 구성하기 위해 꼭 확보해야 하지만 실패한 지역구였다. 로라 쿤스버그^{Laura Kuenssberg}가 진행한 이 방송은 많은 사람들을 놀라게 했다. 우익 성향의 〈데일리 텔레그래프〉가 이 방송에 대한 기사에 이런 제목을 붙였다. "제러미 코빈, 좌익 어젠더로 청중을 사로잡다." 이 제목에 걸맞게 코빈은 두드러진 실력을 보여주었다. 〈데일리 텔레그래프〉는 다음과 같이 보도했다.

> 급진좌파 하원의원 제러미 코빈이 노동당 당수 후보들의 첫 주요 정견발표회에서 명백한 승자로 떠오르면서 막판에 그의 이름을 투표용지에 올린 노동당의 결정이 역풍을 맞은 듯하다. 이 노련한 사회주의자는 긴축정책에 반대하는 경제정책을 내세우고 토니 블레어와 이라크에서의 '불법적인 전쟁'에 대한 비판을 쏟아내면서 여러 차례 청중의 호응을 얻었다. 반면 보다 중도적인 성향의 후보들은 청중과 교감하는 데 어려움을 겪었다.

〈뉴스 나이트〉는 코빈의 경쟁자들 선거진영이 앞서 열린 정견발표회에서 이미 깨닫게 된 사실을 다시 확인해주었다. 즉, 코빈이 내세우는 비정통적인 주장들은 코빈보다 젊은 신노동당 성향의 경쟁자들에게 넌더리가 난 청중들에게 잘 먹혀들었다. 앤디 버넘의 공보 수석 케이티 마일러^{Katie Myler}의 말이다.

TV로 생중계된 첫 정견발표회는 너니턴에 있는 얼어 죽을 정도로 추운 교회에서 로라 쿤스버그의 사회로 열렸다. 우리는 그날 밤 제러미가 이라크와 블레어를 언급할 때마다 청중들이 환호하는 모습을 목격했다. 그리고 그런 상황은 계속되었다. 코빈은 청중의 폭발적인 호응을 불러일으키기 위해서 내실 있는 말을 할 필요도 없었다.

좌익 진영에게 코빈은 처음부터 신선한 공기 같았지만 그의 경쟁자들은 진부해 보였다. 한 지지자는 다음과 같이 말한다.

"그는 달랐다. 다른 세 후보는 말과 행동이 서로 똑같았다. 그들은 부패한 정치 문화를 감싸려고 애쓰고 있었다."

경선 당시에 노동당에서 일하고 있던 한 인사는 이렇게 덧붙인다.

다른 후보들 진영은 대응책을 찾기가 힘겨웠다. 아무도 예상치 못했기 때문이다. 제러미는 일단 투표용지에 이름을 올리자 마치 날개를 단 격이었고, 다른 후보들은 진부해 보였다. 앤디와 이벳은 싸잡아서 낡은 인물로 취급되었다. 둘 사이에는 아무런 공통점도 없었는데 말이다. 이벳은 첫 일성부터 온통 첨단기술 얘기였고, 앤디는 "나는 웨스트민스터에 가본 적도 없는 아웃사이더다"라는 메시지뿐이었다. 하지만 코빈의 신선함이 사람들의 마음을 사로잡은 건 확실히 아니다. 애초부터 코빈을 뒷받침하는 힘이 있었다. 어떤 것보다도 강력한 힘이었다.

〈뉴스 나이트〉의 정견발표회 보도 후 코빈의 배당률은 12-1로 급

변했다. 여전히 꼴찌였지만 따라잡고 있었다. 리즈 켄들의 선거팀은 청중의 반응은 예상했던 바라고 생각했지만 버넘과 쿠퍼의 선거진영은 당혹스러워했다. 존 우드콕의 말이다.

딱히 놀랍다고 생각하지는 않았다. 보통 일부러 정견발표장까지 오는 사람들은 좌파 성향의 운동가들이 많다는 게 일반적인 상식이다. 좀 더 중도 성향인 사람들은 여가 시간을 정견발표장에서 보내지 않는다.

버넘 선거팀의 한 인사는 코빈이 긍정적인 반응을 얻은 데 대응하기 위해 다시 왼쪽으로 이동하자는 결정을 내렸다고 털어놓는다. 그는 "결국 코빈이 앤디를 왼쪽으로 밀어붙였다"고 말하면서 다음과 같이 덧붙인다.

우리는 입장을 번복한다는 비난을 받았다. 우리 선거팀을 향한 그런 비판들 가운데 일정 부분 매우 타당한 것도 있었다. 우리가 제러미 지지자들의 마음을 얻으려면 제러미를 공격해서는 안 되었다. 코빈의 주장을 대부분 지지한다는 인상을 줘야 한다고 생각했다.

코빈의 경쟁자들이 코빈에 대응하는 대책 마련에 부심하는 가운데 코빈의 선거팀은 다른 경쟁자들이 전문성으로 무장한 반면 여전히 자신들은 단순히 아웃사이더일 뿐만 아니라 도대체 어떻게 해야 할지 모르는 거의 완전 초보라는 생각이 들었다. 6월 27일 토요일, 코빈과 세바스천과 해리 플레처는 또 다른 정견발표회에 참석하기 위해 버밍엄으로 가는 열차에 올랐다가 멀찌감치 열차 안쪽에 타고 있는 이벳 쿠퍼와 그녀의 선거팀을 발견했다. 열차가 버밍엄 역에 진입하자 코빈이 여기서 내린 후 택시를 잡아야 할지 물었다. 플레처는 당시 기억을 이렇게 떠올린다.

내가 그랬다. "글쎄요. 세바스천, 그래야 하니?" 하지만 세바스천도 알지 못했다. 우리는 어디로 가야 할지, 어떻게 해야 할지 몰랐다. 일정을 챙기는 비서가 없었으니까. 그래서 이벳에게 물어보겠다고 했다. 며칠 전 중등교육수료 자격시험을 치는 아이들이 참석하는 행사가 학교에서 열렸는데 거기서 그녀를 만나 안면을 텄기 때문이다. 그랬더니 코빈과 세바스천이 말했다. "안 돼. 우리를 무능하다고 생각할 거야."

버밍엄 정견발표회에 참석하러 가면서 코빈은 선거팀에게 후보로 나선 데 대해 회의가 든다며 경선에서 사퇴할지를 심각하게 고려하고 있다고 털어놓았다. 비교적 세상에 알려지지 않은 채 오랜 세월을 보내온 코빈은 경선 초기에 당수 후보로서 언론에 노출되자 언론의 관심에 어떻게 대응해야 할지 몰라 애를 먹었다. 그는 인터뷰에서 쭈뼛거리는 모습을 보였고 초기에 개최된 정견발표회에서 다른 경쟁자들보다 눈에 띄게 활기가 없어 보였다.

공교롭게도 코빈의 그러한 애매모호한 태도가 오히려 지지자들을 확보하는 데 도움이 되었을지도 모른다. 대부분의 정치인들이 한 마디 한 마디 치밀하게 계산해서 조심스럽게 말하는 바람에 자기 신념까지도 잃는 지경에 이르다보니 많은 사람들이 코빈의 담담한 언행을 신선하게 받아들였다. 코빈은 경선에서 지더라도 초연할 것 같은 느낌을 준 반면, 버넘은 억지스럽다는 인상을 주었고 쿠퍼는 과장되고 경직된 인상을 주었다. 존 트리켓의 말이다.

"코빈은 경선에서 져서 자기 자리로 되돌아가도 전혀 개의치 않는 다는 태도였다. 매우 매력적이었다. 권력에 대한 탐욕을 보이지 않았다."

한편 선거운동 초기였던 이 시점에서 버넘과 쿠퍼는 나름대로 켕 기는 구석이 있었다. 총선에서 쿠퍼의 남편인 에드 볼즈가 의석을 잃 어 타격을 받은 쿠퍼의 선거팀은 선거운동이 탄력을 받는 데 한참 걸렸 다고 뒤늦게 털어놓았다. 쿠퍼의 선거본부장을 맡았던 버논 코커 Vernon Coaker는 이렇게 말했다.

대부분의 사람들은 우리의 선거운동이 뒤늦게 탄력을 받았다는 것을 안 다. 우리의 입지를 다지는 데 매우 힘들었다. "이벳, 당신은 뭐지? 뭘 내세 우는 거지? 당신은 모든 사람의 차선책일 뿐이야. 그렇지 않아?" 이런 느 낌을 주고 있었다. 우리는 그렇지 않다는 사실을 알리려고 무진 애를 썼 다. 하지만 우리의 주장도 파격적이고 신바람 나는 대안이라고 내세우기 까지 한참이 걸렸다.

쿠퍼 자신은 다음과 같이 말했다.

"총선에서 남편이 의석을 잃은 후, 첫 달 모임을 할 때마다 나는 사 람들의 사기를 진작시키고 나 자신의 사기도 북돋워야 할 필요를 느꼈 다. 솔직히 말하면, 내 얼굴이 대문짝만 하게 박힌 큰 현수막 앞에 서는 게 내 적성에 맞는 일은 아니다."[283]

버넘 선거팀에 있었던 한 중진 인사도 버넘 또한 경선에 대비하는 데 너무 늑장을 부렸다고 생각한다.

리즈와 이벳이 몇 달 동안 선거운동 계획을 세워왔다는 점은 분명한 사실이다. 조직을 꾸리고 만반의 준비를 갖추는 등등 말이다. 하지만 앤디는 정치인으로서 선거운동 여정에 대해 뭔가 생각을 가지고 시작은 했지만 조직을 꾸리는 데는 거의 손을 대지 않고 있었다.

노동당의 한 원로 인사는 당시 '주류' 후보들인 이벳 쿠퍼와 앤디 버넘을 지켜보면서 절망감을 느꼈다고 한다. 이 인사는 코빈의 선거팀은 활기가 넘치는데 두 사람은 지치고 무미건조해 보였다고 말한다.

앤디는 선두 주자였고 5년 동안 선거운동을 준비해온 반면, 코빈은 단 5분 만에 이벳과 앤디보다 훨씬 더 신바람 나는 선거운동 계획을 세웠다. 앤디는 너무 산만했다. 앤디는 왼쪽으로 갔다, 오른쪽으로 갔다, 가운데로 갔다 갈팡질팡했다. 앤디는 그저 바람 부는 대로 오락가락했다.

버밍엄 행사로 향하면서 코빈은 자신의 출마에 회의를 나타냈지만, 사실 그 버밍엄 정견발표회는 코빈과 그의 팀이 처음으로 이길 승산이 있다는 감을 잡은 행사였다. 해리 플레처의 말이다.

그 행사에서 다른 선거팀들은 진열대를 설치하고 잘 만든 선거운동 자료들을 진열하는 등 전문가다운 면모를 과시했다. 우리 팀은 그저 세바스천이 자기 가방에 넣어 가지고 온 전단지 뭉치를 꺼내서 나눠주는 것이 전부였다. 그마저 하다가 관뒀고 그냥 후보들이 하는 정견발표나 지켜보았다. 그런데 코빈이 논의되는 사안마다 논쟁에서 이기고 있었다. 리즈는 청중의 야유를 받았다.

버밍엄 행사가 끝난 후 코빈 부자와 플레처는 런던으로 돌아와 한창 진행 중인 동성애자 가두행진에 합류했다. 그들이 지하철을 타고 옥스퍼드서커스 역에서 내려 거리로 나오자 익숙한 얼굴들이 보였다. 플레처는 "우연히 길모퉁이를 돌아 나오는 깃발을 보았는데 '게이와 레즈비언은 광부를 지지한다'고 쓰여 있었다"며 다음과 같이 덧붙인다.

제러미는 그 시위에서 1980년대에 같이 사회운동을 했던 사람들을 보았다. 뒤이어 '제러미를 당수로'라고 쓴 깃발이 나타났다. 그는 곧장 연단으로 올라가도록 되어 있었지만 시위대에 섞여 행진에 참가하기로 결정했다. 우리가 행진을 하면서 지나가자 스무 차례, 서른 차례 자발적인 환호가 터져 나왔다. 함께 행진을 하면서 우리는 정말 감동했다. 우리끼리 그랬다. "이거 굉장하다. 코빈이 확보할 수 있는 굉장한 뭔가가 있다." 바로 그 순간 우리는 뭔가 놀라운 일이 일어나고 있다고 생각했다. 우리는 트라팔가 광장으로 갔고 거기서도 똑같은 상황이 계속해서 벌어졌다. 제러미가 인파를 뚫고 연단으로 가 연설을 하려고 할 때마다 군중이 몰려들어 가로막았다.

며칠 후 코빈은 브라이턴으로 갔는데 거기서도 똑같은 일이 벌어졌다. 그는 정견발표회를 압도했고 선거운동에 동참하고 싶어 안달이 난 지지자들에게 둘러싸였다. 그때 코빈의 선거팀은 기발한 생각을 해냈다. 매번 정견발표회 직후에 집회를 열기로 했고 그 행사는 순식간에 열광적인 지지자들이 발 디딜 틈 없이 들어찬 축제의 장이 되었다. 소셜 미디어에서 대활약을 해온 코빈의 지지자들은 처음에는 그를 좌파 후보로 나서게 하더니 의원들을 못살게 굴어 코빈을 지명하게 만들었고 이제는 '트위터 돌풍'을 일으키며 그의 선거운동을 펼치고 있었다. 그들은 모두가 합의한 시간에 코빈을 지지하는 메시지를 동시에 전파하고 코빈이 트위터에 실시간 트렌드로 뜨도록 했다.

다른 선거팀들은 이를 그저 신기한 듯 지켜보기만 했다. 그들의 선거팀에서 전화 업무를 하는 자원봉사자들로부터 코빈에 대해 호감을 표하는 내용의 전화를 받는다는 보고를 받는가 하면, 그들이 지역을 발로 뛰며 지지를 호소할 때도 유권자들이 하나같이 좌파 후보 코빈에게 투표할 예정이라는 반응을 접하고 망연자실했다. 이벳 쿠퍼의 진영에서 일했던 로저 베이커는 다음과 같이 말한다.

'이런, 완전히 재앙이네'라고 생각한 사람은 없었던 듯하다. 하지만 곧 전화로 이런 반응을 알기 시작했다. "좌파 쪽에서 표를 얻을 만한 사람이 나와 다행이야." "당신은 차선책으로 고려해보지." "코빈은 1순위, 당신은 2순위로 표를 주지." 이런 반응이 정말 많았고 정말 순식간에 그렇게 되었다. 그때도 우리는 여전히 '어이쿠, 어떻게 돌아가는 거야?'라고만 생각하고 있었다.

6월 말 즈음 그들은 코빈이 만만찮은 상대임을 깨닫기 시작했다. 하지만 앤디 버넘 팀은 위험을 감지하는 데 한발 느렸다. 존 리할은 이렇게 말한다.

사실 제러미가 무시하지 못할 후보로 비쳐지기 시작했을 때 우리 선거팀은 '그래? 사실 그거 꼭 나쁘지만은 않아. 왜냐하면 우리를 더 이상 좌파 후보로 보지 않을 테고, 앤디와 이벳은 중도 성향으로 분류될 테니까'

라고 생각했다. 그러니까 제러미가 정치 스펙트럼에서 가장 왼쪽 끝에 있고, 리즈는 그 반대편 끝에 있고, 그 사이에서 앤디와 이벳이 치열하게 승부를 가리게 될 것이라고, 경선은 결국 그렇게 진행되리라고 생각했다. 앤디 대 이벳의 한판 승부.

정견발표회가 거듭될수록 코빈에 대한 열기가 높아가도 버넘은 겁내지 않았다. 리할은 또 이렇게 말한다.

"정견발표장에서 제러미에 대한 지지가 높아지고 있다는 사실을 감지했다. 하지만 여전히 그다지 중요한 현상은 아니라고 생각했다. 공식적인 정견발표회에 참석하는 사람은 겨우 5천 명이다. 제러미는 당선되지 않는다, 그러니 청중이 그의 주장에 동의한다고 해도 그다지 중요하지 않다고 생각했다."

이제 노동당 지구당들로부터 첫 지명 결과가 나오기 시작했다. 그리고 많은 사람들의 예상을 뒤엎고 코빈이 분명한 선두 주자로 떠올랐다. 며칠이 지나도 여전히 코빈은 노동당 지구당 지명에서 선두를 달렸고, 버넘은 보통 한참 뒤진 2등을 했으며 이따금 쿠퍼가 버넘을 이겼다. 그리고 리즈 켄들은 전국적으로 거의 지지를 얻지 못한다는 게 분명해졌다. 그녀로서는 5월 중순 선거운동을 시작한 초기에 정점을 찍은 셈이다. 6월 말 즈음 그녀의 경쟁자들은 아무도 그녀를 심각한 위협으로 보지 않게 된다. 노동당 지구당 지명은 실제 득표수에 반영되지 않지만 일반 당원들의 민심을 가늠할 수 있는 분명한 지표였다. 지구당의 분위기도 경선 결과가 어떻게 나올지 예견하는 또 다른 단서였다. 하지만 그렇게 점점 코빈의 승리를 예견하는 분명한 단서들이 등장하는데도, 좌파 후보는 패배하기 마련이라는 주장이 이번에는 다시 입증되지 않을 지도 모른다는 생각은 여전히 거의 아무도 하지 못하고 있었다.

앤디 버넘의 선거팀은 당원 수가 지구당마다 고르게 분포되어 있지 않고 당원 수가 적은 지구당의 지명이나 당원 수가 많은 지구당의 지명이나 똑같은 비중이 주어지므로, 지구당의 지명은 전체 판세를 가늠하는 데는 매우 부정확한 지표라고 생각했다. 존 리할의 말이다.

지구당 지명 결과가 처음 발표되고 제러미가 선전한 것으로 나왔을 때조차 우리는 심각한 위협으로 보지 않았고 태평스러웠다. '소규모 지리멸렬한 지구당 대표들의 의견인데 걱정할 것 없어. 노스 데본은 절대로 노동당 의원을 뽑지 않을 지역구이고, 그곳 지구당이 제러미를 지명한다면 하라지 뭐. 지구당 회의에 참석하는 당원들도 한줌밖에 안 되는 곳인데 뭐. 우리는 다른 지구당들에서 지지를 얻으면 될 거야.' '어, 제기랄. 그래? 그래도 걱정은 하지 말자. 당내 좌파 쪽 당원들이니까 너무 걱정하지는 말자.' 이런 식이었다. '이 경선을 결정할 사람들은 일반 평당원들인데 뭐'라고 우리는 생각하고 있었다.

그러나 당시에 지구당 지명 결과를 예의 주시했던 노동당의 한 중진 관계자는 이렇게 말한다.

"내가 소속된 지구당으로 가면서 이런 생각을 한 기억이 난다. '그래, 올 것이 왔구나.' 코빈의 세에 대단한 탄력이 붙고 있었다."

초반에는 주춤거렸지만 6월이 끝나가면서 코빈 팀은 신바람 나는 일이 생길지 모른다는 예감이 들기 시작했다. 하지만 김칫국을 마시지는 않았다. 운송업과 봉급생활자연합의 디지털 업무 책임자이자 초선 의원 캣 스미스의 동반자인 벤 소파Ben Soffa는 코빈이 당원들 사이에서 선두를 달리고 있고 3파운드 당비를 납부하는 등록 지지자들 사이에서 특히 성적이 좋다는 자료를 제시했다. 코빈 팀은 믿기지가 않았다.[284]

소파는 선거에서 큰 공을 세운 두 가지 혁신적인 선거운동 방법을 생각해냈다. 하나는 자원봉사자들이 각자의 집에서 중앙 시스템을 연결해 자료를 입력하면서 동시에 전화를 걸 수 있는 앱이었고, 다른 하나는 코빈의 웹사이트에서 방문자들이 노동당 지지자로 등록할 수 있도록 한 장치였다. 이렇게 함으로써 코빈의 선거팀은 코빈에게 관심이 있는 사람들이 지지자로 등록해 코빈에게 투표하기 쉽게 했다. 다른 세 후보의 선거캠프에서는 자신들이 왜 그런 생각을 못했는지 통탄했다.

경선 일정이 두 번째 달로 접어들면서 코빈은 '마지막으로 보낸 여름 와인 여행'에 착수했다. 코빈 후보 자신은 연금을 받을 나이가 됐을지 모르지만 그의 연설을 들으러 오는 사람들 가운데는 점점 젊은이들이 늘어났다. 보통 정치에 관심이 많고 정치인들 가운데 가장 비정통적인 이 후보에 열광하는 젊은이들이었다. 언론은 이런 젊은이들을 '코사모'라고 이름 붙였다. 카멜 놀런은 코빈이 이기리라는 생각이 처음으로 갑자기 든 때가 7월 9일 머지사이드 주의 버컨헤드 타운 홀에서 열린 집회에서였다고 말했다.[285]

코빈의 연설을 들으러 온 350명 가운데 100명이 자원봉사를 하겠다고 나섰고, 50명은 노동당에 가입하겠다고 했는데 가장 압도적인 이유는 코빈에게 투표하기 위해서였다. 선거운동이 끝나갈 무렵 코빈을 위해 자원봉사를 하겠다고 나선 사람이 1만 6천 명을 넘어섰다. 정치운동이 멋진 일로 여겨지지 않게 된 지금 시대에는 놀라운 숫자였다. 자원봉사자는 열세 살 학생부터 아흔둘의 연금수령자까지 다양했다.[286]

버컨헤드 집회 직전인 7월 5일, 코빈은 선거운동에서 완전히 판세

판세를 뒤집은
선거운동

를 바꿀 결정적인 순간의 수혜자가 되었다. 막강한 노조 유나이트가 그를 지지하고 나섰고 유니즌이 그 뒤를 이었다. 사이먼 플레처가 물꼬를 트면서 통신업 노조, 전국 철도·항만·운송업 노조, 철도기관사와 소방관 연합회, 소방관 노조, 제빵사와 식품 및 연합 노동자 조합 등 많은 주요 노조들이 코빈을 지지했다. 코빈의 배당률은 다시 좁혀져서 이제는 8-1이 되었다. 사행업체 벳프레드Betfred의 대변인은 코빈이 보다 폭넓은 시대정신을 읽었다며 그의 선거운동을 그리스에서 일어난 급진좌파 연합정당인 시리자Syriza의 긴축정책 반대운동에 비유했다.

"그리스에서 일어난 사건들과 좌파 쪽으로 움직이는 분위기가 이곳 사람들로 하여금 코빈을 지지하게 했다."[287]

노조들이 코빈을 지지하기로 결정한 배경에는 앤디 버넘이 저지른 또 다른 실수가 있었다. 경선이 시작된 5월 말, 코빈이 아직 출마를 선언하지 않았고 여전히 버넘이 좌파의 후보로 나서리라고 관측되던 때, 버넘은 선거운동 자금을 조달하기 위해 노조의 돈을 받지는 않겠다고 선언했다. 총선에서 패배한 지 얼마 되지 않은 에드 밀리밴드와 엮일까 봐 걱정해 내린 결정이었다. 이는 버넘을 노조의 입김으로부터 자유로운 독자적인 인물로 비처지도록 하기 위함이었다. 물러나는 당수 밀리밴드와 달리 그는 노조에게 코가 꿰였다는 주장에 시달리지 않으려 했다.

버넘은 지난 수년 동안 노조의 비위를 맞추느라 애써왔고, 대부분의 노조 지도자들이 버넘을 물심양면으로 지원하리라는 게 기정사실처럼 여겨지고 있었다. 그런데 버넘이 이러한 선언을 하자 노조들은, 전직 노조원의 말을 빌리자면 "뒤통수를 얻어맞은 셈"이었다. 노조와 긴밀하게 일해온 노동당의 한 전직 보좌관은 버넘의 이러한 실수가 더 큰 패착이 된 이유는 심사숙고해서 내린 결정이 아니라 즉흥적으로 서둘러 내린 결정이라는 인상을 주었기 때문이라고 생각한다. 게다가 버넘이 좌파로 전환한 것도 진심이 아니라는 주장이 제기되면서 "이랬다저랬다 말 바꾸는 소신 없는 정치인"이라는 인식이 강화되었다. 그는 다음과 같이 말한다.

노조 지도부는 앤디가 자기들의 돈을 받지 않겠다고 하자 분개했다. 그들은 더러운 돈이라는 의미로 받아들였다. 유나이트 노조위원장 렌 매클러스키는 특히나 격분했다. 어설프게 작성한 보도자료를 배포해 싸구려 같은 주장을 한 것으로 미루어보아 버넘이 심사숙고한 끝에 내린 결정이 아니라는 게 증명되었다.

노조의 재정적 지원에 등을 돌림으로써 버넘은 코빈에게 노조의 지지를 낚아챌 기회의 문을 활짝 열어준 셈이 되었다. 버넘의 이러한 결정은 엄청난 결과를 초래하게 된다. 단지 노조원들이 자기 지도자를 따라 코빈을 지지하게 됐기 때문만이 아니라, 노조의 막강한 조직 동원력을 코빈이 활용할 수 있게 되었기 때문이다. 두 노조가 코빈에게 제공한 선거본부에는 컴퓨터와 아이패드와 비서 업무를 도와줄 인력이 갖추어져 있었다. 다른 후보들은 코빈 팀이 가동할 수 있는 엄청난 전화 업무 능력을 부러운 눈으로 바라볼 수밖에 없었다.

노조에는 선거운동의 발판으로 삼을 다양한 행사 주관 능력도 있었다. 유나이트 노조와 영국일반노조가 코빈을 지지하겠다고 발표한 지 일주일 후 후보들은 해마다 열리는 더럼 광부 갈라Durham Miners' Gala에 참석하기 위해 북부 지역으로 향했다. 노동운동에서 매우 중요한 상징적인 행사였다. 이 행사에 연사로 초청받은 후보는 코빈뿐이었다. 다른

판세를 뒤집은
선거운동

경쟁자들은 코빈이 불평등에 대해, 부유한 나라에서 사람들이 노숙을 하는 치욕스러운 현실에 대해, 열악한 환경에서 자라는 어린이들에 대해 열변을 토하는 동안 그저 묵묵히 지켜볼 수밖에 없었다.

그러나 존 리할은 버넘이 노조의 선거자금 지원을 거절한 결정은 옳았다고 주장한다.

"만약 버넘이 이겼다면 노조가 뒷배를 봐주는 후보라는 딱지는 붙지 않았을 것 아닌가. 노조의 자금을 받지 않아서 선거를 망쳤다고 생각하지는 않는다."

유나이트 노조의 렌 매클러스키는 이에 동의하지 않는다며 버넘의 결정에 대해 다음과 같이 말한다.

"그는 대안이 될 후보로 나설 순간을 제대로 포착하지 못한 실수를 범했다."[288]

데이비드 라미도 버넘의 결정이 선거 전체의 판세를 바꿔놓았다고 생각한다.

"앤디는 노조의 지지를 받고 있었고 코빈은 급진적인 소수를 대표한다는 게 일반적인 견해였다. 그런데 돌이켜 생각해보니, 앤디가 노조를 퇴짜 놓으면서 당선될 기회를 발로 차버렸고 코빈이 비집고 들어설 공간을 열어준 셈이 되었다."

버넘 자신은 스스로가 엄청난 실수를 했다고 생각하지 않는다.

나는 처음에 노조의 지원을 받지 않겠다고 했고 그 때문에 문제가 생겼다. 하지만 노조의 지원을 받지 않고 이긴다면 더 막강한 당수가 될 거라고 생각했다. 사실 당을 위해서도 중요한 일이었다. 에드…… 그가 이따금 노조의 꼭두각시처럼 보였기 때문이다.[289]

노조의 선거자금 지원을 거절함으로써 앤디 버넘은 2015년 당수 선거운동에서 저지른 수많은 실수에 한 가지 실수를 더 보태게 되었다. 그리고 이제 버넘 자신이 생각하기에도 코빈에게 당수 자리를 빼앗기게 된 결정적인 실수를 저지르게 된다.

Chapter 18

복지개혁법안

노동당의 부당수이자 임시 당수인 해리엇 하먼은 BBC의 〈선데이 폴리틱스〉쇼 촬영 스튜디오에 설치된 아늑한 안락의자에 앉아 있었다. 그녀는 정부가 새롭게 제시한 복지개혁법안인 복지 삭감 정책에 대해 노동당의 평가를 발표할 준비를 했다. 2015년 7월 12일이었고 두 번째로 임시 당수를 맡은 지 두 달째 접어들고 있었다. 하먼은 2010년 총선 후에 고든 브라운이 물러났을 때도 임시로 당수를 맡았었다.

밀리밴드 형제가 당권을 놓고 한판 승부를 펼친 그 긴 여름이 지나고 해리엇은 당이 표류하도록 방치하고 있다는 비난을 받았다. 특히 노동당 정권하에 닥친 2008년 금융위기와 긴축 조치들에 대한 책임을 보수당 주도 연립정부가 전부 노동당 탓으로 돌리도록 내버려둔 치명적인 실수를 범했다는 비판을 받았다. 하먼은 똑같은 실수는 다시 하지 않겠다는 결의에 차 있었다. 그녀는 새 당수가 나타나기를 기다리며 태평하게 지내는 대신 강력하고 효과적인 지도력을 발휘해 당을 이끌고 나갈 작정이었다. 하먼이 〈선데이 폴리틱스〉의 100만 명 남짓한 시청자들에게 이제 하려는 이야기는 수십 년 동안 영국의 평등권 운동가로서, 또 부당수를 역임한 8년과 내각 및 예비내각의 각료를 역임한 수년을 포함한 28년 동안의 눈부신 의회 재임 기간 중에 그녀가 했던 그 어떤 언행보다도 노동당에 훨씬 심오한 영향을 끼치게 된다.

나흘 앞서, 보수당의 충격적인 총선 승리에 이어 '긴급' 예산안이라며 보수당이 제시한 예산편성안에서 재무장관 조지 오스본은 복지 예산을 120억 파운드 삭감하는 계획을 발표했다. 이는 가구당 복지 혜택을 2만 파운드로 제한하고(런던의 경우 2만 3천 파운드) 가족수당을 이제 두 명을 초과하는 자녀에 대해서는 받을 수 없도록 하는 안들이 포함되어 있었다. 복지개혁법안은 몇 주 내에 하원에 상정될 예정이었다. 일부에서는 오스본이 입법을 서두른 이유가 아직 5월 총선에서 패배한 충격에서 벗어나지 못하고 있는 데다 지도자 공백 상태인 노동당을 덫에 옭아매려는 속셈이라고 주장했다. 그렇다면 하먼이 앞장서서 덫에 머리를 들이미는 셈이었다. 노동당에 나라 경제를 믿고 맡길 수 없다는 인식을 타파하겠다는 결의에 찬 하먼은 〈선데이 폴리틱스〉의 진행자 앤드루 닐Andrew Neil에게 이렇게 말했다.

우리는 복지개혁법안에 반대하지 않고 가구당 혜택 제한에도 반대하지 않을 것이다. 우리는 복지 혜택을 제한하고 세 명 이상의 자녀를 둔 사람들을 위한 세액공제를 제한하는 계획에도 반대하지 않는다. ······ 보수당은 정권을 잡았는데 우리는 잡지 못한 이유가 유권자들이 보수당을 좋아해서가 아니라 우리에게 경제와 복지정책을 믿고 맡기지 못하기 때문임을 우리는 깨달아야 한다.

하먼은 말을 이었다. 전국을 돌아다니며 가는 곳마다 자녀를 더 두고 싶지만 사정이 여의치 않다는 '근면한' 어머니들과 마주쳤다고 했다. 그리고 그들은 대가족을 부양하면서 각종 혜택을 누리는 등 도움을 받는 사람들에 대해 분개했다고 했다. 진행자 닐이 당수 경선 후보들이 하먼의 그런 입장을 알고 있고 동의하느냐고 묻자, 하먼은 말했다.

"나는 야당의 당수다. 복지개혁법안이 상정되고 의회에서 표결이 실시될 것이다. 나는 노동당이 그와 관련해 취할 입장을 말하고 있다."

노동당이 정부의 복지개혁법안을 지지해야 한다는 하먼의 주장에 대해 네 명의 당수 후보들 가운데 세 명이 딱히 동의하지 않았다는 사실이 나중에 밝혀지게 된다. 예산안이 상정되기 전날인 7월 7일 회의에서 하먼은 예비내각 각료들에게 정부안에 전면적으로 반대하는 것으로 비쳐져서는 안 된다는 강한 신념을 드러냈다. 특히 그녀가 생각하기에 노동당이 선거에서 지게 된 이유인 복지 관련 분야에서는 더더군다나 전면적인 반대를 해서는 안 된다고 했다.

앤디 버넘이 복지와 관련해 보수당의 입장을 따라가는 일은 신중해야 한다고 주장하려 하자, 하먼은 발끈하면서 그를 질책했다.

"우리가 선거에서 진 줄은 알고 있겠죠?"[290]

나중에 한 예비내각 각료가 "하먼은 말할 수 없이 버넘에게 무례하게 굴었다"고 말한 것으로 알려졌다.[291] 이벳 쿠퍼도 정부가 주도하는 대로 따라가는 게 현명한 건지 모르겠다며 회의적인 입장을 사석에서 밝힌 것으로 전해진다.[292] 하먼과 가까운 관계자들은 복지 삭감과 관련해서 하먼의 말이 지나쳤다는 주장을 일축한다. 한 관계자의 말이다.

하먼은 절대적으로 그럴 권한이 있었다. 당시에 노동당 당수였으니까. 총리를 대상으로 질의응답을 해야 할 사람이 하먼이고, 캐머런과 정면 대결을 해야 할 사람도 하먼이다. …… 하먼이 이런 일을 할 필요까지는 없었지만 조지 오스본이 하먼에게 떠넘긴 셈이다. 그는 대단한 전술가이고 노동당이 혼란에 빠져 있다는 사실을 잘 알고 있었다. 오스본은 완전히 천재다. 우리는 바보처럼 모두들 정확히 그가 바라는 대로 행동했다. 하먼은 정말로 살신성인하는 의미에서 …… 당의 문제와 관련해 늘 하던 대로 했다. 임시 당수로서 자기가 매를 맞는 게 낫겠다고 생각했고 자신이 걸림돌을 없애주고 새 당수가 누가 되든 계속 그 길로 나아갈지 여부에 대해 새롭게 결정할 수 있도록 해주어야 한다고 생각했다.

7월 12일 일요일 정오, 하먼이 〈선데이 폴리틱스〉에 출연하는 동안 당수 후보들은 이번에는 뉴캐슬에서 또 다른 정견발표회를 하고 있었다. 노동당 중앙당이 정부의 복지 혜택 제한에 합의하겠다는 하먼의 애기에 대해 당원들이 분노에 찬 메시지로 후보들의 선거팀 트위터 계정을 뜨겁게 달구고 나서야 선거팀들은 하먼이 무슨 말을 했는지 알게 되었다. 네 후보는 모두 하먼이 한 말을 전해 듣고 경악했다.

그런데 특히 앤디 버넘에게 이는 심각한 문제를 야기했다. 그는 경선 첫 몇 주 동안 자신을 좌파 후보로 규정했다가 언스트앤드영 본사에서 치른 선거운동 발대식에서는 자신을 '무게 있는' 후보로 내세우며 '가벼운 말바꾸기'로 오락가락하고 있었다. 오스본이 제안한 복지삭감안을 지지할지 여부를 결정하는 일이 그에게는 딜레마였다. 그의 입장은 무엇인가? 이 시점에서 여전히 경선에서 이길 것을 예상하고 있던 버넘은 당의 통합을 이끌어야 했기 때문에 임시 당수인 하먼의 결정에 반기를 들며 도전할 만한 여유가 없었다. 그런 수를 두면 예비내각에서 사임해야 하기 때문이었다. 또한 코빈에 대한 지지가 상승하고 있음을 의식하고 있던 그는 결국 경선에서 유권자들이 제2선호 후보를 선택하게 될 텐데, 자신을 차선책으로 선택할지도 모르는 좌파들의 심기를 건드리는 일은 현명하지 못하다고 판단했다.

버넘의 선거팀 일부는 10분짜리 TV 인터뷰 하나로 하먼이 당수직을 제러미 코빈에게 넘겨줬다고 생각했다. 버넘의 선거본부장 존 리할은 다음과 같이 말한다.

경선의 판세를 바꾼 것은 복지개혁법안이었다. 틀림없다. 갑자기 '이제부터 내리막이군' 하는 생각이 든 시점을 꼽는다면 바로 그 순간이었다. 해리엇 하먼이 일요일 아침 안락의자에 편안하게 앉아서 당수 후보들의 선거팀과 상의도 하지 않고 정부정책에 대한 입장을 발표한 그 순간이었다. 이민과 복지정책이 가장 중요한 이슈였던 총선에서 패배한 지 얼마 지나지 않은 시점이었으므로 하먼이 왜 그런 입장을 취해야겠다고 생각했는지는 이해한다. 하지만 적어도 당수 후보 선거팀들과는 상의를 했어야 했다. 그렇다면 타협안을 마련할 수 있었을지 모른다.

하먼이 〈선데이 폴리틱스〉에 출연해 노동당 당수 경선에다 폭탄을 투하한 후 버넘의 경쟁자들은 비교적 자기 입장을 분명히 했다. 후보들 가운데 유일하게 예비내각 각료가 아니었던 코빈은 원내총무단이 자신의 의견과는 다른 방식으로 투표하라고 지시할 때면 늘 하던 방식대로 반기를 들었다. 이념적 성향으로 볼 때 코빈과는 대척점에 있는 리즈 켄들은 하먼의 의견에 반대하면 유권자들에게 엉뚱한 메시지를 보내게 되므로 복지 혜택 제한에 반대하지 않겠다고 했다. 버넘과 마찬가지로 중도를 표방하고 있던 이벳 쿠퍼는 복지개혁법안에 우려되는 바가 있기는 하나 자신과 가까울 뿐만 아니라 일종의 정신적 스승으로 여기고 있던 하먼의 뜻을 따르는 데 별로 불만이 없다고 했다. 이렇게 되면 버넘과 마찬가지로 쿠퍼도 골치 아픈 입장에 놓이게 될 수 있었지만 쿠퍼의 선거팀은 신노동당 성향의 경쟁자인 버넘보다 사태에 훨씬 잘 대응했다고 생각한다. 복지개혁법안에 대한 논란이 뜨겁게 이어지는 동안 쿠퍼는 의도적으로 언행을 삼갔지만, 버넘은 하먼을 무시하고 반기를 들 것인가 말 것인가 자신의 양심을 걸고 고뇌하는 햄릿의 모습을 공공연하게 연출했다. 존 리할은 버넘이 정말로 딜레마에 빠져 있었다는 점을 분명히 한다.

그의 생각은 이랬다. '자, 내가 앞장서서 반기를 들고 예비내각에서 사퇴할 것인가? 물러나면서 간단히 이렇게 말하는 것이다. 나는 이 법안을 지지하지 않는다, 나는 옳은 일을 하겠다, 이건 가난한 사람들과 부양가족이 있는 사람들에게 매우 가혹한 영향을 줄 조치다, 그러니 나는 옳은 결정을 해야 한다. 아니면 당수가 되었을 때 필요할 예비내각의 존중과 충성심을 확보하기 위해 예비내각에 잔류할 것인가?' 그리고 이 시점에서 그는 여전히 자신이 9월 중순에 야당 당수가 되리라고 생각하고 있었다. 자신이 노동당에 충성을 바쳐왔다는 그의 말은 진심이다. 당내 논란은 내부적으로 조용히 정리해야 한다고 그는 늘 생각해왔다.

하먼이 〈선데이 폴리틱스〉에 출연한 지 몇 시간 만에 버넘의 선거 팀은 행동을 취해야 할 필요를 느꼈다. 그들은 보도자료를 배포해 주요 뉴스 채널의 요청이 있다면 버넘이 소견을 발표할 의향이 있음을 알렸다. 그러나 그는 복지개혁법안에 대해 우려하는 바는 구체적으로 다루었지만 하먼에게 반기를 들 것인지 여부는 분명히 밝히지 않았다. 한 선거팀원은 "우리는 아슬아슬하게 줄타기를 하고 있었다"고 털어놓았다.

곧이어 코빈이 하먼의 발언에 대해 자신의 소견을 발표했다.

"나는 더 많은 아이들을 빈곤의 나락으로 떨어뜨리는 정책에는 찬성하지 않겠다. 안 그래도 영국의 가정들은 이미 몹시 고통받고 있다. 아이들의 삶이 걸린 문제라면 우리는 복지정책을 갖고 정치 게임을 하는 정부의 술수에 놀아나서는 안 된다."[293]

숭고한 이유를 내세우며 분명한 반대 입장을 밝힌 코빈의 태도와 버넘의 우유부단한 태도는 더할 나위 없이 극명한 대조를 이루었다.

그 후 24시간에 걸쳐 버넘과 그의 선거팀은 다음 수순을 고민했다. 7월 14일 그는 하원을 출입하는 의회기자단과의 오찬에 참석하도록 되어 있었다. 전통적으로 떠들썩한 분위기에서 진행되는 이 오찬에 참석해 연설하는 인사들은 자기 비하와 농담을 섞은 재미있는 연설을 하는 게 관례였다. 코빈은 아예 행사를 열지 않았지만 쿠퍼와 켄들은 이미 기자단과의 오찬을 무난하게 치렀다. 존 리할의 말이다.

월요일에 그는 정말로 어떻게 해야 할지 고민하고 있었다. 우리가 그랬다. "잠깐, 의회기자단과의 큰 행사가 있는데 연설에 넣을 농담을 준비해야죠." 그런데도 그는 복지개혁법안에 대해 어떻게 할지 고민하면서 시간을 보내고 있었다. 따라서 아주 일찍부터 그는 복지개혁법안이 자신에게 매우 힘들고 큰 타격을 줄 문제라는 사실을 인식하고 있었다.

월요일부터 화요일 아침까지 내내 버넘의 선거팀은 버넘이 기자단 오찬 연설에 집중하게 하려고 애썼지만 그의 생각은 자꾸 복지개혁법안 문제로 되돌아갔다. 결국 그는 두 가지 문제를 한꺼번에 다루기로 결심했다. 의회기자단 앞에 선 버넘은 도대체 연사들이 으레 하는 농담은 어디로 사라졌는지 기자단이 궁금해하든 말든 상관없이 예비내각에 '조건부 수정안'을 발의할 것을 촉구했다. 조건부 수정안은 형식적인 발의로서 야당이 법안에 반대하는 이유를 제시하는 절차다. 의회기자단 오찬에 참석한 노련한 정치 담당 기자들이 이 법안이 아무런 의미 없는 요식행위임을 잘 알고 있었다고 한다면 일반 대중에게는 완전히 무의미한 조치였다. 버넘은 직접 말로 하지는 않았지만, 예비내각이 조건부 수정안을 받아들이지 않으면 예비내각에서 사임할 생각임을 시사한 것이었다. 이벳 쿠퍼의 선거팀은 버넘이 복지개혁법안에 대한 자신의 주장을 공식적으로 밝힘으로써 실책을 범했다고 생각했다. 쿠퍼와 가까운 한 소식통의 말이다.

앤디는 돌출 발언으로 시선을 집중시키고는 말을 행동에 옮기지 않았으니 자기 발등을 자기가 찍은 셈이다. 우리도 그가 한 주장과 똑같은 주장을 하고 있었지만 비공개로 했다. 우리 생각은 이랬다. '이 문제를 해결해야 하지만 공개적으로 하지는 않겠다. 공개적으로 하면 해결하기가 더 힘들어질 것이다.' 게다가 이벳이 하먼에게 반기를 드는 행동을 공개적으로 할 수는 없었다.

버넘은 의회기자단 오찬이 끝나고 곧바로 예비내각으로 갔고 거기서 사단이 벌어졌다. 하먼이 쿠퍼를 먼저 초청해 복지개혁법안을 의논함으로써 버넘의 경쟁자인 그녀에게 조건부 수정안을 발의할 기회를 주었다는 점도 그의 신경을 건드렸다. 훗날 버넘 팀의 일부 인사들은 하먼이 경선을 쿠퍼에게 유리하게 만들었다고 비난하게 된다. 한 중진 인사는 하먼이 명백히 쿠퍼를 지지하고 있었다고 생각한다. 이에 대해 쿠퍼 진영은 중도 성향인 두 후보 모두 어려운 입장이었다며 복지개혁법안에 대한 하먼의 입장은 코빈 외에는 아무에게도 도움이 되지 않았다는 점을 지적한다. 쿠퍼와 가까운 한 소식통은 또 이렇게 말한다.

앤디나 이벳이 예비내각에서 사임했다면 전국적으로 치러지는 선거에서는 당선이 불가능했을 것이라고 생각한다. 따라서 당내에서 이긴 사람이 전국적인 선거에서는 지는 방향으로 상황이 조성되고 있었고, 이 상황에서 유일하게 이득을 본 사람은 전국적으로 당선될 가능성이 가장 적은 후보, 바로 제러미였다.

하먼과 가까운 소식통들은 하먼이 쿠퍼 편을 들었고 중도 후보들을 곤란한 상황에 처하게 만듦으로써 코빈의 승리에 일조했다는 주장을 모두 부인한다.

"코빈을 돕느냐 마느냐의 문제가 아니었다. 경선이 규정대로 치러지는지를 판단해야 할 하먼이 '당수 경선에 영향을 미칠 수 있으니 이런 언행은 하지 말아야겠다'고 할 입장은 아니었다. 하먼은 공공정책과 관련해 무엇이 노동당에게 최선인지를 바탕으로 결정을 내려야 했다."

버넘이 마침내 예비내각을 상대로 발언을 하면서 조건부 수정안이 불발된다면(보수당이 하원 다수를 장악한 당시 상황에서는 불발될 가능성이 매우 높았다) 노동당은 복지개혁법안에 반대해야 한다고 주장했다. 버넘을 지지한 사람은 그의 선거팀 일원이던 마이클 더거^{Michael Dugher}와 팔코너 경 두 사람뿐이었고, 참석자 대부분은 복지개혁법안에 찬성해야 한다는 하먼의 노선을 지지했다. 하먼은 노동당 중앙당 주간회의에 참석해서 대부분의 하원의원들이 자신에게 복지개혁법안에 반대하지 말라고 촉구했다고 했다. 버넘과 쿠퍼는 계속 조건부 수정안을 밀어붙였다. 예비내각의 의견이 첨예하게 갈리는 상황에서 만족스럽지 못한 타협안이 도출되었다. 조건부 수정안을 발의하되 의회 일정이 매우 빡빡하므로 서두르기로 했고, 따라서 아무도 법안의 자구字句에 만족스러워하지 못했다. 존 리할은 "내용이 이도저도 아닌 허접스러운 법안이 되어버렸다"고 말한다.

7월 20일, 예비내각 회의가 열리기 엿새 전, 복지개혁법안이 하원에 상정되었고 예상했던 대로 조건부 수정안은 거부되었다. 버넘과 쿠퍼는 다시 고뇌의 출발점으로 돌아갔다. 노동당 임시 당수의 의견에 반기를 들고 이제 원성이 자자해진 정부의 복지 제한에 반대표를 던질 것인가? 결국 두 사람은 다른 예비내각 각료들과 더불어 또 다른 타협안을 택했다. 바로 기권하는 것이었다. 기권해서 얻은 게 아무것도 없으니 차라리 찬성표를 던졌어도 상관없었을지 모른다. 리할은 조건부 수정안이든 기권이든 "아무 의미도 없었다"며 다음과 같이 덧붙인다.

"그 점은 우리도 잘 알고 있었다. 둘 다 유권자들에게 설득력이 없었다."

코빈은 46명의 노동당 의원들과 더불어 복지개혁법안에 반대했다. 당수 후보들 가운데는 유일하게 반대표를 던졌다.

하먼이 〈선데이 폴리틱스〉에 출연해 복지 삭감 법안에 반대하면 안 되는 이유에 대해 열변을 토했던 사건은 이제 오래전 기억 속으로 사라진 듯했다. 웨스트민스터 안팎의 수많은 사람들은 복지개혁법안에 제대로 반대도 하지 못한 노동당에 분노했다. 그리고 옳든 그르든 그 분노의 표적은 앤디 버넘이었다. 버넘의 한 선거팀원은 이렇게 말한다.

"엉망진창이었다. 하지만 보통 이런 일이 생기면 노동당 중앙당에서는 해리엇을 매도했을 텐데 당시 아직은 경선의 선두 주자였던 앤디를 매도했다."

복지개혁법안에 대한 표결 후 버넘이 혹독한 비난을 받은 반면 쿠퍼는 비교적 상처를 입지 않은 이유는 뭘까? 리할은 버넘이 법안에 대해 공개적으로 고민하는 모습을 노출해 주목을 끌었고 경선의 선두 주자라는 위치에 있었기 때문에 가장 피해를 입었다고 주장한다. 리할은 "그는 늘 이런 문제와 관련해 공식적인 입장을 취했고, 따라서 공격의 표적이 되었다"고 말하면서 다음과 같이 덧붙인다.

그가 집중포화를 받은 이유는 복지개혁법안에 호들갑을 떨었기 때문이다. 예비내각에서 싸우려다가 실패하고도, 여전히 반대는 하지만 조건부 수정안을 내놓으니 공격의 대상이 된 것이다. 쿠퍼 선거팀의 전략은 일관되게 "나서지 말자. 아무의 심기도 건드리지 말자. 안전하게 가자. 차선책으로 선택받자"였다.

또 다른 버넘 지지자는 이렇게 말한다.

"쿠퍼는 죗값을 전혀 치르지 않고 무사히 넘어갔다. 그리고 하먼을 향해 쏟아졌어야 할 분노의 화살이 버넘에게로 향했다. 그래서 타격을 입었다. 버넘에게는 전세가 불리한 쪽으로 가는 계기가 되었다."

버넘의 경쟁자들도 복지개혁법안이 버넘에게 치명타가 되었다는 그의 팀의 분석에 동의하지만 대부분은 버넘이 자초한 문제라고 생각한다. 리즈 켄들 선거팀의 존 우드콕은 이렇게 말한다.

그 시점부터 그의 신뢰도는 추락했다. 그전에도 이랬다저랬다 하고 여기저기 기웃거린다는 얘기는 많았지만 갑자기 그게 이야깃거리가 되었다. 복지개혁법안만 아니었다면 버넘이 당선될 수 있었을까? 그럴지도 모른다. 하지만 완전히 자승자박했다. 앞장서서 모두를 이끌고 목표 지점까지 가겠다는 건 완전히 바보 같은 결정이었다. 복지개혁법안을 노동당의 원칙, 좌익의 원칙에 충실한지 여부를 판단하는 중요한 시험대처럼 만들어버렸다. "나는 이 법안에 반대할 예정이다"라고 보도자료를 배포한 사람은 바로 버넘이다. 그가 그걸 시험대로 만들어버렸다. 다른 누가 그렇게 만든 게 아니다. 그러고는 자기가 그 시험대를 통과하지 못했다. 반대한다고 했으면 어렵더라도 그냥 밀고 나가 반대를 했어야 했다. 이 일은 그가 연속해서 저지른 오판 가운데 하나일 뿐이다. 버넘이 선거운동을 치른 방식 자체가 그랬다.

에드 밀리밴드의 선거 참모를 지낸 한 인사도 이 말에 동의한다.

노조는 선거자금 거부로 떨어져나갔고, 평당원들은 복지개혁법안 투표로 떨어져나갔다. 그래서 앤디는 경선에서 패했다. 하지만 보다 본질적인 패인은 투철한 자기 신념이 없었기 때문이다. 자기 신념이 없는 사람은 앤디 같은 실수를 저지르게 된다. 제러미와는 너무나도 다른 점이다. 제러미는 분명한 원칙과 이상을 지녔고 그의 언행은 그런 원칙으로부터 자연스럽게 흘러나온다. 앤디는 경선 내내 자기 입지를 어떻게 정할지 전전긍긍했다. 자기 언행의 바탕이 되는 원칙이 없었기 때문이다. 그리고 결국 그 때문에 경선에서 졌다.

표결이 끝나자마자 노동당 지지자들의 분노가 폭발했다. 버넘 팀은 버넘이 경선에서 승리할 가능성이 급락했다는 사실을 분명히 깨닫게 되었다. 존 리할은 이렇게 말한다.

그 후로 제러미의 세에 탄력이 붙었다. 그는 법안에 반대했고, 그의 판단은 옳았으며, 당원들은 '어, 이것 봐라. 노동당이 자기 당 지지자들에게 피해를 주는 정책을 지지했잖아'라고 생각하고 있었다. 그리고 그로 인한 분노는 극복하기 어려운 문제가 되어버렸다.

쿠퍼 진영도 복지개혁법안 표결 직후 경선의 판세가 코빈에게로 기울었다는 사실을 직감했다. 쿠퍼 선거진영의 한 인사는 이렇게 말한다.

"아무렴. 웨스트민스터 내에 도는 얘기도 그렇고, 전화로 평당원들의 민심을 살펴봐도 의심의 여지가 없었다. 복지개혁법안 표결로 제러미가 급격히 부상하리라는 게 분명했다."

버넘은 남은 경선 기간 동안 복지개혁법안을 두고 우유부단한 태도를 보인 것에 두고두고 비판을 받게 되었다. 정견발표장에서는 이따금 괴롭힘을 당하고 야유를 받기까지 했다. '앤디를 당수로^{Andy 4 Leader}' 페이스북 페이지에 조건부 수정안을 발의한 이유와 복지개혁법안 표결에서 기권한 이유를 해명해놓았는데, 그 글 밑에는 한 지지자가 어처구니없다는 투로 이런 댓글을 달아놓았다.

"도대체 어떻게 기권을 할 수 있죠??? 야당의 역할은 정부에 반대하는 거잖아요!"

그만하면 양반인 댓글이 이 정도였다. 버넘은 줏대 없는 인간이라는 인식이 본격적으로 확산되기 시작했다.

복지개혁법안과 관련된 실수를 만회하려는 간절한 욕구 때문에 그때부터 버넘은 좌파 색깔을 점점 더 짙게 칠하게 된다. 이러한 그에 대해 한 의원은 〈뉴 스테이츠맨〉에 그가 "코빈의 포로가 되었다"고 적절히 표현했다. 버넘 자신은 복지개혁법안에 달리 대처했더라면 지금쯤 자신이 노동당 당수가 되어 있을지 모른다고 생각한다. 선거운동이 막바지에 이르렀을 때 그는 〈뉴 스테이츠맨〉에 다음과 같이 말했다.

입장을 번복한 게 아니다. 내가 예비내각에서 사임하고 당을 분열시켰어야 했다고 말하는 사람들이 있는데, 그렇게 할 수도 있었고, 그랬다면 아마도 경선에서 이겼을지 모른다. 하지만 나는 그렇게는 못 한다. 나는 당보다 나를 우선시한 적이 없다. 절대로. 단지 내가 경선에서 이기기 위해 당을 분열시킬 수는 없었다.

복지개혁법안 때문에 버넘과 쿠퍼가 경선에서 패했다는 주장에 동의하지 않는 사람들도 있다. 당시에 노동당 본부에서 일한 한 중진 인사의 말이다.

그들이 경선 결과에 대해 매우 비통해하고 실망하는 건 이해한다. 하지만 이미 그 시점에서는 제러미가 돌풍을 일으키기 시작한 상태였기 때문에 해리엇을 비난하는 건 …… (옳지 않다). 복지개혁법안은 여름을 온통 달군 중요한 이슈였지만 단지 그 문제 때문에 자신들이 패하고 제러미가 이겼다는 주장은 …… (옳지 않다). 제러미가 이긴 까닭은 복지개혁법안보다 훨씬 광범위하고 심오한 이유와 힘이 작용했기 때문이다. 사실 우리 모두가 매우 비통하고 실망스럽다. 그들이 패한 이유는 감동을 주는 선거운동을 하지 못했기 때문이다.

코빈은 복지개혁에 원칙적인 입장을 고수한 덕분에 당수 경선에서뿐만 아니라 2015년 9월 당선된 후에도 큰 결실을 거두게 된다. 코빈이 당수가 되고 10주 후 노동당이 공식적으로 세액공제 제한에 강력히 반대하면서 조지 오스본 재무장관은 계획을 철회할 수밖에 없었다. 이는 코빈에게는 대단한 반란이었고 그의 지도력에 따라 정부에 맞서 이룩한 커다란 첫 번째 승리였다.

복지개혁법안 표결 뒤에도 여전히 다른 후보들이 코빈이 이제 경선의 분명한 선두 주자라는 사실에 설마설마하고 있었는지 모르지만, 만약 그랬다면 그 의구심을 완전히 산산조각으로 만드는 일이 일어났다. 7월 22일 유고브가 당수 경선에 대한 첫 번째 여론조사 결과를 발표했는데,[294] 이는 웨스트민스터를 충격에 빠뜨렸다. 코빈이 선두 주자로 나타났을 뿐만 아니라 엄청난 차이로 앞서고 있었다. 코빈이 43퍼센트, 버넘은 23퍼센트, 쿠퍼는 20퍼센트, 켄들은 11퍼센트의 지지율을 보였다. 제2선호 후보와 제3선호 후보를 다시 산정하면 코빈이 결승에서 버넘을 53 대 47로 이기는 것으로 나타났다. 코빈은 이제 승리의 가도를 달리고 있었다.

Chapter 19

우승 후보

"코빈이 승리에 다가서자 노동당의 내전이 격화되고 있다."

〈타임스〉가 2015년 노동당 당수 경선에 대한 첫 번째 여론조사 결과를 보도하면서 뽑은 제목이다. 6주 전 코빈이 경선에 뛰어들었을 때만 해도 제러미 코빈도, 그의 세 경쟁자들도 이런 제목을 읽게 되리라고는 생각하지 않았다. 이제 코빈은 무찔러야 할 대상이 되었다.

그러나 코빈의 경쟁자들은 돌아가는 상황에 경각심을 갖게 되기는 했지만 아직 포기할 생각은 없었다. 여론조사 수치가 의미하는 바는 명백했지만(그리고 하루 전 〈뉴 스테이츠맨〉이 발표했는데 모두가 그냥 지나쳐버린 여론조사 결과와 비슷했지만) 아직 나머지 후보들이 지지율 격차를 좁힐 시간은 있었다. 게다가 지지자들이 여전히 등록을 하고 있는 상태여서 경선에서 투표할 유권자들을 규명하기는 어렵다는 사실을 감안해볼 때 여론조사 결과가 정확한지에 대한 의구심도 있었다. 더구나 최근 총선에서도 이미 여론조사를 신뢰할 수 없다는 경험을 한 뒤였다. 총선 때 주요 여론조사기관들 가운데 보수당의 승리를 예측한 기관은 하나도 없었다. 유고브는 지난 2010년 노동당 당수 선거 결과를 정확히 예측하긴 했지만, 이 회사의 회장 피터 켈너Peter Kellner는 최근 여론조사 결과에 대한 확대해석을 자제해달라고 당부하면서 이렇게 말했다.

"우리 회사의 여론조사는 아직 경기가 절반쯤 남은 그랜드 내셔널 Grand National•을 렌즈의 초점도 제대로 맞추지 않고 찍은 사진과 같다. 판세를 대충 보여줄 뿐이지 실제로 승자가 누가 될지는 장담할 수 없다."

사행업체들도 신중한 반응을 보였다. 그들은 제2선호 후보로서 코빈과 이벳 쿠퍼의 배당률을 똑같이 5-2로 예상했다. 앤디 버넘이 여전히 유리한 위치에 있다고 보았고 리즈 켄들은 20-1로 완전히 밀려났다. 코빈도 다음과 같이 말하면서 유고브의 조사 결과를 액면 그대로 받아들이지 않았다.

"여론조사 결과에 대해서는 아무 말도 하지 않겠다. 어떤 방식으로 조사가 이루어지는지 알지 못하기 때문이다. 유고브가 모든 노동당 당원들과 지지자들의 전화번호나 이메일을 입수하지 않은 한, 물론 그랬을 리도 없고, 여론조사가 어떻게 실시되는지는 분명치가 않다."[295]

그러나 리즈 켄들의 선거팀은 유고브의 여론조사 결과가 허접스러운 게 아님을 너무나도 잘 알고 있었다. 물론 공개적으로 그렇게 얘기하지는 않았지만 말이다. 유고브의 여론조사 결과는 리즈 켄들 팀이 일주

• 리버풀에서 해마다 열리는 장애물 경마를 말한다.

일 전 자체적으로 실시한 여론조사 결과와 거의 정확히 일치했다. 켄들의 선거팀 존 우드콕의 말이다.

우리한테 청천벽력은 자체 여론조사였다. 코빈이 앞서도 한참 앞선다는 결과가 나왔다. 우리는 이 조사 결과가 정확하다고 생각했다. 그렇다면 넘어야 할 산이 가파르다는 의미였다. 만약 우리가 자체적으로 실시한 여론조사가 공개되거나 비슷한 여론조사 결과가 나오면, 예를 들어 유고브의 여론조사 같은 결과가 나오면 선거의 판세가 완전히 기울어 제러미 코빈이 이길 것인가, 제러미 코빈을 저지할 방법은 무엇인가 하는 말들이 나오면서 코빈이 선거에서 초미의 관심사가 될 거라고 생각했다. 그리고 실제로 그렇게 되었다.

켄들도 유고브의 여론조사 결과가 나왔을 때가 코빈이 이기겠다고 생각한 순간이라고 말한다.

"〈타임스〉에 보도된 첫 여론조사 결과를 보고 '음, 상당히 강세군' 하고 생각했다. 하지만 정견발표장에서 제러미에 대한 청중의 반응을 보면 처음부터 예상할 수 있었던 결과다."[296]

코빈이 승리하리라는 전망에 경악한 사람은 켄들뿐만이 아니었다. 〈타임스〉가 유고브의 여론조사 결과를 보도한 7월 22일 바로 그날, 코빈이 수년 동안 맞서온, 특히 이라크전쟁과 관련해 맞서온 상대가 경선 논쟁에 뛰어들었다. 토니 블레어는 프로그레스Progress 싱크탱크가 주관한 노동당 당수 당선 21주년 기념행사에 참석해 노동당 유권자들에게 신노동당의 가치를 포기함으로써 자신이 남긴 업적을 무위로 돌리지 말고 '안전지대'로 돌아와달라고 강력하게 호소했다. 어느 당이든 전직 당수는 당수 경선에서 개별적인 후보들의 장단점을 거론하길 꺼린다는 점을 고려해볼 때 블레어의 선거 개입은 매우 이례적이었다.

그다음에 그가 한 발언은 이미 무섭게 타오르는 불길에 기름을 부은 격이 되었다. 블레어는 코빈이 당수에 당선되면 그를 지지하겠느냐는 질문을 받고 이렇게 말했다.

"그런 일이 실제로 일어날지 모르겠다. 한 개인의 문제가 아니다. 결국 이 나라를 위해 바람직한 노선인지 아닌지에 관한 것이다."

그리고 거의 지나가는 말처럼 덧붙였다.

"사람들은 '내 심장이 그런 정치 노선에 호응하라고 한다'라고 말하는데, 그렇다면 심장 이식 수술을 했으면 한다."

블레어의 '심장 이식 수술' 발언은 이미 오래전에 신노동당에 신물이 났고 신노동당 간판 인물인 그를 점점 불신하게 된 유권자들의 분노를 폭발시켰다. 코빈은 이에 대응하지 않고 "사적인 얘기는 하지 않는다"는 입장을 고수했다. 하지만 다른 후보들이 대신 나서주었다. 일주일후, 20만 회원을 거느린 통신업 노조가 코빈을 지지하고 나섰다. 사무총장 데이브 와드Dave Ward는 코빈 지지를 발표하면서 이렇게 말했다.

"노동당에 바이러스가 침투했는데 제러미 코빈이 그 해독제다. 블레어 부류와 피터 맨덜슨 같은 사람들의 손아귀에서 노동당을 영원히 해방시켜야 한다."[297]

블레어가 당수로 집권한 13년 내내 부당수를 역임한 존 프레스콧도 이라크를 침공하기로 한 결정이 노동당의 지지를 잠식했다며 자신이 전에 모시던 상사를 비판했다. 그는 "그런 말은 언어폭력이다. 노동당은 냉철한 머리뿐만 아니라 따뜻한 심장을 지녔다. 마음(심장) 가는 대로 결정하는 사람들에게 심장을 이식하라는 말은 도저히 용납할 수

없다"고 덧붙였다.[298]

블레어의 선거 개입은 코빈의 선거운동에 즉각적인 효과를 발휘했다. 노동당 전 당수에게 항의하는 뜻에서 수천 명이 대거 지지자로 등록했다. 코빈 진영에서 자원봉사자로 일한 윌 암스톤 셔렛[Will Armston-Sheret]은 다음과 같이 말했다.

"토니 블레어가 코빈이 당수가 되는 데 반대한다는 의견을 밝힌 후로 기부가 폭증했다. 부정적인 여론몰이를 하려다가는 오히려 역풍을 맞는다. 기부가 폭증한 걸 보면 부정적인 선거운동은 먹혀들지 않는다는 사실을 보여준다."[299]

존 트리켓은 이렇게 말했다.

"심장이 제러미를 원하면 심장 이식 수술을 받아야 한다니. 코빈처럼 생각하는 사람이 수십만 명이다. 그게 현명한 언행이었을까? 다른 사람도 아니고 블레어가 말이다. 블레어가 코빈에게 당수 선거의 승리를 갖다 바친 셈이다."

코빈의 선거를 돕던 좌파 의원들 가운데 한 명인 클라이브 루이스는 이렇게 말했다.

"품위가 없었다. 많은 사람들이 블레어가 품위를 잃었다고 생각했다고 본다. 거기서부터 선거는 훅 갔다. 한 방에."[300]

유고브의 여론조사 결과가 발표되고 블레어가 선거에 개입하는 발언을 한 지 이틀 후, 코빈은 리즈 이스트 지역구의 지지를 받으면서 100번째 지구당 지명을 확보했다. 리즈 켄들처럼 이벳 쿠퍼도 유고브의 여론조사와 지구당의 코빈 지명에서 경고음을 들었다. 쿠퍼의 선거본부장 버논 코커는 다음과 같이 말했다.

"우리 모두 코빈이 한참 앞서간다는 사실을 깨달았다. 그가 여는 집회는 인산인해를 이루었고 지구당의 지명도 줄을 이었다."

같은 선거팀의 또 다른 인사 로저 베이커는 이렇게 덧붙인다.

"그 시점에서 코빈이 60퍼센트 지지를 얻으리라고 생각했냐고? 아니다. 그가 이기리라고는 생각했냐고? 이제 단순한 가능성에 그치지 않고 승산이 높아졌다고는 생각했다. 하지만 승리가 확실하다고는 전혀 생각하지 않았다."

7월 말 쿠퍼는 가족과 캠핑 휴가를 즐긴다며 미국으로 사라져버렸다. 그 전달 경선 후보들이 지역정부연합회 대기실에서 정견발표회가 시작되기를 기다리고 있을 때 코빈은 어린 자녀를 둔 쿠퍼와 버넘에게 후보들 모두 2주 동안 선거 유세를 중단하고 가족과 함께 지내면서 휴식을 취하자고 제안했다. 켄들은 그 제안에 동의했다. 후보들 모두가 잠정적으로만 합의한 사항이었다고 인정은 하지만, 버넘이 합의한 대로 지키지 않자 다른 후보들의 선거진영에서는 약간 못마땅해했다. 사실은 버넘이 쉬기로 합의한 날짜를 잘못 알아서 8월에 스페인으로 떠났다. 휴전을 하기로 선언한 기간에 버넘이 계속 선거운동을 하자 켄들과 코빈도 쉬지 않고 선거운동을 이어갔다.

복지개혁법안 표결을 하고 며칠 후 버넘의 선거팀은 자신들의 선거운동에 심각한 손상을 입었다는 사실을 분명히 깨닫게 되었다. 선거팀에서 언론을 담당한 케이티 마일러의 말이다.

"표결 후 정말로 판세가 바뀌기 시작했다. '당신들이 미는 사람이 될 거요. 잘해왔소. 지려고 해도 질 수 없는 선거요'라는 전화를 많이 받았는데, '좋아. 이제 그런 반응이 다시 나오게 할 방법을 찾아야겠어'로 바뀌었다."

쿠퍼가 미국으로 떠나고 며칠 후 실시된 비공식 여론조사 결과가

〈데일리 미러〉에 유출되었다. 코빈이 선두 주자임을 확인해주었을 뿐만 아니라 버넘이 쿠퍼에 이어 3위로 주저앉았다는 결과가 나왔다. 7월 29일 처음으로 사행업체들이 코빈의 배당률을 11-8로 놓고 우승 후보로 점치기 시작했다. 사행업체 윌리엄 힐William Hill의 대변인 루퍼트 애덤스Rupert Adams는 "제러미 코빈은 우승 후보로 부상했고, 정치 도박 역사상 가장 큰 폭으로 판세가 바뀌는 결과가 나타났다"고 말했다.

상황을 역전시켜야 하는 절박한 상황에 처하게 된 버넘 팀은 이제 코빈에 대한 열광적인 지지의 물결에 편승하기 위해 치밀한 계산 끝에 왼쪽으로 입지를 옮기기로 했다. 8월 6일 버넘은 공약을 발표하면서 핵심 공약들의 우선순위를 바꾸었고 거의 묻혀버리다시피 했던 철도 재국유화를 자신의 다섯 가지 핵심 공약에 넣었다. 이제 코빈이 경선 선두 주자로 떠올랐지만 버넘 팀은 현재 경선의 규정인 선호투표제하에서 코빈이 이길 가능성은 없다는 계산을 했다. 버넘, 쿠퍼 또는 켄들에게 투표할 사람들이 코빈을 제2선호 후보로 선택할 가능성은 없었고 1차 경선에서도 코빈은 50퍼센트 이상의 지지를 확보하지 못하게 될 게 뻔했기 때문이었다. 버넘의 선거본부장 존 리할의 말이다.

선거 초기에 우리는 코빈이 3등을 하리라고 생각했다. 그런데 열기가 뜨거워지면서 판세가 재미있게 되겠구나 생각했다. 하지만 우리는 코빈의 유일한 전략은 1차 경선에서 50퍼센트를 넘는 것이라고 생각했다. 그렇지 않으면 제2선호 후보에 대한 지지는 다른 후보들에게로 가게 되고 코빈의 승리는 물 건너갈 것이기 때문이었다. 우리는 제러미가 50퍼센트를 넘지 못하리라고 생각했다. 그래서 우리는 결선에만 가게 된다면 1차 경선에서 2등만 해도 좋겠다고 생각했다.

1차 경선에서 2등을 하겠다는 새로운 목표를 세운 버넘 팀은 쿠퍼가 휴가를 떠나면서 다시 버넘이 코빈의 최대 경쟁자가 되었다고 생각했다. 그런데 자원봉사자들이 버넘 팀을 떠나 코빈 진영 쪽으로 옮겨가고 있는 게 감지되었다. 그런데도 그들은 경고음을 듣지 못했다. 존 리할은 다음과 같이 말했다.

우리는 8월에 접어들면서 그동안 불미스러운 일도 있었고 타격도 받았지만 괜찮다고 생각했다. 제러미 코빈의 진영으로 옮겨가는 자원봉사자들을 보면서 소셜 미디어 선거운동 때문이려니 생각했다. 그러나 여전히 우리는 '걱정할 것 없어. 노동당 당원들은 사리 분별을 할 줄 아는 사람들이니 코빈이 내세우는 어떤 주장에도 넘어가지 않을 거야'라고 생각했다. 따라서 심상치 않은 일이 일어나고는 있었지만 심각한 위협으로 여기지 않았다. 우리는 여전히 괜찮다, 이길 수 있다고 생각했다.

이벳 쿠퍼가 휴가에서 돌아왔다. 그녀의 선거본부장 버논 코커의 말을 빌리자면, "원기를 회복했고 새로운 각오를 다졌다." 선거팀은 회의를 열고 경선에서 정말 이기기를 바라는지 다시 한 번 검토했다. 그렇다는 결론을 내린 후 '열렬한 중도'의 입지에서 코빈에게 맞서는 공약을 만드는 일에 착수했다. 코커의 말이다.

제러미에게 맞서는 중도 성향의 후보로 입지를 굳히는 게 정말 중요했다. 코빈만 원칙이 있는 후보가 아니다, 코빈만 열정이 있는 후보가 아니다, 코빈만 신바람을 불러일으키는 후보가 아니다, 그런 전략이었다. 열정적이고 원칙을 고수하고 신바람을 불러일으키면서도 노동당의 중도 입장일

수 있다는 것, 실제로 중도 입장에서 진보적인 정책과 신뢰를 접목할 수 있다는 것, 그리고 노동당뿐만 아니라 나라 전체와 소통할 수 있다는 것을 주장하고자 했다. 그러자 우리의 선거운동에 불꽃이 일었다.

한편 앤디 버넘은 여전히 좌파의 환심을 사려고 애쓰고 있었다. 쿠퍼는 코빈이 당수가 되면 당이 어떤 위험에 처하게 되는지 경고하는 내용의 연설을 계속하면서 코빈을 공격하기 시작했다. 쿠퍼와 켄들은 모두 당원들에게 "코빈만 빼고 누구에게든 투표해도 좋다"고 호소하고 있는데, 버넘은 여전히 좌파의 표를 얻으려고 안간힘을 쓰면서 자신의 지지자들에게 제2, 제3의 선호 후보를 누구로 할지에 대해 지침을 주지 않으려 했다. 쿠퍼와 켄들은 그 모습이 신경에 거슬리기 시작했다. 쿠퍼 선거진영의 한 인사는 이렇게 말한다.

"내가 기억하는 한 앤디는 한 번도 자기 지지자들에게 제2선호 후보로 이벳이나 리즈를 지지해달라고 분명히 말한 적이 없다. 늘 '뭐, 그들이 알아서 결정할 일이지'라는 태도를 보였다. 그 점이 우리에게는 좀 실망스러웠다."

경선 끝 무렵, 쿠퍼는 예비내각 내무장관으로서 시리아 난민 위기와 관련해, 영국 국민은 이민과 난민의 차이를 구분할 줄 안다며 데이비드 캐머런에게 망신을 주고, 아이들의 목숨을 걸고 시리아를 탈출한 난민들을 환영한다고 말하는 등 강경한 입장을 취함으로써 찬사를 받게 된다. 그러나 유감스럽게도 쿠퍼가 회생하기에는 이미 때가 너무 늦었다. 늦어도 너무 늦었다. 노동당의 한 중진 관계자의 말이다.

이벳은 막판에 이민 문제에 올라탔다. 유로터널을 통해 영국으로 들어가

우승 후보

는 관문인 프랑스 칼레에 난민들이 모여들면서 처음 난리가 났을 때 그녀는 아무 존재감이 없었다. 딴 곳에 가 있었다. 이벳에 대한 지지율이 막판에 크게 오른 건 사실이다. 이벳이 더 일찌감치 난민 문제에 올라탔더라면 이겼을지도 모른다.

8월 중순 즈음, 록스타 콘서트를 방불케 하는 코빈의 선거집회가 하나의 사건이 되어버렸다. 청중이 발 디딜 틈 없이 들어찬 현장을 찍은 사진들이 소셜 미디어에 폭주했다. 이러한 돌풍을 가장 잘 포착해 유명해진 사진이 있는데, 10대 네 명이 코빈의 집회를 훔쳐보려고 창문을 통해 건물 옆을 타고 올라가서 찍은 사진이다.

대중의 주목을 집중시킨 첫 집회는 8월 1일 리버풀 아델피 호텔에서 열렸다. 그의 연설을 들으려면 연회장에서 서서 들어야 했는데도 사람들로 넘쳤고 연회장으로 들어가지 못한 수백 명의 지지자들은 따로 마련된 제2의 장소로 쏟아져 들어갔다. 또 다른 집회는 후텁지근한 어느 날 저녁 런던 북부에 있는 캠든 센터에서 열렸는데 1,500명이 코빈의 연설을 들으러 왔고 켄 리빙스턴과 음반 제작자 브라이언 이노^{Brian Eno}가 지원을 위해 참석했다. 청중이 너무 많이 몰려서 주행사장을 꽉 채우고도 행사장 바깥까지 청중이 넘쳤다. 결국 코빈은 행사장 밖으로 나가 소방관 노조 회원들(코빈의 경쟁자들이 지적한 것처럼 노동당과 연계된 노조는 아니었다)이 행사장 바깥에 세워둔 소방차 꼭대기에 올라가 행사장에 들어오지 못한 청중들을 상대로 연설을 했다. 한 사진가가 이 장면을 찍었는데 그 사진은 코빈의 선거운동을 상징적으로 보여주는 유명한 이미지가 되었다.

뉴캐슬, 플리머스, 사우샘프턴, 버밍엄, 코벤트리, 에든버러, 벨파스트, 리즈, 카디프, 노팅엄, 첼름스퍼드, 노리치, 그리고 영국 전역의 수십 개의 마을과 도시에서 사람들이 코빈을 보기 위해 대거 몰려들었다. 글래스고에서 열린 집회 입장권은 '제러미 코빈을 당수로' 페이스북 페이지에 올린 지 5분 안에 동났다. 브래드퍼드에서는 주최 측이 막판에 행사 장소를 커뮤니티 홀에서 크리켓 경기장으로 바꿔야 했다. 웨일스 북부에 있는 해안 마을 흘랜디드노에서는 500명이 코빈의 연설을 들으러 왔는데, 이 마을 전체 인구가 2만 명이니 40명 중 한 명이 코빈의 집회에 참석한 셈이다.

여름 끝 무렵이 되자 코빈의 집회는 최신 유행이 되었다. 예전에는 정치에 전혀 관심이 없었던 사람도 집회에 왔다. 보수당 지지자들도 왔다. 심지어는 다른 경쟁자들의 지지자들도 코빈의 연설을 들으러 왔다. 사람들은 코빈의 집회에 갔다 왔다고 자랑하고 싶어 했다. 코빈을 둘러싸고 얼마나 왁자지껄했던지, 전혀 뜻밖의 인사들이 코빈에 대해 찬사를 하기 시작했다. 9월 초, 우익 평론가 피터 히친스^{Peter Hitchens}가 케임브리지, 그레이트 세인트 메리즈 처치^{Great St Mary's Church}에서 열린 코빈의 집회에 참석한 후 〈메일^{Mail}〉에 다음과 같은 블로그 글을 올렸다.

그레이트 세인트 메리즈는 1,400명을 수용할 수 있는데, 만원이었다. …… 게다가 바깥에는 들어가지 못한 사람이 적어도 수백 명이었다. 집회 개최 시간이 연기되었다. 본래 개최 장소가 너무 좁아서 참석자들을 다 안전하게 수용할 수 없었기 때문이다. 이 블로그를 읽는 독자들이 누가 연설자인지 모른 채 그의 연설을 듣는다면, 분명히 좌익의 말이긴 하지만 매우 능숙하고 상식에서 벗어나지 않은 연설이라고 생각했을 것이다. 그의 연설은 매우 일관성이 있었고 유창했다. 직접 연설문을 작성하고 자기가 하는 말을 숙지하고 있는 인물이 원고 없이 하는 연설이었다. 주제에 대해 오랜 세월 동안 깊이 생각해온 흔적이 문장마다 묻어났고, 누군가가 그의 주장에 이의를 제기했다면 그는 조목조목 반박할 수 있었을 것이다. 경쟁자들은 누구도 그처럼 하지 못했으리라 생각한다. 그들이 멍청하거나 연설을 못해서가 아니라 그들에게는 실제로 일관성 있는 정치적 신념이 없기 때문이다.

코빈의 집회는 모두 비슷한 양상을 보였다. 집회가 시작되기 몇 시간 전부터 행사장 앞에 긴 행렬이 늘어섰고 거리를 따라 행렬이 수백 야드씩 이어졌다. 이따금 행사장 바깥에서 사람들이 진열대를 설치하고 〈소셜리즘 투데이Socialism Today〉를 비롯한 좌익 간행물들을 팔았다. 눈에 잘 띄는 재킷을 입은 대부분 유나이트 노조에서 나온 안내원들과 "그래, 우린 할 수 있어!"라는 구호가 적힌 티셔츠를 입은 시민 자원봉사자들이 사람들을 좌석으로 안내했다. 분위기는 화기애애했다. 막 걸음마를 시작한 아기나 갓난아기도 심심찮게 눈에 띄었다.

코빈의 연설을 들으려고 모인 젊은이들에 대한 기사가 많았다. 하지만 1980년대, 1990년대, 2000년대에 좌익 활동에 오랫동안 몸담았던 사람들과 드디어 좌파 후보가 떠올랐다는 데 흥분해서 한 번이라도 보기 위해 모여든 중장년층도 많았다. 음식과 음료가 마련된 집회도 있었는데 보통은 차가 준비되었지만 이따금 포도주도 있었다. 하지만 분위기가 난장판이 되지는 않았고 명랑했다. 사람들은 신나서 서로 잡담을 주고받았고 〈데일리 미러〉의 정치기자 제이슨 비티Jason Beattie가 분위기를 띄우기 위해 다음과 같은 사전 연설을 할 때는 예의바르게 경청했다.

"이렇게 청중들이 신바람 나고 활기 넘치는 모습을 보니 감동받지 않을 수 없다. 요즘 사람들에게 이런 영향을 줄 수 있는 정치인은 드물다."

캣 플레처는 코빈의 연설을 들으러 온 이들에 대해 이렇게 말했다.

"젊은이들만 열광하는 게 아니다. 세대를 초월한다. 당을 떠났던 사람들이 다시 돌아오거나 10년, 20년 동안 활동을 안 했던 사람들이 다시 활동을 한다. 물론 새 당원들도 많이 있다."[301]

코빈이 입을 열면 청중은 열광했고, 정신을 집중해 귀를 기울였으며, 따뜻한 박수갈채를 보내 연설을 자주 중단시켰다. 코빈이 전국을 돌며 치른 아흔아홉 번의 집회 하나하나마다(100번째 집회는 9월 12일 그를 당수로 선언한 특별회의였다) 그는 항상 원고 없이 다른 내용의 연설을 했다. 그러나 연설의 주제는 한결같았다. 국민건강보험 찬성, 트라이던트 핵 방어 체제 반대, 정부의 긴축정책과 복지 예산 삭감 반대, 제조업에 대한 투자, 공공서비스에 대한 지원, 유엔과 국제법 존중 등이었다. 그는 '우익 언론'에 대해 비판하거나 뼈 있는 농담을 자주 했고, 자신의 경쟁자들에 대한 인신공격은 하지 않겠다고 공언했다. 청중을 흥분의 도가니로 몰아넣는 연설가는 아직 아니었지만 유능한 연설가였고, 청중은 연설가로서의 그의 자질보다는 그가 연설한 내용이나 제기한 이슈에 고무되었다.

코빈이 집회마다 대규모 청중을 동원하면서 경선을 뜨겁게 달구자 그 모습을 지켜보던 경쟁자들은 기가 꺾였다. 그들은 두 자리 숫자의 청중을 동원하는 데도 애를 먹고 있었다. 앤디 버넘 팀에서 일한 케이티 마일러의 말이다.

"대단한 세를 과시하고 있다는 점은 부인할 수 없다. 그의 집회가 말해주지 않는가. 우리가 행사를 열면 대개 당원들이 온다. 코빈은 행사를 열면 누구든지 초청한다. 멋진 일이다. 그렇게 어떤 청중이든 동원할 수 있다는 건 대단한 일이다. 사람들이 정치에 참여하는 모습을 보니 흐뭇하다."

존 리할은 다음과 같이 덧붙인다.

교회에서 100명을 모으기도 어려울 때가 있는데 코빈은 500명을 동원하고 소방차 위에서 연설을 한다. 우리는 노팅엄, 레스터, 셰필드에서 대규모 집회를 열었지만 코빈의 집회 규모에는 미치지 못했다. 그의 집회는 입장권이 동났지만 우리는 그렇지 못했다. 그러니, 맞다. 사기가 좀 떨어지기는 했다.

이벳 쿠퍼 팀의 로저 베이커는 이렇게 덧붙인다.

속이 쓰렸다. 하지만 동시에 호기심도 발동했다. 우리 지지자들 중에도 코빈의 집회가 어떤지 한번 보러 간 사람들도 있다. 비당원들도 궁금해서 가보았다. 언론에서 워낙 난리법석으로 '굉장하다. 보기 드문 현상이다'라고 떠들어댔으니까. 그러니 정치에 조금이라도 관심이 있는 사람이라면 궁금해서라도 가보지 않겠는가?

순식간에 코빈은 정치의 세계를 벗어나 유명인의 영역으로 이동했다. 매체가 코빈을 정면으로 응시하기 시작하자 코빈은 불편해졌다. 그의 성장배경과 가족과 사생활에 대한 장문의 기사들이 쏟아져나왔다. 기자들과 TV 카메라맨들이 그의 집회를 취재했고 자신들이 청중들 틈에 끼어서 겪은 거의 종교적인 체험에 대해 보도했다. 삼복더위에 마땅히 뉴스거리도 없었고, 코빈이 유일한 뉴스거리 같았다. 정치광들뿐만 아니라 모두가 노동당 당수 경선 이야기로 꽃을 피웠다. 코빈에게 지나치게 관심을 집중함으로써 뉴스를 실제보다 키우고 있다는 우려가 커지자, 이를 의논하기 위해 BBC 보도국의 중진 간부들이 모여 회의를 했다고 한다.

하지만 코빈이 뉴스거리임은 부인할 수 없었다. 이벳 쿠퍼 선거팀의 한 인사는 말한다.

"복지개혁법안 표결 후 일어난 가장 큰 사건은 제러미가 이길 가능성이 갑자기 높아졌다는 점이다. 게다가 뉴스거리가 씨가 마른 여름이라 언론들은 제정신을 잃었다. 제러미와 제러미의 행사에 관한 기사로 도배를 했다. 카메라 기자가 취재한 행사는 코빈의 행사들뿐이었다."

언론이 흥분하면 으레 그렇듯이 코빈에 대한 보도는 탁월한 내용에서부터 허접하고 황당한 내용까지 천차만별이었다. BBC 라디오 4의 〈우먼즈 아워Woman's Hour〉에 출연한 코빈은 질문을 받고 할 말을 잃었다. 온라인 멈즈넷 대화방에서 여성들이 코빈을 "덤블도어Dumbledore('해리포터' 시리즈에 등장하는 마법사학교 교장)처럼 산전수전 다 겪은 늙수그레한 남정네 스타일이 남자 취향인 사람에게는 매력적이고 정말 섹시하게 느껴지는 남자"라고 묘사하는 등 여성들 사이에서 '훈남'으로 떠올랐다는 보도에 대해 어떻게 생각하느냐는 질문이었다.

8월 3일 코빈의 뉴스는 대서양을 건넜다. 〈뉴욕 타임스〉가 영국 당수 경선에 대한 장문의 기사를 다음과 같이 보도했다.

"정치 분석가들은 하나같이 노동당이 영국 유권자 대부분의 성향인 중도를 지향해야 한다고 말하지만 오랜 세월 절치부심해온 노동당의 운동가들은 옛날식 사회주의자 제러미 코빈에게 눈길을 보내고 있다."

스페인에서 중동에 이르는 각국 언론들도 코빈에 대한 보도에 합류했다.

코빈 열기가 달아오르면서 그가 집회에서 입을 댔던 종이컵이 이베이에서 51파운드에 팔렸다. 크리스 멀린도 신이 났다. 토니 벤을 주인공 삼아 썼던 그의 소설 《매우 영국적인 반란》이 (노동당 당수가 될 가능성이 높아지고 있고 어쩌면 총리까지도 넘보게 될지 모르는) 코빈을 통해 현실에 가까워지는 듯하자 출판사가 재판 인쇄에 들어갔다.

게다가 이제는 유명인사들까지도 합세하기 시작했다. 가수 샬럿 처치Charlotte Church와 앤디 벨Andy Bell, 거리낌 없이 발언하는 고전학자 메리 비어드Mary Beard, 영화감독 켄 로치Ken Loach, TV 드라마 〈코로네이션 스트리트Coronation Street〉에 출연했던 연기자 줄리 헤즈먼핼시Julie Hesmondhalgh, 영화배우 맥신 피크Maxine Peake, 대니얼 래드클리프Daniel Radcliffe, 숀 빈Sean Bean, 에마 톰슨Emma Thompson, 록밴드 프라이멀 스크림Primal Scream이 코빈을 지지하고 나섰다. 곧 다른 정당들도 코빈 현상에 편승했다. 우익 성향의 영국독립당 당수 나이절 패라지Nigel Farage에서부터 사회민주주의를 표방하는 스코틀랜드국민당 당수 앨릭스 새먼드Alex Salmond, 보수당 소속 런던시장 보리스 존슨Boris Johnson에 이르기까지 폭넓고 다양한 성향의 정치인들이 코빈을 칭송하고 나섰다. 보수 진영 일부에서는 코빈이 승리하면 노동당은 앞으로 있을 선거에서 사망선고를 받으리라고 생각하며 입맛을 다셨지만, 이 꾸밈없는 원칙주의자가 보수당에 위협적인 존재임을 인식한 사람들도 있었다. 심지어는 1980년대에 코빈의 시위 대상이었던 철옹성 같은 미디어 왕국의 루퍼트 머독도 이런 트위터를 날렸다.

"옳든 그르든 그래도 신념이 투철한 후보는 이 사람 하나뿐인 듯하다."

유명인이 코빈을 지지하고 나설 때마다 코빈에 대한 지지가 쇄도한다는 보도로 이어졌고, 그의 경쟁자들은 언론의 주목을 받으려고 안간힘을 썼다. 앤디 버넘의 선거팀은 노동당에 다시 정권을 가져올 가능성이 가장 높은 후보로 대부분의 유권자들이 버넘을 지목했다는 여론조사 결과가 나오자 처음에는 흥분했지만 언론에서 거의 보도해주지 않자 좌절감을 느꼈다.

코빈은 ITV에서 늦은 오전에 방송되는 간판 프로그램 〈디스 모닝〉에 출연해 진행자 에이먼 홈즈^{Eamonn Holmes}, 루스 랭스퍼드^{Ruth Langsford}와 편안하게 대화를 해달라는 요청을 받았다. 코빈의 언론 담당관 카멜 놀런은 출연 전날 밤 프로그램 제작진 한 사람과 방송에서 코빈이 받을 질문에 대해 얘기하다가 위험요소를 포착했다. 코빈과 클라우디아 브래키타의 이혼에 대해 질문하겠다고 했기 때문이다. 놀런은 다음과 같이 말했다.

코빈은 그 얘기는 하지 않는다고 전했다. 당신들이 그 질문을 굳이 하겠다면 코빈을 출연시키지 않겠다고 했다. 그러자 제작자가 말했다. "노동당 당수가 되고 싶다면 이런 질문에 답해야 한다." 그래서 제작자에게 마틴 프리즐^{Martin Frizzel}(프로그램 편집자)과 통화하게 해달라고 했더니 그럴 수 없다고 했다. 그래서 출연을 취소했다. 출연하기로 되어 있던 날 전날 밤 10시에 취소했다. 2주가 채 못 돼 프리즐이 내게 직접 전화를 해서 원하는 대로 다 해줄 테니 제발 코빈을 출연시켜만 달라고 사정했다. 하지만 일언지하에 거절했다. 코빈은 사생활을 거론하지 않는다.

프리즐은 나중에 ITV의 예전 아침 프로그램 〈GMTV〉에서 함께 일했던 오랜 친구이자 앤디 버넘의 선거팀에서 일하는 케이티 마일러에게 문자메시지를 보내 그 사건을 털어놓으며 한탄했다. 그러자 마일러가 답했다.

"잊어버려. 그런데 앤디는 언제 출연시켜줄 거야?"

그러자 프리즐이 답했다.

"앤디가 얘깃거리가 되면 다시 연락 줘."

그런데 갑자기 코빈이 언론의 관심을 즐기기 시작했다. 그는 자신에게 쏟아지는 관심에 지치고 짜증이 났다. 자신의 가족과 사생활에 대한 집요한 관심이 특히 견디기 힘들었다. 하지만 매일 언론의 표제기사를 장식하게 되고 자기가 하는 한 마디 한 마디에 열렬히 환호하는 군중 앞에서 연설하는 데 혹하지 않을 사람이 어디 있겠는가. 정치적 황무지에서 오랜 세월 풍찬노숙해온 코빈에게는 틀림없이 황홀한 경험이었을 것이다.

그는 블레어 계파를 자극하려는 듯 자기가 당수가 되면 노동당 강령 제4조*를 복원시키고[302] 운동권 투사들을 다시 입당시키겠다고 했고, 노동당을 대표해서 이라크전쟁에 대해 사과하겠다고도 했다.[303] 그러면서도 본래 자신의 겸허한 태도를 잃지 않았다. 경선이 한창 진행 중일 때 코빈을 찍은 사진 한 장이 소셜 미디어에 떠돌아다녔다. 파김치가 되어서 밤에 집으로 가는 버스 안에서 찍은 사진이었다. 코빈은 당수에 당선되고 나서 야당 지도자로서 공식적으로 차량이 제공되었지

•
1918년에 제정된 노동당 강령 중 국유화 관련 조항이다. 1995년 신노동당의 이름으로 토니 블레어에 의해 수정되었고, 수정되기 전에 논란이 많았다.

만 여전히 자전거를 타거나 대중교통을 이용한다. 그는 아직도 샌들을 신고 행사에 나타날 때도 있다. 하지만 이제 그는 자신을 미래의 지도 자라고 말하기 시작했다. 그리고 그것을 상당히 즐기는 듯했다. 그는 당 수 선거를 "내 인생에서 가장 신나는 시기"였다고 했다.[304]

코빈은 런던 킹즈 크로스 지하철역에서 지지자들에게 다음과 같 이 말했다.

"뭔가 심상치 않은 일이 일어나고 있다. 2015년 여름은 내 기억으 로는 영국 정치에서 한 번도 없었던 여름이 될 것이다."[305]

한 선거 관계자는 이렇게 말한다.

"그는 즐기고 있었다. 경선 초기에 품었던 생각, 즉 경선 출마가 끔 찍한 실수라는 생각은 깨끗이 청산했다."

8월이 시작되면서 존 맥도널은 코빈이 당수가 되고 나서('당수가 되 면'이라는 가정법 표현은 더 이상 쓰지 않았다) 내세울 의제들을 토론하는 회의 를 열기 시작했다. 코빈이 극우 단체들의 공격 목표가 될까 봐 우려한 해리 플레처는 그의 경호 계획을 세웠다.

코빈이 당수로 당선되는 과정에서 가장 놀라웠던 점은 그를 돕기 위해 발 벗고 나선 일반 사람들의 숫자였다. 8월 말 즈음 코빈의 선거캠 프에서 전화를 받는 사람들이 전국적으로 일곱 개 사무실에 400명까 지 늘어난 때도 있었다. 코빈을 대신해서 가가호호 방문 선거운동을 하 겠다고 자원한 사람이 폭주하면서 코빈은 선거운동을 하는 데 있어서 경쟁자들보다 엄청나게 유리한 고지를 점령했다. 그의 경쟁자들은 유 권자들에게 메시지를 전달하기 위해서 주로 이메일에 의존할 수밖에 없었다. 존 리할은 이렇게 말한다.

"나는 이메일로 읽는 건 절대로 믿지 않는다. 사람들과 직접 얘기해

우승 후보

야 믿는다. 우리는 자원봉사자를 구할 수가 없었다. 제러미의 경우는 자원봉사자들이 당원들에게 전화해서 코빈을 지지해달라고 설득했다. 우리는 그렇게 직접 전화를 할 만큼 충분한 인력을 확보할 수가 없었다."

코빈의 자원봉사자 선거운동본부를 방문해본 사람들은 변호사, 초등학생, 구글에서 일하는 젊은이, 어머니와 아들, 연금수령자와 20대 청년, 온갖 피부색과 인종을 망라한 사람들과 마주쳤다. 유나이트 노조가 코빈에게 제공한 호번 사무실을 방문한 한 기자는 그곳에서 분주하게 움직이는 활기 넘치는 자원봉사자들을 바로 옆 사무실에서 일하는 개성 있는 헤어컷을 한 40대 백인들과 비교했다. 그 옆방은 유니온 노조가 지지하는 부당수 후보 톰 왓슨의 선거 사무실이었다.[306] 우연히도, 코빈은 1970년대에 혼지에서 젊은 정치운동가로서 참여했던 사회운동, 1980년대와 1990년대에 이즐링턴에 있는 레드로즈 센터에서 일으켰던 사회운동과 비슷한 운동을 불러일으켰다. 그의 선거운동 자원봉사자들은 밤늦게까지 전화를 걸고 응답을 하면서 사무실로 피자를 배달해 먹었다. 엘리 메이 오헤이건Ellie Mae O'Hagan 기자는 〈포린 폴리시 리뷰Foreign Policy Review〉에서 그 자원봉사자들을 이렇게 묘사했다.

그들은 보통 밤늦게까지 사무실에 남아 술을 마시고 농담도 하면서 정치를 논한다. 이 점이 바로 코빈의 선거운동에서 가장 놀랍고 강력한 면이다. 거의 우연하게 정치선거운동이 사회운동으로 변모했다. 학생에서부터 노조원, 사회운동가, 정치인에 이르기까지 영국 좌익의 모든 이질적인 요소들을 아우르는 사회운동이 되었다. 그들은 선거운동을 위해 발로 뛰면서 서로 친구가 되어 인맥을 형성했고, 사회운동가들이 탄생했다.

소셜 미디어에서도 코빈은 수천 명이 적극적으로 나서게 했다. 하지만 늘 좋은 결과를 낳지는 않았다. 코빈의 경쟁자들, 특히 리즈 켄들은 코빈의 지지자들이 트위터에서 자신을 집중공격 대상으로 삼는다고 불만을 터뜨렸다. 코빈에 대해 조금이라도 비판적인 글을 쓴 기자들도 집중포화를 받았다. 특히 여성 기자들과 후보들은 이따금 성적 모멸감을 느끼게 하는 비열한 위협까지 받았다. 이에 대해 코빈은 나중에 노동당 전당대회에서 행한 첫 연설에서 "사이버 공간에서의 언어폭력, 특히 여성혐오적인 언어폭력을 중단해달라"고 요청했다.

그러나 이런 불상사는 좋은 뉴스에 묻혀버렸다. 적어도 선거운동 기간 동안에는 그랬다. 코빈이 아니었다면 2015년 당수 경선에 관심도 보이지 않았을 많은 활동가들에게 그는 신바람을 불어넣었다. 미셸 라이언, 레베카 반스, 스튜어트 휠러 같은 이들이 선거운동에 뛰어들었고, 수천 명이 '제러미를 당수로' 페이스북 페이지와 트위터 페이지에 가입해서 '트위터 돌풍'을 일으키는 데 동참해 #JezWeCan과 #VoteCorbyn 같은 해시태그로 트위터의 실시간 트렌드에 올리면서 코빈의 선거운동에 힘을 실었다. 코빈의 선거팀은 8월 중순 그의 페이스북 페이지에 다음과 같은 글을 올렸다.

이제 우리 페이스북에 '좋아요'가 5만 6천, 트위터 팔로어가 4만 3천을 돌파했다. 게다가 페이스북 도달률이 200만을 찍었고, 트위터에서는 제러미의 선거운동이 시간당 2만 번 언급되는 트위터 돌풍이 일고 있다. 정말 믿기 어려운 일을 목격하고 있다. 역사가 만들어지고 있다. 지금까지의 성적만으로도 여태껏 행해진 영국 정치인을 위한 소셜 미디어 선거운동 가운데 가장 대단한 규모다.

8월 말 즈음 코빈의 공식 트위터 계정의 팔로어는 6만 명으로 불어났다. 코빈이 소셜 미디어를 통해 자신을 지지하는 대중운동을 일으키는 데 성공하면서 소셜 미디어는 그가 당수직을 수행하는 데 지속적으로 영향을 미치게 된다. 소셜 미디어는 기존의 노동당 당수와는 다르게 그로 하여금 공식적인 당직자들과는 분리된 풀뿌리 당원들과의 관계를 돈독하게 유지하도록 해주었다.

2015년 가을 시리아 공습에 대한 하원 표결에서 코빈의 예비내각의 표가 분열되던 어려운 시기에, 당원들은 시리아 공습에 대해 자기들끼리 여론조사를 실시했다. 결과는 코빈을 압도적으로 지지한다고 나왔다. 하지만 코빈을 반대하는 세력은 그 여론조사가 비과학적이고 불공정하다며 결과를 일축해버렸다. 하지만 이 여론조사는 코빈이 노동당 중앙당 의원들을 거치지 않고, 즉 그들을 무시하고 직접 지지자 개개인과 소통할 능력이 있음을 입증해주었다.

이와 같이 코빈을 추종하는 시민군단은 이제 '모멘텀Momentum'이라고 이름까지 지었다. 제러미를 노동당 당수로 만들기 위해 온라인에서 선거운동을 하던 사람들로 구성된 단체였다. 모멘텀은 웹사이트까지 만들고 자신들을 "제러미의 선거운동에서 나타난 힘과 열정을 지속해가는 사람과 단체들의 조직망"이라고 소개하고 있다. 긍정적으로 말하자면 모멘텀과 소셜 미디어는 노동당이 지금까지 누려보지 못한 풀뿌리 민중에 의한 민주주의를 선사했다. 그러나 시리아 공습에 찬성한 의원들을 퇴출시키겠다고 하고, 심지어는 물리적인 폭력까지 행사하겠다고 협박하는 부정적인 측면도 있다.

코빈의 선거팀은 온라인으로 지지를 이끌어내는 능력과 더불어 선거자금 모금에서도 발군의 실력을 발휘했다. 앤디 버넘에게서 노조의 지지를 빼앗아오는 반란을 일으키면서 코빈은 수십만 파운드의 실탄을 확보했다(그의 선거운동 열기가 상승세를 타면서 대규모 집회 장소를 빌리고 점점 늘어나는 선거운동원들의 여행 경비를 조달하는 데 꼭 필요한 자금이었다). 풀뿌리 선거운동도 대단한 성공을 거두어 평당원들로부터 받은 선거기부금이 상당히 모였다.

선거운동을 시작할 때 코빈의 선거팀은 50일 만에 5만 파운드의 선거자금을 모으겠다는 목표를 세웠다. 그런데 13일 만에 목표를 달성했다. 두 번째 5만 파운드 조성 목표도 2주가 채 못 되어 달성했다. 돈이 쏟아져 들어왔다. 다른 후보들처럼 부유한 개인들에게서 받는 돈이 아니었다. 예컨대 이벳 쿠퍼는 전직 의원 바버라 폴렛Barbara Follett과 그녀의 소설가 남편 켄 폴렛으로부터 10만 파운드를 받았다. 하지만 코빈의 기부자들은 아주 소액을 기부하는 수백 명의 보통 사람들이었다. 코빈의 선거캠프에 들어오는 기부금은 평균 22파운드밖에 되지 않았고, 코빈은 후보들 가운데 한 건당 500파운드 이상의 기부를 가장 적게 받았다(500파운드 이상의 기부금은 의원정치자금 등록처에 보고해야 한다). 10파운드 이상 기부한 사람은 모두 감사의 편지를 받았다. 선거팀은 코빈의 페이스북 페이지에 다음과 같이 적었다.

"2파운드에서 25파운드에 이르기까지 한 푼 두 푼 기부해주신 분들께, 어젯밤 피자 시킬 돈 10파운드를 우리에게 기부해준 젊은 친구에게, 지금까지 기부해준 모든 분들께 감사드립니다."

코빈의 군자금은 선거 슬로건 "그래, 우린 할 수 있어!"가 적힌 상품을 판매해 더 불어났다. 특히 티셔츠가 인기를 끌었다.

당수 경선에서 투표권을 행사하려면 지지자로 등록해야 하는데, 노동당 전국집행위원회가 정한 등록 마감시한 8월 12일이 가까워오자,

코빈 열기에 영향을 받은 사람들이 대거 선거에 참여하리라는 게 명백해졌다. 당내 주류는 당황했고, 신규 입당자들의 성향과 본질에 대한 소문과 비난이 난무하기 시작했다. 우선 보수당 지지자들이 악의를 품고 3파운드 당비를 납부해 지지자로 등록한 뒤, 노동당이 보다 폭넓은 유권자들에게 다가갈 기회를 무너뜨릴 후보라고 여기는 코빈에게 표를 주는 역선택을 할 우려가 제기되었다. 해리엇 하먼과 당 간부들은 입당 신청자들이 공개적으로 한 발언과 노동당과 당의 목적을 지지한다고 서명해야 하는 등록신청서 내용에 일관성이 있는지 확인해 불순한 의도를 지닌 신청자들을 걸러내겠다고 약속했다. 보수당 의원 팀 로턴^{Tim} ^{Loughton}도 일찍이 지지자로 등록하려다 적발되었다.

코빈의 경쟁자들은 코빈의 집회와 정견발표장에 나타나는 사람들은 분명히 좌파 코빈을 열렬히 지지한다고 해도 노동당에 한동안 몸담아온 평당원들은 제정신을 차리고 온건한 성향의 후보에게 투표하리라는 희망에 몇 주 동안 매달려왔다. 앤디 버넘 팀은 특히 선거 결과를 결정짓는 사람들이 어떤 성향인지 잘 알고 있다고 자신했다. 노동자 계층 부부들, 식당 종업원이나 청소부처럼 노조원이지만 정치운동가는 아닌 사람들로서 이들은 소셜 미디어를 이용하지 않으며 노동당을 다시 다우닝 가 10번지에 입성시킬 가능성이 가장 높은 후보에게 투표할 것 같은 사람들이었다. 버넘 팀은 특히 이런 사람들은 코빈을 지지하는 먹고살 만한 런던 중산층 좌익과는 달리 노동당이 다시 정권을 잡기를 바랄 절실한 이유가 있는 사람들이라고 생각했다.

버넘 팀의 이러한 분석에는 잘못된 점이 두 가지 있었다. 첫째, 리즈 켄들과 이벳 쿠퍼의 진영에서 조사한 자료가 분명히 보여주듯이 등록 지지자를 제외하고도 노동당의 기존 당원 중 거의 절반이 2010년 이

후에 입당한 사람들이라는 점이다. 즉, 이들은 에드 밀리밴드가 당수일 때 입당했고, 따라서 코빈을 제외한 다른 모든 후보들보다 좌파 성향이 강하다는 뜻이었다. 둘째, 3파운드 당비를 내고 등록하는 지지자들의 수가 예상했던 것처럼 수천 명이 아니라, 코빈 덕분에 수만 명에 달했기 때문에 기존의 공식 당원의 표를 확보한다고 해도 승리를 장담하기에 충분치 않았다는 점이다.

당내에서 '3파운드짜리 당원들'로 불리는 이 등록 지지자들이 좌파 후보로서 코빈을 선호하리라고 처음부터 예상되어왔다. 이제 그의 경쟁자들과 당내 우파 일부는 이 신규 당원들이 정확히 어느 정도나 좌파 성향일지 궁금해지기 시작했다. 이들은 당내 중진 우파와 중도파들이 1980년대와 1990년대 초에 처절하게 싸워서 당에서 결국 축출했던 바로 그 사람들일까? 악의를 지닌 보수당 성향의 사람들이 등록하지 못하도록 이미 몇 가지 조치를 마련한 하먼과 그녀의 팀은 이제 잠재적인 이른바 잠입 세력들, 강경한 투사 부류, 노조사회주의연합Trade Union and Socialist Coalition, TUSC과 사회주의노동자당 부류의 입당을 저지할 새로운 기준을 마련했다. 입당 신청자는 이제 노동당이 내세우는 목표에 동의한다는 양식에 서명해야 할 뿐만 아니라 노동당과 경쟁 관계에 있는 당들을 지지하거나 공개적으로 지지를 표명한 사실이 없는지 확인받는 절차를 거쳐야 했다. 의원들은 자기 지역에서 입당 신청자들을 샅샅이 조사해 말썽꾼들을 가려내달라는 요청을 받았다. 뉴캐슬에서 노동당 당직자들이 가려낸 미심쩍은 사례들은 중진 당직자들에게 전달되어 심사를 받았고, 그들은 그 사례에 해당하는 사람의 자격을 박탈할 권한을 지니고 있었다.

잠입 세력을 숙청하는 작업 때문에 노동당 당직자들은 시간과 에

너지를 엄청나게 소비했다. 이에 코빈의 경쟁자들 선거진영에서는 신랄한 비판이 일었으며 언론의 관심이 집중되었다. 언론은 이제 '얼음송곳 작전Operation Icepick'의 일환으로 수천 명의 트로츠키 추종자들이 확인되었다는 황당한 주장을 보도하기 시작했다. 얼음송곳은 레온 트로츠키를 살해하는 데 사용된 무기다.

이 작업으로 인해 다소 혼란스러운 상황이 연출되었다. 경선을 시작할 때 등록 지지자들의 입당 기간을 정하지 않아서 이제 노동당은 입당 신청자 확인 절차를 진행하는 동안에도 점점 더 많은 입당 지원서를 받고 있었다. 과거에 다른 당에 지지를 표명했던 사람들을 걸러내려다 보니 노동당은 콜린스 검토서에서 의도했던 것보다, 아니 심지어는 경선 초기에 의도했던 것보다 훨씬 엄격한 자격 요건을 3파운드 등록 지지자들에게 적용했다.

게다가 이번에 처음으로 노동당에 이끌렸을지도 모르는 부동층이나 한동안 당을 떠나 있었으나 복귀하고 싶어 하는지도 모를 사람들을 정당이 외면하는 진풍경이 연출되기도 했다. 입당을 금지당한 사람들 가운데는 다음과 같은 인사들이 있었다. 예전에 사회주의노동자당 당원이었으나 지난 총선에서는 녹색당을 지지한 좌익 성향의 코미디언 마크 스틸Mark Steel, 다른 좌익 정당들에게 투표한 경력이 있는 노조 지도자 마크 서워트카, 2015년 5월 서더크 지역의 지역의회 선거에 출마해서 노동당 후보와 경쟁했던 코빈의 형 피어스, 노동당에 맞서기 위해 2013년 레프트유니티Left Unity라는 신당을 창당한 영화감독 켄 로치, 예전에 녹색당을 지지했던 레베카 반스의 남편. 이 다섯 사람을 비롯해 얼음송곳 작전의 일환으로 입당을 금지당한 수백 명은 과거에 노동당에 환멸을 느꼈지만 코빈이 주도하는 노동당에 다시 합류하려 했다며 입당을 거부당한 데 대해 항의했다.

결국 3,200명 정도가 당수 경선에서 투표하지 못하게 되는데, 이 중에는 녹색당원들이 대다수였다. 그러나 정말로 두려워해야 할 대상은 노동당에 침투하려는 소수 잠입 세력이 아니라 합법적으로 대거 입당하는 사람들이었다. 당시 코빈은 이에 대해 다음과 같이 말했다.

"내가 볼 때 잠입이란 지금까지 정치에 심드렁했던 젊은이들이 처음으로 '그래, 우리가 모여서 한번 토론해보자'라며 나서는 일이다."[307]

노동당의 한 중진 당직자는 다음과 같이 덧붙인다.

"3파운드 당비 납부자들을 동원하면 상당히 좋은 성과를 거둘 수 있으리라는 점을 간파한 진영은 제러미 코빈 선거팀밖에 없었다."

코빈의 열기에 편승하는 현상이 계속되면서 3파운드를 내고 노동당 지지자로 등록하는 사람의 수는 점점 더 늘어났다. 경선 절차의 막바지에 이르자 코빈의 선거팀은 〈가디언〉에 전면광고를 내 사람들에게 입당을 독려했다. 반응은 폭발적이었다. 노동당 관계자의 말이다.

그 이후로 상황은 걷잡을 수 없게 되어버렸다. 우리는 입당하는 사람들의 숫자를 예의 주시하고 있었는데 앤디나 이벳, 리즈에게 투표하려고 입당하는 사람은 없었다. 경선 날짜가 점점 다가올수록 이 숫자 뒤에 숨은 의미가 무엇인지 분명해졌다. 코빈의 세가 확장되는 게 보였다. '코빈을 막을 도리가 없구나'라고 생각했다.

당원이나 지지자로 등록할 수 있는 마감시한 8월 12일을 앞두고 막판 몇 시간에 너무 많은 사람들이 입당하려고 하는 바람에 노동당의 컴퓨터 시스템이 마비되기까지 했다. 등록하려는 사람들을 모두 수용하기 위해서 마감을 몇 시간 미루어야 했다. 마침내 등록이 마감되고 보니 2015년 여름 동안 어떤 놀라운 일이 벌어졌는지가 분명해졌다. 60만 명 이상이 당수 선거에 참여하게 되었고, 이 가운데 3분의 2가 지난 석 달 동안 입당한 사람들이었다. 이 가운데 10만 명은 노동당 정식 당원으로 입당했고, 19만 명은 자기가 가입한 노조를 통해서 입당했으며, 12만 명은 3파운드를 내고 등록 지지자로 입당했다. 그리고 그들 가운데 압도적인 다수가 제러미 코빈에게 투표하려고 벼르고 있었다.

Chapter 20

경쟁자들의
마지막 반격

앤디 버넘은 진 빠지고 짜증나는 긴 여름을 지낸 뒤에 마침내 한가로운 시간을 누리고 있었다. 8월 둘째 주였고 그는 아내 프랭키, 세 자녀와 함께 스페인에서 그토록 절실했던 휴가를 즐겼다. 혹독한 일정에 결국은 실망스러운 결과를 낳은 총선 선거운동 후에 그는 곧장 당수 경선에 뛰어들었는데 당수가 되리라는 희망과 기대는 사라져가는 듯했다.

버넘은 단순히 자신이 열여섯 살 때 입당한 노동당의 당수가 되고 싶었던 게 아니다. 그는 노동당이 정권을 잡을 수 있는 최선의 방법은 자신이 당수가 되는 길이라고 진정으로 믿었다. 내각 각료와 예비내각 각료로서 수년을 당에 충성해온 버넘은 자신이 신노동당 들러리로 낙인이 찍히는 데 반해 힘든 일은 하나도 하지 않은 좌파 제러미 코빈이 언론과 대중의 관심과 지지를 한몸에 받는 모습을 지켜보면서 의욕이 일지 않았다. 버넘은 자신이 경선에서 승리할 수 있다는 희망을 여전히 버리지 않았지만, 이젠 정말로 휴식이 필요했다.

그의 자녀들은 이미 휴가지에서 잠들어 있었고 그도 합류할 예정이었다. 그런데 전화가 울렸다. 언론 담당관 케이티 마일러였다. 나쁜 소식이었다. 유고브가 실시한 두 번째 여론조사 결과가 〈타임스〉에 실렸는데 지난번보다 훨씬 나쁜 결과였다.[308] 그다음 주에는 경선 과정에서 가장 놀라운 일이 일어났다. 코빈의 경쟁자들이 코빈 돌풍을 저지하려고 두 차례 반격을 시도했지만, 그런 시도가 실패로 돌아가자 대세는 코빈에게로 완전히 기울었다.

8월 10일 빅토리아 스트리트 83번지에 있는 버넘의 선거운동본부에서 사실상 혼자 일하고 있던 마일러는 밤 10시가 막 지났을 때 트위터 메시지를 받았다. 그녀는 이 메시지를 보고 버넘이 당수가 될 희망은 물거품이 되었다는 사실을 깨달았다. 〈타임스〉의 정치부 차장 샘 코츠Sam Coates가 보낸 이 메시지는 다음과 같았다.

"타임스/유고브: 새 여론조사에서 제러미 코빈이 1차 선호 후보로 차점자보다 '32포인트' 앞섬. 3주 전보다 17포인트 오름."

마일러는 식겁했다.

"샘에게 문자를 보내 자세한 내용을 알려달라고 했다. 그가 말했다. '사실 이 결과는 당신들에게 그리 나쁘지 않은 거요.' 그가 생각하기에는 …… 딱히 겁먹을 필요는 없고 좀 더 정신을 가다듬고 집중할 필요가 있다는 얘기였다."

여론조사의 전체 그림이 나오자 온건한 성향을 자칭해온 후보들은 정신이 번쩍 들었다. 1차 경선에서 코빈은 53퍼센트, 버넘은 21퍼센트, 쿠퍼는 18퍼센트, 켄들은 8퍼센트를 득표한다는 예측이 나왔다. 지난 몇 주 동안 버넘 팀은 코빈의 지지율을 50퍼센트 이하로 유지시키면 2차 경선에서 쿠퍼와 켄들의 표를 모아 승리할 수 있다는 희망을 버리지 않고 있었다. 하지만 1차 경선에서 코빈이 과반 득표로 완승을 거두면 제2선호, 제3선호 후보는 무의미해진다. 사행업체들은 즉각 이 여론조사에 반응을 보였고 코빈의 배당률을 2-1로 다시 조정했다.

코빈의 경쟁자들은 이 여론조사 결과에 경악했다. 이벳 쿠퍼 팀의 로저 베이커의 말이다.

"갑자기 코빈이 53퍼센트가 나왔다. 50퍼센트가 넘었다는 게 충격이었다. 나는 그의 지지율이 40퍼센트대 중반 정도 되리라고 예상했고 분명히 따라잡을 수 있다고 생각했다. 53퍼센트는 뜻밖이었다."

마일러를 제외하고 버넘 선거팀의 주요 참모들은 버넘이 없는 틈을 타 휴가를 떠났기 때문에 마일러는 곤란한 상황에 처했다. 예비내각 교통장관 마이클 더거, 선거본부장 존 리할, 언론을 담당하는 마일러의 2인자 필 호프 모두 해외에 나가 있었다. 마일러는 버넘에게 전화를 걸어 비보를 전했다. 그녀는 이렇게 말한다.

"내가 그랬다. '걱정 안 해도 됩니다. 아직 갈 길이 멉니다.' 나는 속으로 '헤쳐 나가자. 계속 가는 거야'라고 생각했다. 물론 기자들에게 공식적으로 한 말은 달랐다. '한낱 여론조사일 뿐이다. 이건 말도 안 된다' 등등."

코빈을 저지하려면 도대체 어떻게 해야 할지 의논하느라 버넘 팀의 핵심 참모들 간에 국제전화가 이어졌다. 존 리할은 이렇게 말한다.

마이클 더거, 앤디, 그리고 나까지 모두 휴가 중이었다. 나는 나흘 만에 아침 전화회의에 합류했다. 우리는 여론조사 결과를 보면서 생각했다. '믿지 못하겠어.' 우리는 완전히 현실을 부정하고 있었다. 수치들을 보면서 '이럴 리가 없어'라고 생각했다. 그러면서 위안을 삼을 구실을 찾았다. 여론조사기관이 어떻게 노동당의 평당원들을 일일이 찾아내서 조사를 했겠어? 집집마다 다니며 선거운동을 하려 해도 절반도 못 찾겠던데. 그러니 이 여론조사는 그냥 무시해버리면 돼.

이때도 여전히 버넘은 사태를 수습할 수 있다고 생각하며 절대 포기하지 않을 작정이었다. 그는 며칠 시간을 내 스페인에서 런던으로 돌아와 사태를 수습하려고 했다. 팀의 한 중진 관계자는 "그는 한결같이 낙관적이었다"며 이렇게 말한다.

이따금 생각에 기복이 있기도 했지만 대체로 낙관적이었다. 우리는 여전히 우리가 유리하다고 생각했다. 8월 그 당시에도 말이다. 물론 심상치 않기는 했다. 복지개혁법안 표결을 보고는 '그래, 우리에게 타격이 되겠군' 하고 생각은 했다. 소셜 미디어에서 벌어지는 일들을 보고 위축되지 않을 도리가 없다. 그래도 다음과 같은 논리로 스스로를 다잡았다. '당원들은 트위터 안 해. 이 사람들은 트로츠키 추종자들이니까 무시해도 돼.'

버넘이 다시 가족이 있는 스페인으로 돌아갈 때쯤 그는 공황 상태에 빠졌던 선거팀을 추스르기는 했지만, 선거팀은 여전히 경선의 판세를 전환할 방법을 찾지 못하고 있었다. 버넘의 선거팀과 가까운 한 인사의 말이다.

정말 힘든 한 주였다. 끔찍한 한 주였다. 선거팀을 추스르고 사기를 불어넣어주느라 정말 '거지 같은 한 주'를 보냈다. 나는 '어쭈, 이것 봐라. 코빈이 해내겠는걸' 하는 생각과 '이제 어떡하지?'라는 생각이 들었던 기억이 난다. 도저히 상식적으로 납득이 되지 않았고 이해할 수 없었다. 무법천지 같았다.

그러던 중 전화 한 통이 걸려왔다. 버넘의 선거팀에 아직 사태를 수습할 수 있다는 희망을 준 전화였다. 어떻게 보면 〈타임스〉 기자 샘 코츠가 예측한 바와 같이 유고브 여론조사는 딱히 노동당의 일반 지지자라기보다는 특정 성향을 지닌 응답자가 집중적으로 응답해서 나온 결과였다. 여름 내내 온건한 성향을 지닌 세 후보의 선거팀은 계속 연락을 주고받았다. 아웃사이더들로 구성된 코빈의 선거팀과는 달리 이들은 대체로 노동당 본부에서 함께 오랫동안 일해왔거나 내각과 예비내각 장관의 보좌관으로 일한 경력이 있는 사람들이었다. 그들은 오랫동안 동고동락해온 사이였다. 그리고 이제 지금까지 겪은 어떤 일보다도 큰 역경과 마주하고 있었다. 노동당이 나아길 길에 대해 자신의 생각과 정반대의 생각을 지닌 급진좌파 후보가 당을 접수할 수 있다는 가능성이었다.

노동당의 한 중진 인사는 한여름 즈음 세 후보의 선거팀은 자기 후보들이 패하리라는 사실을 알아차리고 있었다고 말한다. 비록 후보 당사자는 아직 깨닫지 못하고 있었다고 해도 말이다. 그는 다음과 같이 말한다.

"앤디와 이벳은 사실상 게임이 끝났고 제러미가 분명히 이기리라는 사실을 인정하지 않으려 했다. 하지만 그들의 선거팀원들은 자기들끼리는 거의 대놓고 인정했다. 그들은 다 끝났다는 사실을 알았다."

세 선거팀은 코빈을 상대로 막판 승부를 걸어볼 가능성을 서로 논의하기 시작했다. 온건 성향의 두 후보에게 사퇴를 권하고 나머지 한 후보를 중심으로 단결하도록 하는 방법이었다. 이 협상에 대해 잘 아는 한 소식통의 말이다.

"생각대로 될지 확신이 없었다. 하지만 당의 미래를 생각한다면 당이 급진좌파 방향으로 가는 사태는 막아야 했고, 그대로 두면 우리가 대표하고 있고 대표하고자 하는 지역사회의 이득에 반하는 일이라고 생각했기 때문에 어쩔 수 없었다."

여론조사 자료를 보면 앤디 버넘이 코빈을 누를 가능성이 가장 높았다. 하지만 리즈 켄들과 이벳 쿠퍼를 설득해서 물러나게 할 수 있을까? 그 후 며칠에 걸쳐 버넘을 코빈에 맞설 단일화 후보로 내세우려는 계획을 둘러싸고 벌어진 사태는 버넘의 경쟁자들을 돌이킬 수 없을 정도로 분열시켜놓았다. 온건 성향의 세 후보 팀들은 그때 벌어진 사태에 대해 아직까지도 분을 삭이지 못하고 있다.

처음에는 노동당의 동료 특별보좌관이자 소장파 의원으로서, 나중에는 내각 각료로서 오랜 세월 동안 친분을 유지해온 앤디 버넘과 이벳 쿠퍼의 관계는 경선을 거치면서 상당히 틀어졌다. 한 의원은 다음과 같이 말한다.

"버넘과 쿠퍼의 선거팀들 간에 엄청난 감정의 앙금이 쌓였다. 두 후보 간에도 그렇고 두 후보의 선거팀 간에도 그랬다. 그때 굉장했다."

그러나 두 후보는 리즈 켄들과는 좋은 관계를 유지했다. 따라서 세 선거팀은 켄들의 진영에 있는 사람이 후보단일화 협상을 중재하는 게 좋겠다고 결정했다. 켄들의 한 지지자는 이렇게 말한다.

"켄들은 앤디와 이벳 모두와 사이가 좋았기 때문에 그들의 선거팀들 사이에서 중재자가 되어 소통의 가교 역할을 하려고 했다."

켄들을 지지하던 참신한 의원 추카 우무나가 국제전화를 연달아 걸어 처음에는 버넘과, 그다음에는 버넘의 선거본부장 마이클 더거와 의논한 후 다른 두 선거캠프와도 접촉했다. 켄들 팀은 이미 선거진영들 간에 오가던 얘기를 꺼냈을 뿐이라고 하지만 앤디 버넘과 가까운 한 소식통은 이렇게 전한다.

"리즈의 선거팀이 먼저 접촉해왔다. 추카가 마이클 더거에게 접근해서 리즈는 물러날 의사가 있지만 우리가 이벳을 설득해야 한다고 했다. 유감스럽게도 이벳은 물러나지 않으려 하고 있었다."

그러나 켄들 진영은 우무나가 전화를 걸기 전부터 버넘 팀이 이미 단일화 계획을 알고 있었고 우무나는 이미 논의되고 있던 방안을 모든 선거팀들이 심사숙고하도록 도와주었을 뿐이라고 주장한다. 켄들 팀의 존 우드콕은 다음과 같이 말한다.

단일화 주장이 거론됐던 건 확실하다. 리즈가 생각할 시간적 여유가 조금 있긴 했지만, 그렇다고 해서 리즈가 먼저 제안을 했다는 주장은 부당하다. 게다가 이벳이 거절하자마자 리즈도 자발적으로 사퇴하지는 않기로 했다. 이벳은 사퇴하지 않으려고 했다.

쿠퍼 진영은 사퇴하라는 공식적인 제안을 받은 적이 없다고 주장한다. 쿠퍼 팀의 한 인사가 전한 말이다.

제러미에 맞서는 단일 후보가 나와야 한다며 리즈와 이벳이 물러나야 한다는 주장이 나오기 시작했다. 그러더니 "제러미를 꺾을 수 있는 후보는 앤디뿐임을 보여주는 자료가 있다"는 주장이 나오기 시작했다. 그 즉시 드는 생각은 이랬다. '왜 여성 후보들이 물러나야 하지? 의도적으로 그런 건 아니라고 해도 이건 관행적인 성차별이다. 또 시작이군.'

쿠퍼 팀은 그녀가 사퇴해야 한다고 주장하는 버넘의 의도를 의심했다. 투표자들이 제2, 제3의 선호 후보를 지명할 수 있는 선호투표제에서는 코빈이 단 한 사람의 경쟁자와 싸운다고 해도 결과에는 아무런 영향을 미치지 못한다고 생각했다. 로저 베이커는 이렇게 말한다.

"선호투표제에서는 사퇴하라는 주장이 전혀 설득력이 없었다. 이 벳이나 리즈가 사퇴와 관련한 질문에 답변을 내놓을 때마다 손해였다. 단지 공격용 무기로 쓰려고 만든 이야기였다. 온건파가 승리하는 것과 사실상 아무 관계가 없었다. 다른 두 후보를 죽이기 위한 공작이었다."

한편 존 우드콕은 달리 말한다.

사람들에게 투표 제도가 어떻다, 사표가 안 생긴다, 아무리 떠들어대도 사람들은 최다 득표자가 승리하는 승자독식 제도에 익숙해 있다. 결국 다 탁상공론일 뿐이었고, 코빈은 압도적인 표차로 승리했다. 하지만 이벳도 막판에 세가 붙어서 계속 앤디를 위협했다. 내 생각에는 어쩌면 이벳 팀은 앤디를 제치고 2위가 되거나 아슬아슬한 3위를 할 수 있다고 생각했던 것 같다. 하지만 이벳은 절대 이길 승산이 없었다.

쿠퍼와 그녀의 선거팀은 후보단일화를 논하기보다는 온건파들이 합심해서 자신의 지지자들에게 "코빈만 빼고 아무나" 지지해달라고 호소해야 한다고 생각했고, 이를 버넘이 어겼다고 믿는다. 일주일 앞서 휴가에서 돌아온 이후로 새로 선거 동력을 찾고 지지자들의 마음을 사기보다는 코빈을 공격하는 데 선거 전략의 초점을 맞춘 쿠퍼는 왜 자신이 사퇴해야 하는지 이해할 수 없었다. 쿠퍼 팀의 한 인사는 이렇게 말한다.

아니, 우린 절대로 물러나지 않는다. 첫째, 성차별이다. 둘째, 우리가 주장하는 바는 다르다. 당신들(버넘 진영)은 제러미에게 빌붙었다. 제러미에게 좌파의 표를 빼앗기지 않으려고, 그의 표를 가져오려고 했기 때문이다. 우리가 내세우는 공약과 주장하는 바는 전혀 달랐다.

로저 베이커는 이렇게 덧붙인다.

솔직히 우리는 그때 단일화 협상에 관심 없었다. 우리 생각은 이랬다. '아무도 코빈을 제대로 공격하지 않았다. 우리가 그를 공격해야 한다. 온건파가 이길 수 있는 유일한 방법은 코빈의 득표율을 50퍼센트 이하로 떨어뜨리는 것뿐이다. 40퍼센트대 초반으로 떨어뜨려야 한다.'

사퇴하지 않기로 한 쿠퍼는 코빈을 공격한다는 새로운 전략을 밀고 나갔다. 맨체스터에서 한 연설에서 그녀는 이렇게 말했다.

"코빈의 주장은 당의 미래에 바람직한 해답이 아니다. 그의 주장은 파격적이지도 않고 신뢰할 만하지도 않다. 그런 주장으로는 세상을 바꿀 수 없다. 그런 주장을 하면 우리는 집권할 수 없게 된다."

쿠퍼가 공격을 계속해나가는 가운데 버넘은 이에 동참하기를 거부했다. "제러미를 공격하는 전략을 쓰다니, 당의 분위기를 잘못 읽었다"라는 게 이유였다.[309] 버넘 선거팀의 한 중진 인사는 코빈에게 붙어 가는 게 의도적인 전략이었다고 털어놓는다.

이벳도 리즈도 코빈을 공격했지만 앤디는 그러지 않았다. 그는 코빈을 칭찬하고 칭찬하고 또 칭찬했다. 우리가 이길 수 있는 최선의 길은 코빈에게 호감을 지닌 사람들이 앤디를 제2선호 후보로 뽑도록 설득하는 방법이었다. 무척 힘들 때도 있었다.

마이클 더거는 코빈을 공격해서 얻을 게 아무것도 없었다고 말했다. "누군가가 코빈을 공격할 때마다 오히려 5포인트씩 코빈의 지지율이 올라갔다. 그들의 심정은 이해가 가지만 공격은 백해무익했다. 나는 코빈의 지지자들을 달래야지 공격하면 안 된다고 생각했다. 그의 지지자들보다 더 큰 목소리로 '당신들 코빈을 지지하다니 제정신이오?'라고 해봤자 표를 얻을 리가 없었다."[310]

하지만 쿠퍼 팀은 버넘이 코빈을 비판하지 않았기 때문에 코빈의 지지를 부추겼다고 생각한다. 쿠퍼 팀의 한 인사는 이렇게 말한다.

앤디의 선거팀이 무너져내린 진짜 이유는 제러미의 지지자들이 앤디를 제2선호 후보로 선택하게 하려고 '좌향좌'하면서 중도와 우파를 외면해 막다른 골목에 다다랐기 때문이다. 거기서 옴짝달싹 못하게 되었고, 이는 앤디의 선거만 망친 게 아니라 선거판 전체를 망쳐놓았다. 코빈에 대한 공격이 전혀 먹혀들지 않았기 때문이다. 이벳과 리즈가 후보직을 사퇴하고 앤디만 남았다면 어땠을지 상상해보라. 코빈에 맞서는 후보가 코빈을 지지하는 후보라는 게 말이 되는가? 그러면 앤디가 이겼을까? 천만에. 코빈 현상을 극복하는 유일한 방법은 그 현상을 파괴하는 것이지 정당화하는 게 아니었다. 그게 유일한 방법이었다. 버넘이 일을 더 어렵게 만들었다.

바꾼 선거 전략에 흡족해하던 쿠퍼는 존경받는 전 내무장관 앨런 존슨이 자신을 지지하면서 코빈이 승리한다면 노동당은 "집권을 포기한 정당임을 뜻한다"고 해 한층 고무되었다.[311] 토니 블레어의 대변인을 지낸 앨러스테어 캠벨도 코빈의 승리는 노동당에 "대형 참사"라며 동조했다.[312] 또 다른 전직 내무장관 찰스 클라크는 코빈을 "토니 벤-미치광이 후보의 연장선상에 있다"[313]고 묘사하면서 코빈의 지지자들이 "미친 듯이 짖어댄다"[314]고 했다. 한편 노동당 내 블레어 계파의 한 중진 의원은 코빈과 그의 지지자들을 거친 언사로 비판한 사람들을 비판했다. 이 의원은 "노동당 온건파들이 감정을 자제하고 절제된 행동을 보이지 못했다"며 다음과 같이 말했다.

많은 사람들이 당에 합류했지만 모두 다 전투적인 좌파는 아니었다. 본질적으로 같은 가치를 지녔지만 신노동당이 좀 더 야심차게 그 가치들을 실현했으면 하는 사람들이었다. 그런데 어떻게 그런 식으로 공격을 하는가? 최악의 막말은 그들을 미치광이 집단이라고 부른 것이다. 신노동당의 일부 전직 고관대작들이 그런 말을 했다. 그런 식으로는 서로 소통할 수 없다. 결국 우리가 원하는 것은 똑같다. 그것은 노동당이 정권을 잡는 일이다.

추카 우무나도 비슷한 주장을 했다.
"우리가 마치 신노동당을 비판하는 사람들을 미쳤다고 폄하하는

경쟁자들의
마지막 반격

것처럼 들렸다. 그 사람들의 입장을 이해하려 하지 않고서 도대체 그들을 어떻게 설득할 수 있겠는가?"[315]

코빈 캠프의 한 중진 관계자도 그런 인신공격을 함으로써 코빈을 비판하는 사람들은 그 누구도 아닌 코빈의 경쟁자들에게 피해를 주었다고 생각한다.

"코빈을 비판하는 어조가 정말 어처구니없고 유치했으며 다른 후보들을 가벼운 정치인으로 보이게끔 만들었다. 그런 비판에 아무런 대응을 하지 않은 코빈을 오히려 고결해 보이게 했다."

〈가디언〉이 사설에서 이벳을 지지하고 나섰다.

"당수에 적합한 인물은 제러미 코빈과 리즈 켄들을 하나의 큰 진보 진영의 울타리 안에 아우를 수 있는 인물, 정치에 대한 깊은 이견의 골을 초월해 도덕적인 공통분모를 제시할 수 있는 인물이어야 한다. 그런 일을 하는 데 가장 적합한 인물은 이벳 쿠퍼다."

쿠퍼 부부와 가까운 고든 브라운 전 총리도 공개적으로 쿠퍼를 지지할 것이라는 보도가 나오기 시작했다. 앤디 버넘 팀에서 일한 한 중진 인사는 사퇴하지 않기로 한 쿠퍼의 결정에 대해 이렇게 말한다.

쿠퍼의 입장에서 보면 이해가 간다. 고든 브라운, 〈가디언〉, 앨런 존슨이 그녀를 지지했다. 바로 눈앞의 상황만 보면 그렇게 된다. '내가 이길 수 있어. 제2선호 후보 표를 얻을 수 있어'라고 생각하는 거다.

버넘 팀이 쿠퍼를 설득해 사퇴하게 할 방도를 마련하느라 유럽을 가로질러 전화 통화를 하면서 '예측 불허의 주간'은 계속되었다. 온건파 후보 세 진영은 공동으로 노동당에 서신을 보내 코빈이 노조와의 관계를 이용해서 자신들보다 훨씬 먼저 당원 자료를 입수하고 있었고, 따라서 그의 팀은 자신들보다 먼저 유권자들과 접촉하고 있었다고 주장하는 데 합의했다. 버넘 팀은 이 서신으로 코빈을 저지하기 위해 세 후보가 협력할 수 있으리라고, 경선을 멈춰 세우기 위해 모종의 조치를 취할 수 있으리라고 다시 한 번 기대했다. 두 번째 편지는 온건파 세 후보의 선거본부장들의 명의로 작성되었다. 이번에는 잠입과 관련해 입당 신청자들에 대한 확인 절차가 믿을 만한지에 우려를 표명했다. 버넘과 가까운 한 인사의 말이다.

그 당시에도 우리는 경선이 우리 뜻대로 흘러가지 않는다고 생각했다. 하지만 그렇지 않다고 믿고 싶었다. 어떻게 흘러가고 있는지 보여도 긍정적인 태도를 유지하기 위해서 '아직은 계속 싸워야 해'라고 생각했다. 우리는 제러미의 지지율을 과소평가할 만한 구실을 찾고 있었다.

한때 버넘 팀은 입당 신청자 확인 절차에 결함이 있다는 주장을 근거로 법적인 소송을 제기할 가능성을 의논하기도 했다. 노동당 본부에서는 서신을 버넘 팀이 사주한 것으로 보고 당혹스러워했다. 노동당 관계자의 말이다.

어처구니가 없었다. 본부에서는 버넘 측이 보낸 서신이 도착할 때마다 참담했다. 절박한 처지에 놓였고 곤경에 처했다는 징후였다. 나가서 열심히 선거운동을 하러 다니며 '좋아. 지지자들에게 우리의 메시지를 전할 좋은 방법이 뭘까?'라는 생각은 안 하고 편지나 보내고 있었다. 정정당당하게 겨뤄야 한다는 얘기다. 제러미 코빈은 전국을 누비며 대중에게 자기 메시지를 전하고 있는데 버넘 팀은 분노에 찬 편지나 본부에 보내고 앉아 있었으니 말이 되는가? 버넘 팀은 언론 브리핑에서 법률적인 검토를 요청하겠다고 말하기까지 했다. 기본적으로 앤디 팀은 실제 경선을 이기는 데 집중한 게 아니라 노동당에 이의를 제기하는 데 집중했다.

이제 온건파 후보들의 선거팀들이 계속적으로 접촉하는 가운데 고든 브라운이 당수 경선에서 이벳 쿠퍼를 지지할 예정이라는 소식을 들은 버넘 팀은 또 다른 생각이 떠올랐다. 그들이 노동당 전직 당수들과 당 유력인사들을 한데 모아 '대연합'을 구성해 한목소리로 코빈을 반대하게 하면 당원들을 설득할 수 있으리라고 생각했다. 이제 세 후보의 팀 사이에서는 토니 블레어, 고든 브라운, 닐 키녹, 에드 밀리밴드, 앨런 존슨(노동운동계에서 가장 인기 있는 인물로 손꼽혔다), 마거릿 베켓(전 부당수로서의 역량을 발휘할 수 있으리라고 보았다)과 접촉해보자는 의견이 돌았다. 세 팀은 이 의견을 며칠 동안 주고받다가 결국 아무 결정도 내리지 못했다. 버넘 팀의 한 인사는 이렇게 말한다.

"우리가 꼭 해야 한 일은 리즈, 앤디, 이벳이 한목소리를 내게 하고 전직 고관대작들이 공개적으로 의견을 내도록 하는 일이었다. 하지만 일을 성사시키지 못했다."

리즈 켄들과 가까운 한 소식통은 초기에 블레어가 개입해 역풍이 불었던 사실을 아는 켄들 팀은 원로들이 공식 입장을 밝히면 코빈의 인기만 더 올라간다는 결론을 내렸다고 안타까워하며 다음과 같이 덧붙인다.

"우리는 대연합 세력을 구축하고 어쩌고 하면 오히려 문제를 키우게 된다는 사실을 깨달았다."

이미 버넘에 대한 지지를 표명한 키녹 경은 이렇게 말한다.

"다양한 정치 성향을 보이는 사람들이 경선에 참여해 장난질을 칠지도 모른다는 주장이 나오는 이유는 알겠지만 내 생각에는 허황된 주장이다. 다른 방도를 찾는 게 실효성이 있다고 생각했다면 언제라도 그렇게 했을 것이다."

이벳 쿠퍼 진영의 한 소식통은 이렇게 전한다.

키녹, 브라운, 블레어가 개별 후보에 대한 지지 표명이 아니라 코빈을 비판하는 성명을 내야 한다는 주장이 있었다. 그런데 사실상 브라운은 개별 후보를 지지했다. 하지만 세 사람 모두 노동당이 정권을 잡는 게 가장 중요하다는 점을 강조해야 한다고 생각했다. 사람들로 하여금 경선에서 '누가 정권을 잡을 승산이 가장 높은가?'라는 의문을 던지게 해야 했다.

블레어와 브라운은 각자 따로 성명을 발표했다. 신중하기 이를 데 없는 브라운은 8월 24일 중요한 연설을 했다. 쿠퍼나 코빈의 이름을 거론하지는 않았지만 다음과 같이 경고함으로써 좌파 후보인 코빈에 반대한다는 뜻을 분명히 했다.

"우리의 동맹이 헤즈볼라와 하마스와 우고 차베스의 베네수엘라와 블라디미르 푸틴의 러시아가 되면, 빈곤과 불평등과 기후 변화와 금융위기에 대응할 세계적인 동맹을 구축할 수 없게 된다."

키녹과 브라운의 성명은 경선에 별 영향을 미치지 못한 듯했고, 블레어의 개입은 코빈에 대한 지지의 불길에 기름을 부은 격이 되었다. 블레어는 8월 13일 〈가디언〉에 "나를 미워해도 좋지만 노동당을 절벽 끝에서 밀어 떨어뜨리지는 말라"라는 제목으로 기고한 글에서 "노동당은 지난 100년의 역사에서 그 어떤 때보다도 절체절명의 위기에 처해 있다"고 말했다. 2주 후 블레어는 약간 수위를 낮춘 두 번째 기고문에서 다음과 같이 말했다.

"폐쇄된 공간 내에서의 혁명이다. 그 공간은 그들(코빈의 지지자들)이 그토록 경멸하는 웨스트민스터라는 격리된 공간은 아니지만 현실과 유리되기는 마찬가지인 공간이다."

설사 누구든 전 당수의 말에 수긍을 했다고 해도 블레어가 대세를 바꾸기에는 너무 늦었다. 블레어가 처음 개입했을 때 못지않게 이번에도 소셜 미디어에서의 반응은 경멸로 가득 찼다. 사람들이 코빈에게 표를 던지기 위해 지지자로 등록하려고 더 몰려들었다.

블레어의 발언은 분명히 역풍을 불러일으켰지만, 그래도 그가 그렇게 하는 게 옳았다며 블레어 계파의 한 노동당 전직 보좌관은 이렇게 말한다.

"그는 13년 동안 노동당 당수였고 총리를 세 번 역임했다. 그가 발언을 하지 않았더라면 사람들이 이상하게 생각했을지 모른다. 더 많은 인사들이 더 일찍 나섰어야 했다. 토론은 건전하다. 토니 블레어가 그 토론에서 일부의 입장을 대변했다."

그러나 다이앤 애벗이 채널 4 뉴스에서 말했듯이, "토니 블레어도 자기 나름의 의견이 있겠지만 그걸 공식적으로 밝히는 것이 생산적일지는 잘 판단해보아야 한다"는 말이 맞다. 앤디 버넘과 가까운 소식통은 다음과 같이 덧붙인다.

"그 시점에 이르자 사람들이 코빈에게 맞서면 맞설수록 그에 대한 지지는 증폭되었다."

코빈을 향한 최후의 반격이 왜 실패했는지에 대한 사후 분석은 아마 코빈이 당수로 있는 동안 계속될 것이다. 이벳 쿠퍼 팀은 버넘이 코빈 공격에 합류하지 않음으로써 코빈을 저지하는 계획이 실패하는 데 한몫했다고 생각한다. 한 소식통의 말이다.

"그게 바로 키녹, 브라운, 블레어가 합심해 한목소리를 내는 계획이 성사되지 않은 이유 가운데 하나다. 후보라는 사람이 코빈은 괜찮은 인물이라고 떠들고 다니는데, 코빈이 노동당의 재앙이라는 다른 사람들의 주장이 먹혀들겠는가? 코빈을 인정해주는 꼴이다."

그러나 다른 두 팀은 전적으로 쿠퍼의 책임이라고 주장한다. 노동당의 한 중진 관계자의 말이다.

그녀(쿠퍼)가 고집을 버리지 않았다. 자, 어떻게 될지 누가 알겠는가? 하지만 너무 답답했다. 눈앞에서 참사가 벌어지고 있었으니 말이다. 이벳 팀이 끝까지 자기들이 이길 수 있다고 고집을 부리는 바람에 모두 답답해했고 그것 때문에 피해가 생겼다. 그리고 솔직히 유권자들에게도 오해를 심어주었다.

노동당 내 블레어 계파로 이 협상에 대해 소상히 알고 있는 한 소식통은 이렇게 덧붙인다.

당을 위해서 이벳이 포기해야 한다는 주장을 뒷받침하는 압도적인 수치상의 증거가 온 사방에서 나왔음에도 불구하고 이벳이 사퇴할 수 없다고 고집을 부린 이유는 단순히 자존심이 상했거나 자만심 때문이었다. 이벳이 포기했다면 어쩌면 됐을 수도 있다. 다른 사람들은 전부 그럴 의향이 있었다. 앤디가 왼쪽으로 따라붙은 건 코빈을 패배시키기 위한 전술이었고, 이는 필요한 조치로 이해되고 받아들여졌다. 잠시나마 모든 게 계획대로 되어가는 듯이 보였던 순간이 있었는데 이벳이 산통을 깼다. 세 후보가 협공을 하면 코빈을 오히려 돕게 된다는 주장도 있었고 집단적으로 코빈을 공격하는 듯이 보일 수도 있었다. 하지만 그게 이벳 쿠퍼가 사퇴를 거절한 이유는 아니었다. 게다가 한번 해볼 만했다. 그 시점에서는 거의 재앙의 조짐이 분명히 나타나고 있었기 때문이다.

과거에 버넘은 쿠퍼와는 가깝게 지내왔지만 지난 의회에서 노동당 건강보험위원회 소속으로 버넘 밑에서 일했던 켄들과는 좀 냉랭했다. 이제 코빈만 빼고 아무나 뽑아도 좋다는 전략이 와해되면서 빅토리아 스트리트 83번지의 같은 건물에서 일하던 버넘과 켄들의 선거팀은 서로 친해졌다(쿠퍼 팀은 길모퉁이를 돌아 그레이코트 플레이스에서 일했다). 버넘 팀이 선거운동 기간 중 최악의 한 주였다고 묘사한 그 주 주말에 그들은 즉흥적으로 함께 술자리를 갖게 되었다. 버넘 팀의 한 인사는 다음과 같이 말한다.

그 주는 순탄치 않았다. 4시쯤 점심을 먹으러 우리 건물 지하에 있는 피자 익스프레스에 가서 포도주를 한 잔 마셨다. 밤에는 팀 전원이 일손을 놓고 그곳에 모였는데 리즈 팀이 합류했다. 그 무렵 우리는 서로 정기적으로 연락을 주고받고 있었다. 거기서 우리는 포도주 몇 병에 리몬첼로 몇 병을 비웠다. 그때부터 상황이 매우 달라지리라는 예감이 들었다.

공교롭게도, 유고브의 두 번째 여론조사 결과가 코빈의 경쟁자들 진영에서 경각심을 불러일으키자 코빈 팀은 7월과 8월 초에 느꼈던 확신이 조금 흔들리는 가운데 선거운동을 마무리했다. 그 여론조사 결과가 발표된 후 존 맥도널은 즉시 트위터를 날려 지지자들에게 그 여론조사에 "현혹되지 말 것"을 촉구했다. '제러미 코빈을 당수로' 페이스북 페이지도 팔로어들에게 다음과 같이 전하면서 맥도널의 메시지로 안내했다.

"존으로부터 온 현명한 주문. 이번 당수 선거는 갈 길이 멀고 온라인과 오프라인에서 더 많은 사람들을 설득해야 한다. 동지들, 본래 계획대로 밀고 나가라."

이벳 쿠퍼가 공격을 해오자 코빈 팀은 불안해졌다. 특히 제2선호 후보 투표가 실시될 경우에도 승산이 있을지 우려되었다. 항상 즐거웠던 선거캠프에 긴장이 흐르게 되었다. 앤디 버넘이 가장 큰 위협이라고 여겨왔는데 이제 그들은 쿠퍼를 걱정하기 시작했다. 그녀가 난민 위기를 제대로 처리하지 못했다고 정부를 공격한 후에는 더더욱 걱정이 되었다. 이제까지는 아무것도 잃을 게 없는 듯했는데 갑자기 잃을지도 모르는 것이 생겼다. 코빈의 선거캠프 관계자의 말이다.

"마지막 몇 주 동안 우리는 진창으로 끌려 들어갔다. 스트레스가 심했다. 제러미만 기분이 좋아 보였다."

코빈의 선거운동 참모들은 엄청난 스트레스에 시달리고 있었지만 코빈이 기분이 좋을 이유는 많았다. 신규 당원과 등록 지지자들이 대거 입당하고, 코빈에게 유리한 유고브 여론조사 결과가 나오고, '코빈만 빼고 아무나' 전략이 수포로 돌아가는 등의 상황이 전개됐기 때문이다. 코빈의 경쟁자들에게는 하나도 되는 일이 없었던 '무법천지의 한 주'는 그에 못지않게 혼란스러운 한 주로 이어졌다.

버넘을 비롯한 여러 인사들에게서 당이 투표 규정이 지켜지는지 여부를 제대로 관리하지 못하고 있다는 항의 서신을 받은 해리엇 하먼은 극비리에 선거팀들을 '모처'에 소집했다. 후보들에게는 주소 대신 차량이 제공되었고, 그 차들은 후보들을 태우고 수도를 벗어나 북쪽으로, 다시 서쪽으로 달렸다. 그러나 곧 그들이 모이는 장소가 하트퍼드셔 주 스티버니지라는 사실을 알아낸 기자들도 그곳으로 향했다. 그 모임에서 하먼과 당의 위기 관리를 책임진 마이크 크레이턴[Mike Creighton]은 후보들에게 경선 절차는 하자 없이 진행되고 있다고 다짐하는 데 그쳤다. 그러나 그 모임이 알려지자 버넘은 자신이 명백히 불리해지고 있던 경선에서 경선 규정에 대한 의문을 계속 제기하면 못 먹는 감 찔러나 본다는 비난을 받게 되리라고 생각했다. 따라서 그는 경선 결과에 대해 법적으로 이의를 제기하지 않겠다는 뜻을 분명히 할 수밖에 없었다. 며칠 만에 그는 한 행사에서 측은하게 농담을 했다.

"이번 선거운동은 너무 힘들었기 때문에 선두 주자라는 것만 기억하렵니다."

8월 22일, 40명의 경제학자들이 〈옵저버〉에 기고한 글에서 '코비노믹스'를 지지하고 나섰다. 존 맥도널과 리처드 머피가 입안한 것으로 긴축정책에 반대하는 경제정책이었다. 여기에는 이제 노동당이 스코틀랜드 왕립은행을 재국유화할 수도 있다는 제안까지 담고 있었다. 이 경제학자들은 다음과 같이 주장했다.

코빈이 노동당과 일반 대중에게 해를 끼치는 위험한 인물이라는 주장은 놀랍고 부적절하다. …… 코빈이 제시한 정책들 상당수는 저명한 경제학자들과 평론가들이 옹호한다. …… 코빈을 반대하는 사람들조차도 코빈의 제안을 환영해야 한다. 투자에서 공공부문의 역할, 부채 관리와 자금운용, 불평등 해소와 같은 중요한 문제들에 대해 진지한 논의를 활성화시켰기 때문이다. 정책 논의의 범위가 확대되고, 보수당 정부와 그 밖의 다른 노동당 당수 후보들이 옹호하는 협소한 범위의 정책들 저변에 깔린 공통된 전제조건들에 대한 토론이 비로소 진행될 수 있었던 데는 코빈의 공이 컸다.

코빈이 당수가 될 가능성이 대두되자 그가 내세운 정책들에 대해 언론의 관심이 쏟아졌다. 선거운동 내내 코빈의 선거팀은 자신들이 정책을 만들 때 민주적인 방식으로 만들었다고 자랑했다. 노동당 당원들에게 의견을 제시하도록 하고 그것을 바탕으로 공개적으로 의견을 수렴했다고 했다. 지지자들은 페이스북이나 이메일을 통해 의견을 제출했다. 이러한 접근 방식의 단점도 분명히 나타났다. 대중교통 관련 정책의 일환으로 코빈의 선거팀은 지하철을 이용하는 여성들이 밤에 더욱 안전하게 귀가하도록 하겠다며 여성 전용 칸을 제안했다. 전용 칸 설치 제안이 나오자마자 코빈의 경쟁자들은 이 제안을 비웃었고 언론과 온라인으로 열띤 토론이 펼쳐졌다. 이벳 쿠퍼는 트위터에서 다음과 같이 말했다.
"여성들이여, 차라리 지하철을 타지 마라. 왜 지정해준 전동차에 우리 자신을 가두어야만 안전할 수 있는가?"
소동이 벌어지자 당황한 코빈의 선거팀은 확정된 정책은 아니고 토론 사항일 뿐이라고 해명했지만, 정치인은 자신이 제기하는 이슈에 의해 규정되는 세상에서 이러한 변명은 먹혀들지 않았다.
하지만 대체로 8월에서 9월로 넘어가면서 순풍에 돛단 듯했다. 9월 3일, 스카이 뉴스는 경선의 마지막 정견발표회를 개최했다. 정견발표회 이후 시청자들을 대상으로 여론조사를 실시한 결과 80퍼센트가

경쟁자들의
마지막 반격

코빈이 가장 훌륭했다고 답했다. 그다음 주 해리엇 하먼은 임시 당수로서 마지막으로 총리질의응답에 나섰고 코빈을 향해 일침을 가했다.

"나는 이번 당수 경선에서 선두 주자가 되기에는 나이도 모자라고 고상하지도 않다는 사실을 깨닫고 참으로 놀랐다."

하먼이 마지막으로 총리를 대상으로 질의를 한 다음 날은 전국집행위원회가 정한, 최종적으로 투표용지와 온라인 투표를 당 본부에 접수하는 날이었다. 등록할 때와 마찬가지로 마감시한 막판에 수천 명으로부터 투표용지를 못 받았다는 항의가 쏟아지면서 새 투표용지가 배포되는 등 혼란스러운 장면이 연출되었다. 리즈 켄들은 이제 선거운동의 마지막 연설을 하면서 코빈이 승리하면 자신을 비롯한 노동당 내 블레어 계파의 잘못임을 거의 시인하다시피 했다. 그녀는 연설에서 다음과 같이 말했다.

당의 현대화를 이끌었던 세력은 자신에게 솔직해져야 한다. 최근 몇 달 동안 우리 당에 입당한 수많은 사람들은 우리가 변화를 제시하지 않는다고 생각하고 있고, 일부는 우리가 원칙마저 저버린 것은 아닌지 의심하고 있다. 이는 과거에 우리가 너무 자주 전문가나 경영자 같은 인상을 풍겼다는 데 일말의 책임이 있다. 우리는 남들이 우리를 철저히 실용주의자로 규정하도록 내버려두었다. 목적을 실현하기 위해 선거에서 이기는 게 아니라 단지 승리 자체가 목적이었던 사람들로 규정되었다. 그러는 바람에 원칙이라는 기반을 급진좌파에게 내주고 말았다.

이벳 쿠퍼도 이제는 자신이 패배했다는 사실을 뒤늦게나마 깨달았다. 선거운동은 잘 마무리됐지만 가장 후회스러운 점은 너무 뒤늦게 발동이 걸렸다는 점이었다. 버논 코커의 말이다.

"우리는 너무 뒤늦게 발동이 걸렸다. 조금 더 일찍 적극적으로 나섰어야 했고, 제러미가 신규 입당자들의 지지를 끌어모은다는 사실을 간파했어야 했다."

디제이 콜린스도 이에 동의한다.

"이벳이 치고 나왔을 때는 이미 너무 늦었다. 그녀가 난민 위기에 대해 발언했을 때 그것이 먹혀든 까닭은 대중의 관심이 높은 현실적인 정책을 노동당이 표방하는 원칙과 잘 결합했기 때문이다."

그러나 로저 베이커는 선거운동 막바지에 이르렀을 때 이미 아무것도 코빈을 막을 수 없었다고 털어놓는다.

코빈의 선거캠프가 놓은 신의 한 수는 대부분의 사람들이 스스로에게 해야 할 질문을 규정해주었다는 사실이다. 유권자들이 마음속으로 던진 질문은 '누가 이길 가능성이 가장 큰가?'가 아니었다. '누가 노동당 지지자임을 자랑스럽게 느끼도록 해주는가?'였다. 이러면 이길 수가 없다. 그 질문에 대한 정답은 코빈뿐이었으니까.

경선 결과가 나오기 전 마지막 며칠, 몇 시간 전까지도 앤디 버넘은 후보들 가운데 유일하게 코빈을 여전히 물리칠 수 있다는 희망을 버리지 않고 있었다. 그의 팀은 그다지 자신하지 않았지만 말이다. 버넘과 가까운 한 인사의 말이다.

앤디는 절대로 끝이라고 생각한 적이 없다고 본다. 그는 여전히 잘하면 20퍼센트 정도 승산이 있다고 판단했다. 코빈이 1차에서 이기지 못하면 말이다. 이런 생각이 드는 날이 있다. '아직 이길 수 있어. 아직 이길 수 있어.' 우리는 이런 생각을 한 적은 한 번도 없었다. '다 끝났다. 이제 노력해도 소용없다.' 아직 승산은 있어 보였다.

같은 팀의 또 다른 중진 인사는 다음과 같이 덧붙인다.

여론조사 수치를 보고 물 건너가는구나 생각했다. 9월이 되자 우리는 물건너갔음을 깨달았다. 경선 결과가 발표되기 전날 이메일로 당선 소감 연설문이 떠돌아다녔고, 누가 그걸 인쇄했는지 수군거리기도 했다. 내 생각은 …… 이건 인쇄까지 안 해도 다 볼 수 있다. 나는 앤디가 직접 그걸 인쇄했다고 확신한다.

코빈은 경선 결과가 발표되기 전날 밤인 9월 11일 이즐링턴에서 아흔아홉 번째 집회를 열었다. 선거팀은 지칠 대로 지쳐 모두가 심하게 기침을 했고 해리 플레처가 준 기침약을 복용하고 있었다. 그래도 2016년 런던시장 선거에 나설 노동당 후보로 경선 초기에 선두 주자로 출발한 블레어 계파의 테사 조월을 제치고 사디크 칸이 선출되었다는 소식에 한껏 고무되었다. 플레처의 말이다.

"사디크가 이겼다면 코빈의 당선도 따놓은 당상임을 우리는 알고 있었다."

예비내각을 어떻게 꾸릴지 선거팀과 잠정적으로 논의하면서 하루를 보낸 코빈은 쑥스러워하며 집회에 30분 늦게 도착했다. 청중은 그에게 몇 분 동안 기립박수를 보냈고 렌 매클러스키와 존 맥도널의 연설이 끝나고 빨리 코빈의 차례가 되기를 애타게 기다렸다. 마침내 코빈이 연단에 올라섰다. 그는 장내를 '희망과 기쁨'으로 가득 채워준 청중에게 감사했다. 경선 승리는 보다 큰 목표를 달성하기 위한 시작에 불과하다고 그는 말했다. 연설이 끝나고 코빈은 자리를 떴다. 당수 경선 역사상 가장 놀라운 결과를 맞이할 준비를 하기 위해서.

선거운동 기간 중 마지막으로 페이스북에 올린 글에서 코빈은 지지자들에게 다음과 같이 따뜻한 감사를 표했다.

여러분이 속한 지구당의 지지를 얻을 수 있도록 도와준 분들, 아흔아홉 번의 집회와 행사에 참석해주신 5만여 명의 지지자들, 열심히 뛰어준 1만 6천여 명의 자원봉사자들, 9천여 명의 기부자들, 그리고 제게 표를 주신 분들 모두에게 감사드린다. 우리가 이 경선에 뛰어든 까닭은 현 정부의 긴축정책과 최고 부자들에게 유리한 사회에 진정한 정치적 대안을 제시하기 위해서다. 우리 모두가 이번 경선에서 한몫을 했다. 페이스북 글을 공유하거나 친구, 동료들과 그 주제에 대해 토론을 하면서 말이다. 우리는 좀 더 공정하고 민주적이며 고결한 사회를 만들자고 주장했다. 그 과업은 계속되어야 한다. 우리는 몇 달이라는 짧은 기간에 정말 많은 것을 이루었다. 앞으로도 우리 당뿐만 아니라 이 나라, 전 세계에서 변화를 일으키기 위해 여러분과 함께할 미래가 기대된다.

Chapter 21

압도적인
득표율

2015년 9월 12일, 당수 경선 결과를 발표하는 특별회의가 열리는 웨스트민스터 사원의 퀸 엘리자베스 II 회의장에 노동당 당직자들이 검은색 옷을 입고 나타났다. 전혀 예상치 못한 인물이 당수가 됨으로써 자신들이 사랑한 당에 사망선고가 내려진다고 여긴 그들의 작은 항의의 표시였다. 그들은 나중에 자신들의 신임 상사들로부터 그런 장난을 친데 대해 힐난을 받게 되지만, 그 따뜻한 9월의 아침 노동당 직원들의 얼굴에 스치던 불안한 감정을 본 사람이면 누구든 그들을 안쓰러워하지 않을 수 없었을 것이다. 당수 경선 전에는 제러미 코빈과 아무런 관계가 없었고 경선 동안에도 그의 선거팀과 거의 접촉을 하지 않았으니 그들로서는 칠흑 같은 심연으로 뛰어드는 기분이었으리라. 당의 장래만 걱정하는 게 아니라 그들은 자기 자리를 보전할 수 있을지도 걱정해야 했다. 앞으로 자신과는 정치적 노선이 너무나도 다른 새 당수 아래서 일해야 할 생각을 하니 암담했을 것이다.

　　노동당 당직자들의 침울한 표정으로 회의장 안의 분위기는 환희보다는 불신과 비통함이 감돌았다. 이와는 정반대로 회의장 바깥에서는 코사모들이 모여 "그래, 우린 할 수 있어!"를 외치면서 "나는 제러미에게 투표했다"라고 쓰인 플래카드를 펄럭였다. 거리에서는 승리의 축제가 이미 시작되었다. 회의장 내에 초대된 청중은 네 후보의 지지자들로 공평하게 배분되어 있었고 승자와 패자 사이에는 적대감이 팽배했다. 의원들과 기자들은 입구에서 평당원들과 삼삼오오 모여 낮은 목소리로 경선 과정에 대한 놀라움과 분노를 토해냈다. 존 프레스콧과 해리엇 하면도 참석했지만 에드 밀리밴드, 고든 브라운, 토니 블레어, 닐 키녹의 자리는 비어 있었다. 노동당 중앙당 의원들 가운데 코빈의 승리를 축하할 기분인 사람은 거의 없었다. 오랜 세월 동안 코빈과 함께 하원에서 의정 활동을 해온 그들이지만 코빈이 자신들을 이끌 지도자가 되리라고는 꿈에도 생각해본 적이 없었다. 한 코빈 지지자는 경선 결과 발표장으로 향하는 전 내무장관 데이비드 블렁킷David Blunkett의 면전에 대고 "블레어 계파는 물러가라. 코빈이 온다"고 외쳤다.

　　약속에 늦기로 악명 높은 코빈은 이번만큼은 일찍 도착했다. 후보들 가운데 1등으로 행사장에 왔고 그의 승리에 환호성을 지를 청중들보다도 먼저 도착했다. 코빈처럼 일찍 행사장에 도착한 사람들의 눈에 코빈은 날이 날이니만큼 차림새가 조금은 말쑥해 보였다. 잘 다려진 하늘색 와이셔츠에 군청색 바지와 새 재킷을 걸치고 있었다. 재킷은 그의 아들들이 십시일반 장만해 그날 아침 이즐링턴에 있는 그의 집으로 가져온 것이었다. 그러나 그는 여전히 넥타이를 매지 않았고, 경선 결과가 발표된 후 기자들이 재킷 디자이너가 누구냐고 묻자 답을 하지 못했다.[316] 코빈은 '후보대기실'로 안내되어 결과를 기다렸다. 그의 오랜 친구이자 충실한 동지이며 오랜 세월 좌익 운동을 하면서 곁을 지켰던 존 맥도널이 코빈과 함께했다. 맥도널은 그들(당내 급진좌파)이 그토록 사랑했지만 그들의 사랑에 보답하지는 않았던 당의 권력을 이제 코빈의 손에 쥐어주게 되었다.

그다음으로 도착한 후보는 리즈 켄들이었다. 자신의 선거본부장 토비 퍼킨스Toby Perkins 의원과 함께였다. 그녀는 코빈이 이기고 자신은 꼴찌를 하리라는 사실을 꽤 오래전부터 알고 있었다. 패배한 후보들 가운데 그날 결과를 가장 담담하게 받아들인 후보였다(그러나 그녀의 선거팀 일부는 그리 담담하지 않았다). 존 우드콕은 다음과 같이 말한다.

"우리는 코빈이 이기리라고 백 퍼센트 확신했다."

켄들과 코빈은 선거운동 과정에서 진정으로 서로에게 호감을 갖게 되었다. 켄들은 훗날 이렇게 말하게 된다.

나는 그의 주장이 틀렸다고 생각한다. 하지만 그는 자신의 주장을 나름대로 분석하고 고수한 사람이다. 정치는 논외로 하고, 선거운동 기간 중 제러미가 목이 많이 쉰 적이 있었다. 그의 부인과 아들들은 그에게 정말 지극정성이었다. 놀라운 광경이었다. …… 코빈을 정말 걱정하고 아끼는 게 눈에 보였다.[317]

켄들이 도착하고 얼마 지나지 않아, 경선 결과가 발표되기 두 시간 전인 10시쯤 이벳 쿠퍼가 후보대기실에 도착했다. 버논 코커와 함께였다. 켄들과 마찬가지로 쿠퍼도 코빈이 이겼다고 확신하고 있었다. 쿠퍼 팀의 로저 베이커는 이렇게 말했다.

"다들 알고 있었다고 생각한다. 이벳도 알았지만 초연했다."

행사장에 마지막으로 도착한 후보 앤디 버넘만이 제2선호 후보 결정까지 가면 승리할 가능성이 20퍼센트라는 실낱같은 희망에 매달리고 있었다. 그는 마이클 더거를 동반하고 후보대기실에 나타났다. 이미 도착한 다른 여섯 사람과 마찬가지로 버넘과 더거도 휴대전화와 아이패드를 당직자들에게 넘겨주었다. 경선 결과가 공표되기 전에 후보들에게 은밀하게 결과를 알려주려는 취지였다. 공식적인 발표를 한 시간여 앞두고 후보대기실에 모인 여덟 사람은 반 시간 후 결과를 통보받기 전까지 서로 어색하게 피상적인 대화를 주고받아야 했다. 훗날 존 맥도널은 당시의 대화가 화기애애했다고 회상했다.

"우리는 선거운동과 가족들 얘기를 했다. 정말 화기애애했다."[318]

그러나 대기실에 있었던 다른 사람들은 분위기가 어색했다고 했다.

오전 10시 40분 노동당 사무총장 이언 맥니콜Iain McNicol이 후보대기실에 나타났다. 그가 대형 TV 화면을 켜자 당수 경선의 투표 집계 결과가 나타났다. 공식적인 경선 결과 발표가 있을 행사장이 있는 아래층에서는 막 도착한 사람들이 좌석을 찾느라 웅성거리는 소리가 희미하게 들렸다. 맥니콜은 이제 모두가 눈길을 주고 있는 집계 결과를 큰 소리로 읽었다. 버넘이 품고 있던 한 줄기 희망은 산산조각 났다. 2차나 3차 투표까지 갈 필요 없이 코빈이 노동당의 새 당수가 되었다. 그것도 압도적인 득표율로.

코빈의 승리 자체는 켄들이나 쿠퍼에게는 놀랄 일이 아니었지만, 그의 득표율만은 대기실에 있던 모든 사람들을 경악하게 했다. 코빈과 맥도널까지도 말이다. 코빈은 59.9퍼센트의 득표율로 당선되었다. 네 명의 후보가 경쟁한 선거인만큼 놀라운 결과였다. 2등을 한 버넘은 겨우 19퍼센트를 얻었고, 쿠퍼가 17퍼센트, 켄들이 4.5퍼센트를 득표했다. 놀랍게도 25만 1,417명이 코빈에게 투표했는데 그중 12만 명 이상이 공식 당원인 것으로 드러나면서 코빈이 당선되면 3파운드짜리 등록 지지자들 덕분이라는 낭설을 여지없이 무너뜨렸다. 현재 정권을 잡고 있는 보수당의 일반 당원 수가 겨우 13만 4천 명 정도에 불과하다는 사실과 비교해보면 이 수치가 어떤 의미인지를 알 수 있다. 후보대기실에 침묵이 흘렀다. 그러나 곧 맥도널의 "우와"라는 단 한 마디로 깨졌다.[19]

패배한 후보들에게 짤막한 축하 인사를 받은 뒤 코빈과 맥도널은 당선 소감 연설을 준비하기 위해 대기실에서 빠져나왔다. 대기실에 남은 여섯 명의 정치인들은 서로 멍하니 쳐다보면서 도대체 지난 넉 달 동안 무슨 일이 있었는지, 자신들이 어쩌다가 이 정도로 당 분위기를 파악하지 못하게 됐는지 곱씹었다. 20분 후 그들은 코빈과 아래층 행사장에서 합류했고, 네 후보 모두 아무렇지 않은 표정을 지으며 청중석에 자리를 잡았다. 그리고 먼저 세 차례 투표 끝에 톰 왓슨이 부당수로 선출되었다는 발표 내용을 경청했다. 그러고 나서 마침내 코빈의 승리가 발표되자 장내에 있던 코빈 지지자들은 환호성을 질렀다. 그들의 연호는 "그래, 우린 할 수 있어!"에서 "그래, 우린 해냈어!"로 바뀌었다.

코빈 지지자들의 흥분과 기쁨은 코빈이 물리친 후보들을 지지한 사람들의 탄식과 극명한 대조를 이루었다. 아무리 그들이 패배를 예상했더라도 말이다. 존 우드콕의 말이다.

"나도 청중석에 있었다. 사태를 예상하고 어느 정도는 마음의 준비를 하고 있었다. 물론 실망했지만, 단지 리즈가 패배해서만이 아니었다.

노동당이 다음 선거에서 이길 기회를 박차버렸기 때문이었다."

패배한 다른 후보들의 팀 분위기도 마찬가지로 초연했다. 로저 베이커는 이렇게 말한다.

"코빈이 거의 60퍼센트를 얻었다는 게 놀라웠다. 그보다는 낮으리라고 생각했다. 모두가 그렇게 생각했다."

존 리할은 다음과 같이 덧붙인다.

1차 투표에서 다른 세 후보들을 상대로 60퍼센트의 지지를 얻었으니 더할 말이 없다. 그게 당이 원하는 거라면, 우리는 당원 조직이니까, 어쩔수 없다. 울고불고하는 사람은 없었다. 그 시점에서는 다 끝났다는 사실에 모두들 홀가분했으리라고 생각한다.

카메라가 지켜보는 가운데 후보들은 서로 따뜻하게 포옹했다. 드디어 코빈이 무대에 올라 안경을 꺼내 쓰고 당선 소감을 밝혔다.

우리는 이제 전진합니다. 운동 조직이자 정당으로서 과거 어느 때보다도 크게, 과거 어느 때보다도 강력하게, 과거 어느 때보다도 결연히, 우리 당의 목표는 여전하고 우리의 열정도 여전하고 인류애에 대한 욕구도 여전하다는 사실을 만방에 증명하기 위해 전진합니다. 정당인 우리는 이 나라의 모든 사람들에게 손을 내밀어 그 여정에 동참해달라고 하렵니다. 아무도 소외당하지 않도록, 모두가 품위 있게 살 기회를 얻고, 사회에서 제자리를 찾도록 하기 위해서 말입니다. 그 목표를 달성하는 게 바로 노동당이 존재하는 이유입니다. 바라건대 우리 당은 보다 포용력이 넓고, 보다 적극적이고, 보다 민주적인 정당이 될 것입니다. 그리고 모두에게 바람직하고 우리 모두가 갈구하는 정의가 실현되는 이 나라의 미래를 만들어가려 합니다. 이것이 우리가 이 멋진 당에, 이 멋진 운동 조직에 모인 이유입니다.

그리 선동적이지도 않고 딱히 좌파 이념을 강조한 연설도 아니었다. 하지만 코빈의 부모, '뜻밖의 사회주의자' 데이비드 코빈과 나오미 코빈, 그리고 코빈의 정치적 아버지 토니 벤이 들었으면 매우 자랑스러워했을 연설이었다. 그러나 일부 인사들에게는 견디기 힘든 연설이었다. 존 우드콕은 자리를 떠도 될 기회가 엿보이자 기다렸다는 듯이 건물을 빠져나가다. 그는 이렇게 말했다.

"우리 팀에게 고맙다는 인사를 하러 갔다. 그래야 했기 때문이다. 하지만 그냥 더 이상 머물 수 없었다. 행사장을 벗어나야 했다."

코빈이 안내를 받아 도착한 대기실에서는 노동당에 근무하는 공무원이라 할 수 있는 당의 유급 인력과 그의 선거팀이 어색한 침묵이 흐르는 가운데 상견례를 하고 있었다. 로저 베이커는 이렇게 말한다.

"그 자리에는 앞으로 어떻게 해야 할지 깊은 고민에 빠진 사람들이 많았을 것이다. 그들에게는 패배한 진영의 참모들보다 더 힘겨운 상황이었다. 그들은 장래가 매우 불확실한 상황에서 코빈 팀과 업무상 협력을 해야 했기 때문이다."

당에서 신임 당수의 차량을 마련하지도 않았다는 사실이 드러나자 화를 낸 사람들도 있었다. 사이먼 플레처가 언론을 상대로 브리핑을 하러 행사장을 나오자 바깥에서는 노동당 중진 의원들이 자신은 코빈의 예비내각에 참여하지 않겠다고 줄줄이 언론에 발표하고 있었다. 전직 노동당 정치인이거나 보좌관을 지낸 사람이 대다수인 정치 평론가

압도적인
득표율

들과 비평가들은 한목소리로 코빈은 2020년 총선에서 이기지 못할 거라고 선언했다.

한편 앤디 버넘 팀은 버넘의 차를 가지러 지하주차장으로 가는 길을 찾아 헤매다가 행사장 무대 뒤 미로처럼 얽히고설킨 콘크리트 통로에서 코빈을 비롯해 그의 수행원들과 여러 번 어색하게 마주쳤다. 신임 당수는 그 기회를 이용해 버넘에게 자신의 예비내각에 합류하라고 설득했다. 케이티 밀러의 말이다.

우리는 엉뚱한 엘리베이터에 올라타 보일러실에 내렸다. 다시 위층으로 올라와 통로를 걸어 내려가다가 로비에서 코빈을 인터뷰하려고 기다리는 기자들과 마주쳤다. 그러고는 사이먼 플레처하고 마주쳤고, 코빈과 마주쳤다. 그러고 나서야 제대로 엘리베이터를 탔다. …… 우리는 빨리 행사장을 빠져나가 앤디를 가족들과 합류시키려고 했는데, 코빈이 우리가 탄 엘리베이터에 올라타려고 버튼을 눌렀다. 그리고 그의 수행원 한 사람이 그의 앞을 막아서며 코빈과 우리 사이에서 경호원 역할을 했다. …… 코빈이 그 경호원 어깨너머로 소리치다시피 했다. "앤디, 당신이 필요하오!"

전 세계에서 코빈의 친구들이 축전을 보냈다. 가장 처음 축하를 보낸 사람은 신페인당의 게리 애덤스와 마틴 맥기니스로, 그들은 트위터로 축하 인사를 했고, 아르헨티나 대통령 크리스티나 키르치네르, 그리스의 좌익 성향의 시리자 정당, 스페인의 신생 좌익 정당 포데모스 Podemos와 팔레스타인 무장 단체 하마스 대변인도 축하 메시지를 보냈다. 포클랜드 섬의 공식 트위터 계정은 다음과 같은 메시지를 보냈다.

"안녕 @jeremycorbyn ─ 혹시 잊었을까 해서……. 우리는 영국의 해외 영토라오. 꿈도 꾸지 마시길. 이만."

코빈과 그의 팀은 차량 없이 행사장에서 걸어 나와 환호하는 군중을 뚫고 자축하기 위해 근처 술집 생크추어리로 갔다. 거기서 코빈은 존 맥도널과 자신의 형 피어스와 나란히 앉아서 사회주의 찬가라고 할 '적기가' 한두 소절을 선창했다. 1966년 노동절에 리킨 언덕 꼭대기에서 그랬듯이, 런던 북부 건너편 혼지 지구당이 있는 근처 술집에서 운동가 동지들과 그랬듯이, 수십 년 동안 노동당 전당대회에서 토니 벤의 옆자리에 앉아 그랬듯이, 그리고 수많은 집회와 시위와 행사와 모임에서 그랬듯이. 코빈의 형 피어스를 비롯해 친구들과 지지자들이 허공에 주먹을 날리면서 기쁨의 환호성을 지르자 코빈의 눈에는 눈물이 차올랐다.

코빈은 생크추어리를 나와 팔러먼트 스퀘어로 향했다. 당수 경선 후보로 투표용지에 이름을 올리게 된 직후 시위에 참가하기 위해 찾았던 장소였다. 참으로 코빈다운 방식으로 승리를 자축했다. 다른 사람 같았으면 보좌관들과 서둘러 빠져나가 앞으로의 계획을 짜든지, 내각 각료 임명을 논의하든지, TV 방송국마다 돌아다니면서 인터뷰하는 데 시간을 쓰든지, 그냥 술집에서 편안하게 승리의 순간을 음미했을지 모르지만, 이번 신임 당수는 자신이 그토록 오랜 세월 동안 해왔던 일을 했다. '난민과의 연대' 시위 행진에 합류한 것이다.

행진에 참여한 10만 명 대다수가 코빈에게 투표한 사람들이었다. 그들은 코빈이 자신들과 합류해 승리를 자축하자 신바람이 났다. 코빈은 자신 앞에 늘어서서 환호하는 군중을 상대로 우선 팔러먼트 스퀘어가 이렇게 아름답게 보인 적이 없다고 말한 뒤 세 시간 전 당수에 선출된 얘기는 거의 언급하지도 않은 채 연설을 이어갔다. 그는 유럽 전역에서 "품위 있는 삶과 인류애를 염원하는 민중의 봉기가 시작됐다"고 천

압도적인
득표율

명했다. 그리고 "우리는 모두 같은 행성에 사는 인간"이라고 덧붙였다. 코빈이 서 있는 무대 위로 가수 빌리 브래그^Billy Bragg가 뛰어 올라와 '적기가'를 자기 나름대로 해석해 불렀다.

코빈은 당선에 이어 어떤 방송 인터뷰도 하지 않겠다고 선언했다. 뿐만 아니라 그의 팀은 당선 다음 날로 예정되어 있던, 신임 당수로서 으레 하게 되어 있는 전통적인 인터뷰 형식의 〈앤드루 마 쇼〉에도 출연하지 않겠다고 BBC에 통보했다. 당선된 지 몇 시간도 안 되어 주요 방송국을 사실상 무시한 셈이었다. 언론의 환심을 사려고 애쓰지 않겠다는 그 태도는 배짱 있고 코빈다웠다. 코빈이 주류 언론의 도움 없이 당선되었는데 이제 와서 언론의 장단에 춤을 출 이유가 있겠는가. 코빈은 승리한 다음 날 자신의 지역구에서 정신건강 의료의 위기를 강조하는 행사에 참석하면서 하루를 보냈다.

코빈이 팔러먼트 스퀘어에서 군중을 상대로 연설할 때, 패배한 세 후보들은 각자 런던 주변의 술집과 식당으로 도피했다. 앤디와 그의 팀은 마침내 그의 지지자가 마련해준 차를 찾아내 말러번에 있는 술집으로 출발했다. 하지만 난민 관련 집회 때문에 길이 막혀 오도 가도 못하는 신세가 되었다. 케이티 마일러의 말이다.

시가행진 때문에 런던 시내 도로 곳곳이 차단되어 거기까지 가는 데 더럽게 오래 걸렸다. 우리는 라디오 토크쇼를 틀어놓고 차 안에 앉아 있었다. 내 주위에는 앤디의 형제들이 앉아 있었는데 라디오에 에버턴 팀의 축구 경기 중계방송이 나오자 환호성을 질렀다. 앤디는 괜찮아 보였고, 별로 괜찮아 보이지 않은 사람도 있었다. 나는 트위터를 뒤적거리고 있었다. …… 정말 묘한 분위기였다.

존 리할은 다음과 같이 덧붙인다.

"우리는 웨스트민스터에서 벗어나고 싶었다. 앤디는 가족들을 동반했다. 일부에서는 가족을 데려오지 않는 게 좋겠다고 충언했지만, 앤디 자신이 그러고 싶어 했다. 우리는 베이커 스트리트에 있는 술집으로 향했고 오후 내내 비통한 심정을 들이켰다."

이벳 쿠퍼 팀은 카운티 홀 뒤에 있는 이탈리아 식당에 모였다. 로저 베이커는 다음과 같이 말한다.

"분위기는 좋았다. 패배한 팀 치고는 더할 나위 없이."

리즈 켄들도 자기 팀과 모임을 가졌고, 부당수 경선에 출마한 당선자와 낙선자들도 모두 각자 자기 팀과 모여 회포를 풀었다. 한편 웨스트민스터 주위에 흩어져 있던 여러 무리의 사람들이 하나둘씩 빅토리아 스트리트를 조금 벗어난 곳에 위치한 그린코트 보이 술집으로 향했다. 노동당 당직자들이 퀸 엘리자베스 II 회의장에서 나와 곧바로 향한 곳이었다. 어느 인사의 표현에 따르면, 그곳에서 "노동당 주류 기득권 세력"은 제러미라는 좌파가 일으킨, 매우 실현 가능성이 희박했지만 성공한 반란에 당을 빼앗긴 현실을 술로써 애도했다.

2015년 노동당 당수 경선에서 제러미 코빈이 뜻밖에 놀라운 성과를 거두며 승리한 이유는 한두 가지가 아니다. 일부에서는 마르크스주의적인 시각으로 해석했다. 세대가 교체되면서 저변에 깔린 역사적인 변화의 물결이 그를 권좌에 오르게 했다는 해석이다. 그들은 위키리크스 추문, '월스트리트를 점령하라Occupy Wall Street' 운동, 영국 주류 정치에서 소외된 스코틀랜드가 분리주의를 내세운 영국독립당에 400만 표의

지지를 보낸 일, 유럽을 휩쓴 긴축재정 반대운동으로 그리스, 스페인, 포르투갈에서도 뜻밖에 코빈과 유사한 좌익이 선거에서 승리한 일, 미국에서 기성 정치인들에 대한 반감으로 도널드 트럼프와 버니 샌더스가 부상한 점 등을 꼽는다. 해리 플레처는 이렇게 말한다.

> 존 맥도널(2007년)이나 다이앤 애벗(2010)은 실패했는데 제러미 코빈의 선거운동이 성공한 이유는 뭘까? 코빈이 영화배우 같은 외모여서는 아니다. 지난 10여 년에 걸쳐 사회 내 특정 집단들은 세상이 정의롭지 못하다는 생각을 점차 강화해갔고 소외감도 느꼈다. 청년들은 녹색당에 투표하든지 투표를 아예 하지 않았다. 페미니스트, 긴축정책 반대론자, 반핵 집단, 반전 집단, 빈곤퇴치 집단 등 이 모든 이질적인 집단들을 코빈이 성공적으로 아울렀다.

'위인great man'이론을 주장하는 사람들도 있다. 일련의 사건이 발생하고, 특정한 여건들이 조성되고, 코빈의 경쟁자들이 여러 가지 실수들을 저지르고, 그 모든 게 복합적으로 작용해서 코빈이 뜻밖에 권력의 가도를 달리게 되었다는 주장이다. 2013년 폴커크 추문 이후 노동당의 당수 경선 규정 개정, 노동당의 간판급 인물이긴 하나 코빈보다 훨씬 당내 분열을 일으키는 존 맥도널, 조지 갤로웨이, 다이앤 애벗, 켄 리빙스턴과 같은 인물들이 경선에 불출마하게 된 운명의 장난, 중도 성향의 앤드루 스미스와 고든 마스든이 지명 마감시한 직전에 코빈을 지명한 일, 리즈 켄들과 이벳 쿠퍼, 앤디 버넘의 선거운동이 시들했던 점, 복지개혁법안을 둘러싼 해리엇 하먼과 앤디 버넘의 행동, 쿠퍼가 사퇴하려 하지 않은 일 등이 모두 코빈에게 뜻밖의 승리를 안겨주는 데 한몫을 했을지 모른다.

그러나 이 두 가지 주장이 모두 맞다고 생각하는 사람들이 더 많다. 노동당의 지지 기반인 중도좌익의 대중이 노동당과 노동당이 표방하는 모든 것에 환멸을 느끼는 단계에 이르렀고, 코빈의 행운과 그의 경쟁자들의 실책이 겹치면서 대중은 자신의 불만을 표출할 수단으로 코빈을 선택했다. 이제 코빈은 오랜 세월 동안 외롭게 해온 투쟁을 본격적으로 펼치게 되었다. 그리고 아무도 관심을 두지 않는 사이에, 앤디 버넘이 당수 경선 내내 언급했던, 현실과 동떨어져 있는 '웨스트민스터만의 딴 세상'에 대한 반감을 바탕으로 형성된 운동이 영국에서 부상하기 시작했다.

이벳 쿠퍼 선거팀의 로저 베이커는 당내 좌파가 코빈이 아닌 다른 사람을 전면에 내세웠다면 실패했으리라고 생각한다. 어찌어찌하다보니 진정성 있고 원칙주의자인 북이즐링턴 의원을 내세우게 되었고, 그 후보와 여러 가지 여건과 선거 규정과 유권자 성향 등 모든 게 맞아떨어졌다는 주장이다. 베이커의 말이다.

"코빈은 백지와 같아서 대부분의 사람들이 자기가 원하는 어떤 그림이든 코빈에게 투영시킬 수 있었다. 그는 진정성이 있고 정치인 같지 않은 정치인이고 그게 그의 상품성이다."

에밀리 손베리도 코빈이 호소력이 있다는 데 동의한다.

진심만을 말하고, 말하는 게 다 진심인 사람에게는 끌리기 마련이다. 그게 바로 사람들이 정치인에게 바라는 바다. 그는 거짓이 없다. 그는 진국이다. 너무 주변을 의식하고 사전에 철저하게 준비된 발언만 하는 정치인들에게 넌더리가 나 더 이상 그들이 하는 말을 믿지 않게 된 사람들에게 그는 해독제 같은 인물이다. 에드 밀리밴드는 중심을 잃고 자신이 하는 일에 좌고우면하면서 자신이 정말 신념이 있는 사람인지 스스로도 흔들렸는데, 사람들 눈에도 그런 그의 모습이 보였다.

해리스 경은 다음과 같이 덧붙인다.

부분적으로는 정치에 대한 반감, 자기들만의 세상에 갇힌 의회에 대한 반감 때문이라고 보는데, 참 해괴하게도 앤디 버넘은 자신은 그런 의회 소속이 아니라고 주장하려고 애썼다. 총선에서 이겨야 한다는 명분하에 우리가 실현하고자 했던 정책들을 포기하면서 당원들이나 당 지지자들 사이에서 절망감이 싹텄다. 그런 사람들도 있었고, 그렇지는 않다고 해도 적어도 한동안 제러미를 노동당 당수를 시킬 만하다고, 거의 그럴 의무가 있다고 생각한 사람들도 있었다.

많은 이론가들에 따르면, '온건한 좌파' 성향의 많은 노동당 지지자들이 노동당의 집권을 위해 1997년 토니 블레어를 지지했지만 이후 배신감만 느꼈다. 당수 경선에서 코빈을 지지한 존 트리켓은 이렇게 말한다.

이런 결과가 나와서 놀랍다는 사람을 이해할 수 없다. 영국 기성 정치권은 근본적으로 민심을 완전히 잘못 읽었다. 그들은 영국의 정치 문화는 대체로 보수 성향이 약간 우세하므로 선거에서 이기려면 보수주의 성향에 맞춰야 한다고 생각한다. 물론 성향이 신중한 사람들, 심지어 영국의 과거에 대한 향수를 지닌 사람들도 있다. 모두가 급진주의자라고 말하지는 않겠다. 모두가 사회주의자라고도 절대 주장하지 않겠다. 하지만 그럼에도 불구하고 나라가 돌아가는 상황에 대해 불만이 팽배해 있다는 점은 분명하다.

그러나 일부 블레어 계파 인사들의 생각은 다르다. 처음에는 고든 브라운이, 뒤이어 에드 밀리밴드가 온건좌파 당원들을 부추겨 보다 폭넓은 유권자들에게는 호소력이 떨어지는 영역으로 이동하게 했고, 결국 신노동당이 내건 기치, 정권을 잡지 못하면 정치를 하는 게 무의미하다는 신조를 버렸다고 생각한다. 노동당 우파 계열의 한 보좌관은 이렇게 말한다.

"당내 온건좌파는 에드 밀리밴드가 자신들의 신조를 배반하고 중도 쪽으로 밀착했다고 생각한다. 현실은 훨씬 복잡한데도 말이다."

디제이 콜린스도 브라운과 밀리밴드가 보다 폭넓은 대중이 받아들이기 어려운 정책들을 당원들에게 받아들이도록 부추겼다는 데 동의한다. 그러나 당의 현대화 추진 세력(신노동당 계열)에게도 당을 고무시키는 데 실패한 책임이 일정 부분 있다며 이렇게 덧붙인다.

10년 동안 난공불락이었던 구조가 1년 만에 무너져내렸다. 와해는 고든이 다우닝 가 총리관저 계단에 발을 딛는 순간 시작되었다. 토니 블레어의 후임자들은 신노동당을 거부했고, 결국 좌파가 신노동당은 실패라고 정당화할 구실을 만들어주면서 제러미 코빈에까지 이르게 되었다. 그러나 심기일전하지 않고 좌파로 하여금 신노동당은 오직 권력에만 관심이 있지 원칙에는 관심이 없다는 주장을 하도록 내버려둔 우리에게도 일정 부분 책임이 있다. 그 주장은 잘못된 주장이지만 우리는 그들이 그런 주

압도적인
득표율

장을 하도록 내버려두었다. 이번이든 다음번이든 언제든 일어날 일이었다. 좌파가 당수가 된 건 놀랄 일이 아니다.

이벳 쿠퍼 선거팀의 버논 코커는 주류 세력이 당수 경선 과정에서 벌어지고 있던 사태를 파악했을 때는 바로잡기에 이미 너무 늦었다고 말한다. 그는 "정치이념상 절대로 자신이 제러미 코빈의 지지자라고 하지 않을 사람들, 자신이 노동당의 우파라고 여길 우리 지구당 사람들조차도 노동당이 정신이 번쩍 들게 해야 한다며 제러미 코빈에게 투표했다"며 다음과 같이 덧붙인다.

정치에 대한 반감과 환멸, 절망감은 중도나 중도좌익 성향인 사람들에게 더 큰 영향을 미치는 경향이 있다고 생각한다. 그런 사람들이 훨씬 현실적이기 때문이다. 문화적으로는 감리교, 기독교 사회주의, 평등주의에 뿌리를 둔 목적의식이 있는 사람, 세상을 더 나은 곳으로 만들 수 있다고 생각하는 사람들이다. 그 언어를 상실하거나 교감할 능력을 상실하면 보통 사람들은 '저 인간 못 믿겠어'라고 생각하게 된다. 그렇게 되면 지지할 수 없게 된다. 하지만 제러미 코빈은 그렇지 않았다. 다른 후보들은 상실한 것을 코빈은 갖고 있었다. 절망감과 환멸은 점점 깊어지고 있었고 변화를 원하는 분위기가 팽배했다.

데이비드 라미는 코빈의 당선을 좀 더 낙관적인 시각으로 바라본다. 그는 코빈의 정치적 노선에는 공감하지 않지만 2015년 뜨거웠던 여름 동안 신임 당수가 불러일으킨 열풍이 노동당의 집권 수단이 되어주리라고 생각한다.

이번 사태를 보면서 분출된 에너지, 혁신, 젊은이들의 참여, 역동성, 풀뿌리 민중의 참여, 소셜 미디어의 활약, 당을 초월한 선거운동 등 모든 것이 노동당에는 장기적으로 볼 때 매우 건강하고 바람직한 현상이며 앞으로 노동당이 집권하는 데 도움이 되리라고 본다.

코빈에게 끌린 사람들은 젊은이들뿐만 아니라 2009년 의원 경비 남용 사건에 환멸을 느끼고 긴축정책에 반대하는 운동에 동조한 사람들도 있었다. 자유민주당이 2010년 수업료 공약을 깨자 배신감을 느낀 학생들도 있었다. 당수 경선 결과가 나온 후 발표된 유고브 여론조사에 따르면, 코빈의 지지자 가운데 놀랍게도 18퍼센트가 2010년 총선에서 자유민주당에 투표했던 사람들이었다. 2010년에 자유민주당을 지지한 사람들 가운데 버넘과 쿠퍼를 지지한 사람은 겨우 9퍼센트였고 나라 전체로는 15퍼센트였다. 그리고 2003년에 이라크전쟁 반대시위 행진에 참가했지만 자신들의 평화 요구가 토니 블레어에 의해 묵살당한 사람들도 많았다. 정치 주류와 정치인들에게 완전히 넌더리가 난 사람들이었다. 그래서 그들은 제러미 코빈에게서 돌파구를 찾았다.

경선이 진행되면서 코빈의 색다른 좌파적 방식과 파격적인 패션 감각이 그를 일종의 유명인처럼 만들었다. 좌익 진영의 나이절 패라지나 보리스 존슨이 되었다. 그러나 코빈은 기존 정치인과 달리 웨스트민스터 바깥 재야에 엄청난 지지 기반을 둔 인물이었고, 그의 재야 지지 기반은 때가 되면 엄청난 수의 지지자들을 동원할 능력이 있는 세력이었다. 코빈의 경쟁자들은 그의 이러한 지지 기반을 부러운 눈으로 쳐다볼 수밖에 없었다. 40년에 걸쳐 사회운동을 하면 행진과 시위와 집회에서 놀라울 정도로 많은 사람들을 만나고 그들과 인연을 맺고 협력하게 된다. 그들은 코빈과 동고동락한 비핵화운동 회원이고 국제사면위원회 동지들이었다. 또한 광부 파업과 와핑 분규에 참가했던 이들이고, 전쟁 종식운동을 함께하고 길퍼드 4인과 버밍엄 6인을 위해 함께 싸웠던 사람들이다. 보다 최근에는 코빈이 트위터와 페이스북에서 만난 사람들이고, 코빈을 당선시키기 위해 온몸을 던져 선거운동을 한 사람들이다.

2015년 선거운동이 절정에 이르렀을 때 당수 선거운동으로 다른 데 정신을 팔 겨를이 없었을 텐데도 국립박물관 내셔널 갤러리 서비스의 민영화에 반대하는 직원들이 벌이는 보잘것없는 시위 현장 뒤에 코빈이 서 있는 모습을 보았다고 그의 친구 타리크 알리는 회상한다. 코빈 말고 누가 굳이 그런 일을 했겠는가? 오랜 세월 동안 그들의 대의명분을 위해 함께 싸워준 코빈이 그들에게 도움의 손길을 내밀었을 때 그들은 코빈이 과거에 보여준 의리에 보답했다.

제러미 코빈이 노동당 당수에 당선된 이유가 뭘까? 이 질문에 대한 최상의 답변은 어쩌면 버논 코커가 제시했는지도 모른다.

"하늘이 도왔다. 행성들이 일렬로 늘어서고 행성 주위의 은하계들이 일렬로 늘어섰다. 그리고 그는 우리가 사는 곳의 독특한 정치적 시대정신을 잘 포착했다."

예비내각
구성하기

2015년 노동당 전당대회 무대에 선 제러미 코빈은 당수로서 첫 연설을 했다. 첫 연설 장소로서 브라이턴은 안성맞춤이었다. 코빈이 무던히 애썼음에도 불구하고 그의 정신적 스승인 토니 벤이 부당수 선거에서 근소한 차로 패한 곳이고, 아일랜드공화국군이 대처 정부를 쓸어내기 직전까지 갔던 곳이기 때문이다.

청중석 맨 앞줄에는 코빈의 부인 로라 알바레즈가 코빈의 호리호리한 세 아들 벤저민, 세바스천, 토머스와 함께 나란히 앉아 있었다. 같은 줄에는 약간 혼이 나간 듯이 보이는 예비내각 각료들이 앉아 있었는데, 이 가운데는 한때 당수 경선 선두 주자였고 이제 코빈의 예비내각에서 내무장관을 맡아달라는 제안을 수락한 앤디 버넘도 있었다. 버넘의 몇 자리 건너에는 신임 예비내각 재무장관 존 맥도널이 앉아 있었고, 맥도널 몇 자리 건너에는 코빈의 전 연인이자 오랜 친구인 다이앤 애벗이 이제 예비내각의 국제개발부 장관으로서 자리를 잡고 있었다.

코빈이 뜻밖에 당수에 당선된 후 2주 동안에 많은 일이 일어났다. 신바람 나는 일이 더 많았지만 분통 터지는 일도 있었다. 퀸 엘리자베스 II에서 특별회의가 열린 다음 날인 일요일, 코빈이 BBC의 앤드루 마와 안락의자에 나란히 앉아 담소를 하는 대신 이즐링턴에서 열린 정신건강 의료 관련 행사에 참석해 오랜 친구들, 지역구 유권자들과 어울릴 때까지는 좋았다. 하지만 예비내각을 조직하려고 애쓰는 과정에서 코미디 같은 일이 벌어졌다. 코빈의 둘째 아들 세바스천은 코빈 팀에서 계속 핵심적인 역할을 했는데, 그는 예비내각 구성이 당수 경선 결과가 나오기 전날 저녁에 이미 합의되었다고 생각했다. 그런데 코빈이 수석 원내총무로 임명한 로지 윈터턴Rosie Winterton이 관여하면서 문제가 생기기 시작했다.

코빈 자신이 예상했던 대로 존 맥도널을 예비내각 재무장관으로 임명하면 논란이 일 게 불 보듯 뻔했다. 한 의원은 경멸조로 맥도널을 '골수 트로츠키주의자'라고 불렀고, 또 다른 중진 의원은 맥도널 임명을 '전쟁 행위'로 규정했다. 노동당 중앙당의 많은 인사들은 코빈이 당내 우파와 중도 세력에게 손을 내밀면서 당수직에 착수하기를 바랐다. 그러기 위해서 앤디 버넘이 예비내각 재무장관으로 임명하려 했던 레이첼 리브스Rachel Reeves처럼 존경받는 화합형 인물에게 경제 각료 자리를 주든지, 아니면 아예 버넘을 임명하기를 바랐다.

그러나 코빈을 잘 아는 사람들은 그가 예비내각에서 가장 중요한 직책을 자신의 오랜 친구이자 동지인 맥도널에게 주리라는 사실을 알고 있었다. 애초에 코빈의 이름을 투표용지에 올리고 사이먼 플레처의 측면 지원을 받아 결국 코빈에게 당권을 안겨준 사람은 맥도널이었다. 코빈이 이제 와서 맥도널을 배반할 리가 없었다. 그러나 코빈이 맥도널을 예비내각 재무장관으로 임명하려 하자 시련이 닥쳤다. 하원에서 당내 기반이 취약한 좌파 소속인 코빈은 예비내각 각료의 머릿수를 채우기 위해서라도 자신과는 성향이 다른 의원들의 협조가 필요했다. 맥도널을 임명하려니 많은 의원들이 협조를 꺼렸다.

언론은 예비내각 구성이 9월 13일 일요일 오후까지 완성되어 발표된다고 알고 있었다. 그런데 예비내각 구성이 밤늦게까지 이어졌다. 하원에 출입하는 정치기자들은 대부분 포기한 채 귀가했다. 하지만 배짱 두둑한 두 방송기자, 스카이 뉴스의 대런 매캐프리^{Darren McCaffrey}와 BBC의 엘리노어 가니에^{Eleanor Garnier}는 자정이 넘어서까지도 계속 남아서 원내총무단 사무실 밖에서 문에 귀를 바싹 대고 있었다. 고뇌에 가득 찬 전화 통화 소리가 분명히 들렸고 달갑지 않아 하는 의원들에게 입각해달라고 거의 사정하다시피 하는 소리도 들렸다. 특히 장애가 된 문제는 트라이던트 핵 방어 체제에 대한 반대, 유럽연합과 북대서양조약기구 회원 자격과 관련한 신임 당수의 입장이었는데 이 때문에 예비내각 국방장관을 찾는 데 애를 먹고 있었다. 매캐프리는 훗날 다음과 같이 말했다.

그리 두껍지도 않은 문 너머에서 종종 고성이 오가는 통화 소리가 또렷이 들렸다. "앤디(버넘)도 수락, 힐러리(벤)도 수락, 앤절라(이글)^{Angela Eagle}도 수락." 제러미의 예비내각에 합류해달라는 요청을 수락하게 하려고 로지 윈터턴이 사용한 수법이었다. …… 전화 통화는 계속되었지만 국방장관 자리는 해결된 듯싶었다. 국방장관 자리는 크리스 브라이언트^{Chris Bryant}에게 제안했다. "제러미가 수용했다"고 로지는 전화에 대고 말했다. 하지만 브라이언트가 "우리가 러시아를 침공해야 한다면 어떻게 할지에 대해 당수와 30분 동안 대화를 해봐야겠다"고 고집을 부리면서 사단이 난 것 같았다. 제러미 코빈은 전혀 그런 대화를 할 준비가 되어 있지 않았다. 그러자 브라이언트는 거절했다. "아, 잭 드로미^{Jack Dromey}가 국방장관에 알맞겠군." 하지만 드로미도 거절했다. 로지는 다시 '국방부 문제'로 고심했다. 웃음이 터졌다. "결국 '영토 수호'가 문제군." …… 로지는 다시 전화를 돌렸다. 누구와 통화하는지는 알 수가 없었다. "자, 좀 의외의 생각일지는 모르지만, 예비내각 국방장관 자리를 어떻게 생각하세요?" 침묵이 흘렀다. "트라이던트에 대해 어떤 의견이신가요?" 훨씬 긴 침묵이 흘렀다. "무슨 말인지 알겠는데, 그래도 토론을 해볼 의향은 있으세요?"³²⁰

이즈음 '핵심 4역'은 결정되어 발표되었다. 코빈은 당수로서 예비내각의 재무장관 맥도널, 내무장관 버넘, 외무장관 힐러리 벤의 보좌를 받게 되었다. 신임 예비내각 각료들이 누군지 알려고 기자들이 날리는 트위터를 예의 주시하고 있던 노동당 의원들은 뭔가를 발견했다. 핵심적인 직책들이 모두 남성에게 돌아갔다는 사실이었다. 매캐프리는 다음과 같이 말을 이었다.

예비내각의 핵심 직책들이 모두 남성에게 돌아갔다. 노동당 의원들은 온라인에서 불만을 토로하기 시작했다. 코빈의 예비내각 모습이 이래서는 안 된다는 원성이 일었다. 그러더니 남자 목소리가 들렸다. 사이먼 플레처 목소리 같았다. "여성이 없다고 생난리들이다. (고든 브라운 시절 제1장관이었던) 피터 맨덜슨*해법을 써야겠어. 앤절라(이글)를 예비내각의 제1장관^{First} Secretary of State**에 임명하기로 하지. 고든이 맨덜슨을 임명했던 것처럼 말야. 그녀는 총리질의응답을 맡을 수 있어. 톰(왓슨)도 알고 있는 일이야. 앤절라 건 당장 해결해." 몇 분 후 노동당 소식통에게서 이런 문자가 왔다. "앤절라 이글이 예비내각의 제1장관으로 내정되었다. 그녀가 총리질의응답을 대리할 수도 있다." 처음부터 이런 계획이었을까, 아니면 트위터에서 원성이 일고 은밀하게 소식이 퍼지면서 막판에 나온 대응일까?

예비내각 조직과 하원 회의장 벤치 앞좌석을 채울 핵심 요직 임명을 둘러싸고 혼란이 연출되고 난 후, 월요일 저녁에 열린 노동당 중앙당의 첫 회의 분위기는 냉랭했다.[321] 아직도 그 사건들에 대한 뒷말이 오가는 가운데 코빈은 또 다른 언론의 폭풍 한가운데에 서게 되었다. '여왕 폐하의 가장 충직한 야당^{Her Majesty's Most Loyal Opposition}'의 당수로서 첫 관례상 책무를 이행한 후였다. 영국전투^{Battle of Britain}*** 75주년을 기념하는 추모식이 세인트 폴 성당에서 열렸다. 코빈은 이번만큼은 넥타이를 매고 참전 용사들, 전투복으로 완전무장한 영국 공군 고참병들, 예복을 갖춰 입은 왕실 인사들과 나란히 행사에 참석했다. 영국 국가 '신이여, 여왕을 지켜주소서^{God Save the Queen}' 제창이 시작됐지만 코빈은 여전히 입술을 굳게 다문 채로 서 있었다.

<hr />

•
1994년 노동당 당수 존 스미스의 갑작스러운 사망으로 당수 자리가 공석이 되자 고든 브라운과 토니 블레어가 차기 주자로 떠올랐다. 이때 맨덜슨은 신임 당수로 블레어를 지지했다. 이로 인해 맨덜슨과 브라운 사이에 감정의 골이 생겼다.
••
내각을 총괄하는 직책으로 장관들보다 직급이 높지만 각 장관에게 부여되는 권한을 초월하는 특별한 권한은 없다.
•••
1940년 영국을 침공했던 독일 공군을 격퇴한 공중전을 말한다.

공화주의자임을 공공연히 밝혀왔고 그 당시에도 여전히 전쟁저지 연합 의장이었던 코빈이니 충분히 예상됐던 행동일지도 모른다. 뒤이은 분노도 쉽게 예상할 수 있었다. 코빈의 신임 예비내각 각료 다섯 명은 즉시 코빈이 국가를 제창하지 않은 행동을 비판하고 나섰다. 36시간 전에 예비내각 평등장관에 임명된 케이트 그린Kate Green은 코빈의 행동이 "많은 사람들의 감정을 상하게 하고 그들에게 상처를 줬을지 모른다"고 했다.[322] 다우닝 가는 성명을 내고 데이비드 캐머런이 "매우 자랑스러워하며 기꺼이" 국가를 제창했다며 거들고 나섰다.[323] 보수당 의원이자 윈스턴 처칠의 손자인 니컬러스 솜스Nicholas Soames는 다음과 덧붙였다.

"정말 무례한 행동이다. 그는 어른답게 행동할지 여부를 결정해야 할 듯싶다."[324]

코빈은 공습 당시 런던에 있었던 자신의 부모를 비롯해 시민들을 생각하면서 묵념을 했다고 노동당 대변인이 해명을 했지만, 수많은 노동당 의원들의 비판은 가라앉지 않았다. 그들은 자신이 동의하지 않는 관습과 관례라고 해서 그것을 따르지 않으려는 신임 당수의 행동을 비판했다. 코빈이 앞으로는 "적절한 방식으로 예를 표하겠다"고 약속했지만 그들의 우려를 불식시키기에는 역부족이었다.[325]

코빈이 당수가 되고 첫 며칠은 험난했지만 곧 승리의 순간이 뒤따랐다. 9월 16일 수요일 아침, 코빈이 데이비드 캐머런의 맞은편에 서서 진행할 총리질의응답을 준비하던 중 신임 부당수 톰 왓슨이 희소식을 전해왔다. 코빈이 당수로 취임하던 날 자그마치 1만 4,500명이 노동당에 새로 입당했다는 내용이었다. 이틀 후인 월요일 아침에는 그 숫자가 3만 명으로 불어났고, 두 사람이 총리질의응답 준비를 하던 시점에는 놀랍게도 4만 명을 달성했다. 노동당의 총 당원 수가 토니 블레어가 처음 집권했던 시기 이래 처음으로 35만 명을 넘어섰고, 그 후에도 계속 증가해 그 주 말미에는 37만 명을 넘었다.

코빈은 당선되고 며칠 후 총리를 대상으로 할 첫 질문들을 '대중으로부터 조달하겠다'는 기발한 아이디어를 냈다. 코빈이 캐머런에게 물어보기를 바라는 질문을 대중이 제출하도록 권유하는 방식이었다. 수많은 전직 당수들이 공언했지만 결국 하나같이 실패한 일을 마침내 해낼 신의 한 수였다. 이는 바로 총리질의응답에서 막장드라마 같은 요소를 제거하는 일이었다.

자그마치 100만 명의 시청자가 TV로 지켜보는 가운데 9월 16일 수요일 총리질의응답이 시작되었다. 코빈이 자리에서 일어나 캐머런에게 "색다른 방식을 시도해보고 싶다"고 말했다. 지켜보던 일부 의원들은 침착하고 권위 있는 코빈의 태도에 놀랐다. 놀랄 일까지는 아니었을지도 모른다. 코빈이 대부분의 의원들보다 더 긴 시간을 하원 회의장에서 보냈을 테니까. 그래도 뒷자리에서만 30년 이상을 보냈는데 처음으로 연단에 나서는 게 쉽지는 않았을 것이다. 코빈은 놀라울 정도로 침착했다. 그는 캐머런에게 연속해서 주거, 세액공제, 정신건강 서비스 예산 삭감 등을 비롯한 문제들에 대해 흥미롭고 핵심을 찌르는 질문들을 했다. 평범한 유권자들이 제시한 질문들이었기 때문에 캐머런은 진지하게 대답할 수밖에 없었고 자신의 재량으로 할 수 있는 촌철살인의 반박 대응도 마음대로 할 수 없었다.

이런 형식의 총리질의응답에 찬사가 쏟아졌고, 이를 지켜본 많은 사람들은 신임 야당 당수와 총리의 질의응답이 신선하고 유익했다고 말했다. 보통 서로 매도하고 비열한 막말로 점철되던 야당 당수와 총리 간의 대결 양상이 바뀐 듯하자 환영하는 분위기였다. 더 많은 사람들이 노동당에 입당했다.

9월 마지막 주 노동당 전당대회장에 도착한 코빈은 당수로서 좀 더 자리를 잡은 느낌을 주기 시작했다. 현역 고위 장성에게서 장래에 노동당 정부가 국방비를 삭감하고 북대서양조약기구를 탈퇴하거나 트라이던트를 철폐하려 한다면 영국군이 '반란'을 일으킬 것이라는 경고를 받긴 했지만 말이다.[326] 한 원로 의원의 말을 빌리자면, 코빈은 이미 당수 자리에 "길이 들었고", 새 일을 즐기고 있었으며, 야당 당수 집무실에서 행한 〈뉴 스테이츠맨〉과의 인터뷰에서는 이렇게 말했다.

"신기하다. 압박도 심하고 항상 여러 가지 해야 할 일도 많지만 즐기고 있다."

그는 2020년 총선 때까지 당수로 남아 있겠다고 다짐했다. 브라이턴에서 노동당 전당대회가 열리기 일주일 전 노동조합회의에서 행한 연설에서 코빈은 조지 오스본의 복지 혜택 상한 설정에 반대하겠다고 공언했다. 해리엇 하먼이 처절하게 싸워가면서 지지하겠다고 한 정책을 말이다.

9월 29일 화요일 2시 30분 브라이턴에서 열린 노동당 전당대회에서는 로히 말리크^{Rohi Malik}라는 열아홉 살짜리 의대생이 코빈을 소개했다. 파키스탄에서 숙청을 피해 영국으로 이민 온 부모를 둔 그는 청중에게 말했다.

"그가 얼마나 헌신적이고 정직한지 우리는 늘 보아왔다. 또 자신이 옳다고 믿는 것들과 북이즐링턴 주민들을 위해 얼마나 열심히 싸워왔는지 알고 있다."

그러자 베이지색 재킷에 흰 셔츠를 걸치고 붉은색 넥타이를 맨 코빈이 무대로 걸어 나왔다. 이란의 프레스 TV를 비롯한 해외 매체들이 생중계하는 가운데 코빈이 연설을 시작했다.

저는 저를 지지해준 59퍼센트의 유권자로부터 위임을 받았습니다. 변화를 일으켜달라는 특명입니다. …… 우선 정치하는 방식을 바꿔달라는 명령입니다. 노동당에서, 그리고 이 나라에서 말입니다. 좀 더 인자하고 포용력 있는 정치를 하겠습니다. 하향식이 아닌 상향식 정치를 하겠습니다. 웨스트민스터에서뿐만 아니라 모든 지역사회와 일터에서도 일방적 훈계가 아니라 진짜 토론이 이루어지도록 하겠습니다. 그러나 무엇보다도 솔직하게 대화하기를 바랍니다. 정직하기를 바랍니다. 이 당에서, 이 운동에서 앞으로 우리가 할 정치는 그런 정치입니다.

코빈은 처음으로 프롬프터를 써서 연설을 하면서 한 가지 실수를 범했다. 모두 이해할 만한 가벼운 실수였다. 코빈이 그의 팀원 하나가 원고에 삽입한 무대 동작 지시문을 큰 소리로 읽어버린 것이다. "여기서 큰 거 한 방 터뜨릴 것." 코빈은 연설을 다음과 같이 마무리했다.

"불의를 용납하지 맙시다. 편견에 맞섭시다. 좀 더 인자한 정치 문화를 구축합시다. 좀 더 서로 보살피는 사회를 함께 만듭시다. 우리가 추구하는 가치, 민중이 추구하는 가치를 다시 정치에 반영시킵시다."

코빈의 모든 선거운동 과정이 그랬듯이 그가 당수로서 한 첫 연설에 대해서도 의견이 엇갈렸다. 그의 지지자들은 파격적이라며 환영했고, 그를 비판하는 사람들은 진부하고 알맹이 없다고 비판했다. 이미 자신을 지지하는 사람들의 입맛에 맞는 말만 하고, 노동당이 다음 총선에서 이기기 위해 필요한 보수 성향 유권자들에게 호소하려는 노력은 하지 않았다는 게 비판의 공통된 주제였다. 조너선 프리들랜드Jonathan

Freedland는 〈가디언〉에 이런 글을 썼다.

그는 놀라운 승리를, 획기적인 당선을 자축하러 왔다. 노동당 당수로서 한 첫 연설에서 그는 자신이 위임받은 임무를 여러 차례 언급했다. 그 임무의 규모는 방대하다. 그가 끌어모은 엄청난 표심을 헛되이 하지 않을 새로운 길을 찾는 일이다. 만끽할 만한 승리였다. 새로운 정치를 예고하는 승리였다. 물론 제러미가 염두에 둔 선거는 자신이 뜻밖에 당수에 당선된 그 선거를 말한다. 그보다 앞서 있었던 선거, 데이비드 캐머런에게 절대다수 의석을 내준 총선에 대해서는 전혀 언급하지 않았다. 영광스러운 순간을 지속하기 위해 노동당이 총선에서 패한 5월 7일은 역사에서 지워버리고 그 자리에 자신이 당수 경선에서 승리한 9월 12일을 덮어씌웠다. ...... 5월 7일이 9월 12일에 묻혀버렸으니 총선의 패인은 뭔지, 어떻게 했어야 결과를 뒤집을 수 있었을지는 설명할 필요가 없었다.

당수로서 첫 노동당 전당대회에 참석한 후의 나날들은 코빈에게 우여곡절이 많은 시간이었다. 기존의 정치 세력은 정치인들 가운데 가장 파격적인 이 사람을 어떻게 상대해야 할지 고심했다. 첫째, 코빈의 연설문 상당 부분이 데니스 힐리의 전 보좌관인 리처드 헬러Richard Heller가 4년 전에 써서 에드 밀리밴드에게 제출했다가 퇴짜 맞은 내용들이라는 사실이 드러났다.[27] 그다음 주에 조지 오스본 재무장관은 노동당 상원의원이자 토니 블레어의 자문역을 한 아도니스Adonis 경이 노동당 원내총무에서 사퇴하고 정부가 추진하는 주요 사회간접자본 구축 사업을 검토하는 작업을 이끌게 되었다고 발표함으로써 코빈의 뒤통수를 쳤다. 그로부터 며칠 후 코빈은 여왕을 무시했다는 비난을 받기도 했다. 코빈이 당수에 당선된 후 처음으로 열리는 추밀원 회의에 참석해 여왕 앞에 한쪽 무릎을 꿇고 국가 기밀을 논의할 여왕의 자문단 일원으로서 선서를 하도록 되어 있었는데도 불구하고 회의에 참석하지 않고 자기 부인과 함께 휴가를 떠나버렸기 때문이었다.

10월 14일, 코빈은 자신이 하원에서 반란을 일으키는 당사자가 아니라 반란의 대상이 되는 야릇한 처지에 놓이게 되었다. 2020년까지 정부가 예산 흑자를 내겠다는 계획을 담은 조지 오스본의 예산안에 대해 노동당 의원 21명이 원내총무가 지시한 당론대로 투표하지 않겠다는 의견을 밝혔다. 또 다른 노동당 상원의원 워너Warner경이 아도니스 경에 이어 당을 떠나면서, 코빈이 이끄는 노동당은 '실존적 위협'에 직면하고 있다고 말했다.[328] 〈가디언〉에서 정치평론 기사를 쓰던 급진좌파 성향의 셰이머스 밀른Seumus Milne이 노동당의 홍보전략 수석에 임명되자 노동당 내 주류 성향의 많은 사람들은 경악했다.[329]

코빈이 당선된 후 짧은 기간 동안 가장 힘들었던 때는 아마도 11월 말과 12월 초였을 것이다. 그는 어렵게 조직한 예비내각 각료들이 이탈하지 않도록 하는 동시에 IS에 대한 공습에 반대한다는 입장을 유지하려고 애를 먹고 있었다. 12월 2일 하원에서 공습 여부에 대한 표결에 들어가자 시리아에서 군사행동을 취하는 게 옳은지 그른지에 대한 토론 이상의 사태로 번졌다.

코빈을 비판하는 세력과 지지하는 세력이 각자 품고 있는 불안감과 불만이 표출되었다. 시리아 일에 대한 토론은 당수 경선 과정에서 있었던 반목을 재현하는 듯했다. 당내 의견이 갈리면서 노동당이 처한 어정쩡한 상황이 낱낱이 드러났다. 당의 리더는 보다 폭넓은 재야 운동권에서 열렬한 지지를 누리지만 노동당 의회 내에서는 거의 지지를 받지 못하는 급진좌파다. 그런 그가 이끄는 노동당의 상황이 적나라하게 드러난 것이다. 코빈은 노동당 중앙당 내에 자신과 생각이 비슷한 의원이 거의 없다보니 여러 가지 이슈에서 그와 다른 의견을 지닌 의원들을 예비내각에 임명할 수밖에 없었다. 따라서 그는 시리아 문제를 자신의 의지대로 관철시킬 힘이 없었다. 결국 예비내각 각료들이 대거 사퇴하는 사태를 막기 위해서는 당론을 정하지 않고 의원들에게 자유 투표를 허용해야 했다.

결국 예비내각 각료 11명을 비롯한 노동당 의원 66명이 정부가 제의한 공습을 허용했고 11명은 기권했다. 벤과 마찬가지로 코빈도 자신의 부당수 톰 왓슨, 예비내각의 국방장관 마리아 이글Maria Eagle, 교육장관 루시 파월, 문화장관 마이클 더거, 그리고 앨런 존슨, 추카 우무나, 해리엇 하먼, 힐러리 벤, 리즈 켄들, 마거릿 베켓, 트리스트럼 헌트, 이벳 쿠퍼, 댄 자비스와 같은 존경받는 인사들로부터 무시당했다. 이들의 행동은 코빈이 분명히 유권자들의 명령을 위임받았고 당수로서 응당 존중받아야 하는데 그렇지 못했다고 여긴 풀뿌리 운동가들의 분노를 샀다.

그 인사들에 대한 온갖 협박과 비방이 난무하는 가운데 코빈과 맥도널은 지지자들에게 소셜 미디어에서 노동당 의원들에 대한 공격을 자제해달라고 촉구했지만 소용이 없었다. 스텔라 크리시Stella Creasy와 닐 코일 의원을 비롯한 노동당 의원들에게 욕설과 살해 협박을 한 소셜 미디어 누리꾼들은 코빈이 올라타기는 했으되 아직 길들이지는 못한 호랑이였다.

앞으로도 제러미 코빈을 둘러싸고 많은 논란이 들끓을 게 분명하다. 하지만 당분간은 코빈이 브라이턴에서 맞이한 영광의 순간을 음미하도록 내버려두자. 10대 소년으로 노동당에 입당해서 그 긴 세월을 때론 당을 위해, 때론 당에 맞서 싸워온 그가 5천여 명의 청중 앞에서 바로 그 당의 당수로서 연설한 순간은 그의 인생에서 절정의 순간이었을 것이다. 빗속에서도 집집마다 문을 두드리고 전단지를 나누어준 수많은 날들, 서로 죽일 듯이 격론을 벌였던 끝없는 모임들, 시위를 하며 행진한 수천 마일의 거리들, 크고 작은 규모의 군중을 상대로 한 수많은 연설들, 깨진 인간관계, 늦은 밤 귀가하고 이른 아침 집을 나선 수많은 세월은 결국 이 한 순간으로 귀결되었다. 그리고 그토록 애쓴 보람이 있었다. 코빈 동지는 범접할 수 없는 존재였다.

1. Piers Corbyn Interview, John Davis, 2010.

2. Ibid.

3. 'Jeremy Corbyn, the boy to the manor born', Robert Mendick, *Sunday Telegraph*, 22 August 2015.

4. '"It's been 30 amazing years" says veteran Labour MP Jeremy Corbyn', John Gulliver, *Islington Tribune*, 14 June 2013.

5. 'Jeremy Corbyn: "I don't do personal"', Simon Hattenstone, *Guardian*, 17 June 2015.

6. 'Revealed: the evil monster haunting Jeremy Corbyn's past', Caroline Wheeler, *Sunday Express*, 20 September 2015.

7. 'I am much too old for personal ambition', Huw Spanner, *Church Times*, 18 September 2015.

8. Mendick, *Sunday Telegraph*, op. cit.

9. Spanner, *Church Times*, op. cit.

10. 'Jeremy Corbyn's day: from national anthem "disloyalty" to "brilliant" PMQs battle with David Cameron', Michael Wilkinson, *Daily Telegraph*, 16 September 2015.

11. Davis, op. cit.

12. Times Diary, Kaya Burgess, *The Times*, 15 September 2015.

13. Davis, op. cit.

14. Ibid.

15. Ibid.

16. Ibid.

17. *Stanton St Bernard and Its People*, Naomi Corbyn, date unknown, early 1980s.

18. Ibid.

19. Spanner, *Church Times*, op. cit.

20. Davis, op. cit.

21. Ibid.

22. Ibid.

23. Ibid.

24. 'Making of Comrade Corbyn', Quentin Letts, *Daily Mail*, 13 September 2015.

25. Mendick, *Sunday Telegraph*, op. cit.

26. 'Posh past of the "Sexpot Trot": how Corbyn was brought up in a seven-bedroom house, went to prep school and even played polo', Andrew Pierce, *Daily Mail*, 4 September 2015.

27. Davis, op. cit.

28. Pierce, *Daily Mail*, op. cit.

29. Ibid.

30. 'Shropshire lad who became the left's Duracell Bunny', Tim Rayment, *Sunday Times*, 13 September 2015.

31. Davis, op. cit.

32. Ibid.

33. Mendick, *Sunday Telegraph*, op. cit.

34. Rayment, *Sunday Times*, op. cit.

35. Pierce, *Daily Mail*, op. cit.

36. 'Jeremy Corbyn: a question of substance over style?', Mark Andrews, *Shropshire Star*, 24 August 2015.

37. Ibid.

38. Ibid.

39. 'Very red, much wed, union led', Ben Griffiths and Polly Graham, *The Sun*, 12 July 2015.

40. 'Labour leadership hopefuls quizzed on everything from favourite TV to heroes and political priorities', Jason Beattie, *Sunday Mirror*, 9 August 2015.

41. Davis, op. cit.

42. Hattenstone, *Guardian*, op. cit.

43. Davis, op. cit.

44. Spanner, *Church Times*, op. cit.

45. Rayment, *Sunday Times*, op. cit.

46. Davis, op. cit.

47. Ibid.

48. Rayment, *Sunday Times*, op. cit.

49. Andrews, *Shropshire Star*, op. cit.

50. Hattenstone, *Guardian*, op. cit.

51. Rayment, *Sunday Times*, op. cit.

52. 'Jeremy Corbyn Interview: On the Housing Crisis, Media Plurality, Climate Change, Religion, Bolivia and "Corbynistas"', Paul Waugh, *Huffington Post*, 21 December 2015.

53. 'Jeremy Corbyn: "I think we have to think in terms of the disillusioned who didn't vote"', Jason Cowley, *New Statesman*, 29 July 2015.

54. 'Beards: diary', Jack Malvern, The Times, 19 January 2002.

55. LBC Labour leadership hustings hosted by Iain Dale, LBC, 22 July 2015.

56. 'Jeremy Corbyn: a very middle-class revolutionary on the verge of becoming Labour leader', Dominic Midgley, *Daily Express*, 10 September 2015.

57. 'Jeremy Corbyn interview: the leader strikes back', George Eaton, *New Statesman*, 23 September 2015.

58. 'Jeremy Corbyn is not a serious politician. I should know', Leo McKinstry, *Daily Telegraph*, 16 June 2015.

59. Rayment, *Sunday Times*, op. cit.

60. 'What I learned from singing with Jeremy Corbyn in the Young Socialists', Nick Rosen, *Guardian*, 14 September 2015.

61. 'Jeremy Corbyn's ex-wife: "I donated to Yvette Cooper's campaign"', Rosa Silverman, *Daily Telegraph*, 12 September 2015.

62. Ibid.

63. 'Jeremy Corbyn and Diane Abbott were lovers', David Brown and Dominic Kennedy, *The Times*, 17 September 2015.

64. 'Labour's Corbyn says voted "No" to Britain's EU membership in 1975 vote', Reuters, 10 September 2015.

65. Davis, op. cit.

66. Rayment, *Sunday Times*, op. cit.

67. Ibid.

68. Silverman, *Daily Telegraph*, op. cit.

69. 'Ex-wife: "Jeremy used to eat cold beans rather than take me to dinner"', Tamara Cohen, *Daily Mail*, 16 August 2015.

70. 'A cold fish relishing his red-hot moment', James Bloodworth and Bobby Friedman, *Sunday Times*, 16 August 2015.

71. 'Corbyn, the outsider who could land leadership he didn't want', Sean O'Neill and Laura Pitel, *The Times*, 18 July 2015.

72. Silverman, *Daily Telegraph*, op. cit.

73. 'Diane Abbott: "Cambridge was the making of me"', Naomi O'Leary, *Cambridge Student*, June 2010.

74. Andrews, Shropshire Star, op. cit.

75. 'Exclusive: Jeremy Corbyn's first wife reveals how their marriage really ended after his lover Diane Abbott made a "hostile" home visit and told her: "Get out of town"', Nick Craven and Sanchez Manning, *Mail on Sunday*, 20 September 2015.

76. Ibid.

77. 'Labour's moderates have a duty to serve in the shadow Cabinet', Roy Hattersley, *Guardian*, 13 September 2015.

78. Eaton, *New Statesman*, op. cit.

79. 'Jeremy Corbyn quizzed over alleged electoral expenses infringements', Lynn Davidson, *The Sun*, 20 September 2015.

80. *You Can't Say That*, Ken Livingstone, Faber & Faber, April 2012.

81. Ibid.

82. *Ken: The Ups and Downs of Ken Livingstone*, Andrew Hosken, Arcadia Books, September 2008.

83. 'Labour leadership election: MPs prepare to resist Corbynistas', Daniel Boffey, *Observer*, 6 September 2015.

84.	'Jeremy Corbyn, Tariq Ali and the Battle of Hornsey', Alex Goodall, *Medium*, 27 September 2015.

85.	*The End of an Era: Diaries 1980–90*, Tony Benn, Arrow, September 1994.

86.	'Jeremy Corbyn's world: his friends, supporters, mentors and influences', Daniel Boffey, *Observer*, 16 August 2015.

87.	'Falklands war was Tory plot — and jobless men died for Thatcher, says Jeremy Corbyn: Labour leadership hopeful refused to offer "loyal support" for British troops fighting to liberate the islands', Simon Murphy and Ian Gallagher, *Mail on Sunday*, 30 August 2015.

88.	Rayment, *Sunday Times*, op. cit.

89.	Benn, *The End of an Era*, op. cit.

90.	Rosen, *Guardian*, op. cit.

91.	*A Very British Coup*, Chris Mullin, Serpent's Tail, January 2010.

92.	'Obituary: Michael O'Halloran', Tam Dalyell, *Independent*, 2 December 1999.

93.	Ibid.

94.	Ibid.

95.	'Why I'm standing down from Parliament: Jack Straw, MP for Blackburn', Rosa Prince, *Daily Telegraph*, 13 February 2015.

96.	'Labor MP quits party', *Globe and Mail*, 9 September 1981.

97.	'When Michael Foot was making progress, Tony Benn pushed us back . ······ just like Jeremy Corbyn is doing now', Rachael Bletchley, *Daily Mirror*, 3 August 2015.

98.	Gulliver, *Islington Tribune*, op. cit.

99.	Philip Cowley, Revolts.co.uk, 24 July 2015.

100.	'Jeremy Corbyn: Labour's Earthquake', *Panorama*, BBC 1, 7 September 2015.

101.	Hattenstone, *Guardian*, op. cit.

102.	Griffiths and Graham, *The Sun*, op. cit.

103.	'Fresh battle cry from Hattersley', Jill Hartley, *Sunday Times*, 7 February 1988.

104.	'Left to fight Kinnock's bid for the yuppy vote', Jill Hartley, *Sunday Times*, 11 October 1987.

105.	'Parliament: teachers' pay Bill approved after all-night debate', *The Times*, 12 December 1986.

106.	Benn, *The End of an Era*, op. cit.

107.	'400 gay rights protesters back ballet-ban teacher', Dominic Kennedy, *The Times*, 9 February 1994.

108. 'About me — Jeremy Corbyn MP', jeremycorbyn.org.uk

109. 'New attack on Corbyn for "inaction" over child abuse', Steven Swinford, *Sunday Telegraph*, 24 July 2015.

110. 'A blind eye to child abuse', Guy Adams, *Daily Mail*, 1 August 2015.

111. Swinford, *Sunday Telegraph*, op. cit.

112. *Free at Last: Diaries 1991–2001*, Tony Benn, Cornerstone Digital, December 2009.

113. 'Short hits at "dark forces" behind Blair', Colin Brown, *Independent*, 8 August 1996.

114. 'Fuck the rich: a portrait of Jeremy Corbyn', Alwyn W. Turner, alwynturnerblogspot.com, 20 August 2015.

115. 'As Jeremy's excellent adventure continues, who are his fellow travellers?', Jon Craig, *Total Politics*, 27 August 2015.

116. Benn, *Free at Last*, op. cit.

117. 'Adams plans book launch in Commons', John Burns, *The Times*, 15 September 1996.

118. Ibid.

119. 'Blair slams Labour MP for Adams invite', Reuters, 16 September 1996.

120. Benn, *Free at Last*, op. cit.

121. Ibid.

122. 'Adams stays in media firing line with verdict on shooting', David McKittrick, *Independent*, 27 September 1996.

123. 'Kinnock is appalled at visit of IRA bombers', Geoffrey Parkhouse, *Glasgow Herald*, 17 December 1984.

124. Ibid.

125. 'Labour anger over Adams invitation; Sinn Fein speech storm', Richard Ford, *The Times*, 30 September 1989.

126. Atticus, John Burns, *Sunday Times*, 11 October 2015.

127. 'How Sinn Féin strolled through Westminster', Colin Brown, *Independent*, 22 November 1996.

128. Jeremy Corbyn interview, *Andrew Marr Show*, BBC 1, 27 September 2015.

129. 'Eileen Paisley: "I can't wait to see the film about Ian. ...... I'm sure they'll do an excellent job"', Suzanne Breen, *Belfast Telegraph*, 10 October 2015.

130. Livingstone, op. cit.

131. 'Labour's extreme left idealists who never wised up with age', Eilis O'Hanlon,

Belfast Telegraph, 15 September 2015.

132. Jeremy Corbyn interview, *Andrew Marr Show*, op. cit.

133. Ibid.

134. Benn, *The End of an Era*, op. cit.

135. 'IRA prisoner weds', *The Times*, 13 February 1988.

136. 'Appeal reform hint as Hill is free on bail', Richard Ford, Edward Gorman and Stewart Tender, *The Times*, 21 October 1989.

137. 'Labour fury as Speaker bars "security risk" researcher with Irish links', Michael Jones and Jim Cusick, *Sunday Times*, 4 October 1987.

138. Jeremy Corbyn interview, Stephen Nolan, BBC Radio Ulster, 6 August 2015.

139. Jeremy Corbyn interview, *Andrew Marr Show*, op. cit.

140. Chris Mullin, *A Walk-On Part: Diaries 1994-99*, Profile Books, June 2012.

141. 'Politics gets personal — How a point of principle tore our lives apart', Andy McSmith, *Observer*, 16 May 1999.

142. 'Doing right by the child — Interview — Claudia Bracchitta', Margarette Driscoll, *Sunday Times*, 16 May 1999.

143. Ibid.

144. Ibid.

145. Ibid.

146. Ibid.

147. Hattenstone, *Guardian*, op. cit.

148. McSmith, *Observer*, op. cit.

149. Ibid.

150. Ibid.

151. Ibid.

152. Hattenstone, *Guardian*, op. cit.

153. McSmith, *Observer*, op. cit.

154. Ibid.

155. Driscoll, *Sunday Times*, op. cit.

156. *The House of Commons: An Anthropology of MPs at Work*, Emma Crewe, Bloomsbury Academic, June 2015.

157. *The Rebels: How Blair Mislaid his Majority*, Philip Cowley, Politico's Publishing, October 2005.

158. Diary, Matthew Norman, *Guardian*, 20 December 2001.

159. Crewe, op. cit.

160. 'Why Labour should end the madness and elect Yvette Cooper', Alan Johnson, *Guardian*, 4 August 2015.

161. *Panorama*, op. cit.

162. Ibid.

163. Hattenstone, *Guardian*, op. cit.

164. Left-wingers force vote on airstrikes', Sarah Schaefer, *Independent*, 20 April 1999.

165. 'Jeremy Corbyn: let taxpayers opt out of funding the Army', Ben Riley-Smith, *Daily Telegraph*, 5 September 2015.

166. 'Voice of student protest reduced to mere whisper', Alan Hamilton, *The Times*, 27 November 1999.

167. 'Straw rules Pinochet extradition can go ahead', Jamie Wilson, Nick Hopkins and Ewen MacAskill, *Guardian*, 10 December 1998.

168. 'Dome should be Queen's new home', Melissa Kite, *The Times*, 5 July 2000.

169. The Sunday Stirrer, *Daily Star Sunday*, 31 March 2003.

170. 'Chosen one faces brutal baptism with four days of huge decisions', Francis Elliot, *The Times*, 12 September 2015.

171. Lucy Powell interview, Sky News, 14 September 2015.

172. 'Hard-left MP mulling over Labour deputy bid', Matthew Tempest, *Guardian*, 20 December 2006.

173. 'Whatever happened to Tigmoo?: I am a Labour party member — a useless one. This week I attended my first meeting since 1974', Ian Jack, *Guardian*, 13 June 2009.

174. 'Islington North MP Jeremy Corbyn was the lowest expenses claimer in the country', Meyrem Hussein, *Islington Gazette*, 9 December 2010.

175. Hattenstone, *Guardian*, op. cit.

176. Hussein, *Islington Gazette*, op. cit.

177. Jesse Jackson interview, *We Are Many* documentary film, Amir Amirani, 2015.

178. Benn, *More Time for Politics*, op. cit.

179. 'Britain may be seen as "yes-person of the USA"', *Birmingham Post*, 24 September 2001.

180. *Voices Against War: A Century of Protest*, Lyn Smith, Mainstream Digital, April 2011.

181. Ibid.

182. 'Another coalition stands up to be counted', John Vidal, *Guardian*, 19 November 2001.

183. Ibid.

184. 'Jeremy Corbyn: 9/11 was "manipulated"', Peter Dominiczak, *Daily Telegraph*, 25 September 2015, quoting Socialist Campaign Group newsletter, 1991.

185. 'Thousands including NRIs participate in anti-Iraq war rally', HS Rao, *Press Trust of India*, 22 September 2002.

186. 'British anti-war lobby to go on the offensive', AFP, 25 September 2002.

187. *We Are Many*, op. cit.

188. Hansard, 29 January 2015

189. Ibid.

190. *We Are Many*, op. cit.

191. Ibid.

192. *See Standing Down: Interviews with Retiring MPs*, Rosa Prince, Biteback Publishing, May 2015.

193. Hansard, op. cit.

194. Ibid.

195. 'I'm backing Jeremy Corbyn for Labour leadership, despite his unsavoury "friends"', Peter Tatchell, *International Business Times*, 3 September 2015.

196. 'US designates five charities funding Hamas and six senior Hamas leaders as terrorist entities', US Department of the Treasury press release, 22 August 2003.

197. *What Does Islam Say?*, Ibrahim Hewitt, Muslim Educational Trust, June 1998.

198. 'Corbyn pal hate cleric', Michael Hamilton, *The Sun*, 25 July 2015.

199. 'Jeremy Corbyn says antisemitism claims "ludicrous and wrong"', Rowena Mason, *Guardian*, 18 August 2015.

200. 'Fanatics let into UK during G20', Ian Kirby, *News of the World*, 5 April 2009.

201. 'Dutch court fines Muslim group for Holocaust-denial cartoon', Johnny Paul, *Jerusalem Post*, 28 August 2010.

202. 'On my link to Jeremy Corbyn and the smear campaign against me and him in the UK', Abou Jahjah, aboujahjah.org, 18 August 2015.

203. Jeremy Corbyn interview, *World at One*, BBC Radio 4, 19 August 2015.

204. Raed Salah, *Sawt al-Haq w'al-Huriyya*, 5 October 2001.

205. Raed Salah interview, Jalal Bana, *Ha'aretz*, 2003.

206. Mason, *Guardian*, op. cit.

207. 'Sizer: I am ready to meet the Board of Deputies any time', Marcus Dysch, *Jewish Chronicle*, 20 August 2015.

208. Mason, *Guardian*, op. cit.

209. 'Don't vote for Jeremy Corbyn, urges new Labour Friends of Israel chair Joan Ryan', Marcus Dysch, *Jewish Chronicle*, 10 August 2015.

210. 'Jewish Chronicle accuses Corbyn of associating with Holocaust deniers', Rowena Mason, *Guardian*, 12 August 2015.

211. Tatchell, *International Business Times*, op. cit.

212. 'Last house on the left: following Jeremy Corbyn's campaign trail', Taylor Parkes, The Quietus, 9 September 2015.

213. 'Corbyn, friend to Hamas, Iran and extremists', Andrew Gilligan, *Sunday Telegraph*, 19 July 2015.

214. Jeremy Corbyn, Press TV, May 2011.

215. Jeremy Corbyn, Russia Today, June 2014.

216. 'Jeremy Corbyn will make Iraq War apology on behalf of Labour if he wins contest', Arj Singh and Alex Britton, Press Association, 20 August 2015.

217. 'David Cameron: Jeremy Corbyn would undermine Britain's security', Ben RileySmith, *Daily Telegraph*, 21 August 2015.

218. Hansard, op. cit.

219. Hattenstone, *Guardian*, op. cit.

220. 'NATO belligerence endangers us all', Jeremy Corbyn, *Morning Star*, April 2014.

221. Tributes to Tony Benn 1925–2014, stopthewar.org.uk, 18 March 2014.

222. 'Why this man's tops are simply the vest for Corbyn: market trader reveals Labour leadership frontrunner's favourite item of clothing costs just £1.50', Jayna Rana, *Daily Mail*, 29 July 2015.

223. 'As Jeremy Corbyn steps out in shorts, black socks and trainers — our style editor's verdict', Dinah Van Tulleken, *Daily Mirror*, 11 September 2015.

224. 'Jeremy Corbyn's world', Boffey, *Observer*, op. cit.

225. Ibid.

226. 'Jeremy Corbyn votes for law to officially recognise Arsenal as the "best team in the world"', Callum Davis, *Daily Telegraph*, 12 August 2015.

227. Rail 784, October 2015.

228. 'Jeremy Corbyn's world', Boffey, *Observer*, op. cit.

229. 'Jeremy Corbyn: the secret poet and abstract artist', Michael Wilkinson, *Daily*

Telegraph, 2 September 2015.

230. The Gandhi Foundation International Peace Award 2013, The Gandhi Foundation, gandhifoundation.org, 9 January 2014.

231. Ibid.

232. 'And how did Labour leader Jeremy Corbyn find wife number three? Via Tony Benn and a kidnap plot', Caroline Graham, *Mail on Sunday*, 20 September 2015.

233. Ibid.

234. 'Bittersweet reunion in parental kidnapping case', Jed Boal, KSL.com, 18 December 2003.

235. Graham, *Mail on Sunday*, op. cit.

236. 'Why did the Sexpot Trot keep so quiet about his (MUCH younger) third wife? An insight into the marriage of Jeremy Corbyn and Laura Alvarez', Tom Rawstorne and Paul Thompson, *Daily Mail*, 3 October 2015.

237. Ibid.

238. Hattenstone, *Guardian*, op. cit.

239. 'Memorial: Nelson Mandela', *The Times*, 4 March 2003.

240. Griffiths and Graham, *The Sun*, op. cit.

241. Graham, *Mail on Sunday*, op. cit.

242. Griffiths and Graham, *The Sun*, op. cit.

243. 'Wake up and smell the coffee, comrade', Ben Ellery and Martin Beckford, *Mail on Sunday*, 16 August 2015.

244. 'Labour MP suspended by his party after "headbutting and punching Tories in brawl at Commons bar"', Larisa Brown, *Daily Mail*, 23 February 2012.

245. 'Why did Labour use this system to elect its leader?', Declan McHugh, *New Statesman*, 8 September 2015.

246. *Panorama*, op. cit.

247. McHugh, *New Statesman*, op. cit.

248. 'The soft left made Corbyn leader. They're Labour's swing vote and need to be won back for the centre', Atul Hatwal, Labour Uncut, 25 September 2015.

249. 'The undoing of Ed Miliband — and how Labour lost the election', Patrick Wintour, *Guardian*, 3 June 2015.

250. Ibid.

251. 'John McDonnell: Miliband will have to backtrack on spending cuts', George Eaton, *New Statesman*, 30 March 2015.

252. 'Miner Lavery tipped for leaders' race', Luke James, *Morning Star*, 12 May 2015.

253. 'Simon Danczuk: why Labour should pause this "disastrous" leadership race', Simon Danczuk, politics.co.uk, 12 August 2015.

254. 'The Corbyn earthquake — how Labour was shaken to its foundations', Patrick Wintour and Nicholas Watt, *Guardian*, 25 September 2015.

255. Ibid.

256. Ibid.

257. Craig, *Total Politics*, op. cit.

258. Wintour and Watt, *Guardian*, op. cit.

259. Ibid.

260. Ibid.

261. 'Len McCluskey said Kendall, Cooper and Burnham made him want to "slit his wrists"', Alan Tolhurst, *The Sun*, 11 September 2015.

262. 'How Jeremy Corbyn went from the no-hope candidate to the brink of victory', Ewen MacAskill, *Guardian*, 11 September 2015.

263. 'Diane Abbott joins Labour leadership race', Helene Mulholland, *Guardian*, 20 May 2010.

264. 'Harriet Harman nominates Diane Abbott for Labour leader', Allegra Stratton, *Guardian*, 8 June 2010.

265. 'Andy Burnham is booed by trade union delegates over welfare cuts', Rosa Prince, *Daily Telegraph*, 9 June 2015.

266. 'Jeremy Corbyn: clear alternative to Tory austerity needs to be presented', Frances Perraudin, *Guardian*, 11 June 2015.

267. 'Labour leadership: John Prescott leads calls to keep left-winger Jeremy Corbyn on ballot', Andy McSmith, *Independent*, 14 June 2015.

268. Margaret Beckett interview, *World at One*, BBC Radio 4, 22 July 2015.

269. Wintour and Watt, *Guardian*, op. cit.

270. Ibid.

271. 'Half of the Labour MPs who backed Jeremy Corbyn desert to rival candidates', Christopher Hope, *Daily Telegraph*, 22 June 2015.

272. 'Labour leadership candidates: how have their reputations fared?', Patrick Wintour, *Guardian*, 11 September 2015.

273. 'Who's who in Team Corbyn?', *New Statesman*, 27 August 2015.

274. 'Who are Jeremy Corbyn's main allies in the Labour Party?', Iain Watson, BBC

News, www.bbc.org, 13 September 2015, quoting Thomas Hobbes, *Leviathan*, 1651.

275. Livingstone, op. cit.
276. *Question Time*, BBC 1, 17 September 2015.
277. 'Jeremy Corbyn is teaching shadow Chancellor John McDonnell how to be a "nicer person"', Matt Dathan, *Independent*, 18 September 2015.
278. Beattie, *Daily Mirror*, op. cit.
279. Eaton, *New Statesman*, 23 September 2015, op. cit.
280. Watson, BBC News, op. cit.
281. 'Corbyn campaign supporter in Kendall "Tory spoof" picture', Ross Hawkins, BBC News, www.bbc.org.uk, 24 July 2015.
282. Wintour and Watt, *Guardian*, op. cit.
283. Ibid.
284. Ibid.
285. MacAskill, *Guardian*, op. cit.
286. Ibid.
287. 'Jeremy Corbyn backed by Unite as future Labour leader', Mary O'Connor, *Islington Gazette*, 6 July 2015.
288. MacAskill, *Guardian*, op. cit.
289. 'Corbyn's a nice man. He will be a disaster', Stephen Moyes, *The Sun*, 11 September 2015.
290. Wintour and Watt, *Guardian*, op. cit
291. Ibid.
292. Ibid.
293. 'Budget move exposes Labour division', David Hughes, Press Association, 12 July 2015.
294. 'Labour war as Corbyn closes in on leadership', Sam Coates, *The Times*, 22 July 2015.
295. 'Corbyn: "My duty to Islington will not waver if I become Labour leader"', Mary O'Connor, *Islington Gazette*, 30 July 2015.
296. Wintour and Watt, *Guardian*, op. cit.
297. 'Another union backs Corbyn as the antidote to a Blairite "virus"', Isabel Hardman, *New Statesman*, 30 July 2015.
298. Lord Prescott interview, *Today* programme, BBC Radio 4, 23 July 2015.

299. 'Labour leadership race: how has Jeremy Corbyn galvanised so many people — young and old?', Joseph Charlton, *Independent*, 6 August 2015.

300. Wintour and Watt, *Guardian*, op. cit.

301. Charlton, *Independent*, op. cit.

302. 'Jeremy Corbyn to "bring back Clause IV": contender pledges to bury New Labour with commitment to public ownership of industry', Jane Merrick, *Independent on Sunday*, 9 August 2015.

303. 'Jeremy Corbyn to apologise for Iraq War on behalf of Labour if he becomes leader', Ewen MacAskill, *Guardian*, 21 August 2015.

304. 'Jeremy Corbyn hails Labour leadership bid "most exciting" time of his life, as party membership surges', Ned Simons, Huffington Post, 7 August 2015.

305. 'Jeremy Corbyn hails "summer like no other" as huge support propels him towards Labour leadership', Jack Blanchard, *Daily Mirror*, 18 August 2015.

306. Charlton, *Independent*, op. cit.

307. Jeremy Corbyn interview, *Andrew Marr Show*, BBC 1, 26 July 2015.

308. 'New poll has Corbyn on course for huge victory', Sam Coates, *The Times*, 22 August 2015.

309. Andy Burnham interview, BBC News, 13 August 2015.

310. Wintour and Watt, *Guardian*, op. cit.

311. Johnson, *Guardian*, op. cit.

312. 'Alastair Campbell: choose anyone but Jeremy Corbyn for Labour leader', Rowena Mason, *Guardian*, 11 August 2015.

313. Charles Clarke interview, LBC, 26 August 2015.

314. *Panorama*, op. cit.

315. 'Chuka Umunna: "We shouldn't be seen as an opposition to Corbyn — we want to feed ideas in"', Mary Riddell, *Fabian Review*, 23 September 2015.

316. 'Jeremy Corbyn says "party backs me, I have jacket from my sons and I'm ready to be PM"', Vincent Moss, *Sunday Mirror*, 13 September 2015.

317. Wintour and Watt, *Guardian*, op. cit.

318. Ibid.

319. 'Jez we did: the day Labour was hit by a political earthquake', Toby Helm, *Observer*, 13 September 2015.

320. 'Corbyn's Cabinet chaos: the inside story', Darren McCaffrey, Sky News, 14 September 2015.

321. Wintour and Watt, *Guardian*, op. cit.

322. 'Jeremy Corbyn's shadow minister claims he "offended and hurt people" by not singing national anthem', Dan Bloom, *Daily Mirror*, 16 September 2015.

323. 'Jeremy Corbyn "will sing national anthem in future"', BBC News, BBC.org.uk, 16 September 2015.

324. Ibid.

325. Wilkinson, *Daily Telegraph*, 16 September, op. cit.

326. 'Corbyn hit by mutiny on airstrikes', Tim Shipman, Sean Rayment, Richard Kerbaj and Jamie Lyons, *Sunday Times*, 20 September 2015.

327. 'Jeremy Corbyn embarrassed after it emerged passages of speech were written in the 1980s', Peter Dominiczak, *Daily Telegraph*, 29 September 2015.

328. 'Lord Warner resigns Labour whip, saying party is "no longer credible"', Patrick Wintour and Ben Quinn, *Guardian*, 19 October 2015.

329. 'I wanted to believe in Jeremy Corbyn. But I can't believe in Seumas Milne', Oliver Bullough, *New Statesman*, 23 October 2015.

코빈 동지

ⓒ 로자 프린스

초판 1쇄 펴낸날 2016년 10월 10일

지은이 로자 프린스
옮긴이 홍지수
펴낸이 최만영
책임편집 김민정
교정교열 정진숙
디자인 최성수, 심아경
마케팅 박영준, 신희용
영업관리 김효순
제작 김용학, 이현웅

펴낸곳 주식회사 한솔수북
출판등록 제2013-000276호
주소 03996 서울시 마포구 월드컵로 96 영훈빌딩 5층
전화 02-2001-5819(편집) 02-2001-5828(영업)
팩스 02-2060-0108
전자우편 chaekdam@gmail.com
책담 블로그 http://chaekdam.tistory.com
책담 페이스북 https://www.facebook.com/chaekdam

ISBN 979-11-7028-108-5 03300

 책담 다른 내일을 만드는 상상